惟任日向守、第六天魔王を討つ！

年表帖　明智光秀・織田信長一代記

上巻

JN091124

目次

「はじめに」にかえて

　畿内では明応2年（1493）4月の「明応の政変」により、室町幕府の中央政権としての機能が決定的に失われた。畿内の戦国時代のはじまりである。細川政元は、同年5月将軍である足利義材（足利義視の子）を竜安寺に幽閉し、明応3年（1494）12月足利義澄を将軍としたことだったのだが、これに対して足利義材は、京を逃れて地方へと落ち延び、近畿諸国は足利義材派と足利義澄派（細川政元派）と分かれることとなった。細川家もまた、専横を振るった政元が、香西元長・薬師寺長忠らによって永正4年（1507）6月に暗殺され（永正の錯乱）、政元の養子三人の内、細川澄之は細川高国に討たれ、細川澄元派と高国派の二派に分かれて抗争することとなった。この間隙を突いて永正5年（1508）6月に周防国の大内義興が、前将軍・足利義尹（元の足利義材、後に足利義稙と再度改名）を奉じて上京した。細川高国（政元の養子）は大内義興と組んで義尹を支持すると、細川澄元（政元の養子、細川晴元の父）は義澄を支持し対立。永正8年（1511）8月に足利義澄が死ぬと、澄元方が劣勢となり、澄元は何度か京と四国を往復するが結果的には権力を奪えず永正17年（1520）6月に阿波で死んだ。

永正18年、細川高国は、足利義稙を追放し足利義晴（足利義澄の子）を将軍に迎える。

さあ、年表帖がはじまります。

永禄11年（1568）9月織田信長は足利義昭を報じて上洛、元亀4年（1573）7月信長は義昭を追放し、畿内の戦国時代は終わり、「安土桃山時代」がはじまります。この上巻は、天正元年（1573）までを掲載しております。

　一部を除き日付までを記載しています。なお、不明な月・日付に関しては「－」で割愛、または「夏」「頃」などと表記している箇所もございます。ご了承下さい。特に重要と思われる事項（歴史的流れのために必要と思われた事件等）は、太字で記載しております。

西暦 和暦	月日	出来事	No.
1521 大永1	8月23日	戦乱、天変などの災異のため、永正から「大永」に改元。	0001
	12月25日	**足利義晴、征夷大将軍となる。第十二代。**	0002
1527 大永7	2月13日	**「桂川の戦い―細川高国政権崩壊」。**	0005
	3月-	**「堺公方政権が成立」。**細川六郎(晴元)が、堺に政権をたてる。	0006
	7月13日	足利義賢(義維)、朝廷から従五位下・左馬頭に叙任される。	0008
	8月13日	堺の細川六郎(晴元)、東寺に久世荘本所分を安堵する。 以後、二十数年にわたり京都を実質支配するとされる。	0009
1528 大永8	3月10日	**氏王丸(明智光秀)、美濃国明智長山城主の父・明智光綱(光隆)24歳、母・お牧の方(若狭武田氏出身)19歳の子として生まれる。**幼名は氏王丸、桃丸など。	0010
1528 享禄1	8月20日	「享禄」に改元。後奈良天皇即位のため改元。	0015
1531 享禄4	6月4日	「大物崩れ」(天王寺の戦い)。赤松政祐・細川六郎(晴元)・三好元長の連合軍、摂津大物で、細川高国・浦上村宗(備前守護代)の連合軍を破る。	0020
1532 享禄5	6月20日	**「顕本寺の戦い―堺公方政権崩壊」。**	0023
1532 天文1	10月16日	**「室町幕府、復興」。**細川六郎(晴元)奉行・茨木長隆、足利義晴奉公衆の所領を安堵する。	0026
1534 天文3	4月22日	熊千代(細川藤孝)、三淵晴員の次男として京都東山に生まれる。	0031
	5月12日	**吉法師(信長)、織田信秀・土田御前(母)の次男または三男として生まれる。**	0032
	9月3日	足利義晴入京し、建仁寺に館す。	0037
	10月-	この月、畿内・阿波の戦国大名・三好利長(長慶)、細川六郎(晴元)と講和(晴元に帰服)、幕僚(内衆)となる。	0038
1536 天文5	3月10日	菊幢丸(後の第十三代将軍足利義輝)、将軍足利義晴の嫡男として誕生。	0050
	7月27日	**「天文法華の乱」。**洛中の法華宗(日蓮宗)の二十一本山が全て炎上。	0053
	9月24日	「細川晴元が入京」。細川六郎、三好利長(長慶)らを従えて、芥川城より京都入る。	0058
1537 天文6	2月6日	木下藤吉郎(後の秀吉)、尾張国愛智郡中村に生まれるという。	0064
	11月3日	**千歳丸(足利義昭)(後の室町幕府第十五代将軍)、足利義晴の次男として生まれる。**	0069
1539 天文8	1月14日	**「三好長慶、率兵入京する」。**	0079
	8月14日	三好範長(長慶)、摂津芥川城を出て越水城に戻る。摂津半国の守護大名となる。	0087
	10月1日	細川晴元と和睦した三好範長(長慶)、摂津腰水城より入京、幕府に出仕する。	0091
1541 天文10	6月29日	三好利長(長慶)、摂津国守護代となる。	0104
	10月29日	細川晴元、河内半国・山城半国守護代の木沢長政が上洛の兆しのため岩倉へ避難。	0108
	11月1日	将軍足利義晴、志賀越から近江坂本に退去する。	0110
	12月8日	細川晴元、木沢長政討伐挙兵。	0112

西暦 和暦	月日	出来事	No.
1542 天文11	2月28日	将軍足利義晴、近江坂本から帰京。	011
	3月17日	「太平寺の合戦」で、三好範長(長慶)ら、木沢長政を打ち破る。木沢長政、討ち死。	011
	4月8日	室町第竣工し、足利義晴、相国寺より移徙する。同日、幕府、撰銭を禁止する。	011
	8月23日	「大桑城の戦い」。斎藤利政(道三)、美濃国守護・土岐頼芸ら追放し美濃を奪う。	012
	11月20日	**千歳丸(足利義昭)6歳(後の幕府第十五代将軍)、仏門に入り、「覚慶」と名乗った。**	012
	12月26日	竹千代(徳川家康)、生まれる。	012
1543 天文12	1月6日	本願寺顕如光佐(本願寺第十一世)、誕生。	012
	6月-	氏王丸16歳、元服、「明智十兵衛尉光秀」となるという。	012
	7月21日	**「細川氏綱が挙兵」。**氏綱、細川晴元打倒を掲げて和泉槙尾寺にて挙兵する。	013
	－	**明智光秀15歳、斎藤利政(道三)に出仕して学ぶ。**(『明智軍記』).	013
1545 天文14	5月26日	都を奪回した細川晴元、その軍を解散したが、残党狩りを命じられた三好政長と三好範長(長慶)、三室戸の大鳳寺に陣を張り放火する。	014
1546 天文15	9月13日	上野玄蕃頭元治の軍勢は、将軍義晴を氏綱側に迎え取ろうとして京都に向かう。	015
	9月15日	三好政長、細川晴元を赴援するが、敗れて政長・晴元は丹波へ逃げる。	015
	12月20日	**足利義藤(義輝)、11歳にして、亡命先の近江坂本で十三代征夷大将軍に就任。**	016
	12月20日	細川氏綱方の遊佐長教、畠山政国の名代として将軍足利義藤(義輝)の将軍宣下の儀式に参列。	016
	12月24日	将軍足利義藤(義輝)、後見足利義晴、近江より帰洛する。	016
	－	**この年、吉法師、尾張国古渡城に於いて13歳で元服、「織田三郎信長」と名乗る。**	016
1547 天文16	2月20日	「劣勢の晴元側の反撃」。三好範長(長慶)・義賢(実休)兄弟、将軍足利義藤(義輝)と父義晴に対抗して、細川氏綱方の摂津原田城を陥落させる。	016
	3月29日	細川晴元を捨てて細川氏綱を取ることを決意した足利義晴・将軍足利義藤(義輝)、公家衆、幕臣九百余騎と共に、晴元を討つため京都北白川城(勝軍山城)に入城。	016
	6月25日	入京した細川晴元、京都北白川城(勝軍山城)を攻撃し慈照寺を破却する。	017
	7月19日	細川晴元・三好範長(長慶)ら、足利義晴らを北白川城に攻撃。義晴・将軍義藤(義輝)は近江坂本へ逃亡。畿内の大半は、河内・大和を除いて細川晴元が制圧。	017
	7月21日	「舎利寺の戦い」。三好義賢(実休)・安宅冬康は、南進して、高屋城から北進の細川氏綱・畠山政国・遊佐長教らと摂津舎利寺で遭遇、大勝する。	017
	7月29日	足利義晴、細川晴元・六角定頼と和睦を申し入れ、晴元・定頼が、近江坂本の将軍足利義藤(義輝)に出仕する。	017
	－	**「吉良大浜の戦い―信長初陣」。**この年、初陣の織田信長(14歳)、三河の吉良大浜城に進出の今川勢を攻撃。	018
1548 天文17	4月24日	管領代・六角定頼の仲介で、三好党と畠山・遊佐両氏の間に和睦が成立。	018
	－	「細川晴元・三好長慶と細川氏綱・遊佐長教の和睦成立の証」。	018

西暦 和暦	月日	出来事	No.
1548 天文17	5月-	この月、三好長慶と三好政長の対立が再発。三好長慶、三好政長の中島・榎並の二城を攻撃。細川晴元は、三好政長を助ける。	0188
	6月-	この月、足利義晴・将軍足利義藤（義輝）父子・坂本から帰洛。	0190
	10月18日	「三好長慶、細川晴元に叛旗」。 長慶、細川氏綱と手を組み、細川晴元・三好政長に謀叛。	0196
	12月-	この頃、織田信秀と美濃の斎藤利政（斎藤道三）の間に和睦が成立。	0197
1549 天文18	2月24日	「織田家と斎藤家の和睦同盟」。信長、濃姫（帰蝶、胡蝶など）と政略結婚。	0201
	6月24日	「江口の戦い―二十数年続いた細川晴元政権崩壊」。	0213
	6月28日	足利義晴、将軍足利義藤（義輝）父子、細川晴元ら、慈照寺から近江国坂本へ逃亡。志賀越を通り、坂本の常在寺へ入り、ここを仮幕府とする。	0216
	7月9日	「細川氏綱・三好長慶政権が成立」。三好長慶、細川氏綱を擁して入京。	0218
	7月-	この月、織田信長、六匁玉の鉄砲五百挺の製作を、国友村の鍛冶らに命じる。	0221
	11月9日	松永久秀、狩野宣政、三好長慶の「内者（被官）」となる。	0224
	11月-	「織田信長制札―信長の初見文書」。この月、織田信長（16歳）、尾張国熱田神社へ全五ヶ条の制札を下し、「藤原信長」と署名。	0226
	12月11日	「戦国大名の楽市令の初見」。六角氏による近江石寺の楽市令。	0227
1550 天文19	4月10日	明智光秀23歳、妻木勘解由左右衛門範煕の娘煕子16歳と婚姻（再婚）とされる。	0233
	5月4日	足利義晴（室町幕府前将軍）、近江国穴太で没。享年40（満39歳没）。	0236
	6月9日	将軍足利義藤（義輝）、細川晴元・六角勢を率いて如意岳の京都中尾城に入城し立て籠る。	0237
	7月14日	三好長逸・十河一存等、入京し、細川晴元の兵と戦う。三好被官、細川晴元軍の鉄砲で死ぬ。（『言継卿記』）。	0241
	10月19日	三好長慶による最初の段銭徴収。長慶被官、桂川以西に段米賦課を行う旨、近隣農村に触れを出す。	0244
	11月19日	三好長慶勢力下の摂津・丹波・河内の軍勢四万が上洛、細川晴元勢を一掃。	0248
	11月21日	三好長慶、摂津より入洛し、足利義藤（義輝）の籠もる中尾城に迫る。河東諸郷を焼掃され、義藤（義輝）は近江に逃走する。	0249
1551 天文20	2月10日	将軍足利義藤（義輝）ら、堅田より竜華・葛川谷を越え、奉公衆朽木氏を頼り、朽木館に移る。義輝と細川晴元の連携が崩れだす。	0257
	3月3日	三好長慶、京都市中に地子銭を課す。松永久秀はこれを厳しく取り立てる。	0261
	3月3日	信長父・織田信秀、末森城で「疫癘」のため没す。享年42。	0262
	3月-	この月、織田信秀の死を受けて、嫡子信長が弾正忠家の家督を継ぐ。	0263
	3月14日	三好長慶に対し抵抗する香西元成・三好政勝・丹波勢、洛中に乱入、ゲリラ活動。	0266
	4月-	鳴海城の山口教継（左馬助）が、今川氏に通じ、信長を背く。	0268
	7月14日	「相国寺の戦い」。京都相国寺、三好軍と松永軍の戦闘により全焼。	0270
1552 天文21	1月2日	近江の六角定頼、没。享年58。後を嫡男・義賢（後の承禎）が継ぐ。	0272

西暦 和暦	月日	出来事	No.
1552 天文21	1月28日	六角定頼が没し、足利義藤（義輝）は、三好長慶と和し、細川聡明丸（後の昭元、晴元嫡子）を伴い近江国より帰洛する。	027
	3月11日	細川氏綱、「右京大夫」に任じられる。三好長慶が推す細川氏綱が第十八代京兆家（宗家）、弟の細川藤賢が典厩家を相続することが認められる。	027
	4月17日	「信長―赤塚の戦い」。織田勢と山口教継勢が赤塚で合戦するも決着はつかず。	028
	4月25日	「第二次八上城の戦い」。三好長慶、丹波に侵攻し、和睦に反対し挙兵した波多野元秀兄弟の八上城を攻めるも、退けられる。	028
	8月16日	「信長―萱津の戦い」。	029
	8月-	この月、細川晴元が丹波に出奔する。	029
	10月21日	「信長、初の知行宛を行う」。	029
1553 天文22	1月-	この月、三好長慶、幕府政所執事伊勢貞孝と庶政を協議。ようやく、長慶の洛中支配が強化されてくる。	030
	閏1月15日	三好長慶、足利義藤（義輝）と和睦する。	031
	3月8日	足利義藤（義輝）、三好長慶との和が破れ、京都霊山城に入城する。	031
	4月20日	富田の正徳寺にて斎藤道三と織田信長が会見する。	032
	7月-	この月、細川晴元勢が上洛を試みるも、将軍足利義藤（義輝）の奉公衆と河内の安見氏の軍勢に退けられる。	032
	7月28日	細川晴元、霊山城に入って、将軍足利義藤（義輝）と同心する。	032
	8月1日	「霊山城の戦い―三好長慶の畿内制覇成り、室町幕府中絶する」。	032
	8月29日	「三好長慶政権が成立」。三好長慶が、細川聡明丸（後の昭元）を奉じて摂津芥川城に入る。以後、ここに居住する。	033
1554 天文23	1月24日	「信長―村木城の戦い」。信長、尾張国村木城を攻略。	034
	3月-	この月、美濃を完全に平定した斎藤利政（道三）、家督を子の義龍へ譲り、自らは常在寺で剃髪入道を遂げて「道三」と号し、鷺山城を修築し隠居。	035
	7月18日	「安食の戦い（成願寺の戦い）」。 信長の命を受けた柴田勝家（「柴田権六」）、尾張国清洲城を攻撃。	035
	8月13日	本願寺証如（光教）（本願寺第十世）、没。享年39。顕如（12歳）、宗主になり、祖母の慶寿院鎮永尼が後見する。	036
	11月16日	織田信長、祖父江九郎右衛門に、俵子船一艘の諸役免許を与え、「上総守信長」と署名。	036
	―	この年、木下藤吉郎（秀吉）、尾張に帰り、織田信長の小者として仕えた。	036
1555 天文24	4月20日	織田信光（信秀弟）、攻め寄せ守護代織田彦五郎（信友）を自刃させ尾張国清洲城を乗っ取り、これを織田信長へ譲渡。	037
1555 弘治1	10月23日	「弘治」に改元。戦乱などの災異のため改元という。	038
1556 弘治2	2月11日	三好長慶、山城にて「七ヶ条の掟」を定め、松永久秀がこれを奉行する。	038
	3月-	「織田信長、三河へ出陣」。この月信長、八ツ面山の荒川城を攻撃。	039

西暦 和暦	月日	出来事	No.
1556 弘治2	－	この年、信長、斯波義銀に尾張一国を譲り国主に据えるとし、清洲城本丸を進呈、自身は北の櫓に退く。	0392
	4月19日	「信長への国譲り状」。死を覚悟した斎藤道三（信長舅）が美濃国を婿・信長に譲る旨を認める。	0394
	4月20日	「長良川の戦い」。美濃国を治める斎藤道三、戦死。享年63。	0395
	－	この頃、尾張の上郡四郡を守る守護代の一人、岩倉城の織田信安が、斎藤義龍と結び信長に敵対行動を取るようになる。	0397
	6月26日	織田信長、角田新五らが籠る守山城を攻める。	0404
	8月22日	「信長公と信行殿の対立は深まり、ついに信行殿は信長公の直轄領である篠木を押領して砦を構えた」（『信長公記』）。	0407
	8月24日	「信長―稲生の戦い」。 信長、尾張国稲生に於いて柴田勝家・林美作守らと衝突、信長軍が勝利する。	0410
	9月25日	味方した道三が死に、斎藤義龍に居城・明智長山城が攻められて落城、明智光秀は脱出して諸国遍歴に出る。（『明智軍記』）。	0415
1557 弘治3	9月18日	織田信長の使者が、津田宗達（宗及の父）の茶会席に現れる。	0425
	10月27日	正親町天皇、践祚する。第百六代。	0427
1558 永禄1	2月28日	「永禄」に改元する。正親町天皇即位のため改元。	0440
	3月7日	「品野城の戦い―桶狭間前哨戦」。織田信長、大敗。	0441
	5月3日	近江朽木谷の足利義輝、細川晴元以下三千余の軍勢を率い坂本へ移る。	0442
	6月2日	三好長逸・松永久秀ら、京都勝軍山に城を構築し足利義輝の入洛を阻止。	0446
	7月12日	「信長―浮野の戦い」。信長、岩倉城の織田信賢の軍勢三千を丹羽郡浮野に破る。	0451
	7月14日	三好長慶、濫りに洛中地子を徴集。幕府、阻止できず。	0453
	11月27日	「幕府が復活し、三好長慶の京都支配は、形式的に終わる」。	0458
	12月18日	三好長慶・松永久秀、京都より摂津国芥川城に還る。	0461
1559 永禄2	1月-	「岩倉城の戦い―信長、ほぼ尾張を統一する」。 信長、降伏開城した織田信賢を追放し、岩倉城を破却。	0468
	2月2日	「信長、初上洛」。「尾州より織田上総介上洛云々、五百ばかりと云々、異形者多しと云々」（『言継卿記』）。	0469
	2月7日	「尾州之織田上総介、昼に立ち、帰国す」。（『言継卿記』）。	0470
	4月27日	長尾景虎（上杉謙信）、二回目の上洛。	0473
	8月2日	三好長慶と和睦した河内守護畠山高政、三好氏の後押しを受けて、安見宗房らを追放して高屋城に復帰する。畠山氏が三好の下に置かれた。	0482
	8月4日	三好長慶、細川氏綱を淀城を居らせ軟禁。	0485
	8月8日	三好長慶方の松永久秀、大和信貴山城を修築し、ここに大和支配の拠点を構える。	0487
	10月26日	長尾景虎（上杉謙信）、京都から越後に帰国する。	0491

西暦 和暦	月日	出来事	No.
1559 永禄2	12月18日	三好長慶の嫡男・孫次郎が、将軍足利義輝の偏諱を受け、義長(後の義興)を名乗る。	049
	ー	この年、「浮野の戦い」と織田信賢を追放した岩倉城攻めに功のあった犬山城の織田信清(信長の従兄弟)が、信賢の旧領地の分与を巡って信長といさかいを起こす。	049
1560 永禄3	1月16日	**三好長慶、幕府相伴衆に列し、三好長慶による京都支配は実質的に終わる。**	050
	2月6日	足利義輝の参内で、松永久秀も、三好義長(後の義興)や細川藤賢らと共に幕府御供衆として従う。	050
	5月19日	「桶狭間の戦い」。今川義元、田楽狭間に織田信長の奇襲にあって討たれる。	052
	5月23日	松平元康(後の徳川家康)、今川軍が退くのを待って、岡崎城に帰る。	052
	6月2日	「信長、美濃侵攻」。織田信長、本格的に美濃攻めを開始。度々美濃に侵攻し、斎藤道三の嫡男・斎藤義龍と戦う。	052
	7月21日	斎藤義龍、近江の六角氏と同盟を結ぼうとする。	053
	10月24日	三好長慶軍、飯盛城を攻略する。	055
	10月-	この月、浅井賢政(長政)、家臣団の支持を得て家督相続。六角氏従属路線を進めていた父・久政を隠居させるという。	055
1561 永禄4	春	「この頃、信長、松平元康(後の徳川家康)と和す」。が、小競り合いは続く。	055
	1月24日	三好義長(義興)(長慶嫡男)、松永久秀が上洛する。将軍足利義輝に参賀、相伴衆となる。義長、「義興」と改名する。	056
	2月1日	**三好長慶・松永久秀・三好義興、将軍家より、桐紋の使用と塗輿を許される。**	056
	閏3月16日	長尾景虎(上杉謙信)、鎌倉に入り、上杉憲政から山内上杉家の家督を相続、関東管領を譲られ、鎌倉で管領就任の報告式を行い、名を「上杉政虎」と改める。	057
	4月上旬	この頃、織田信長、松平元康(後の家康)の所領三河に侵攻。城を巡って織田と松平勢間で奪い合いが繰り返される。	057
	5月6日	「三好長慶、細川晴元を許す」。細川晴元、富田の晋門寺に入り、軟禁される。	057
	5月11日	**斎藤義龍、急死。享年35。後を子の龍興13歳が継いだ。**	057
	5月14日	「信長一森部(森辺)の戦い」。信長、斎藤龍興と森部で数刻に渡り戦い撃破する。	057
	5月23日	「信長―十四条の戦い・軽海の戦い」。	058
	7月28日	六角承禎父子は、細川晴之を奉じて、三好長慶を討つため、家臣永原重澄に命じ、勝軍山城へ立て籠もらせる。承禎自身は、神楽岡付近に陣をはり上洛を伺う。	058
	8月2日	朝廷、六角軍の禁中乱入を停止する。(『御湯殿上日記』)。	059
	11月24日	「勝軍地蔵山の戦い」。六角・畠山方が勝利。	059
1562 永禄5	1月15日	「清洲同盟成立」。織田信長と松平次郎三郎元康(後の徳川家康)が同盟。	060
	ー	**明智光秀、朝倉義景の領国越前に入り、称念寺門前に居住する。(『明智軍記』)。**	060
	3月5日	「泉州久米田の戦い」。三好実休(義賢、長慶実弟)は、討ち死にする。	060
	3月6日	**「六角軍が入洛」。六角承禎、勝軍山城(北白川城)より清水へ移陣し洛中を占拠。六角承禎、一時的に三好長慶を京都より追い出すことに成功する。**	060

西暦 和暦	月日	出来事	No.
1562 永禄5	3月18日	六角承禎、洛中洛外に徳政令を発す。	0613
	5月3日	**「信長―美濃軽海の戦い」**。織田信長、美濃の軽海で斎藤龍興と戦う。	0624
	5月19日	「教興寺の戦い～20日」。三好長慶、根来衆の湯川直光を討ち取る。	0628
	6月2日	**「三好氏と六角氏が講和する」**。三好長慶、降伏した六角承禎と和睦する。	0631
	6月23日	足利義輝、山城八幡よりこの日帰洛する。三好義興と松永久秀、従う。	0633
	6月下旬	この月、信長、犬山城の織田信清(信長の従兄弟)が斎藤龍興と結んで反抗したため、犬山城の支城である於久地城(小口城)に攻めかかるも、苦戦して退却。	0635
	7月3日	尾張国知多郡の大野城主・佐治為興(信方)の水軍、今川氏から織田氏に寝返る。	0636
	8月12日	松永久秀が、奈良の眉間寺山に築く多聞山城の棟上式を行う。久秀は、眉間寺を壊し、南都に多聞山城を築き、信貴山城と共に両拠点とした。	0639
	8月25日	伊勢貞孝、六角承禎に応じて丹波国より京都へ乱入。(『御湯殿上日記』)。	0640
	9月11日	三好義興・松永久秀、六角承禎・畠山高政に通じた伊勢貞孝・貞良父子を攻め殺す。伊勢氏の政所支配は幕を閉じ、幕府将軍による政所掌握への道を開いた。	0642
	9月20日	**明智光秀、加賀一向一揆との戦いで戦功を上げる**。(『明智軍記』)。	0643
1563 永禄6	2月-	**この月、織田信長、美濃を攻めるため、小牧山に築城をはじめる**。	0647
	3月1日	細川晴元、摂津富田普門寺で没。享年50。	0648
	4月-	**「信長―新加納の戦い」**。信長は再度、稲葉山城を攻めで美濃国へ侵攻するが、斎藤龍興の家臣・竹中半兵衛(重治)の伏兵策に翻弄されて敗れ清洲に撤退。	0653
	4月19日	**明智光秀、朝倉義景に砲術の腕前を披露して激賞され、鉄砲寄子百人を預かる**。	0655
	7月6日	今川家と断交した松平二郎三郎元康、今川義元の偏諱を改め、「家康」と改名。	0660
	7月22日	三好義興(長慶嫡男)、京都市原野と幡枝との柴木相論を裁許する。	0662
	7月-	**この月、信長、本拠を清洲城から小牧山城に移城**。	0663
	8月25日	**三好義興(長慶嫡男)が居城芥川城において急死。享年22**。	0665
	10月1日	「観音寺騒動」。六角氏の筆頭家臣であった後藤賢豊父子、権力争いで六角義治(承禎の嫡男)によって観音寺城で謀殺される。	0668
	10月20日	「観音寺騒動」。六角義治・承禎を保護した蒲生定秀・賢秀父子や三雲定持が、事態を憂えて調停に乗り出し、和睦が成立。	0671
	12月20日	三好長慶の監視付きで居城を与えられた細川氏綱、没。享年51。	0680
1564 永禄7	2月6日	美濃の斎藤龍興の家臣・竹中重治(竹中半兵衛)が龍興を諌めるため、弟・竹中重矩や舅・安藤守就らと龍興の稲葉山城(後の岐阜城)をたった十六人で乗っ取る。	0689
	5月9日	三好長慶、松永久秀の讒訴を信じ、弟の安宅冬康を、飯盛城に誘殺する。	0692
	6月-	この月、三好重存(後の三好義継)、将軍足利義輝に家督相続の挨拶のため、拝謁する。三好長慶は家督を譲って隠居する。	0694
	7月4日	**三好長慶、息子に死なれ病気がちになり、飯盛城にて没。享年43**。	0699
	8月-	**この月、信長はいよいよ本格的に美濃攻略を開始**。まず、木曽川を越え、犬山城の対岸にある伊木山城を調略して、堅固な砦を築く。	0700

西暦 和暦	月日	出来事	No.
1564 永禄7	8月-	「信長、犬山城を攻略、尾張を完全に統一」。	070
	10月28日	正親町天皇の意を受けた御蔵職の立入宗継が御料所の回復・京都御所の修繕などを命じ、上洛を促す密勅を持って清洲城に下向する。	070
	12月19日	イエズス会の宣教師ルイス・フロイス、ガスパル・ヴィレラの布教を助けるため、京都に来任する。京都見物で、足利義輝の「二条御所武衛陣の御構」の豪壮さに驚く。	071
1565 永禄8	2月-	「家康、三河平定」。この月、松平家康(後の徳川家康)、今川氏の田原城を攻略。	071
	3月27日	本願寺顕如光佐、武田信玄と音信を結び、対上杉輝虎(謙信)の盟約を結ぶ。	072
	5月1日	三好重存(後の義継)、三好長逸、松永久秀上洛し、足利義輝に出仕。	072
	5月19日	「永禄の変」。(幕府三度中絶)。 剣豪将軍・足利義輝、討死。	072
	5月19日	三好義重(後の義継)・松永義久(後の久通)ら、室町幕府十二代将軍・足利義晴次男の興福寺一乗院門跡覚慶(後の足利義昭)を同院に幽閉する。	073
	5月21日	三好長逸、参内し正親町天皇から三好氏を公認する姿勢が示される。	073
	6月23日	三好義継、京都大徳寺大仙院へ寺領を安堵。	073
	7月-	この月、美濃加治田城の佐藤忠能父子が、丹羽長秀を介して織田信長に呼応する。	073
	7月5日	「大うすはらいひたるよし、みよし申」。(『御湯殿上日記』)。朝廷、三好義継・松永久秀の奏請によりバテレン追放、教会没収の女房奉書が出される。	074
	7月28日	一乗院覚慶(後の足利義昭)、一色藤長・細川藤孝らの計画により幽所を脱出、三淵藤英(藤孝の異母兄)・明智光秀らの尽力で、和田惟政の城に入り、保護される。	074
	7月28日	織田信長、美濃出陣。長井道利の攻撃を排除し、堂洞城を包囲する。 尾張凱旋途中、斎藤龍興、長井道利らの三千の兵を撃破する。	074
	8月2日	「和久郷の戦い一反三好勢力が丹波を制圧」。 三好方・内藤宗勝(松永長頼、松永久秀の弟)、和久郷の決戦においてに戦死。	074
	8月28日	信長軍、鵜沼城、猿啄城を攻落。	075
	8月28日	「堂洞の戦い」。信長軍は、佐藤紀伊守忠能と共に、堂洞城を陥落させる。	075
	9月1日	「関・加治田の戦い」。信長方・斎藤新五郎利治ら、長井道利の関城を奪う。	076
	9月9日	「信長、信玄と甲尾同盟」。織田信長、津田掃部守一安(織田忠寛)を武田家に使者として派遣。武田家との縁談を持ちかける。	076
	9月28日	一乗院覚慶(後の足利義昭)、武田信玄へ、御内書を発給し援軍を要請。	076
	10月4日	一乗院覚慶、上杉輝虎(後の謙信)へ、北条氏康と和睦し上洛することを促す。	076
	10月16日	反三好党一乗院覚慶(後の足利義昭)・旧幕府奉公人ら、洛中洛外寺社に禁制を掲げる。(『東寺百合文書』)。	077
	10月26日	朝廷、足利義輝死後、朝廷に預かっていた将軍家重代の家宝「御小袖の唐櫃」を松永久秀と権大納言広橋国光に引き渡す。	077
	11月3日	木下秀吉、坪内利定(松倉城主)宛で織田信長知行宛行状の副状を発給。木下藤吉郎秀吉と署名。「秀吉初見文書」。	077
	11月13日	諏訪(武田)勝頼と、織田信長養女(遠山夫人、龍勝院)の婚儀が挙行とされる。	077

西暦 和暦	月日	出来事	No.
1565 永禄8	11月15日	三好三人衆と三好康長が、三好義継に対し、松永久秀との決別を促す。	0780
	11月21日	一乗院覚慶（後の足利義昭）、近江国甲賀郡の和田惟政の居城より近江国矢島の少林寺へ移居。六角氏の庇護を受ける。	0783
	12月5日	織田信長、細川兵部大輔（細川藤孝）へ、一乗院覚慶（後の足利義昭）「御入洛」の件を重ねて御内書により通達されたものを拝閲したこと、度々了承したとおり、「上意次第」即時「御供奉」する意思を表明。さらに朝倉義景（「越前」）・武田義統（「若州」）へも早速出兵命令下すよう督促。	0786
	12月-	この月、阿波の足利義親（義栄）、三好三人衆に強要されて、「松永久秀討伐令」を出す。	0787
1566 永禄9	2月一	この頃、松永久秀が、紀伊の畠山高政、安見宗房と結ぶ。	0799
	2月17日	「滝山城の戦い—2月17日〜8月17日」はじまる。三好三人衆に加担する安宅信康に率いられた淡路衆、兵庫に上陸。松永方の摂津国の滝山城を攻囲。	0803
	2月17日	「和泉上芝の戦い」。 三好三人衆方の三好義継、河内で畠山高政勢・遊佐勢と交戦して勝利する。	0804
	2月17日	正統な血筋による将軍家を再興するため、一乗院覚慶（後の足利義昭）、矢島御所において還俗して「義秋」と改名。	0805
	3月8日	武田信玄、足利義秋（後の足利義昭）へ、遠国のため援軍は派遣出来ない旨を通知。	0809
	3月17日	足利義親（義栄）を十四代将軍にと、擁立する三好三人衆により、名目上の管領として処遇を受けた細川信良（後の昭元）、上洛し、洛中洛外に撰銭令を発する。	0811
	4月11日	織田信長、朝廷に馬・太刀の代として銭三千疋（三十貫文）を献上。	0816
	4月18日	足利義秋（後の足利義昭）、細川藤孝・和田惟政へ、信長が上洛に加勢することを喜び、時期を確認するよう命ず。	0817
	4月27日	本願寺顕如、六角承禎と盟約する。	0822
	5月19日	明智光秀・細川藤孝ら、足利義秋の御内書に対し、その礼を述べると共に、上山城地区の戦況の進みしことを、曽我助乗、飯川信堅その使者に報告する。	0828
	5月30日	堺に立て籠もる松永久秀に、大軍勢の三好三人衆が包囲、久秀は海上に逃走して行方をくらます。	0832
	6月-	この月、畠山高政と三好三人衆が和平交渉をはじめる。	0833
	6月11日	三好三人衆方に味方した阿波三好家重臣・篠原長房、二万五千の兵を率いて兵庫津に上陸する。	0835
	6月24日	三好三人衆が、河内真観寺において三好長慶の葬儀を行う。	0837
	7月-	織田信長、近江矢島に逗留する足利義秋（後の義昭）に誓書を出し、軍勢を率いて「八月二十八日」に近江矢島に参陣し、義秋を奉じて上洛する旨を確約する。	0839
	7月13日	細川信良（昭元）、木室重清に神領を惣安堵す。（『松尾月読神社文書』。）	0842
	7月14日	三好三人衆、摂津国より入洛し庶政を裁決する。（『言継卿記』）。	0844
	8月17日	「滝山城の戦い—2月17日〜8月17日」終結。三好義継の武将安宅信康ら、松永久秀の属城・摂津国滝山城を攻略、畿内を制圧する。	0851
	8月22日	「織田信長のこの日の上洛、中止となる」。	0852

西暦 和暦	月日	出来事	No
1566 永禄9	8月25日	この頃、足利義秋(後の義昭)、近江からしきりに、上杉輝虎(謙信)、武田信玄、北条氏政に和睦をすすめる。	085
	8月29日	足利義秋(後の足利義昭)、琵琶湖を渡り若狭に逃れ、妹婿の武田義統を頼る。	085
	閏8月8日	「河野島の戦い―信長敗北」。織田信長、美濃の河野島に於いて追撃の斎藤龍興と交戦、敗北し、多数の戦死者を出す。	086
	9月8日	**足利義秋(後の義昭)、朝倉義景の奔走により越前国敦賀金ヶ崎に移る。明智光秀は、義秋(後の義昭)接待役となるという。**	086
	9月17日	織田信長、斎藤龍興の兵を破って小牧山帰城。	087
	9月23日	足利義親(義栄)が、二ヶ月に亘る軍事行動によって山城国・摂津国を統治下に置いた三好三人衆に擁されて、淡路から摂津国越水城に入る。	08
	10月20日	**「右一部、明智十兵衛尉、高嶋田中籠城の時已伝なり、本の奥書かくのごとし、この一部より、沼田勘解由左衛門尉殿大事に相伝し、江州坂本においてこれを写す、」。医学書『針薬方』の奥書が光秀の史料上の初見とされる。**	08
	11月9日	三好三人衆、京都仙翁寺村百姓に年貢納所を命令。	08
	12月7日	足利義親(義栄)、三好三人衆に擁されて摂津富田の普門寺に入る。	08
	12月19日	三好三人衆、上洛する。(『言継卿記』)。	08
	12月28日	足利義親、摂津国富田普門寺にて「義栄」と改名。	08
1567 永禄10	1月13日	三好三人衆の三好長逸、京都金光寺の燈明料の違乱を停止。	08
	2月16日	**三好義継(「三好左京大夫」)、三好三人衆のもとを出奔(「堺ニテ宿所ヲ替」)し松永久秀(「松弾」)に「同心」す。(『多聞院日記』)。**	08
	3月-	この月、朝倉義景、「堀江氏の乱」を鎮圧。朝倉氏の領国支配が強められる。	09
	3月-	阿波三好家当主・三好長治(実休の長男が畿内へ渡海。	09
	3月-	**「信長の第一次北伊勢侵攻戦―3月～8月」。**この月、信長、滝川一益を大将に命じ、北伊勢に侵攻開始。	09
	4月8日	若狭国守護武田義統、没。享年42。	09
	4月18日	**「東大寺大仏殿の戦い―4月18日～10月10日」はじまる。**三好三人衆、一万余の軍勢を率いて大和国奈良近辺に布陣。	09
	5月5日	**織田信長から興福寺在陣衆に対して、松永父子に協力してその上洛を迎えよとの朱印状が到来する。**	09
	5月27日	信長息女・五徳(徳姫)が、徳川家康嫡男・竹千代(信康)に輿入れする。	09
	6月16日	武田信玄、長井道利に対し、向後、斎龍興の身上を見継ぐことを約する。	09
	8月1日	**斎藤氏の有力な家臣稲葉良通(一鉄)、安藤守就、氏家直元(卜全)の美濃三人衆が信長に内応を決断。**	09
	8月-	**「信長の第一次北伊勢侵攻戦―3月～8月」終結。**信長は、美濃三人衆が内応してきたため、伊勢の高岡城の囲みを解いて滝川一益を桑名城に置き北伊勢の監視にあたらせ、岐阜へ戻る。	09
	8月-	**この頃、伊勢攻略を急遽反転した織田信長、突如、小牧山を出陣。稲葉山と連なる瑞竜寺山へ一気に駆け上ると、稲葉山城下の町に次々火を放つ。**	09

西暦 和暦	月日	出来事	No.
1567 永禄10	8月15日	「信長、稲葉山城攻め、美濃を平定する」。 信長、斎藤龍興の稲葉山城（井口城）を攻め落とす。	0941
	9月15日	浅井長政が、織田信長の家臣市橋長利を通じて、信長への音信を依頼する。	0957
	9月29日	「信長、浅井長政と同盟を結ぶ」。	0963
	10月8日	織田信長、本拠を小牧山から移転。美濃国稲葉山城（井口城、金華山城）をして「岐阜城」と改称する。	0969
	10月9日	明智光秀、岐阜城に到着。 光秀は信長に、菊酒の樽五荷、鮭の塩引きの簀巻き二十を献上するという。	0970
	10月10日	「東大寺大仏殿の戦い（4月18日〜10月10日）―東大寺大仏殿炎上」。	0971
	10月-	「美濃楽市場宛制札」。織田信長、楽市楽座令を出す。	0975
	11月7日	本願寺顕如光佐、織田信長へ、美濃国・伊勢国を平定し上洛しようとするのに祝意を表明、太刀等を贈呈。	0977
	11月9日	「正親町天皇と信長の長い付き合いがはじまる」。 正親町天皇が、勧修寺晴豊らをして、織田信長に対し綸旨を発する。	0978
	11月27日	足利義秋（後の義昭）、敦賀から一乗谷安養寺へ移る。	0983
	11月-	「織田信長朱印状―天下布武の朱印状の初見」。	0985
	11月-	足利義秋（後の義昭）、朝倉義景へ、加賀国一向一揆との和睦を命令。	0987
	12月12日	足利義栄、京都祇園社牛王宝印商売を片羽屋神人に安堵す。	0991
1568 永禄11	2月8日	足利義栄、三好三人衆の推挙により、朝廷から第十四代将軍として将軍宣下が下され、富田庄普門寺にて、約三年の将軍空位ののち、室町幕府征夷大将軍に就任。	1000
	2月-	「信長の第二次北伊勢侵攻戦、織田軍により北伊勢平定」。この月、信長、三男の三七（信孝）を、降伏した神戸城城主・神戸友盛（具盛）の嗣子とする。	1008
	4月15日	足利義秋、越前国一乗谷の朝倉義景館に於いて元関白二条晴良の加冠、朝倉義景の理髪にて元服。「義昭」と改名。	1021
	4月27日	「信長、近江の武将を懐柔」。 織田信長、六角氏を離れた佐治為次へ、近江国蒲生郡内に知行を安堵する。	1022
	6月2日	三好三人衆三好長逸、上洛。（『言継卿記』）。	1031
	6月2日	細川信良（後の昭元）、阿弥陀寺無縁所を安堵する。	1032
	6月18日	朝倉義景、細川藤孝の勧めで上洛を定める。が、六月二十五日、嫡子阿君丸の死去により中止となる。	1035
	6月23日	「『細川家記』に、明智十兵衛光秀が初登場」。 足利義昭は、細川藤孝と上野清信を使者として、岐阜に赴き、「明智十兵衛光秀」に付いて信長に謁見した。	1038
	7月13日	入洛を後援するという信長からの使者を迎えた足利義昭、細川藤孝の勧めで明智光秀を通じて織田信長を頼り、美濃国岐阜へ向けて越前一乗谷を発つ。	1047
	7月27日	「足利義昭・織田信長、会見」。	1051
	7月28日	織田信長、浅井長政に使者を送り、来たる八日、会見したい旨を告げる。	1052
	8月7日	織田信長が、近江佐和山城に入り、浅井長政と会見して軍事同盟を確認。	1057

西暦 和暦	月日	出来事	No.
1568 永禄11	8月13日	織田信長、七日間の逗留もむなしく六角氏との交渉は決裂。信長は、ここに至って開戦もやむなしと考え、一旦帰国に向かう。	106
	8月20日	織田信長、岐阜へ帰る。	106
	9月7日	**「信長、上洛出陣」。** 織田信長、「正親町天皇をお護りする、足利将軍家再興、足利義昭を将軍職に据える事」を大義名分に掲げ、尾張・美濃の兵を率いて岐阜城を出立。	107
	9月12日	織田軍、箕作城（「美作之城」）を攻略。観音寺城も夜半許りに攻略。長光寺城以下十一、十二諸城も攻略したという。（『言継卿記』）。	108
	9月13日	六角氏の敗北を聞いて、三好三人衆の釣竿斎宗渭・香西佳清ら、三千程の軍勢を率い、洛中の居宅を出て、木津城へ入城。	108
	9月14日	正親町天皇、万里小路惟房を迎えの使者として、織田信長へ綸旨を下す。	108
	9月16日	三好三人衆は、信長の侵攻を恐れて、木津城を出て、勝竜寺城（山城国）、芥川城（摂津国）、飯盛城・高屋城（河内国）などそれぞれの居城に立て籠もることになる。	109
	9月23日	近衛前久（関白）、織田信長入京を避けて摂津国大坂へ出奔。	110
	9月25日	織田軍足軽二、三騎が山科邸の近所に配備。織田信長の禁裏警護命令による任務であるという。（『言継卿記』）。	110
	9月26日	**「織田信長、足利義昭を奉じて入京」。**	110
	9月27日	織田信長、菅屋長頼をして、洛中・洛外での兵士たちの乱暴を禁じる。	11
	9月28日	「松永久秀、信長に臣従」。	11
	9月30日	織田信長・足利義昭に供奉して、摂津国芥川城へ入城。	11
	9月30日	阿波に逃れた第十四代将軍足利義栄、失意のうちに病死という。	11
	10月2日	**「織田信長、五畿内（山城、大和、摂津、河内、和泉）及びその隣国を平定」。**	11
	10月4日	**「織田信長、国割」。**	11
	10月10日	「信長、大和平定を志向」。	11
	10月14日	足利義昭、織田信長の功績を称え、「武勇天下第一」であり、当家再興を謝す。	11
	10月18日	**「室町幕府再興」。** 夜、足利義昭に統一征夷大将軍宣下。	11
	10月25日	将軍足利義昭、二十四日日付で織田信長（「御父織田弾正忠」）の功績を称え「武勇天下第一」であり「当家再興」を謝す。	11
	10月25日	織田信長が岐阜に帰国するため、京都を発つ。	11
	10月26日	**信長の命で、佐久間信盛・丹羽長秀・村井貞勝・明院良政・木下秀吉が五千の軍勢と共に京都に駐在。**	11
	10月28日	織田信長、岐阜城に凱旋。	11
	10月-	**この月、信長、分国中（尾張・美濃など）の関所撤廃を命じる。**	11
	11月15日	**「何路百韻」。** 明智光秀、飛鳥井雅春・細川藤孝・里村紹巴らと連歌に参加。 **光秀の連歌の記録として最初である。**	11
	12月28日	信長不在の京都をねらい、阿波へ逃げていた三好三人衆が六千の兵を率い、和泉へ上陸、進撃した。	11

西暦 和暦	月日	出来事	No.
1569 永禄12	10月8日	「信長、南伊勢の仕置き」。	136
	10月13日	**「織田信長、初の参内」。**信長、参内し禁裏修理を見舞い、太刀と三千疋を献上する。	137
	10月16日	義昭と衝突した信長、三万騎を率い急遽、岐阜に向けて京を出る。 正親町天皇に理由を質され、足利義昭と不和のためと答える。	137
	10月19日	織田信長、岐阜城帰陣。	137
	11月-	**この頃、明智光秀は、将軍・足利義昭に近侍するという。** 信長に命令され、義昭の監視役となったともいう。	138
	11月20日	義昭から、本願寺が阿波門徒に命じて三好三人衆を支援しているのではないかとの詰問を受け、本願寺光佐が明智光秀あて文書で、自分は合力・援助もしていない、何も知らないとこれを否定する、さらに将軍義昭に取り成すことを頼まれる。	139
	12月26日	朝廷、織田信長に、比叡山延暦寺の近江国山門領を返還するよう「綸旨」を出す。	139
1570 永禄13	1月23日	織田信長、畿内近国の二十一国に及ぶ諸大名、諸将に触状を発す。	140
	1月23日	**「織田信長条書」。**信長、岐阜から日乗上人（朝山日乗）と明智十兵衛尉（明智光秀）を通じて、室町幕府第十五代将軍・足利義昭に五ヶ条の覚書を送り諫める。	140
	2月25日	織田信長、岐阜城を出立、京に向かう。赤坂で宿陣。（『信長公記』）。	142
	2月30日	**織田信長、申刻に山中越で上洛。明智光秀の宿所に赴かれた。**『言継卿記』）。	14
	3月5日	三月五日、御上洛、上京驪庵に至って御寄宿。畿内隣国の面々等、三州より家康公御在洛。門前市をなす事なり。（『信長公記』）。	142
	3月6日	織田信長、飛鳥井中将邸へ公家を集め、朝山日乗・明智光秀を派遣して、公家衆知行分の指出を求める。	14
	3月-	織田信長、丹波国の赤井忠家（「蘆田五郎」）へ、丹波国奥三郡の所領を足利義昭「御下知」に任せ安堵。	14
	4月1日	松井友閑、織田信長の命により堺津の「名器」持参を公示。	14
	4月10日	教王護国寺、明智光秀の当寺八幡宮領山城国久世荘押領停止を幕府に申請。	14
	4月20日	**「信長の越前侵攻戦―明智光秀、朝倉氏討伐に出陣」。**	14
	4月20日	武藤上野介友益（若狭武田氏の家臣）、織田信長の攻撃を受けて降伏。	14
1570 元亀1	4月23日	この日「元亀」と改元。	14
	4月25日	「信長の越前侵攻戦」。信長、突然、若狭・越前国境の関峠を越えて越前国敦賀郡に入り、越前国金ヶ崎において織田軍と朝倉軍が激突。（『武家雲箋』）。	14
	4月25日	**「信長の越前侵攻戦―浅井長政反覆」。**信長が長政と交わした「朝倉への不戦の誓い」を破ったため、長政は朝倉義景との同盟関係を重視し、織田信長に反覆。	14
	4月30日	**「信長の越前侵攻戦―信長の朽木越え」**終わる。信長は、亥下刻（23時半頃）に京へ逃げ延びた。供はわずか十人程度であったという。	15
	5月6日	明智光秀・丹羽長秀、この日、武藤上野介友益への処分を終えて針畑越えの道をとって帰京。	15
	5月9日	織田信長、軍勢二万を率い出京、岐阜に戻るべく近江に下る。近江国坂本まで下向。	15

西暦 和暦	月日	出来事	No.
1570 元亀1	5月19日	織田信長、千草山中の甲津畑で六角承禎の放ったともいわれる刺客・杉谷善住坊に狙撃され、体をかすめた。(『信長公記』)。	1530
	5月21日	狙撃されながらも、織田信長、岐阜へ帰還。。(『信長公記』)。	1532
	6月-	吉田兼和(兼見)の日記『兼見卿記』が、書きはじめられる。	1535
	6月4日	「野洲河原の戦い」。柴田勝家、佐久間信盛・江州衆らと共に、城に攻め寄せた六角勢を野洲川において破る。	1537
	6月18日	**「信長の浅井・朝倉討伐戦―6月18日～7月3日」**。織田信長、近江の浅井父子討伐のため、岐阜より近江国浅井郡へ着陣。(『士林証文』)。	1545
	6月27日	徳川家康軍、五千の兵を率いて長浜龍ケ鼻に到着。	1565
	6月28日	**「姉川の戦い」**。織田・徳川連合軍、浅井・朝倉軍を敗る。	1570
	7月4日	織田信長が上洛、将軍家へ面会。次いで明智光秀の宿所を訪問。	1577
	7月7日	織田信長、丑下刻に出京、美濃国岐阜へ下向。	1583
	7月8日	織田信長、岐阜城に帰る。	1584
	8月17日	「古橋城の戦い」。織田軍(三好義継・畠山昭高ら)、摂津国・河内国に於いて三好三人衆の軍勢と交戦し敗れる。	1599
	8月20日	織田信長、三好三人衆を討伐するため、岐阜を出陣する。	1601
	8月23日	織田信長、大軍勢を率いて上洛、三条西洞院本能寺へ着陣。	1605
	8月25日	織田信長、辰刻に、三好三人衆が摂津国大坂福島によって勃発した反乱討伐のため、三千の軍勢を率いて出陣。足利義昭「公方衆」軍も出陣。(『兼見卿記』)。	1610
	8月26日	**「野田城・福島城の戦い(第一次石山合戦)―8月26日～9月23日」はじまる。** 織田信長、三好三人衆軍勢らの野田城・福島城を攻撃させる。	1613
	9月2日	本願寺顕如光佐、美濃国郡上郡惣門徒中へ、去々年以来難題を持ちかけてきた織田信長が上洛するに際し、石山本願寺破却の通告を受けた旨を通知。	1623
	9月6日	前日から今日にかけて、本願寺顕如光佐が近江中郡の門徒に宛てて檄文を送る。	1629
	9月8日	「信長、石山本願寺と三好三人衆の合流を警戒」 織田信長、摂津国木津川口と籠岸に砦の構築を開始。	1633
	9月10日	本願寺顕如光佐、北近江の浅井久政・長政父子に宛て、信長を共同の敵として同盟を結ぶ決意を表明した書状を、坊官の下間頼総を使者として送る。	1639
	9月12日	**「本願寺決起―野田城・福島城の戦い(第一次石山合戦)」。本願寺顕如光佐、三好三人衆とはかり、夜半、挙兵、以後、11年に及ぶ「石山合戦」がはじまる。**	1644
	9月12日	信長の摂津進軍を知り、浅井長政、石山本願寺の挙兵に呼応し出兵。	1648
	9月13日	朝倉義景、二万余の軍勢を率いて一乗谷から出陣。	1650
	9月14日	「第一次石山合戦～淀川堤の戦い」。	1651
	9月16日	**「志賀の陣―9月16日～12月13日」はじまる。** 本願寺の決起から四日後、浅井・朝倉軍(約三万)が坂本に布陣。	1657
	9月19日	朝廷は将軍義昭の要請を受けて和睦の勅書を出し、勅使として山科言継・烏丸光康・柳原淳光らを任命。	1659
	9月19日	「志賀の陣―宇佐山の戦い」。	1660

西暦 和暦	月日	出来事	No
1570 元亀1	9月20日	「野田城・福島城の戦い（第一次石山合戦）―織田軍敗北」。 織田信長も出馬するも、澤上江提で織田軍は敗北	166
	9月21日	「志賀の陣」。浅井・朝倉軍、逢坂を越えて京都山科へ進軍し醍醐周辺に放火、さらに山崎周辺に火攻めを実行。	166
	9月21日	夕方、明智光秀・村井貞勝・柴田勝家ら四千五百、足利義昭の幕府御所（二条城）（烏丸中御門第）警備のため、摂津から上洛。	167
	9月23日	**「野田城・福島城の戦い（第一次石山合戦）―8月26日～9月23日」。戦闘がほぼ終結。**織田信長は、囲みを解き、一部の兵を抑えとして残して京に向かう。	167
	9月23日	足利義昭、亥刻に、織田信長、子刻に上洛。（『言継卿記』）。	167
	9月24日	「志賀の陣―9月16日～12月13日」。 「堂之先」に於いて織田軍と浅井・朝倉連合軍が激突。	168
	9月25日	「志賀の陣」。宇佐山に本陣をおいた織田信長、比叡山延暦寺を包囲。	168
	9月26日	山科言継、近江国坂本での戦況に変化の無いこと、「仰木へ被行衆」は、高倉永相・一色藤長・上野中務大輔秀政・三淵秋豪・明智光秀・山本某ら、帰陣したことを知る。	168
	9月-	浅井長政、禁制を願う京都上京へ全三ヶ条の「禁制」を下す。	169
	10月1日	三好三人衆に影響力を持つ阿波三好家重臣の篠原長房らは、阿波・讃岐の軍兵二万を率いて野田城・福島城に入城、本願寺顕如と誓紙を交わす。	169
	10月2日	「志賀の陣」。徳川家康、信長の支援のために近江国に着陣。	170
	10月8日	武田信玄と和睦関係にあった徳川家康、誓書を上杉輝虎（謙信）に送って、信玄と絶縁する事を誓い、織田信長と謙信との両者の仲を取り持つことを約する。	17
	10月20日	「志賀の陣―9月16日～12月13日」。信長、比叡山上での戦いで兵力を失って包囲されることを恐れ、近江上坂本に本陣を進めた朝倉義景に和睦を申し入れる。	17
	10月30日	青蓮院尊朝法親王（正親町天皇猶子）、本願寺に、織田信長との和睦を促す。顕如光佐は曖昧な返事をする。	17
	11月12日	松永久秀、織田信長と阿波三好家・三好長治・篠原長房との和睦交渉を開始。	17
	11月13日	**本願寺と足利義昭政権との和睦が成立する。**	17
	11月16日	願証寺率いる伊勢長島一向一揆、信長が志賀で手詰まりとなっている様子を見て十月蜂起し、この日、弥富の服部党らと、尾張国小木江城（古木江城）を攻囲。	17
	11月20日	**織田信長、阿波から入京した阿波三好家重臣の篠原長房と講和。**	17
	11月21日	「志賀の陣―信長、六角承禎・義治父子と和睦」。	17
	11月21日	「小木江城の戦い」。伊勢長島門徒衆より小木江城を攻撃され、信長の弟・織田彦七信興が自刃し、落城。尾張でも予断を許さぬ事態が起きていた。	17
	11月26日	「志賀の陣―堅田の戦い―堅田を浅井・朝倉勢が占領」。 堅田城守備の坂井政尚らが、浅井・朝倉連合軍朝倉景鏡らの猛攻によって敗死。	17
	11月30日	「志賀の陣」。将軍義昭、織田信長に朝倉義景との和睦を勧めるため園城寺に赴く。	17
	12月9日	**「志賀の陣―正親町天皇、延暦寺に講和を命じる」。**	17

西暦 和暦	月日	出来事	No.
1570 元亀1	12月12日	「信長は窮していた」。 織田信長、一色藤長・曽我助乗へ、比叡山延暦寺の件は今回不問に付すよう足利義昭より種々書付て仰せ出された旨を承知し、以後は足利義昭に対して疎略な態度をとらないことについては、信長は異論が無い旨の披露を依頼する。	1778
	12月13日	**「志賀の陣（9月16日〜12月13日）終息─第一次信長包囲網を回避」。** 治安混乱の中、勅を奉じた関白二条晴良の仲介で、織田信長と朝倉義景、浅井長政が講和。調停の難航は信長に荘園を横領されていた山門の不承知によるものだったが、信長は荘園を旧に復すという条件も飲んで講和に応じた。 「明智光秀の両属関係が決定づけられた」。志賀の陣の終息で信長は、明智光秀を宇佐山城（志賀城）主とした。	1780
	12月17日	織田信長、近江・美濃・越前間に和睦を成立させ、浅井・朝倉・三好三人衆・本願寺連合軍による挟撃の危機を脱し、岐阜城に戻る。	1791
1571 元亀2	1月2日	織田信長、堀秀村へ、「注文」（報告書）の送付を賞し、この春早々に軍事行動をとる予定であるので油断無く奔走することを促す。詳細は木下秀吉より伝達させる。	1800
	1月-	**「信長、神戸一族を追放」。**織田信長、伊勢神戸城の神戸具盛（友盛）が、具盛養子の信孝（信長三男）を疎んじたとして、具盛を日野城に退去させ幽閉する。	1806
	5月6日	「箕浦の戦い」。信長の違約に怒る浅井軍、箕浦、鎌刃両城を攻めるが、横山城を守備していた木下秀吉らの軍が、堀秀村が守る鎌刃城を救援し、浅井軍・一向一揆の軍を下坂の「さいかち浜」・八幡下坂で追い崩す。	1822
	5月10日	**「松永久秀は本格的に、織田信長に背くことになる（一度目）」。**松永久通、和田惟政・畠山秋高と結んで敵対した安見右近（信国）を多聞城へと呼び出し自害させる。	1823
	5月12日	「信長の第一次伊勢長島攻め」。江北を牽制した織田信長、伊勢長島一向一揆討伐のため、五万ともいわれる大軍を率い出陣。	1828
	5月16日	伊勢国長島攻めで大した戦果を得ないまま織田軍、津島諸所に火を放ち、夜に撤退をはじめる。	1829
	5月30日	三好三人衆、松永久秀の織田信長に対する謀叛に呼応したのか、河内国南半国守護・畠山昭高（秋高）居城の河内国高屋城を攻撃。遊佐某らが籠城。	1838
	6月6日	三好義継、三好三人衆の高屋城攻めに参加する。	1840
	6月10日	足利幕臣・和田惟政、信長に背いた松永久秀・三好義継らの摂津国吹田城を攻略。	1842
	6月-	「金森城の戦い─6月〜9月3日」はじまる。石山本願寺から派遣された坊官の川那辺秀政が指揮をとる一向一揆が、金森城に立て籠もり蜂起。	1863
	7月15日	反信長方の松永久秀、三好義継と共に、和田惟政を攻めに摂津芥川へ出陣すべく画策する。	1875
	7月30日	**足利義昭、三好為三（三好政長の次男）に宛て安堵状。明智光秀は副状を発給。**	1881
	8月4日	「辰市の戦い」。 反信長方の松永久秀軍、三好義継増援軍と多聞山城からの松永久通軍と大安寺で合流し、辰市城攻めるも、筒井順慶・郡山の両方より後詰が到着し大敗。	1887
	8月6日	筒井順慶、織田信長の元に松永久秀軍の首級二百四十を送る。	1889
	8月14日	信長、細川藤孝へ書状で、義昭から指示された条々を諒承し、その条書の頭書も熟考して明智光秀に指令したので、この旨を足利義昭へ披露願いたいと伝える。	1896
	8月18日	伊勢国長島の敗戦から回復した織田信長、浅井父子討伐のため、北近江に向けて岐阜を出陣、近江国北郡横山に陣する。	1900

西暦和暦	月日	出来事	No.
1571 元亀2	8月28日	「白井河原の戦い」。 「摂津三守護」と称された幕和田惟政、池田二十一人衆の中川清秀に打ち取られる。	190
	9月2日	明智光秀、雄琴の土豪・和田秀純に書状を送る。秀純は比叡山攻めに呼応した。	190
	9月3日	「金森城の戦い―6月～9月3日」終結。	191
	9月11日	織田信長、山岡景猶のもとに宿泊し、翌日の比叡山攻撃予定を家臣に告げた。	191
	9月12日	「信長の比叡山焼き討ち」。信長の軍勢は日吉神社へ火をかけ、神社後方の八王寺山へ攻め上り、多くの僧侶たちを殺害した。	191
	9月13日	「信長、上洛」。	191
	―	この頃（10月頃ともいう）、明智光秀、比叡山焼き討ちの功（坂本近在の土豪を懐柔）で、信長から近江国滋賀郡五万石を与えられ領主となる。	191
	9月18日	「信長、出京」。織田信長、早旦に近江永原に下向。	192
	9月-	明智光秀、石谷頼辰の件で足利義昭の勘気に触れ、義昭から離れるという。	192
	9月20日	織田信長、岐阜城に帰陣。	192
	9月30日	織田信長が、公武御用途のため、洛中洛外の田畑一反につき一升の米を京都妙顕寺に集めるように明智光秀らに指示する。	193
	11月21日	織田信長、京都賀茂惣中へ、近日中に上洛する予定であることを告げ、信長上洛以前に筒井順慶と談合し急ぎ、付城を構築して攻略するよう通達。	195
	12月-	「光秀、将軍との両属ながら、織田家中で最初の城持ち大名へと出世する」。 信長に滋賀郡の支配を命じられた明智光秀、この月、坂本城築城開始。	195
	12月17日	細川信良（「細川六郎」）、従者七百人程を従え幕府に出頭。	196
	12月20日	明智光秀は、詫び状を足利義昭近習・御詰衆の曽我助乗に送り、義昭への取成しを依頼した。この日、光秀は曽我助乗にお礼として、下京の地子銭二十一貫二百文を進上する。	197
	12月28日	織田信長、鷹狩を終え、尾張国清洲より美濃国岐阜へ帰還。	197
1572 元亀3	1月21日	織田信長、義昭家臣の飯川信堅・曽我助乗へ、摂津国中島城・高屋城攻撃のために柴田勝家を出陣させることを通達し、この軍事行動は「天下」のためで、幕府衆も出陣するのは当然であること、これらのことを足利義昭に報告することを指示。	199
	3月5日	「信長の第一次小谷城攻め」。浅井・朝倉氏挑発の織田信長、五万の大兵を動員、江北方面に向けて出馬し、岐阜より近江国赤坂に布陣。明智光秀、従軍。	200
	3月12日	「第一次小谷城攻め終了―信長上洛」。浅井・朝倉氏が挑発に乗らないため、織田信長、軍勢七百名程を率いて近江国より上洛、妙覚寺へ寄宿。	201
	3月24日	「信長、三好三人衆との和睦を成立させる」。三好三人衆が後退し初めて、細川昭元(信良)と岩成友通が、初めて信長のもとへ挨拶に来る。(『信長公記』）。	202
	3月29日	「信長、改元を要求」。朝廷よりも武家が権力を持った鎌倉時代には、天皇の御代替わりによる改元が形式的なものになる。	202
	3月-	「信長、本願寺顕如と和睦」。この頃、将軍義昭と武田信玄の仲介により、本願寺顕如光佐は、信長の京都屋敷普請のお祝いとして、秘蔵の万里江山の一軸と白天目の茶碗を贈って、織田信長と和解。お互いの戦略上便法であった。	203
	4月13日	信長に敵対した三好義継、細川昭元(信良)を味方につけて、摂津国を平定する。さらに三好為三や香西越後守長信も味方につける。	204

西暦 和暦	月日	出来事	No.
1572 元亀3	4月17日	織田信長、摂津に向けて京を出陣。	2046
	4月-	この頃、公方衆、織田軍は鹿垣で砦を囲んだが、風雨に乗じた三好義継、松永久秀らを取り逃がす。	2048
	5月7日	大和西京の信長勢が数万に達する。明日討ち入りとのことで、松永久秀は、それを阻止すべく種々の調停を試みる。	2062
	5月9日	「松永久秀と信長が和睦」。筒井順慶は南大門に、信長軍は多聞山の北を包囲して布陣するが、午後には陣を払う。松永久秀と信長勢との調停が成立する。	2066
	5月19日	織田信長、「天下の儀」を仰せ付けて美濃国岐阜へ帰還。(『信長公記』)。	2075
	7月1日	「松永久秀、再び信長に臣従」。 織田信長、松永久秀へ、来たる七月七日に江北小谷城への攻撃にあたり出撃命令を下す。	2083
	7月7日	浅井長政、朝倉義景に出兵を要請。朝倉先兵援軍、小谷着。	2086
	7月19日	織田信長、嫡男の奇妙公(織田信忠)を同伴し美濃国岐阜城を出陣し、浅井氏討伐の為に江北表へ向かう。これは織田信忠の「具足初」であった。(『信長公記』)。	2089
	7月20日	「信長の第二次小谷城攻め─7月20日〜9月16日」はじまる。	2091
	7月24日	「光秀、浅井攻めに出陣」。明智光秀ら、近江国海津浦・塩津浦・余呉入海・江北の敵岸を焼き払い、竹生島に停泊し、火矢・大筒・鉄炮を以て一揆勢を殲滅。	2097
	7月-	この月、明智光秀の坂本城、ほとんど成る。	2104
	9月10日	「本願寺と信長の第一次講和」。 本願寺顕如、足利義昭・武田信玄の斡旋により織田信長と和睦。	2121
	9月16日	「信長の第二次小谷城攻め─7月20日〜9月16日」終結。 信長・信忠父子、虎御前山の砦を木下秀吉にまかせ、横山城に帰陣する。	2125
	9月16日	織田信長・信忠、近江国横山城より美濃国岐阜城へ帰還。	2126
	9月28日	織田信長、「信長の添え状なしに御内書を発給したこと」などを責める、足利義昭へ全十七ヶ条の意見「条々」を提出。	2130
	10月3日	「武田信玄、西上作戦開始─甲尾同盟解消─第二次信長包囲網はじまる」。 織田氏と手切れした武田信玄と上洛の兵、甲斐国府中を出発。	2135
	11月-	この月、淡路の安宅信康が足利義昭に降り、信長からも許された。	2141
	11月3日	木下秀吉ら、近江国虎御前山と宮部間の防御線を破ろうとした浅井七郎を先鋒とする浅井・朝倉連合軍を撃退。(『信長公記』)。	2144
	11月14日	「第二次岩村城の戦い」。武田信玄の重臣・秋山信友(虎繁)に攻められ、籠城していたおつやの方(信長の叔母)が岩村城を開城。	2151
	11月20日	織田信長、上杉謙信へ全五ヶ条にわたり信長と信玄の敵対とその状況を通知。	2159
	12月3日	小谷城の応援の朝倉義景、信長を追撃しようとせず、近江国より撤退、越前に帰国する。武田信玄の西上による信長包囲網の一角が崩れる。	2167
	12月20日	信長方の三好義継・松永久秀ら、再び足利義昭側となった細川昭元(信良)を摂津国中島城に攻める。	2174

西暦和暦	月日	出来事	No.
1572 元亀3	12月22日	「三方ヶ原の戦い―家康、信玄に大敗」。遠江国三方ヶ原に於いて武田軍はほぼ二万五千と織田・徳川連合軍が激突、徳川・織田連合軍は迎え撃ったが大敗。	217
	12月28日	信長は、長男の勘九郎信重(信忠)を大将に、岩村城奪還を目指して反攻させたが、岩村城南方の上村において秋山信友(虎繁)に敗れる。	218
1573 元亀4	2月-	「対立が決定的になり、義昭、反信長挙兵」。	219
	2月13日	足利義昭、織田信長に敵対する態度を明らかにし、朝倉義景・浅井長政に支援の御内書を下す。	219
	2月20日	織田信長、近江国石山城・今堅田城に籠城した光浄院暹慶・磯谷党・渡辺党・山本党らを攻撃するために柴田勝家・明智光秀・丹羽長秀・蜂屋頼隆を派遣する。	220
	2月23日	「義昭の信長討伐の激」。将軍足利義昭、浅井長政・朝倉義景・武田信玄・本願寺らに、信長討伐の激を発する。	220
	2月23日	「織田信長黒印状」。信長、細川兵部大輔(細川藤孝)の報告に応え、足利義昭の「逆心」について全七ヶ条の条目を通達。	220
	2月26日	「光秀ら、石山城攻略」。明智光秀ら、足利義昭与党の籠もる近江国石山城を攻略、破却する。	220
	2月26日	織田信長、子(娘)を人質として足利義昭に和睦を申し入れたが、義昭は信ぜず、三月七日、これを一蹴。	221
	2月29日	「光秀ら、今堅田城攻略」。	221
	3月6日	足利義昭は、前将軍で兄の義輝を殺されて怨念のあった河内若江城の三好義継(義昭の義弟)・大和多聞山城の松永久秀を赦し、同盟する。	221
	3月8日	島田秀満、織田信長より足利義昭(「大樹」)との関係修復を命じられるが不調に終わる。秀満、大津に至り人足徴発を行う。(『兼見卿記』)。	222
	3月23日	足利義昭、反信長の兵を挙げ、信長の「武者小路新第」を破却する。	222
	3月25日	織田信長、足利義昭追放を決意、上洛のために美濃国岐阜城を出陣。	222
	3月29日	「細川藤孝・荒木村重、足利義昭に叛き、信長に属する」。	223
	4月4日	織田信長軍、幕府御所(二条城)(烏丸中御門第)を囲み、足利義昭に和平を迫るが、応ぜず。明智光秀、下鴨に陣し、義昭に敵する。	225
	4月4日	「信長、上京焼打ち」。	225
	4月6日	「信長・義昭、和睦」。織田信長、正親町天皇勅命により、将軍足利義昭と和睦。	225
	4月8日	織田信長、美濃国岐阜城へ向けて京都を発す。(『兼見卿記』)。	226
	4月11日	織田信長、鯰江城を支援している近江国百済寺を灰燼に帰させる。信長、美濃国岐阜城に帰還。(『信長公記』)。	226
	4月12日	武田信玄、信濃国駒場に於いて病没、享年53。反信長同盟が事実上崩壊。	226
	4月15日	岐阜城を出た織田信長、近江国佐和山城に到着。	226
	4月27日	「28日にかけて、信長と義昭が起請文を交わし、正式に和睦する」。	227
	5月24日	明智光秀、今堅田で討死した千秋刑部(輝季)・井上勝介ら家臣十八人の供養のため、近江国坂本の西教寺に霊供料を寄進する。	228

西暦 和暦	月日	出来事	No.
1573 元亀4	6月25日	「高屋城の戦いの一」。傀儡として主家を牛耳った遊佐信教、河内国高屋城で、信長と手を結んだ畠山昭高（秋高）（高屋城主）を弑逆。	2293
	7月3日	**「義昭、再挙兵」**。足利義昭、再び信長に反旗を翻し、宇治槇島城に籠もり挙兵。	2298
	7月6日	織田信長、風にもかかわらず新造の「大船」に乗船。（『信長公記』）。	2302
	7月9日	織田信長、上洛し、衣棚押小路の妙覚寺を陣所とする。	2307
	7月10日	**「織田信長朱印状―信長のもとで細川藤孝家が興隆していく出発点となる」**。	2309
	7月10日	織田大軍に囲まれた幕府御所（二条城）の三淵藤英ら、柴田勝家の勧降に応ずる。	2311
	7月18日	**「槇島合戦―室町幕府、滅亡」**。織田信長、第二次信長包囲網から脱する。	2320
	7月19日	「信長、義昭を追放」。	2322
	7月21日	**「織田単独政権が成立」**。	2327
	7月21日	「信長、朝廷に改元を内奏」。	2329
	7月27日	織田信長、朝倉・浅井攻めのため京都を発し坂本へ下り、近江国高島郡へ「大船」を以て参陣。残敵の籠もる近江国木戸城・田中城を攻略。（『信長公記』）。	2337
1573 天正1	7月28日	この日、「天正」と改元される。	2340
	8月2日	**「淀古城の戦い―信長、山城国平定」**。	2343
	8月4日	織田信長、近江国より美濃国岐阜城へ帰還。（『信長公記』）。	2344
	8月8日	**「信長の第三次小谷城攻め―8月8日〜9月1日」**はじまる。	2347
	8月13日	「刀根坂の戦い」。	2355
	8月17日	織田信長、木目峠を越えて越前国へ乱入する。（『信長公記』）。	2363
	8月20日	**「信長、越前国平定―朝倉家滅亡」**。	2369
	9月1日	**「第三次小谷城攻め（8月8日〜9月1日）―浅井家滅亡」**。	2385
	9月4日	「信長、近江国平定」。	2386
	9月24日	「第二次北伊勢一向一揆討伐」。 織田信長、北伊勢に向けて岐阜城を出陣。この日は、美濃国大垣城に宿泊。(	2414
	10月8日	**「信長、北伊勢の一向一揆を平定」**。	2422
	10月25日	織田信長、帰陣の支度にとりかかった。岐阜へ引き上げる途中、長嶋一向一揆の攻撃を受け、かなりの損害を出す。	2435
	10月26日	織田信長、美濃国岐阜城に帰陣。（『信長公記』）。	2436
	11月10日	織田信長が上洛、妙覚寺に入る。	2445
	11月16日	**「若江城の戦い―三好家崩壊」**。	2452
	11月23日	「信長の初めての茶会」。 織田信長、衣棚押小路の妙覚寺で茶会及び所蔵の名品を陳列する。	2454
	11月29日	**「松永久秀、またも信長に臣従」**。 織田信長、佐久間信盛らに朱印状を発し、松永久秀父子の帰服を申し出である。	2458
	12月17日	織田信長、美濃国岐阜城に帰城ため、京を発する。	2469

鳥取

因幡

但馬

丹後

峰山城

弓木城

美作

備前

兵庫

竹田城

鬼ヶ城

福知山城

山家城

岡山

上月城

播磨

丹波

京都

志方城

神吉城

摂津

山城

大阪

拡大図

香川

淡路

和泉

河内

大和

徳島

雑賀城

奈良

阿波

紀伊

和歌山

石川

富山

大聖寺城

加賀

北ノ庄城

飛騨

越前

一乗谷朝倉館

長野

龍門寺城

福井

金ヶ崎城

若狭

大桑城

美濃

田中城

岐阜城

岐阜

大溝城

明智(長山)城

近江

妻木城

岩村城

滋賀

尾張

伊賀

愛知

伊勢

三河

静岡

三重

掛川城

浜松城

志摩

遠江

丹波

氷上城

黒井城

国領城

金山城

宇津城

園部城

籾井城

宍人城

八木城

八上城

余部城

亀山城

播磨

三田城

摂津

兵庫

茨木城

有岡城

大阪

野田城

天王寺砦

N

木戸城

安土城

山城

静原城

今堅田城

京都

近江

将軍山城

坂本城

宇佐山城

旧二条城

滋賀

石山砦

勝竜寺城

山城

淀古城

槇島城

高槻城

交野城

三重

飯盛城

多聞山城

信貴山城

奈良

伊賀

大和片岡城

河内高屋城

西暦1521

大永1	8月23日	戦乱、天変などの災異のため、永正から「**大永**」に改元。
	12月25日	**足利義晴(1511〜1550)、征夷大将軍となる。第十二代。** 11歳の義晴は実際の政務を行うには未熟で、細川高国(第三十一代室町幕府管領)(1484〜1531)や政所執事(頭人)の伊勢貞忠(1483〜1535)らが政務の運営にあたった。 永正18年(1521)3月7日、足利義稙(室町幕府第十代将軍)(1466〜1523)が京を出奔。このため同月22日に行われた後柏原天皇(1464〜1526)の即位式は、高国のもとで行われた。これにより天皇の信任を失った義稙を排斥して、かつての敵対者であった足利義澄(1481〜1511)(第十一代将軍)の遺児である足利亀王丸を擁立。 将軍不在による細川高国政権の存続危機を防いだ。7月6日には亀王丸の上洛を迎え入れると、大永に改元後の8月29日には、亀王丸による代始の参賀を行わせた。12月24日に元服して「義晴」と改名した亀王丸は、この日将軍に補任された。 その後、前将軍義稙からの侵攻を何度か受けるが、大永3年(1523)4月に義稙も死去したため、細川高国の勝利に終わった。 12月24日に義晴の元服関係の儀式終了後に細川高国が辞任した後は、管領職自体が、ずっと空席のままであったという。

西暦1525

大永5	2月2日	祖父実如(浄土真宗本願寺派第九世宗主)(1458〜1525)の死により、**本願寺証如光教(1516〜1554)が本願寺第十世を継ぐ**。10歳と幼い証如に代わって蓮淳(1464〜1550)が後見人(証如の外祖父でもあった)として本願寺を取り仕切る。

西暦1526

大永6	4月29日	後奈良天皇(1497〜1557)、後柏原天皇の崩御にともない践祚。第百五代。 皇位の象徴である三種の神器を受継ぐことを「践祚」、皇位につくことを天下に布告することを「即位」という。 現在の「皇室典範」・「皇室典範特例法」で践祚という言葉はなくなった。

西暦1527

大永7	2月13日	「**桂川の戦い—細川高国政権崩壊**」。丹波の柳本賢治(?〜1530)・阿波の三好元長(長慶父)(1501〜1532)らの反細川高国派連合軍、京に侵攻、細川高国方の武田元光(1494〜1551)を川勝寺(京都市下京区西京極中町長福寺(川勝寺))に攻め大破する。 **細川高国は、将軍足利義晴を擁したまま近江坂本に逃れ、高国政権は崩壊。**
	3月-	「**堺公方政権が成立**」。細川澄元(第三十代室町幕府管領)の子・細川六郎(晴元)(1514〜1563)が、堺に政権をたてる。
	5月2日	足利義賢(義維)(1509〜1573)、神泉苑作毛を下津屋某に充行う。 阿波公方と呼ばれた足利義賢(義維)は、細川六郎(晴元)(1514〜1563)と共に、三好元長(長慶父)に奉じられて和泉国堺に入った。
	7月13日	**足利義賢(義維)、朝廷から従五位下・左馬頭に叙任される。義賢は「義維」と改名**し、崩壊同然となった室町幕府に代わる新政権(いわゆる堺公方府)を発足させた。**義維は、次期将軍として約束されていたため堺公方(または堺大樹)と呼ばれるようになる。** 和泉国堺を本拠とした細川六郎(晴元)は、都落ちにより実態を失った細川高国政権に替わるべく、義維を将軍に戴く「堺公方府」という擬似幕府を創設した。

西暦1527

大永7	8月13日	堺の細川六郎（晴元）（1514～1563）、東寺に久世荘本所分を安堵する。	0009
		この頃より晴元は堺に居ながら京都および山城国・摂津国の実権を握り、その臣茨木長隆（？～？）が京都代官として、以後、二十数年にわたり京都を実質支配したとされる。	

西暦1528

大永8	3月10日	**氏王丸（明智光秀）（1528？～1582）、美濃国明智長山城主の父・明智光綱（光隆）（1504？～1538？）24歳、母・お牧の方（若狭武田氏出身）（1509？～1579？）19歳の子として生まれる。** 幼名は氏王丸、桃丸など。 また、「明智氏一族宮城家相伝系図書」には「光綱生得多病　而日頃身心不健也　因家督之一子設不　故ニ父宗善之命蒙　甥ノ光秀善　以テ家督為　光秀ハ光綱之妹婿進士勘解由左右衛門尉信周之次男也」。光秀の実母は明智光綱の妹と記載されているなど、諸説あり。 同年8月17日、大永3年（1523）、永正13年（1516）生まれなど諸説あり、1516年生まれ説が有力という。しかし、親しかった吉田兼見（1535～1610）、細川藤孝（1534～1610）の生年と近江坂本から丹波・丹後への出陣などを鑑み、当書では、1528年生まれとした。信長より6歳、家康より15歳、秀吉より9歳、年長である。 母・お牧の方は、光秀2歳の頃、明智光綱と離縁して若狭に戻った。光綱が再婚するまで、光秀の母親代わりになったのは、16歳の小見の方（光秀父光綱の妹）（1513～1551）とされる。 上記はあくまで一つの説であり、「明智十兵衛尉」としての確実な史料初見は光秀の口伝を筆録した沼田勘解由左衛門（清延）から、永禄9年10月20日に米田貞能が近江坂本で写したものとされ、それ以前の光秀については分からないのが現状である。 明智家は、美濃源氏の嫡流、美濃・尾張・伊勢の守護大名、清和源氏土岐氏の支流氏族とされる。発祥地は恵那明智町（岐阜県恵那郡）であったが、土岐宗家5代頼遠の本拠地を土岐郡から厚見郡に移動、守護所を岐阜長森移転に伴い、明智宗家は明智庄（可児市）へ移転すると、明智家も従い明智庄へ本拠を移し、明智城（岐阜県可児市明智）を居城として築くとされる。 明智氏は、室町幕府に直接仕える奉公衆（将軍に近侍する武官官僚）でもあり、京に在し将軍近くで務めることも多かった。そのため、公家衆との縁も深かったという。	0010
	5月14日	三好元長と和睦しようやく上洛を果たした細川高国だが、細川六郎（晴元）との和が敗れ、怒る三好元長は和泉に下向する。	0012
	5月14日	細川高国（1484～1531）は、細川尹賢（？～1531）と共に、再び近江へ逃走する。	0013
	5月28日	入洛したが、将軍足利義晴（1511～1550）は、堺公方足利義維（1509～1573）との和成らず、坂本に逃亡する。	0014
享禄1	8月20日	**「享禄」に改元。** 後奈良天皇即位のため改元。 朝廷は、この改元を義維ではなく、依然として将軍位に在った義晴に諮ったことを不満として新年号を認めず、同年11月までは大永の年号を使用し続けるとされる。	0015
	10月24日	堺公方足利義維、大徳寺養徳院に松ヶ崎の地を安堵する。	0016

西暦1529

享禄2	3月13日	細川六郎（晴元）（1514～1563）、料所年貢米の未納により、洛中洛外米屋に足利義維（1509～1573）の食米を納めさせる。

西暦1530

享禄3	6月29日	「依藤城の戦い」。堺公方足利義維後見人の柳本賢治（？～1530）、播磨国依藤城（豊地城）（兵庫県小野市中谷町）を攻撃中、東条谷の玉蓮寺の陣中で暗殺される。 柳本賢治の兄は、波多野秀長の長男の波多野植通（1496～1530）で、香西元盛（？～1526）、柳本賢治の兄。別名は波多野元清という。 多紀郡を掌握した元清は、新たな支配拠点として、朝路山山上に八上城（兵庫県丹波篠山市八上）を構築。その一方で、弟元盛を讃岐出身の京兆家内衆の香西氏に、末弟の賢治を大和国衆の柳本氏に入れるなどして、細川氏内部での立場を強化していった。西丹波を支配する一国人に過ぎなかった波多野家を戦国大名へ昇進させ、最盛期を築いたとされる。

西暦1531

享禄4	2月21日	三好元長（1501～1532）、主君細川六郎（晴元）（1514～1563）と和睦して、この日、阿波から堺に到着。
	6月4日	「大物崩れ」（天王寺の戦い）。 赤松政祐・細川六郎（晴元）・三好元長の連合軍、摂津大物（兵庫県尼崎市大物町）で、細川高国・浦上村宗（備前守護代）（？～1531）の連合軍を破る。 赤松政祐（後の晴政）（1513/1495～1565）は、陣する前から堺公方足利義維（1509～1573）へ密かに質子を送って裏切りを確約していた。この赤松軍の寝返りは細川高国軍の動揺をもたらし、浦上軍に従っていた「赤松旧好の侍、吾も吾もを神呪寺の陣へ加わり」（『備前軍記』）と寝返りを誘発した。 しかし、畠山総州家の畠山義堯、三好元長は、堺公方の処遇を巡って細川晴元と対立した。
	8月9日	堺公方足利義維、鹿王院大先と等河との祠堂銭相論を裁許する。

西暦1532

享禄5	6月15日	「飯盛城の戦い」。細川六郎（晴元）の要請を受け入れた本願寺一揆軍、晴元に近付く木沢長政（1493？～1542）の居城・飯盛城（飯盛山城）（大阪府大東市及び四條畷市）を攻囲する畠山義堯（？～1532）・三好元長連合軍を攻め破る。義堯は自刃。
	6月20日	「顕本寺の戦い─堺公方政権崩壊」。 勢いに乗る本願寺一揆軍、畠山義堯に加担した元長を顕本寺に攻め寄せる。堺公方足利義維後見人の**三好元長（長慶父）（1501～1532）、堺の顕本寺（法華宗）にて、主君細川六郎（晴元）（1514～1563）により自害させられる。** 後ろ楯を失った義維は、この後、阿波国平島に帰った。 大永7年（1527）からこの五年間の足利義維（1509～1573）は、堺に居て、実質上幕政の中心にいたともいわれる。
天文1	7月29日	「天文」に改元。 室町幕府十二代将軍足利義晴の申請により、戦乱などの災異のため改元。

西暦1532

| 天文1 | 8月24日 | 「山科本願寺の戦い」。 | 0025 |

細川六郎（晴元）・六角定頼が法華門徒（延暦寺衆徒）と連合。本願寺光教（証如）（1516～1554）を山科に攻め本願寺を焼く。光教（証如）、石山に出奔する。

五十三年間にわたって隆盛を極めた山科本願寺は消滅し、本願寺は、天文2年、大坂の石山坊舎に移る。

蜂起したまま乱行を重ねた一向一揆軍の鎮圧に神経を費やした細川六郎（晴元）は、一向宗の対立宗派であった法華宗とも協力して法華一揆を誘発させ、他にも領内で一向宗の活動に悩まされていた近江国の六角定頼とも協力した。

| | 10月16日 | 「室町幕府、復興」。 | 0026 |

細川六郎（晴元）奉行・茨木長隆（？～？）、足利義晴奉公衆の所領を安堵する。

将軍足利義晴（1511～1550）、六角定頼（1495～1552）・六角義賢（後の承禎）（1521～1598）父子の後援を得て、細川六郎（晴元）（1514～1563）と和解。細川六郎（晴元）は、堺公方府としての政権奪取というこれまでの方針を転換、将軍・義晴と和睦し、その管領に就こうとした。が、足利義晴は、その後も細川晴元と対立して敗れたのち、和解して帰京するといった行動を繰り返す。

西暦1533

天文2	2月2日	堺の細川六郎（晴元）、一向一揆の攻撃を受け淡路国に逃れる。	0027
	2月-	この月、光秀の叔母・小見の方（1513～1551）が、長井新九郎規秀（のりひで）（斎藤道三）（1494？～1556）に嫁ぐとされる。	0028
	4月6日	細川六郎（晴元）、淡路国より池田城（摂津国）に入る。晴元は、体勢を立て直す。	0029
	6月20日	**細川六郎（晴元）（1514～1563）、本願寺光教（証如）（1516～1554）と和解**。同日、六郎（晴元）、本満寺等の洛内法華寺院に軍忠状を送る。	0030

「三好仙熊に扱（和睦）をまかせて」（『本福寺明宗跡書』）とある。三好長慶が仲介の労をとったのか。三好仙熊（長慶）（1522～1564）は、この直後に元服したとされ、孫次郎利長と名乗り、伊賀守を称したという。

山科本願寺跡

天文3	4月22日	熊千代（細川藤孝）(1534〜1610)、三淵晴員(1500〜1570)の次男として京都東山に生まれる。後に父晴員と共に十二代将軍足利義晴の近臣であった細川晴広の養子となる。天文10年1月12日には、細川伊豆守高久（養父晴広の父）と共に幕府に出仕、将軍足利義晴に謁見する。天文15年(1546)、十三代将軍義藤（後の義輝）の偏諱を受け、「藤孝」を名乗る。幕臣として義輝に仕え、天文21年(1552)に従五位下兵部大輔に叙任される。 異母兄が三淵藤英(？〜1574)である。
	5月12日	吉法師（信長）(1534〜1582)、尾張国勝幡城（愛知県愛西市勝幡町と稲沢市平和町六輪字城之内）主・織田信秀(1510？〜1551)・土田御前（母）(？〜1594)の次男または三男として生まれる。長男の信広(？〜1574)の生母が側室だったので相続権がなく、次男の信長が正室の子であったため織田家の嫡男となったという。 「〜法師」という幼名は、男子は幼少の砌、剃髪していたので、それを法師に見立てて付けられている。 池田恒利(？〜1538？)の妻（養徳院）(1515〜1608)が乳母。池田恒興(1536〜1584)の母である。善徳院はのちに信長の父の織田信秀の側室となっている。大御乳様と敬称された。 尾張国は八郡からなっていた。うち上四郡は織田伊勢守家が支配し、岩倉に居城を構えていた。また下四郡は織田大和守家が従えており、清洲城（愛知県清須市一場）に武衛様（斯波家）を住まわせ、自らも城中にあって仕置を行っていた。尾張国下四郡の大和守の家中には三家の奉行（清洲三家老）があった。織田因幡守家・織田藤左衛門家・織田弾正忠家であり、この三家が諸沙汰を取りしきっていた。このうち織田弾正忠家は国境近くの勝幡に居城を構えていた。この時の当主は備後守信秀で、弟に与二郎信康・孫三郎信光・四郎二郎信実・右衛門信次とがあった。
	5月29日	本願寺光教（証如）(1516〜1554)、細川六郎（晴元）(1514〜1563)との和議を破棄し、細川晴国（高国の弟）(？〜1536)と結んで挙兵する。
	6月8日	将軍足利義晴(1511〜1550)、関白近衛尚通の娘・慶寿院(1514〜1565)と、婚儀。 雷を伴う夕立ちの中、近江国桑実寺で挙行という。 足利将軍家の正室は足利義満以来、日野家から迎えられてきたが、ここにおいて初めて摂関家から正室を迎えた。
	8月3日	細川六郎（晴元）に接近したが、一向一揆とは対立を続ける木沢長政(1493？〜1542)・三好政長(1508〜1549)ら、一向宗徒を山城の谷山城（西京区松尾万石町付近）に攻め敗れる。
	8月28日	室町幕府の復興を目論む細川六郎（晴元）(1514〜1563)、摂津より上洛し相国寺に宿す。
	9月3日	足利義晴が入京し、建仁寺に館す。 室町幕府第12代将軍足利義晴(1511〜1550)、約三年にわたり幕府を営んだ、近江湖東の観音寺城山麓桑実寺（滋賀県蒲生郡安土町桑実寺675）を引き払い、入京。

西暦 1534

天文3	10月-	この月、畿内・阿波の戦国大名・三好利長（長慶）(1522～1564)は、河内・山城南部の守護代・木沢長政(1493？～1542)の仲介で細川六郎（晴元）(1514～1563)と講和（晴元に帰服）、幕僚（内衆）となる。	0038

長慶父・三好元長(1501～1532)は細川晴元配下の有力な重臣で、阿波国や山城国に勢力を誇っていたが、享禄5年(1532)6月に、元長の勢力を恐れた晴元は一向宗の力を借りて、元長を殺害した。このとき長慶は、木沢長政の仲介や、年少であるという理由から許されて、細川晴元に従うことになる。

	-	斎藤利三(1534～1582)、斎藤利賢の次男として生まれる。母は、光秀祖父・明智光継の次女という。天文7年(1538)11月27日生まれるともいう。	0039

利三は、実兄の石谷頼辰(？～1587)や明智光秀(1528？～1582)と同様に幕府の奉公衆の出身であり、上京後に摂津国の松山新介（重治）に仕え、次いで斎藤義龍に仕え、後に、西美濃三人衆の一人・稲葉良通（一鉄）(1515～1589)が織田氏へ寝返ると、それに従い稲葉氏の家臣となった。しかし元亀1年(1570)稲葉一鉄と喧嘩別れし、明智光秀との縁戚関係から光秀に仕えるようになったといわれている。光秀には重用され、明智秀満と並ぶ明智氏の筆頭家老として用いられた。

利三母は、明智光秀正室（妻木氏）の姉妹であるとされる。その母は、石谷光政に再嫁し、次女（長宗我部元親正室）をもうけた。利三兄・石谷頼辰は、石谷光政の養嗣子となって、その長女を娶った。

他の説としては、母は斎藤利賢の嫁いだ蜷川親俊（親世）の妹という。

利三正室は斎藤道三と小見の方の娘とされる。利三後室は稲葉一鉄の娘（従弟妹）で、斎藤利宗(1567～1647)、斎藤三存、それに末娘の福（春日局）(1579～1643)らを産んだ。お福は稲葉正成と結婚するが離縁したあと、稲葉重通(？～1598)の養女となり、江戸幕府の第三代将軍徳川家光の乳母となり、権勢を誇った。

天正7年(1579)8月、光秀が丹波国黒井城を攻略すると、その守備を任される。

天正10年1月には、実兄石谷頼辰の義父・空然（石谷光政）に書状を出し、頼辰を派遣する旨を伝えると同時に、空然に長宗我部元親の軽挙を抑えるように依頼した。同年5月には元親から信長の指示に従うとの書状を受けた。しかし、信長は四国攻めを強行する。

本能寺の変前夜には、主君明智光秀、明智秀満・明智治右衛門、藤田伝五、溝尾庄兵衛（勝兵衛）茂朝らと信長討ち果たしを協議したとされる。

西暦 1535

天文4	6月12日	細川六郎（晴元）の兵（畠山氏の家臣・遊佐長教の軍勢）、大坂の本願寺第十世証如（光教）の兵を攻撃して破る。	0040

以後、本願寺は、石山坊に籠城を余儀なくされたが、その後、興正寺第十五世蓮秀(1481～1552)らの努力で、この年11月、和議を成立させ、晴元政権との共存路線を採用する。

	9月15日	本願寺証如（光教）(1516～1554)は、のちに主戦派の執奏役下間頼秀(？～1539)・弟の頼盛(？～1539)を追放。この日、先の敗戦の責任をとらされて、頼秀・頼盛兄弟とその一党が石山本願寺を退出する。	0041
	11月-	この月、本願寺本寺の青蓮院尊鎮法親王（後柏原天皇の第三皇子）(1504～1550)の仲介で、本願寺と細川六郎（晴元）が和議を締結する。	0042

西暦**1535**

天文4	12月1日	本願寺から和睦の使者として、下間頼秀・頼盛の失脚後に本願寺に再出仕した下間頼慶(?~1541)が細川六郎(晴元)の元に、青蓮院へ下間頼次が仲介の御礼の為に派遣される。
	12月23日	本願寺から木沢長政(河内・山城南部の守護代)へ和平の御礼の使者が派遣される。
	−	この年、幕府および細川六郎(晴元)、洛中諸寺社領を還付安堵する。
	−	小見の方(1513~1551)と長井新九郎規秀(斎藤道三)(1494?~1556)の間に、濃姫(帰蝶、胡蝶など)(織田信長正室)(1535~1612?)が生まれる。濃姫と明智光秀(1528?~1582)は、従兄妹とされる。

西暦**1536**

天文5	1月4日	本願寺光教(証如)(1516~1554)、道場を山科に再興し、この日、立柱が行われる。
	2月-	「松本問答」。この月、上総茂原妙光寺の法華門徒・松本新左衛門久吉、一条烏丸の観音堂で、三日から説教を続ける叡山西塔北尾の華王坊と宗論する。山門側が負けたという噂が洛中に広まり、叡山を中心とする旧仏教側の日蓮宗への反発が強まる。そして、権力側による日蓮衆徒包囲戦線を結成。対抗の町衆は大規模な地子不払い運動を展開する。
	2月26日	第百五代後奈良天皇(1497~1557)、践祚から十年後、ようやく紫宸殿にて即位式を行う。大内義隆の二十万疋(一疋十文)をはじめ、北条氏綱・武田元信・今川氏輝・朝倉孝景・本願寺証如(光教)らの献資による。 大内義隆(1507~1551)は、この奉献により太宰大弐を許される。義隆の従二位下という異例の昇進は、このような資財献上の結果であり、のち守護ながら従二位・兵部卿と、従四位下右京大夫の細川氏をはるかに凌ぐ官位を授与される。
	3月10日	**菊幢丸(後の第十三代将軍足利義輝)(1536~1565)、将軍足利義晴(1511~1550)の嫡男として誕生。**
	4月26日	第十二代将軍足利義晴、南禅寺仮第に館す。
	7月2日	将軍足利義晴、京都に警護の兵を派遣するよう、越前国守護朝倉孝景(1493~1548)・若狭国守護武田信豊(1514~1580?)に命じる。
	7月27日	**「天文法華の乱」。** **比叡山延暦寺(天台宗)僧徒と同調する近江・六角氏の軍勢、早朝、四条口から京へ乱入、各所に放火。**翌日まで持った本國寺を含め洛中の法華宗(日蓮宗)の二十一本山が全て炎上。あおりを受けて、上京一帯が焼け、革堂行願寺、百万遍知恩寺、誓願寺(浄土宗)も炎上。また、吉田兼永(兼右の叔父)(1467~1536)らが、乱民に殺される。 京都で勢力を伸ばした法華衆に対し、細川晴元はそれをよしとしなかった。ようやく細川晴元政権の京都での安定を確立する。
	7月28日	京都を追われた法華宗徒の大多数は、堺の末寺に逃れる。
	8月19日	将軍足利義晴、本願寺証如(光教)を赦免し、寺領山科等を還付する。
	8月29日	細川晴国の部将三宅国村(?~?)ら、晴国を裏切り、摂津天王寺に於いて細川晴国(高国の弟)(?~1536)を自刃に追い込み、細川六郎(晴元)(1514~1563)と結ぶ。
	9月5日	本願寺が細川晴元に対し、細川晴国滅亡を祝する使者を送る。

西暦 1536

天文5	9月24日	「細川晴元が入京」。細川六郎（晴元）（1514〜1563）、三好利長（長慶）・波多野秀忠・木沢長政らを従えて、芥川城（大阪府高槻市）より京都入る。将軍足利義晴（1511〜1550）に謁し、名実ともに幕府執政となり、管領に相当する政治的地位を継承。	0058
		八上城主・波多野植通（元清）（1496〜1530）は享禄3年6月8日に没し、家督は息子の波多野秀忠が継いでいたという。秀忠（？〜1545？）・元秀（？〜？）・晴通（？〜1600）は、兄弟ともいう。	
	閏10月7日	細川六郎（晴元）、法華門徒の洛中洛外徘徊、還俗転宗を厳禁する。細川晴元政権による法華宗残党追及がはじまる。	0059
	11月12日	**本願寺証如（光教）（1516〜1554）、「天文法華一揆」で対立した近江の六角定頼（1495〜1552）と和睦する。**	0060
	12月11日	将軍足利義晴、南禅寺より、幕府政所執事・伊勢貞孝邸宅に移徙する。	0061
	―	光秀叔父・明智光安（光康）の長男・弥平次（左馬助）（1536〜1582）、**生まれる。**母は三河の三宅氏という。母の実家に入るという。**のちの明智秀満である。**岳父（妻の父）は、三宅出雲（三宅大膳入道長閑）（？〜1582）という。三宅長閑斎は実父ともいう。	0062

後世に、「明智光春」とも語られる。

「一書ニ光春ハ元濃州の産、塗師の子也、幼少之時容顔勝れ候故、光秀の寵童と成、三宅弥平次と云、才勇尋常にこへ候得ハ、後に聟とせられ、明智左馬助光春と号し、一の老臣として福智山の城主と成、忠興君御咄しに、光春ハ実は塗師の中にても五器塗師の子なれとも希代の者なりしと被仰候也と云々、三宅家記に、左馬助親三宅出雲と申者、天正之比丹波亀山の城ニ居申候、光秀之従類也、其子弥平次光春ハ光秀の甥にて一本ニ弥平次光昌と有、光秀の養子となるとあり、後に家名を改、明智左馬助と号、日向守の聟なりと云々、」。（『綿考輯録第二巻　巻九』）。細川家記であるが疑問視されている。

明智秀満は、明智光秀の後見として、長山明智城にいた父・光安に従っていたが、弘治2年（1556）に斎藤道三と斎藤義龍の争いに敗北した道三方に加担したため、義龍方に攻められ、9月25日落城。その際に父は自害したとされるが、弥平次（秀満）は、光秀らと共に数日前に城を脱出した。

元亀3年（1572）7月、明智光秀の坂本城、ほとんど成り、「明智秀満書状」では、「広間の襖・障子・引手・釘隠しの取りつけについて、責任を持って丁寧に行うこと」と命じている。

天正6年（1578）3月18日、「第二次丹波国征討戦」。長岡（細川）藤孝支援のため丹後宮津にいた弥平次（明智秀満）、福智山に入る。明智光秀は、弥平次（明智秀満）に、藤田行政（伝五）、四王天政考、小野木重勝ら二千の兵をもって黒井城攻めを命じている。

天正6年（1578）8月15日、明智光秀四女・珠（玉）（後のガラシャ）（1563〜1600）と長岡（細川）忠興（1563〜1646）（藤孝の嫡男）の婚儀が行われる。松井康之（1550〜1612）、明智左馬助秀満と山城国勝龍寺城で輿請渡し。

同年11月以降に光秀の三女・倫子（綾戸）を妻に迎えている。倫子は、荒木村重の信長に対する謀反の前、光秀のもとに帰された。そして、光秀家臣三宅弥平次（明智秀満）に再嫁することになった。（『陰徳太平記』）。

次頁につづく。

西暦**1536**

天文5	－	天正8年9月の『宗及茶湯日記』に、三宅弥平次（明智秀満）の名が記される。

天正9年（1581）4月10日にも『宗及茶湯日記』に、明知弥平次の名が記される。この頃、倫子（綾戸）を妻に迎えたのだろうか。

天正9年（1581）10月6日、丹波福智山城代・明智秀満、丹波国天寧寺（京都府福知山市）へ、「光秀判形」による免許状を下す。

倫子は秀満と共にそして福智山城で暮らしていたのだろう。

天正10年（1582）6月1日、夜に入り、丹波国亀山にて、惟任日向守光秀（明智光秀）、逆心を企て、娘婿の明智左馬助秀満・従兄弟の明智治右衛門・光秀の傅役の老臣・藤田伝五行政・斎藤内蔵助利三・溝尾勝兵衛茂朝、是れ等として、談合を相究め、信長を討ち果し、天下の主となるべき調議を究める。光秀、午後10時頃、軍一万三千を率いて、丹波亀山城を出陣。

6月2日「本能寺の変」が勃発。6月8日、光秀ら安土城から居城の近江国坂本城に帰還。秀満は安土留守居を命じられた。光秀が6月13日に討たれたことが分かると、安土を引き払い坂本城に籠城する。

6月15日「明智一族滅亡」。秀吉方の堀秀政隊が、明智秀満（左馬助）の入った坂本城を包囲。秀満は、国行の刀・吉光の脇差・虚堂の墨跡を蒲団に包み、目録を添えて寄手に呼びかけ、「此道具は私ならぬ事、天下の道具なれば、是にて滅し候事は、弥兵次傍若無人と思召すべく候間、相渡し申候」とて、送り届けさせたという。その後秀満は、光秀の妻子及び妻（光秀の娘）を刺殺し、自害するという。

徳川家康の側近として、江戸幕府初期の朝廷政策・宗教政策に深く関与した南光坊天海（1536？～1643）は、姿を変えて生き残った明智秀満であるという説もある。

西暦**1537**

天文6	2月6日	**木下藤吉郎（後の秀吉）（1537～1598）、尾張国愛智郡中村（名古屋市中村区）に生まれるという。**（異説1536年）。父は、織田信秀家臣、木下弥右衛門（？～1543）。母は、なか（後の大政所）（1513～1592）。
	4月19日	細川六郎（晴元）、六角定頼の猶子となっていた公家三条公頼（1495～1551）の娘と結婚。
	8月-	この月、細川六郎（晴元）（1514～1563）、右京大夫に任官し、足利義晴の偏諱を受けて「晴元」を名乗る。 晴元は、六角定頼や本願寺との提携により幕府政治を本格的に主導。
	8月10日	幕府、六角定頼（1495～1552）を近江守護に補任。
	9月17日	三好利長（長慶）（1522～1564）、淡路に赴く。
	11月3日	**千歳丸（足利義昭）（1537～1597）（後の室町幕府第十五代将軍）、第十二代将軍足利義晴（1511～1550）の次男として生まれる。** 兄に嗣子である義輝（1536～1565）がいたため、幼くして外祖父・近衛尚通（1472～1544）の猶子となって天文8年（1539）6月28日仏門（興福寺の一乗院門跡）に入ることが決まる。

西暦**1538**

天文7	3月3日	朝廷、将軍足利義晴の洛中懺法料棟別賦課を免ける。（『御湯殿上日記』）。 「懺法」は、仏教用語で諸経典の諸説によって罪を懺悔する儀式の法則。義晴は、それを棟別に徴集しようとした。

西暦1538

天文7	3月5日	細川晴元、山城国山崎（京都府乙訓郡大山崎町字大山崎）に築城する。晴元は、普請人夫を洛中洛外から集めた。 晴元は、京都と芥川城（大阪府高槻市）の繋ぎの城として山崎城を築いたという。	0071
	7月9日	**細川晴元（1514〜1563）、大坂本願寺に「諸公事免許」制札を下す。八月二十七日、大坂寺内に先に発令した徳政令は「大坂寺内相除」の下知。共に木沢長政（1493？〜** 1542）の奔走によるもの。 守護権の介入を排除し、領主の諸賦課を免れ、徳政適用を除外される治外法権。**この本山の特権が、「大坂並み」により各地の一向宗寺内に拡大されてゆく。織田信長がこれの破砕を狙う。**	0072
	7月-	この月、河内の遊佐長教（1491〜1551）、畠山政国（？〜？）を擁立し高屋城（大阪府羽曳野市古市）に入る。 畠山氏は室町幕府三管領のひとつであり、政国はその嫡流筋で種長の弟。	0073
	8月7日	**明智光秀父・明智光綱（光隆）（？〜1538？）、享年35で没とされる。享年40とも。** 父の再婚相手は、進士家の女（進士長江加賀右衛門尉信連ノ娘？）。信教、貞連、康秀と弟が生まれるが、父は、病弱であった。継母は、光綱死後、子たちを引き連れ実家に戻る。継母の子たちは、進士家一門として育ち、後に、光秀に仕えるという。	0074
	9月8日	足利義晴（1511〜1550）、細川晴元が山城に段銭を賦課するのを停止する。 晴元は、山崎築城により、山城下五郡に段銭をかけた。	0075
	9月-	この月、山門宗徒、法華宗徒退治の申請を衆議する。	0076
	－	**この年、氏王丸（明智光秀）（1528？〜1582）11歳、父明智光綱没のため、明智城（岐阜県可児市瀬田長山）**主となるとされる説がある。祖父光継（？〜1539）の命により光秀叔父の光安（光康）（1500？〜1556？）が後見となる。 明智光安が城主だったともいう。 祖父光継の子は、長男明智光綱、次男山岸光信、三男　明智光安、四男明智光久、五男原頼房、六男明智光廉（三宅長閑斎）、長女小見の方、次女斎藤利賢の妻（後に石谷光政の妻）とされる。	0077
	－	長井新九郎規秀、美濃守護代の斎藤利良がこの年9月1日に病死すると、その名跡を継いで斎藤新九郎利政（斎藤道三）（1494？〜1556）と名乗るという。	0078

西暦1539

天文8	1月14日	**「三好利長（長慶）、率兵入京する」。** **畿内・阿波の戦国大名・三好利長（長慶）（1522〜1564）、父の遺領を受けられなかったことに不満を持って、兵二千五百を率いて入京。** 長慶は力によってそれを手に入れることに成功。このとき、将軍・足利義晴（1511〜1550）は長慶を恐れて近江国に逃走し、細川晴元（1514〜1563）は、近江守護・六角定頼（1495〜1552）に長慶との和睦を仲介してもらうほどであったという。これにより長慶は摂津守護代・越水城（兵庫県西宮市）主となった。	0079
	6月1日	阿波三好党頭領・三好利長（長慶）（17歳）と兵四千、摂津越水城を出て京都に向かう。	0080

天文8	6月14日	三好利長（長慶）、禁制を発給。 長慶は晴元政権内で隠然たる勢力を誇り、軍事的には晴元軍の中核としての活動を始める。 三好氏は阿波を軍事基盤とし、三好長慶の次弟之康（実休）に統治させた。三弟冬康には淡路の水軍安宅氏の養子とし淡路を抑えさせた。四弟一存には讃岐の十河氏を継がせ讃岐を支配させた。
	6月25日	三好利長（長慶）（1522～1564）が、細川晴元（1514～1563）に河内十七ヶ所の代官職を三好政長（1508～1549）から自身に返還するように要求するも、晴元はこれを拒否する。
	閏6月25日	将軍義晴（1511～1550）、三好利長（長慶）・丹波の柳本元俊（柳本賢治の子という）に、洛中の賊捕縛を命じる。
	7月14日	細川晴元、三好利長（長慶）を討つため、三好政長（1508～1549）・波多野秀忠（？～1545？）を花園西京に出陣させる。三好利長（長慶）は、向日神社に陣をしく。
	7月23日	細川晴元、徳政令発布を足利義晴に請う。細川晴元が、洛中洛外を除き西岡面ばかりを対象にした徳政令を下した。
	7月28日	細川晴元より和睦の仲介を依頼された近江守護・六角定頼や幕府政所代・蜷川親俊（親世）（？～1569）らの斡旋により、**三好範長（長慶）・細川晴元の撤兵**が実現。
	8月14日	**三好利長（長慶）、近江守護・六角定頼らの停戦斡旋受け、摂津芥川城（大阪府高槻市殿町）を出て越水城（兵庫県西宮市）に戻る。摂津半国の守護大名となる。** 兵庫津、尼崎、摂津池田氏、伊丹氏を指揮下にする摂津半国守護代になったのは、天文7年ともいう。
	9月6日	細川晴元（1514～1563）、洛外に徳政を令する。同日、茨木長隆（？～？）、土一揆が東福寺に乱入するのを止める。
	9月26日	細川晴元、帰京する。
	9月28日	三好政長（1508～1549）、京都八幡郷に徳政令を発する。幕府はこれを停止する。
	10月1日	**細川晴元と和睦した三好利長（長慶）、摂津腰水城より入京、幕府に出仕する。**
	10月-	この月、近江守護・六角定頼（1495～1552）の仲介で、三好利長（長慶）（1522～1564）と三好政長（1508～1549）が和睦する。
	12月24日	幕府・茨木長隆、小川一町中に対し、引接寺勧進所の再興を停止させる。 「上京町組の初見」。
	－	明智光秀祖父・光継（？～1539？）、没という。 氏王丸（明智光秀）（1528？～1582）は土岐明智氏惣領・頼明の養子となるという説がある。兄である明智光綱が身内を殺したことで家督相続権を奪われたため、土岐明智本家の家督は、頼明が継いだという。

天文9	3月12日	朝廷、足利義晴に禁裏修造を命じる。（『御湯殿上日記』）。
	3月17日	幕府は室町第造営中で費用負担できず、近江守護・六角定頼と協議。将軍義晴は諸大名に献金上納の触れを廻す。
	9月-	この月、近江守護・六角定頼が、北伊勢侵攻に際して、将軍足利義晴（1511～1550）より御内書を得る。

西暦1540

天文9	10月28日	近江守護・六角定頼が、北伊勢に侵攻する際、定頼が本願寺に北伊勢での本願寺門徒が敵に通じないで欲しいと要請し、本願寺証如(光教)がこれを受諾する。	0098
	11月22日	三好利長(長慶)(19歳)(1522～1564)、丹波八上城主波多野秀忠(？～1545？)の娘を妻に迎える。(『三好家譜』)。	0099
	12月30日	近衛稙家(1502～1566)の長男、元服して、将軍足利義晴の名の一字を賜り、近衛晴嗣(後の前久)(1536～1612)と名乗る。正五位下に叙される。	0100
	－	明智光秀叔父・光久の次男・**次郎(次右衛門・治右衛門)(1540～1582)、生まれる。**光秀叔父・光安の子ともいう。 治右衛門は、明智光秀(1528？～1582)娘・直江と結婚したとされる。**後世、「明智光忠」と記録される。** 弘治2年(1556)、斎藤義龍に明智長山城が攻められて落城、光秀らと共に脱出したとされる。 天正3年(1575)2月に丹波過部城らを落とした後、明智光秀は治右衛門を留守居として入れた。 天正6年(1578)4月の「第二次丹波国征討戦」では、光秀の播州へ転戦に際し、治右衛門は八上城包囲を続けた。 天正7年(1579)6月、兵糧攻めにしていた丹波八上城が落ちると、光秀はこの城に治右衛門を駐屯させた。 天正10年(1582)6月2日、光秀は左馬助(明智秀満)・治右衛門・藤田伝五・斎藤内蔵助(利三)と謀って本能寺の変を起こした。 同年6月2日、治右衛門は、信長の子の織田信忠らが篭る二条御新造を攻撃したが、その際に鉄砲で撃たれ重傷を負うとされる。知恩院で療養していたが、13日の山崎の戦いで光秀が羽柴秀吉に敗れ討ち死にしたと聞いて、近江坂本城に向かい、15日、明智秀満および明智一族と共に自害して果てたという。享年43。	0101

西暦1541

天文10	4月11日	細川晴元の臣茨木長隆(？～？)、京都北野経王堂大工職相論を停める。	0102
	6月20日	幕府、細川晴元に命じ石清水八幡宮造営料を山城国に課す。	0103
	6月29日	**三好利長(長慶)(1522～1564)、摂津国守護代となる。**細川政権では、河内半国・山城半国守護代の木沢長政(1493?～1542)と同等。	0104
	9月-	この頃、三好利長(長慶)から「範長」と改名。	0105
	8月12日	三好範長(長慶)、細川晴元の命により波多野秀忠(？～1545？)・池田長正(？～1563)らと共同で、晴元に反旗の一庫城(兵庫県川西市山下)を包囲。	0106
	10月2日	河内半国・山城半国守護代の木沢長政(1493?～1542)、三万の兵で、摂津一庫城を救援。その前に三好範長(長慶)らは、一庫城包囲を解き越水城(兵庫県西宮市)へ撤退。	0107
	10月29日	**細川晴元(1514～1563)、木沢長政が上洛の兆しのため岩倉へ避難。**	0108
	10月30日	将軍義晴(1511～1550)、木沢長政が京都に迫り、子(義輝)(1536～1565)らと慈照寺(銀閣寺)に避難。	0109
	11月1日	**将軍足利義晴、志賀越から近江坂本に退去する。**	0110
	11月4日	木沢長政軍、三好範長(長慶)がいる越水城を攻囲する一方、原田城(大阪府豊中市曽根西町)を攻城。	0111

天文10	12月8日	**「細川晴元、木沢長政討伐挙兵」**。二万五千が、三好範長（長慶）（1522〜1564）の摂津芥川城（大阪府高槻市殿町）入城。木沢軍と木津・淀川へだて対峙。 伊賀・紀伊等近隣の守護に命じて包囲網を敷き、河内・大和・南山城に勢力をもつ木沢長政（1493?〜1542）を牽制させる。
	12月22日	将軍足利義晴が本願寺に対し、河内門徒が木沢長政に味方しないように命じ、本願寺証如（光教）がこれを受諾する。

天文11	－	この年、吉法師（信長）（1534〜1582）、那古野城（愛知県名古屋市中区）に移る。諸説あり。父信秀は、宿老として林新五郎秀貞（1513〜1580）・平手中務丞政秀（1492〜1553）・青山与三右衛門尉（?〜1547?）・内藤勝介（?〜?）の四人を付ける。しかし那古野では諸事不便があったので、翌年に信秀はここを吉法師に譲り、熱田近くの古渡城（名古屋市中区）を築き居城としたという。
	2月1日	六角氏の兵、細川晴元部将・高畠長直（?〜1549）と争闘し下京を焼く。（『言継卿記』）。
	2月28日	**将軍義晴、近江坂本から帰京。**
	3月17日	高屋城を見下ろすことのできる尼上山から北上しようとする木沢勢に、高屋城（大阪府羽曳野市古市）から出撃した幕府軍が襲いかかる。この**「太平寺の合戦」**で、**三好範長（長慶）ら、木沢長政を打ち破る**。木沢長政（1493?〜1542）、討ち死。 木沢長政が高屋城を攻撃し、三好長慶、遊佐長教が救援し、太平寺で木沢長政の軍勢と激突。畠山・三好・遊佐の連合軍が木沢の軍勢を撃破した。
	3月26日	**細川晴元（1514〜1563）、帰洛する。**（『言継卿記』）。
	4月8日	**室町第竣工し、足利義晴（1511〜1550）、相国寺より移徙する。同日、幕府、撰銭を禁止する。** 室町第（花の御所）が北小路室町の旧地に再建竣工。花の御所は、現在の京都市上京区の烏丸通・今出川通・上立売通・室町通に囲まれた東西一町南北二町の足利将軍家の邸宅の通称。かつては第三代将軍足利義満造営の「花の御所」、後に第六代将軍足利義教再築の「室町殿」があった所。これが室町第の最後の再建になる。名残としては、邸内に建てられた岡松殿にはじまる大聖寺が現存する。 「撰銭」とは、良銭と悪銭とを選別する行為。
	8月23日	**「大桑城の戦い」**。斎藤利政（道三）（1494?〜1556）、大桑城を攻め、美濃国守護・土岐頼芸（1502〜1582）を子の頼次（1545〜1614）ともども、尾張国へ追放し美濃を奪う。**斎藤利政（道三）が土岐氏を下剋上で降し美濃国を掌握すると、明智氏は、いち早くその傘下に入り生き残りを図ることに成功する。** 信長父・織田信秀（1511〜1552）は土岐頼芸を保護し、斎藤道三と戦う。
	9月26日	三好範長（長慶）、大和に入らんとし、松永久秀（1508?〜1577）らをして山城に出兵。南山城に進駐。 松永久秀は、天文2年頃より三好元長（長慶の父）に仕え、元長の懇望で長慶の補佐役になるという。その後は天文10年（1541）頃より細川氏の被官・三好長慶の右筆（書記）として仕えたという。
	11月14日	**後奈良天皇（1497〜1557）、法華宗二十一ヶ寺の洛内還住を勅許。**法華宗寺に洛中帰還の許しが出、市街地の復興が進んだ。

西暦 1542

天文11	11月20日	千歳丸（足利義昭）6歳（1537〜1597）（後の室町幕府第十五代将軍）、仏門（興福寺の一乗院門跡）に入り、「覚慶」と名乗った。	0123
	11月26日	三好範長（長慶）の部将松永弾正（久秀）が山城に着陣、近日乱入するとの風聞が大和に流れる。（『多聞院日記』）。	0124
	12月26日	竹千代（徳川家康）（1543〜1616）、岡崎城主松平広忠（1526〜1549）（17歳）と、正室於大（1528〜1602）（後の伝通院）（15歳）の間に、嫡男として生まれる。	0125

西暦 1543

天文12	1月6日	本願寺顕如光佐（本願寺第十一世）（1543〜1592）、摂津国に本願寺第十世証如光教（1516〜1554）の長子として誕生。（異説1月7日）。	0126
	3月20日	細川晴元の代官・茨木長隆、今村政次に、京都東山汁谷口塩合物公事銭を安堵する。	0127
	6月5日	幕府、薄以緒知行青花商売役の違乱不法を停止する。	0128
	6月-	氏王丸16歳（1528？〜1582）、明智（長山城）主の叔父・明智光安（1500？〜1556？）を烏帽子親として元服、「明智十兵衛尉光秀」となるという。	0129
	7月21日	「細川氏綱が挙兵」。細川高国の養子・細川氏綱（尹賢の子）（1513〜1564）、摂津槙尾城より管領職を望み、細川晴元打倒を掲げて和泉槙尾（施福寺）（大阪府和泉市槙尾山町）にて挙兵する。対抗する晴元は摂津芥川城（大阪府高槻市）に出陣。	0130
		25日、氏綱は堺を攻撃。細川晴元命で出陣した三好範長（長慶）に攻められ、細川氏綱は退却、河内国守護代遊佐長教（1491〜1551）、河内・紀伊・越中守護畠山稙長（1504〜1545）・畠山政国（稙長の弟）（？〜？）らと連絡をとり、態勢を立て直して河内から大和に入る。	
	8月27日	種子島に「鉄砲伝来」。	0131
	10月16日	朝廷、足利義晴に賀茂川の水を禁苑に引かせる。（『御湯殿上日記』）。	0132
	−	明智光秀15歳、斎藤利政（道三）（1494？〜1556）に出仕して学ぶ。（『明智軍記』）明智家の後ろ盾なった小見の方が、甥・光秀を道三に仕えさせたという。	0133

西暦 1544

天文13	7月30日	本願寺顕如光佐（1543〜1592）、2歳にして、細川晴元の息女と婚約。	0134
	8月9日	細川晴元、幕領および奉公衆給地につき洛中巷所百姓に令する。	0135
	−	筒井順昭（1523〜1550）、木沢長政から離反した柳生氏を降し、越智氏、十市氏、箸尾氏を従わせる。大和をほぼ平定する。	0136

西暦 1545

天文14	5月6日	細川高国の遺臣（細川氏綱方の丹波豪族の一人・上野源五郎元全）が挙兵し、山城井手城（京都府綴喜郡井手町）を攻略する。丹波の内藤国貞（？〜1553）も、これに呼応する。勢いに乗り上洛まで果たす。	0137
	5月15日	河内・紀伊・越中守護の畠山稙長（1504〜1545）、没。稙長は細川氏綱に与力し、細川晴元と敵対するも、強大な軍事力を有する三好範長（長慶）を配下に持つ晴元を下すことができないまま、病没する。	0138

西暦1545

天文14	5月20日	細川晴元勢(晴元・政長・長慶ら)・丹波の波多野秀忠・近江の六角定頼、芥川城(大阪府高槻市)に集結、総勢六万余騎に達した。
	5月24日	細川晴元勢は芥川を発し、一路、京を目指し、上野元全方に味方した山城宇治田原に出陣する。
	5月25日	細川晴元勢が、宇治田原にて細川氏綱方の上野元全の父・玄蕃頭元治勢と交戦する。晴元勢、上野元治の軍を破り、田原郷を焼き打ちする。
	5月26日	**都を奪回した細川晴元 (1514～1563)、その軍を解散したが、残党狩りを命じられた三好政長と三好範長(長慶)、三室戸の大鳳寺に陣を張り放火する。**
	5月26日	細川晴元・三好範長(長慶)等、京都石田伏見を却掠し、醍醐山科に矢銭を懸ける。
	8月2日	室町幕府、京都本能寺を、堺顕本寺から旧地(京都市中京区蛸薬師通油小路東入元本能寺南町辺り)に移遷させ、旧領洛中巷所を安堵す。
	8月7日	幕府および細川晴元、洛中洛外土倉の酒麹売買を禁止し北野社の独占を保全する。

西暦1546

天文15	8月-	この月、畠山家を牛耳る遊佐長教(1491～1551)が細川氏綱(1513～1564)を支援し、高屋城(大阪府羽曳野市古市)で挙兵して、堺を攻撃する。
	8月16日	三好範長(長慶)は、細川晴元より河内高屋城遊佐長教・細川氏綱連合討伐を命令され、越水城より堺に向かい軍備を整え始める。 細川晴元は、畠山家重臣遊佐長教が晴元に替えて細川氏綱を細川家の家督につける画策を行っていることを察知した。
	8月-	この月、三好範長(長慶)の実弟で讃岐の十河一存(讃岐十川城主)(1532～1561)と、阿波、淡路、紀伊の海辺部を抑える安宅冬康(1528～1564)が堺に入る。
	8月20日	細川氏綱(1513～1564)・遊佐長教(1491～1551)、大和の筒井順昭(1523～1550)らと共に堺の三好範長(長慶)(1522～1564)を攻撃。不意をつかれた長慶は、堺の会合衆の斡旋により和睦し、かろうじて阿波国に撤兵。
	9月-	この月、細川晴元方の三好政長(1508～1549)が、細川氏綱方の摂津池田城(大阪府池田市城山町)を攻撃する。
	9月3日	堺包囲を解いた細川氏綱・遊佐長教・畠山政国ら、細川晴元の摂津大塚城(大阪市天王寺区茶臼山町)を攻撃。救援のため尼崎の三好政長が天王寺に赴くが、三宅国村(?～?)・池田久宗(信正)(池田城主)(?～1548)が晴元から離反し、三好政長は大塚城を見殺しにし、落城。
	9月13日	将軍義晴が細川晴元になびくのを防止するため、河内の細川氏綱方の上野源五郎元全の父親である**上野玄蕃頭元治の軍勢五千は、将軍義晴を氏綱側に迎え取ろうとして京都に向かう。** 将軍義晴(1511～1550)は、両細川の対立を観望する為、一種の中立的態度をとり、東山の慈照寺(銀閣寺)に入る。細川晴元は高雄に退く。
	9月14日	細川氏綱方の遊佐長教(1491～1551)・上野元治等、細川晴元を京都嵯峨に攻撃する。
	9月15日	**三好政長(1508～1549)、細川晴元(1514～1563)を赴援するが、敗れて政長・晴元は丹波へ逃げる。**

西暦 1546

天文15			
	9月18日	細川氏綱・遊佐長教、細川晴元拠点芥川城を攻撃し、城主芥川孫十郎を講和開城させる。	0155
	10月5日	徳政を求め、京都市中に土一揆が蜂起する。	0156
	10月-	この月、立ち遅れのため敗北続く細川晴元・三好長慶連合軍に援軍到着。範長（長慶）の弟達、淡路島の安宅冬康（1528〜1564）と阿波の三好義賢（実休）（1527?〜1562）が来着すると、丹波の細川晴元（1511〜1550）も、長慶の居城越水城（兵庫県西宮市）にやって来る。	0157
	10月21日	三好義賢（実休）（長慶弟）（1527?〜1562）は、摂津国堺に遊佐長教（ゆさながのり）（1491〜1551）の兵と戦うが敗れる。	0158
	11月-	この月、足利義晴（1511〜1550）、「東山白川山上」「勝軍之下之山」に築城を開始。義晴は、瓜生山築城に際し、山科言継の所領（山科七郷）の人夫をはじめ山城五十四郷の人員を動員、「御城米」と称し当年の収穫の1/3を強制的に徴発（三分一済と称す）。	0159
	12月16日	細川晴元が、本願寺が河内門徒の蜂起を制したことに謝意を示すも、本願寺はこれらの件に関わっていないと本願寺証如（光教）が断りを入れる。	0160
	12月19日	足利義晴、坂本の日吉社の神官の邸で嫡子菊童丸（11歳）を、管領代となった六角定頼（1495〜1552）を烏帽子親として元服させ、「義藤」（後の義輝）と称させる。	0161
	12月20日	**足利義藤（義輝）、11歳にして、亡命先の近江坂本で十三代征夷大将軍に就任。**	0162
	12月20日	細川氏綱方の遊佐長教、畠山政国の名代として将軍足利義藤（義輝）の将軍宣下の儀式に参列。稙長の弟・畠山政国（?〜?）は、惣領名代として、室町幕府三管領のひとつ畠山氏を継承したようだ。	0163
	12月24日	**将軍足利義藤（義輝）（1536〜1565）、後見足利義晴（十二代征夷大将軍）（1511〜1550）と共に、近江より帰洛する。**	0164

勝軍之下之山＝瓜生山城

43

西暦**1546**

天文15	−	この年、吉法師(1534〜1582)、林佐渡守(秀貞)、平手中務丞(政秀)ら四家老を伴い、父信秀の居城・古渡城(愛知県名古屋市中区)へ赴く。織田吉法師、尾張国古渡城に於いて13歳で元服、「織田三郎信長」と名乗る。
		元服すると幼名を改め、他称に用いる通称と、自称に用いる実名がつけられる。通称「三郎」は、信長自身が三男であることもあるが、父信秀、祖父信貞も三郎であり、先祖の多くも三郎を名乗っていることから、伝統的なものかも知れない。実名「信長」は、「信」の字は織田家の通字であった。
	−	この年、明智光秀(1528？〜1582)、18歳のとき、最初の妻(正室)千草16歳と婚姻するが、のち死別したという。息子・作之丞光重をもうけるが、この子は進士山岸家を継承という。元服して山岸光重、後に光秀家臣として明智姓を受け「明智光重」と名乗ることになるという。本能寺の変で、坂本城で一族と共に自害ともいう。千草は、光秀叔父で西美濃郡の揖斐桂の豪族の山岸光信の娘で、光秀の従妹とされる。山岸光信は、光秀父光綱の弟で、光綱(光隆、光秀の父)の継妻の実家・進士山岸家に養子に入る。明智家と進士家は、土岐氏一門であり、奉公衆としても同僚だった。長く通婚を繰り返す、絡み合った深い親戚となる。光秀祖父・明智光継が進士家から妻を迎え、妹が進士加賀右衛門尉信連に嫁ぐ。光継次男山岸光信(進士山岸勘解由左衛門尉信周？)が、7代進士信連の娘婿養子となり8代を引き継ぐ。明智光秀の父光綱が進士家から妻(再婚)を迎える。山岸光信の娘が、光秀の最初の妻千草となる。光秀の譜代衆で光秀の弟・進士作左衛門貞連がいる。9代という。貞連は、本能寺の変後に細川家に仕え忠興嫡子の忠隆付きになるという。

西暦**1547**

天文16	2月20日	**「劣勢の晴元側の反撃」**。細川晴元方の三好範長(長慶)(1522〜1564)・義賢(実休)(1527?〜1562)兄弟、(表面上は中立を装う)将軍足利義藤(義輝)と父義晴に対抗して、阿波守護細川持隆(1516/1497〜1553)・畠山上総介らと、細川氏綱方の摂津原田城(大阪府豊中市原田)を陥落させる。
		畠山上総介は、畠山在氏(？〜？)か。
	3月22日	三好範長(長慶)勢が、摂津三宅城(大阪府茨木市)を攻撃、外城を占拠し、寝返った三宅国村(？〜？)を降伏させる。
	3月29日	細川晴元を捨てて細川氏綱(1513〜1564)を取ることを決意した**足利義晴・将軍足利義藤(義輝)、近衛稙家(1502〜1566)ら公家衆、幕臣九百余騎と共に、晴元を討つため京都北白川城(勝軍山城)に入城**。
		四国衆が、遠国でなかなか上洛せず、不忠の行為が多いためだという。
	4月1日	入京した**細川晴元(1514〜1563)、京都北白川城(勝軍山城)を攻撃し吉田・鹿ヶ谷・浄土寺・北白川諸郷を放火、慈照寺を破却する**。晴元軍は、将軍足利義藤(義輝)方を圧迫して、一旦摂津に引き返す。
	6月17日	法華宗の本能寺・本國寺・法華寺、山門宗徒との和談条規を制定。
	6月25日	芥川孫十郎、細川氏綱方の薬師寺元房の芥川城を無血開城して、芥川城を取り戻す。池田城の池田信正(？〜1548)も、三好政長(1508〜1549)に謝罪状を呈し開城。これら摂津国衆は、無節操、右顧左眄に、その時の形勢を判断して利についていく。

44

西暦1547

天文16	7月12日	七月に入り、丹波の細川晴元党は高雄方面に進出、畑（右京区梅ヶ畑）一帯を焼払い、この日に入京、相国寺に着陣。 前将軍義晴（1511〜1550）は北白川瓜生山山に駐屯するが、形勢は細川氏綱側に不利、頼みの管領代・六角定頼も晴元に款を通じ、京都で将軍父子は全く孤立。 「款」とは、親しい交わり。	0173
	7月12日	細川晴元（1514〜1563）・六角定頼（1495〜1552）が北白川城の足利義晴・将軍義藤（義輝）父子を包囲する。	0174
	7月19日	**細川晴元・三好範長（長慶）ら、足利義晴らを北白川城に攻撃。前将軍義晴・将軍義藤（義輝）父子、自ら北白川勝軍山・地蔵山城を焼き、近江坂本へ逃亡。** 畿内の大半は、河内・大和を除いて細川晴元が制圧。残るは細川氏綱側の中心人物、河内守護代遊佐長教の高屋城（大阪府羽曳野市古市）のみとなる。	0175
	7月21日	「舎利寺の戦い（鉄砲伝来以前で畿内最大規模の戦闘）」。河内の十七ヶ所（守口市）に集結の三好範長（長慶）（1522〜1564）・三好政長（1508〜1549）らの先陣三好義賢（実休）（1527?〜1562）・安宅冬康（1528〜1564）は、南進して、高屋城から北進の細川氏綱（1513〜1564）・畠山政国（?〜?）・遊佐長教（1491〜1551）らと摂津舎利寺（生野区）で遭遇、大勝する。 遊佐方の侍三百一名、雑兵八百余が討死にし、三好勢は侍三十七名、雑兵七十五名が討死する。 三好範長（長慶）の勢力は一段と強まり、長慶、実質的な畿内支配者となる。武名は畿内近国に轟く。	0176
	7月29日	**足利義晴、細川晴元・六角定頼と和睦を申し入れ、晴元・定頼が、近江坂本の将軍足利義藤（義輝）（1536〜1565）に出仕する。**	0177
	閏7月5日	細川晴元、細川国慶（氏綱の一族）を高雄城（京都市右京区梅ヶ畑高雄町）に攻略する。細川国慶、丹波国へ逃亡。細川晴元は神護寺・高山寺を焼打ちする。	0178
	8月-	この月、三好範長（長慶）・義賢（実休）兄弟ら、若林（大阪府松原市）の畠山政国（?〜?）の高屋城を攻撃。長慶と政国は和し、長慶は若林を退却。	0179
	10月6日	細川国慶（氏綱の一族）（1511〜1547）、丹波より上洛を図るが、細川晴元勢の迎撃に遭い、山城内野西京で戦死する。	0180
	−	**「吉良大浜の戦い―信長初陣」。この年、初陣の織田信長（14歳）（1534〜1582）、三河の吉良大浜城（愛知県碧南市大浜）に進出する今川勢を攻撃。** 守り役の平手政秀（1492〜1553）を介添えに紅筋の頭巾・馬乗り羽織・馬鎧の軍装で出陣。自ら指揮をとり各所に放火。その日は野陣を張り、翌日、那古野に帰陣。信長の教育係は、沢彦宗恩（?〜1587）という臨済宗の僧侶であった。 この頃、信長父・信秀の勢力は安祥城を拠点に西三河方面に進出し、今川氏との間で係争が繰り返されている。	0181

西暦1548

天文17	3月22日	越前守護・朝倉孝景（1493〜1548）、足羽郡波着寺（石川県金沢市石引）参詣の帰途、急没。享年56。子の延景（後の義景）（16歳）（1533〜1573）が家督継承。	0182
	3月下旬	三好範長（長慶）、細川晴元の命を受け、細川氏綱に加担する畠山政国（?〜?）を討伐すべく、河内高屋城（大阪府羽曳野市古市）に畠山政国を攻める。政国から救援派遣の要請が遊佐長教の下に届く。	0183

天文17	4月上旬	遊佐長教、高屋城に篭城する河内守護畠山政国を救援すべく、救援軍五千余を率いて若江城(大阪府東大阪市若江南町)を出陣。
	4月24日	**管領代・六角定頼(1495～1552)の仲介で、三好党と畠山・遊佐両氏の間に和睦が成立。高屋城を攻撃中の三好長慶と畠山政国、遊佐長教が講和し、同盟関係となる。**
	－	「細川晴元・三好長慶と細川氏綱・遊佐長教の和睦成立の証」。この年、三好範長(長慶)(1522～1564)が、妻である波多野秀忠(?～1545?)の娘と離別し、畠山家重臣遊佐長教(1491～1551)の娘を継室として娶る。この頃から「長慶」を名乗る。長慶名乗りは、天文15年末頃ともいう。
	5月6日	細川晴元、池田信正(?～1548)を自害させる。 摂津国人池田城主池田信正は天文15年の細川氏綱の反乱に加担して晴元に反抗したが三好長慶に降参して許されていた。しかし、舅である政長が晴元に讒言し、一度許された身であるのにもかかわらず切腹に追いやった。信正の後を継いだのは息子で政長の外孫でもある長正(?～1563)だが、これによって池田家中は政長の息のかかった者が家政を壟断し、政長自身も池田家の宝物を手中にするなどした為、政長の介入に長慶を初め他の摂津国人衆が反発した。
	5月-	**この月、三好長慶(1522～1564)と三好政長(1508～1549)の対立が再発。三好長慶、三好政長の中島・榎並の二城を攻撃。細川晴元(1514～1563)は、三好政長を助ける。**
	5月28日	朝廷、京都山科郷を足利義輝の料所とする。(『言継卿記』)。
	6月-	**この月、足利義晴・将軍足利義藤(義輝)父子・坂本から帰洛。**
	6月-	この月、三好元長の十七回忌に際して、本願寺が三好長慶に香典を贈る。
	7月10日	幕府、四府駕輿丁座沙汰人に役銭を安堵する。 「四府」は、左右近衛府・左右兵衛府。
	8月12日	三好長慶、細川晴元の奉行人五名宛て三好政長の非を批判する書状を送り、政長排除を、晴元と六角定頼に求めることを内外に宣言。晴元はこれを無視。
	8月22日	幕府、四府駕輿丁座に米座を安堵する。
	秋	この秋、平手政秀(1492～1553)は、坂井大膳(?～?)・坂井甚介(?～1553)・河尻与一(左馬丞)ら(織田信長に敵対した清洲おとな衆)と「屈睦」する。平手政秀、その和睦締結の書札に「古今和歌集」巻一所収の紀貫之の古歌を添える。
	10月18日	**三好長慶、細川晴元(1514～1563)に叛旗。** **長慶、岳父遊佐長教(1491～1551)と謀議の上、細川高国の遺児(養子)である細川氏綱(1513～1564)と手を組み、細川晴元・三好政長に謀叛。** 長慶の弟十河一存(1532～1561)は、三好政長の長男・政勝(政生、後の宗渭)(?～1569)の榎並城(大阪市城東区野江付近)を包囲。細川晴元は、長慶以前の越水城主・河原林対馬守(牢人)を榎並城救援に派遣。榎並城攻囲は長期化する。
	12月-	さて、平手政秀の働きで、織田三郎信長を斎藤山城守道三の婿とする縁組みがととのい、道三の娘を尾張に迎えた。そんなこともあって、この頃はどの方面も平穏無事であった。(『信長公記』)。 **この頃、織田信秀(1510?～1551)と美濃の斎藤利政(斎藤道三)(1494?～1556)の間に和睦が成立。天文16年ともいう。傳役の平手政秀の才覚により、信長(15歳)と道三の娘・濃姫との婚姻成立。** 沢彦宗恩が係争中の道三との和睦をまとめたともいう。

西暦1549

天文18

	－	十六、七、八までは、別ノ御遊びは御座なし。馬を朝夕御稽古、又三月より九月までは川に入り、水練の達者なり。其の折節、竹鑓にて扣き合ひを御覧じ、』。「又市川大介めしよせられ、御弓御稽古。橋本一巴を師匠として鉄炮御稽古。平田三位不断召し寄せられ兵法御稽古。御鷹野等なり。（『信長公記』）。 この頃（天文18年〜天文20（1551））（16歳〜18歳）の信長。乗馬・水練に励み武鑓の戦い実習で兵の活用を学び、弓を市川大介に、鉄砲を橋本一巴に、兵法を平田三位に学ぶ。日頃から鷹狩を行い擬似戦闘訓練し、大名の跡継ぎらしからぬ出で立ち無頼の如く町中を闊歩するという。

0198

	1月24日	三好政長（1508〜1549）、摂津池田市場一帯焼き討ち。三好長慶の弟十河一存により榎並城を包囲され孤立無援の長男・政勝（政生、後の宗渭）支援のためであった。

0199

	2月18日	三好長慶（1522〜1564）と遊佐長教（1491〜1551）が会談して、長慶の摂津侵攻を長教が支援する事とする。三好長慶、堺で遊佐氏と榎並城攻略の最終打合せ。 この間、長慶弟安宅冬康（1528〜1564）が淡路水軍を率い到着。長慶は伊丹城への押さえとして尼崎に出陣、長教は再び十七ヶ所を占領。

0200

	2月24日	**「織田家と斎藤家の和睦同盟」。信長（1534〜1582）、濃姫（帰蝶、胡蝶など）（1535〜1612？）と、傳役の平手政秀の功績により、政略結婚。**天文17年ともいう。母方の叔父・明智光安が媒人をつとめたという。 父織田信秀は斎藤利政（斎藤道三）と和睦。濃姫は、斎藤道三の娘で、織田信長の正室。諱は江戸時代に成立した「美濃国諸旧記」などから帰蝶とされる。嫁ぐ際に父より短刀を渡され、信長が本物のうつけなら刺し殺せと言ったところ、父上を殺す事になるかもしれないと言ったという説話は有名。

0201

	2月26日	三好長慶、摂津中島に向かい柴島の三好政長を攻撃。淡路水軍を率い、弟安宅冬康が支援。三好政長（1508〜1549）、榎並城（大阪市城東区）へ逃亡。長慶・遊佐長教、合流し榎並城攻撃。

0202

	3月3日	**筒井藤勝（順慶）（1549〜1584）、「大和四家」筒井順昭（1523〜1550）の子として大和国に生まれる。**（異説1548年）。 大和四家は、筒井氏・越智氏・十市氏・箸尾氏。

0203

	4月-	この月、足利義藤（義輝）および細川晴元、禁裏築地を修理する。

0204

	4月18日	**「鉄砲が初めて京都に入る」。** 細川晴元、種子島銃のことを聞き、本能寺の僧侶を通じて入手し試作させる。翌年7月の洛中の戦いに実戦使用。

0205

	4月26日	細川晴元（1514〜1563）、三好政長救援のため一庫城（兵庫県川西市山下）入城。政長勢の反撃強まる。政長は、勇気付けられ、伊丹親興（？〜1574）と協力して尼崎に進出、城下に火を放ち榎並城包囲の三好長慶らを牽制。

0206

	5月5日	三好政長、摂津三宅城（大阪府茨木市）占領。芥川城（大阪府高槻市）は孤立。

0207

	5月17日	本願寺証如（光教）（1516〜1554）、三好長慶側勝利を予想し、細川氏綱（1513〜1564）に馬・太刀を贈る。

0208

	5月28日	細川晴元（1514〜1563）、六角定頼（1495〜1552）を待たずに三宅城に進出。

0209

	6月11日	三好政長（1508〜1549）、長慶が在城する中島城（堀城、大阪市東淀川区塚本町）と榎並城（大阪市城東区野江付近）の間を遮断する為、三宅城より摂津江口の里（東淀川区）へ着陣。細川晴元は、六角定頼の救援を三宅城で待つ。

0210

天文18	6月17日	三好政長、江口城（大阪市東淀川区大桐）に入る。
	6月18日	本願寺証如（光教）（1516〜1554）、元関白九条稙通（1506〜1594）の求めに応じ銭を融通。九条稙通には、三好長慶の弟、十河一存（1532〜1561）正室となった一人娘がいた。
	6月24日	「江口の戦い―二十数年続いた細川晴元政権崩壊」。三好長慶（1522〜1564）ら、同族の三好政長（1508〜1549）を摂津国江口に於いて敗死させる。 三宅城の細川晴元（1514〜1563）は、京都嵯峨へ逃亡。 畠山家重臣遊佐長教（1491〜1551）の率いる河内勢五千余と三好長慶の率いる阿波・摂津勢など五千余は、細川晴元方の援軍として晴元の舅である近江守護六角頼が七千余の軍勢を子の六角義賢（承禎）に与えて出陣させたことを知り、細川晴元方の三好政長の軍勢七千余が陣を張った中島江口（大阪市東淀川区東中島附近・JR新大阪駅近隣）を強襲し、八百余を討ち取り、六角勢の到着以前に江口を占領した。以後、天文22（1553）8月に将軍を近江朽木谷に追放し三好長慶政権が確立するまで、約四年間、京都の争奪が繰り返される。
	6月25日	細川晴元救援の為、近江六角勢が山城国鳥羽に進出するも、「江口の戦い」の敗報を受けて帰国する。
	6月27日	細川晴元、足利義晴・足利義輝父子を擁して東山へ退く。 晴元に叛旗をひるがえした三好長慶によって、細川晴元、足利義晴・将軍足利義藤（義輝）を擁し東山慈照寺へ退く。
	6月28日	足利義晴、将軍足利義藤（義輝）父子、細川晴元ら、慈照寺から近江国坂本へ逃亡。 志賀越を通り、坂本の常在寺へ入り、ここを仮幕府とする。 常在寺は園城寺（三井寺）の五別所の一つだが、現在は廃寺。
	7月3日	「キリスト教伝来」。イエズス会宣教師フランシスコ・ザビエル（1506〜1552）、鹿児島湾に投錨。22日、日本人信者ヤジロウ（アンジロウ、37〜38歳）らの導きで鹿児島上陸。
	7月9日	「細川氏綱・三好長慶政権が成立」。 三好長慶、細川氏綱（尹賢の子、高国の養子）（1513〜1564）を擁して入京。 天文19〜22年、長慶と幕府（義輝・晴元）との苛烈な戦いが始まる。摂津国主となり、「畿内最大の実力者」となった三好長慶は、本拠を摂津越水城（兵庫県西宮市）におき、摂津・山城の有力国人を味方に、京都支配を確実なものにすべく将軍足利義藤（義輝）（1536〜1565）と戦う。
	7月29日	上京立売組成立。
	7月-	この月、三好長慶、京都市中に地子銭を徴集する。
	7月-	**この月、信長（1534〜1582）、六匁玉の鉄砲五百挺の製作を、国友村（滋賀県長浜市国友町）の鍛冶らに命じる。**国友鍛冶にとって初めての大量注文で、彼らは、それを翌年（天文19）10月迄に作りあげたという。
	10月-	足利義晴は再挙を期して中尾の峰に築城を始める。この月、鍬立てが行われる。
	10月29日	細川氏綱（1513〜1564）、京都山科七郷を松永長頼（久秀弟）（?〜1565）に宛行う。
	11月9日	**松永久秀（1508?〜1577）、狩野宣政（?〜?）、三好長慶の「内者（被官）」となる。**
	11月20日	近所六町の宿老衆、四辻室町の罪科人闕所のことにつき、住宅破却の執行に干与。 細川晴元政権崩壊後、町衆の動きが再び顕著になってくる。 「闕所」とは、没収された所領のこと。

西暦 **1549**

天文18	11月-	「織田信長制札—信長の初見文書」。 0226

「織田信長制札—信長の初見文書」。
この月、織田信長（16歳）(1534～1582)、尾張国熱田神社へ全五ヶ条の制札を下し、「藤原信長」と署名。
織田家は代々藤原姓を名乗っていた。信長は、熱田社の権断不入を承認した後、「熱田社造営のため人別銭は熱田社へ納めるので国並みの棟別や他所・他国の勧進への奉加供出はしないこと、罪人を報告しない者は処罰すること、熱田社の法を守り他国や尾張国の敵味方・奉公人、足弱、預け物を取り調べることはしないこと、熱田社への参詣に対し路次において関銭の徴収等をしないこと、熱田社への使者役について負担に応じない者は譴責使を遣わすこと、俵物留めをしたとしても熱田社へは滞りなく運送すること」とする。信長は保護者の立場に立って、熱田社を味方にしようとしたという。

12月11日　「戦国大名の楽市令の初見」。 0227
六角氏による近江石寺の楽市令。六角定頼奉行人の野寺忠行と後藤高雄が近江愛知郡の枝村商人に、観音寺城（滋賀県東近江市安土町）の麓の城下町である石寺に造る新市を「楽市」にするようにと文書を出した。

12月15日　三好被官・松永久秀(1508?～1577)、本願寺証如(光教)(1516～1554)から初めて好を 0228
通じられ、贈物を受ける。
久秀、本願寺証如より三好長慶家臣筆頭とみなされる。

観音寺城跡からの眺望

天文19	2月15日	足利義晴(1511〜1550)、京都中尾に築城する。 **抗戦を主張、捲土重来を期した前将軍足利義晴、京都中尾に築城する。勝軍山城をも再整備する。** 中尾城は、銀閣寺の裏山「慈照寺の大たけ中尾」に築かれた御殿を伴った城で、二重の白壁の中に石を詰め、既に鉄砲による攻撃を想定した築城がなされている。築城には幕府奉公衆のほか、細川晴元、六角定頼が協力している。松永長頼(久秀弟)(？〜1565)らは洛中と吉田郷辺りまでを占拠しているだけで、東山の峯一帯には三好氏の勢力が及んでいない。しかし、城内に義晴自身を迎えることはなかった。
	3月7日	前将軍足利義晴、中尾城入城のため、坂本の常在寺から大津に移る。
	3月28日	三好長慶(1522〜1564)と伊丹親興(？〜1574)、本興寺(兵庫県尼崎市開明町)に会して和睦。
	4月4日	義晴と将軍足利義藤(義輝)、中尾城の築城と同時に勝軍山城(北白川城)を再建。山科言継がこれを見物。(『言継卿記』)。
	4月10日	明智光秀23歳(1528？〜1582)、妻木勘解由左右衛門範熙の娘熙子16歳(？〜1576)と婚姻(再婚)とされる。 妻木氏は、明智家から美濃国妻木郷を得て分家し、妻木を名乗りはじまり、共に斎藤道三に仕える近い親戚とされる。 『明智軍記』では天文22年(1553)という。 「熙子には瓜二つの妹がいたという。光秀と熙子との婚約が成立した後のこと、花嫁修業中の熙子とその妹が、疱瘡を患ってしまった。妹は完治したが、熙子は顔にアバタが残ってしまい、これを恥じた熙子の父・妻木範熙は、娘たちとも相談の上、熙子の妹を熙子と偽り、光秀のもとに嫁がせようとした。ところが、光秀は熙子の顔にあったはずの小さな瘢子がないのを不審に思ったため、妹は観念して事の次第を述べて、姉は髪を切り出家しようとしたという。光秀はそれを押しとどめ、親元に「自分は熙子殿を妻にと決めているので、熙子殿をお送りいただきたい」という手紙を書き、無事熙子との祝言を挙げたという」。 (貞享5年(1688)刊、井原西鶴の『武家義理物語』瘢子はむかしの面影)。
	4月15日	京都松尾神社の正遷宮が行われる。(『言継卿記』)。
	4月17日	細川晴元の兵、京都西院小泉城を攻める。(『言継卿記』)。 細川晴元軍、山中(大津市山中町)より未明出京して、京都西院小泉城を攻撃。
	5月4日	嫡男・足利義藤(義輝)(1536〜1565)に将軍職を譲った**足利義晴(1511〜1550)(室町幕府第十二代将軍)、近江国穴太で没。享年40(満39歳没)。** 20日、葬儀。銀閣寺の常御所御座所(唐人の間)と会所嵯峨の間が用いられ、東求堂が僧侶宿泊所に充てられる。 その死の前日、土佐光茂がスケッチした義晴の肖像が残されている。
	6月9日	将軍足利義藤(義輝)(1536〜1565)、細川晴元・六角勢を率いて如意岳(京都・大津間、大文字山東側)の京都中尾城に入城し立て籠る。 義晴の喪があけて、息子の義輝は亡父に代わって狼煙をあげた。

西暦1550

天文19	6月20日	筒井順昭（1523～1550）、没。嫡子の筒井藤勝（順慶）（1549～1584）はわずか2歳の幼子であったが、弟の順政（？～1564）、順国らが補佐し、三好長慶と連携して大和支配を保った。 順昭は死の間際に家臣を集め、子の順慶への忠誠を誓わせると共に、敵を欺くため、自分と良く似ている木阿弥という奈良の僧を影武者に立て、死を隠すことを命じた。木阿弥は、筒井家臣団が順慶の下で体制を整えなおした後に奈良へ帰され、元のただの僧の木阿弥に逆戻りした。 このことから「元の木阿弥」という故事成句が生まれたといわれる。	0238
	7月8日	細川晴元（1514～1563）、中尾城から、吉田・浄土寺・北白川に兵を出す。	0239
	7月10日	三好長慶（1522～1564）、洛中洛外惣中に掟条々を触れ達す。	0240
	7月14日	**三好長逸・十河一存等、入京し、細川晴元の兵と戦う。三好被官、細川晴元軍の鉄砲で死ぬ。（『言継卿記』）。** 三好長逸（？～1573）・十河一存（1532～1561）ら、入京して中尾城籠の吉田付近で細川晴元軍と衝突。晴元軍百人程が出撃、三好弓介家臣一人が、細川晴元軍の鉄砲攻撃で戦死。三好長慶、山崎に布陣。弟の十河一存・一族の三好長逸・三好弓介らの兵一万八千が一条付近まで進軍。細川晴元軍が中尾城を、近江衆は北白川城を動かず、三好衆は山崎に退去。「日本おける鉄砲による戦死記録の初見」（長篠合戦の24年前）。	0241
	8月14日	将軍足利義藤（義輝）、甲賀豪士永原重興（六角氏被官）へ、近江野洲郡内江辺に知行を安堵。	0242
	9月2日	将軍足利義藤（義輝）（1536～1565）、東寺をはじめとする京都の寺社に竹木の供出を命じ、中尾城の補強工事を行う。 細川晴元・将軍義輝、中尾城補強を計画。洛中洛外の各社寺領に竹の徴発を命じる。この徴発令に困惑した東寺側は、室町幕府奉行人・松田盛秀を通じて幕府の「御城奉行衆」へ免除を愁訴。	0243
	10月19日	**「三好長慶による最初の段銭徴収」。長慶被官、桂川以西に段米賦課を行う旨、近隣農村に触れを出す。**	0244
	10月20日	中尾城の細川晴元の兵、鴨川辺まで進軍。三好軍の十河一存ら、中尾城付近の聖護院・北白川・鹿ヶ谷・田中に放火して反撃。	0245
	10月25日	三好長慶軍、足利義藤（義輝）・細川晴元・六角定頼連合軍と京都五条河原に於いて交戦。	0246
	11月-	この月、東山周辺で戦っていた三好勢の一部が近江に向かい、細川晴元勢と交戦する。	0247
	11月19日	**三好長慶勢力下の摂津・丹波・河内の軍勢四万が上洛、細川晴元勢を一掃。**	0248
	11月21日	**三好長慶、摂津より入洛し、足利義藤（義輝）の籠もる中尾城に迫る。河東諸郷を焼掠され、義藤（義輝）は近江に逃走する。** 三好長慶、摂津国より上洛し将軍足利義藤（義輝）の籠もる中尾城（京都市左京区浄土寺大山町）に迫る。河東諸郷を焼打ちされ、三好勢近江出動の報に驚いた足利義藤（義輝）は城に放火して近江国へ逃走する。細川晴元（1511～1550）・義藤（義輝）ら、中尾城・瓜生山を焼き、坂本に戻り、急いで堅田に退却。	0249

天文19	11月23日	三好勢は、中尾城・北白川城の焼け残り跡を更に放火し、石垣等を破却。中尾城の城郭としての生命は僅か1年余の短命。
	12月23日	織田信長（17歳）(1534～1582)、尾張密蔵院へ、笠寺別当職（利益収得権）は織田信秀判形の通りに、知行分の寺詣料・開帳については寺内の裁量とするよう命令。
	12月-	この月、イエズス会の宣教師フランシスコ・ザビエル（1506～1552)、入京し滞在十一日間、再び長門国山口に帰る。
	−	この年、丹羽長秀（五郎左衛門）16歳(1535～1585)が、信長に仕える。

天文20	1月-	この月、三好長逸（？～1573)、禁苑の観覧を願出て許される。三好長慶は参内せず、宝剣下賜なども無い。長逸は、長慶の祖父長秀の甥、のち三好三人衆（三好長逸・三好政康・岩成友通)。
	1月30日	幕府政所執事・伊勢貞孝（？～1562)、三好長慶に内応し足利義藤（義輝）の帰京を企て発覚する。伊勢貞孝は近江より帰京。（『言継卿記』)。 伊勢貞孝は、義輝を京都に連れ戻して三好方との和睦を図ろうとするが失敗、貞孝は奉公衆の進士賢光らを連れて京都に戻って三好方に降伏した。
	2月7日	三好長慶（1522～1564)、山城石原城（南区吉祥院石原町の西光寺西方）に陣を進め、松永久秀（1508？～1577)・甚介長頼（久秀弟）(？～1565)兄弟に出陣命ずる。 松永勢、湖東進出。将軍足利義藤（義輝)(1536～1565)・細川晴元(1514～1563)、琵琶湖対岸観音寺城へ逃亡。観音寺城（滋賀県東近江市安土町）からは六角義賢（後の承禎)(1521～1598)の軍が上陸、志賀里（大津市）付近で交戦し、近江軍が勝利。
	2月10日	**将軍足利義藤（義輝）ら、堅田より竜華・葛川谷を越え、奉公衆朽木氏を頼り、朽木館（滋賀県高島郡朽木村）に移る。義輝と細川晴元の連携が崩れだす。**
	2月27日	六角義賢軍は、陣を払い退却する松永勢を追撃、三好弓介ら四人を討ち取り坂本へ退く。
	2月28日	細川晴元・六角義賢連合軍、京都鹿ヶ谷に放火して三好長慶軍と戦う。（『言継卿記』)。
	3月2日	三好長慶、京都岩倉の山本某を攻撃。（『言継卿記』)。三好長慶、西岡十六党の一人・京都岩倉の山本尚利（尚貞）を攻撃。
	3月3日	**三好長慶、京都市中に地子銭を課す。松永久秀 (1508？～1577) はこれを厳しく取り立てる。**
	3月3日	信長父・織田信秀(1510？～1551)、末森城で「疫癘」のため没す。享年42。（『信長公記』)。異説（天文18年(1549)など)。 万松寺の過去帳では、信秀の死は、天文21年(1552)3月9日で享年41となっている。
	3月-	**この月、織田信秀の死を受けて、嫡子信長(1534～1582)が弾正忠家の家督を継ぐ。**
	−	この年、信長弟・織田信行（勘十郎、信勝)(1536？～1557)、末盛城（愛知県名古屋市千種区）を与えられ移城。柴田権六（勝家)(1522～1583)らも同行。

西暦1551

天文20

| 3月14日 | 「三好長慶暗殺未遂事件」。 | 0265 |

長慶（1522〜1564）、伊勢貞孝屋敷で将軍足利義藤（義輝）が派した進士賢光により斬りつけられる。

義藤（義輝）は、伊勢貞孝の屋敷に三好長慶が呼ばれるとの情報を得ると奉公衆進士賢光を伊勢邸に潜入させ、長慶を暗殺しようと目論んだが失敗。長慶に軽い傷を負わす程度に終わってしまい、賢光はその場で自害したという。

| 3月14日 | **香西元成（1518〜1560）・三好政勝・柳本・宇津ら丹波勢、洛中に乱入、ゲリラ活動。** | 0266 |

三好政勝（政生、後の宗渭）（？〜1569）は、天文18年6月、摂津榎並城を出奔し、丹波桑田郡の地侍宇津氏（北区宇津を本貫とする土豪）らに匿われていた。この政勝・元成らの丹波山間部を根拠とするゲリラ軍は、将軍足利義藤（義輝）側の最強の精鋭部隊で、執拗に三好長慶に対し抵抗。政勝らは、千本通りを二条〜五条まで南下し、15日、東郊の郷村を焼き打ちして引揚げる。

| 3月21日 | 明智光秀の母親代わりであった小見の方（1513〜1551？）、没という。享年39。11日とも。 | 0267 |

『言継卿記』には、永禄12年（1569）8月1日付の日記に、信長が（信長本妻の）姑に礼を述べるため会いに行くと記述がある。

朽木風景

西暦1551

天文20	4月-	織田信秀の死を受けて、鳴海城(名古屋市緑区)の山口教継(左馬助)(?~1553)が、今川氏に通じ、信長を背く。年次は翌年など異説あり。
	5月5日	三好長慶岳父・河内守護代遊佐長教(1491~1551)、高屋城(大阪府羽曳野市古市)内で将軍足利義藤(義輝)・細川晴元の放つ刺客(時宗僧侶)により暗殺される。刺客は、遊佐長教が若江城(大阪府東大阪市若江南町)内で帰依していた時宗の僧珠阿弥とされる。 遊佐長教死後も畠山氏は三好長慶との同盟を継続。 畠山家重臣遊佐長教死後、畠山家臣団は安見宗房(?~1571?)と萱振賢継(?~1552)の派閥に分裂したため、三好長慶が仲裁し、安見宗房子・野尻宗泰と萱振賢継娘の婚姻により和解。
	7月14日	「相国寺の戦い」。三好政勝(後の宗渭)・香西元成等、丹波より入京して相国寺に布陣。松永久秀(三好長慶部将)(1508?~1577)等、これを撃退する。 京都相国寺、三好軍と松永軍の戦闘により全焼。
	-	この年、前田犬千代(前田利家)(1538~1599)、信長(1534~1582)に仕える。

西暦1552

天文21	1月2日	近江の六角定頼(1495~1552)、没。享年58。後を嫡男・義賢(後の承禎)(1521~1598)が継ぎ、六角氏十五代当主となる。
	1月23日	将軍足利義藤(義輝)、六角義賢(承禎)の斡旋で細川氏綱・三好長慶と和睦。義藤(義輝)が近江朽木の在所を発ち、京都へ向かう。
	1月28日	六角定頼が没し、足利義藤(義輝)(1536~1565)は、三好長慶(1522~1564)と和し、細川聡明丸(後の昭元、晴元嫡子)(1548~1592)を伴い近江国より帰洛する。 三好長慶は、六角氏の仲介で敵対していた晴元・義輝らと有利な条件(長慶は幕府相判衆となり、晴元(1514~1563)は、子昭元に家督を譲って隠居・出家。細川晴元は三好家の主君なので助命、ひとまず細川高国の養子・細川氏綱をたて、成人後晴元の子、聡明丸(当時5歳)(後の細川昭元)を盛り立てることで和睦した。 幕府政所執事・伊勢貞孝(?~1562)は許された。茨木長隆は氏綱政権に帰参した。細川氏綱(1513~1564)が三好長慶に擁され、幕府執政に任じられるが、実権は長慶に握られる。
	1月28日	第十七代細川京兆家当主・細川晴元、三好長慶に京都を追われ、若狭国守護武田信豊(1514~1580?)を頼り若狭に逗留。
	2月10日	安見宗房(?~1571?)、河内郡代の萱振賢継(?~1552)らの一族を飯盛山城の酒宴に招き暗殺し、さらに田河氏、中小路氏らだけでなく畠山氏の内衆である野尻氏すらも粛清する。
	2月26日	三好長慶、幕府の御供衆に任じられる。
	2月-	この月、京都に将軍の常御所が造営される。
	3月11日	細川氏綱、「右京大夫」に任じられる。 三好長慶が推す細川氏綱(1513~1564)が第十八代京兆家(宗家)、弟の細川藤賢(1517~1590)が典厩家を相続することが認められる。
	3月20日	幕府、内蔵寮領率分所を山科家へ安堵する。(『言継卿記』)。

西暦 **1552**

天文21	3月-	**信長が焼香に立った。**その時の信長の出で立ちは、長柄の大刀と脇差を藁縄で巻き、髪は茶筅髷に巻き立て、袴もはかない。仏前に出て、抹香をかっとつかんで仏前へ投げかけて帰った。弟信行は折り目が正しい肩衣・袴を着用し、礼にかなった作法であった。（『信長公記』）。	0281
		この月、信長父・織田信秀の葬礼、万松寺で行われる。信長（1534～1582）は、林新五郎秀貞（1513～1580）・平手中務丞政秀（1492～1553）・内藤勝介（？～？）の家老を伴い出席。一方、弟信行（信勝）（1536？～1557）には柴田権六勝家（1522？～1583）・佐久間大学盛重（？～1560）・佐久間次右衛門信盛（1528～1581）らの家臣が付き従った。	
		信長の出で立ちは、長刀と脇差を縄で巻き、髪は茶筅にたて、袴もはかずにいた。その格好で仏前へ出、抹香をわしづかみにして投げかけ、すたすたと帰ってしまった。これに対し、信行は折り目正しい服装・作法で威儀を正していた。場の誰もが「やはり大うつけである」とささやき合ったが、その中で筑紫から来た客僧のみは、「あれこそ国持の器よ」と評したという。信長は、父の回復を保障した僧侶に怒りをぶつけたとも、織田家の内紛に憤懣していたともいう。	
	4月10日	織田信長、日比野余五郎（大瀬古住人）の跡職座を買い入れた賀藤左助（元隆）へ永代知行を安堵。年次は天文19年など異説あり。	0282
		左助が、織田信勝（信長の弟）（1536？～1557）の取次で、期限を決めずに買い取った収益権をあらためて安堵。	
	4月17日	**「信長―赤塚の戦い」。**鳴海城愛知県（名古屋市緑区鳴海町）主の山口左馬助教継（りつぐ）（？～1560？）、駿河衆を引き入れ笠寺・中村に砦を築いた。織田勢と山口勢が赤塚で合戦するも決着はつかず。	0283
		信長は兵八百を率いて小鳴海の三の山（名古屋市緑区）まで進出。左馬助息子・山口九郎二郎教吉（のりよし）（？～1560？）は、兵力数千五百で三の山東方十五町の赤塚郷（名古屋市緑区鳴海町）へ向かった。信長は赤塚へ進軍してきた山口九郎二郎に対して攻撃をかけ、戦いは午前10頃から正午頃まで続いた。信長方の被害は討死三十騎に及んだ。互いに勝敗決せず、信長はその日中に帰還した。	
		駿河に内通した鳴海城の山口左馬助教継は、近在の大高城・沓掛城も調略によって落とされてしまった。そして鳴海城には駿河から岡部五郎兵衛元信（？～1581）が新たに城主として入り、大高・沓掛にも駿河の大軍が入った。山口親子は駿河へ召還されたのち、内通の褒美の代わりに腹を切らせられてしまった。この頃の信長は尾張下四郡の支配者であったが、河内一郡は服部左京という坊主に押領され、知多郡は今川勢に占領されてしまっており、残りの二郡も乱世のことゆえ危うい状態で、不安定な立場にあった。（『信長公記』）。	
	4月23日	正親町天皇（1517～1593）の第一皇子・誠仁親王（1552～1586）、生まれる。	0284
	4月25日	**「第二次八上城の戦い」。**三好長慶（1522～1564）、松永久秀（1508？～1577）らを率い、丹波に侵攻し、和睦に反対し挙兵した波多野元秀（？～？）・波多野晴通（？～1560）兄弟の八上城（兵庫県丹波篠山市高城山）を攻めるも、退けられる。	0285
	5月23日	「第二次八上城の戦い」。三好長慶、八上城攻囲から撤兵し、越水城に帰還。	0286
	6月16日	朝倉延景（1533～1573）、室町幕府第十三代将軍・足利義藤（義輝）より「義」の字を与えられ、「義景」と改名する。この頃、「左衛門督」に任官。	0287
	7月21日	織田信長、尾張の津島社社僧・三興山虚空蔵坊に、現在所有している寺の所領ならびに勧進に際しての先導権については、前権利者である師匠の譲り状の内容に従って保証。	0288

天文21	7月28日	織田信長書状「竹事申候処、弐十本給候、祝着之至候、猶浄□可申候間、省略候、恐々謹言、」。 織田信長(1534~1582)、尾張国熱田豪族・浅井源五郎充秀に竹二十本の提供を受けた礼状を送り「三郎信長」と署名。
	8月15日	清洲の守護代織田信友(?~1555)方の尾張清洲城(愛知県清須市一場)主の坂井大膳(?~?)・坂井甚介(?~1553)・織田三位(?~1554)・河尻与一(左馬丞)(?~?)ら、織田信長の属城である松葉城(愛知県海部郡大治町)と深田城(愛知県海部郡七宝町)を攻め落とす。松葉城主織田伊賀守(?~?)と深田城主織田信次(信秀の弟で信長の叔父)(?~1574)を人質とした。
	8月16日	「……かくして信長は、深田・松葉の両城へ攻め寄せた。敵は隆参して両城を明け渡し、清洲へ撤収して一団となった。これから信長は、清洲城を封じ込め、敵地の農作物を刈り取ってしまう。城の取り合いが始まったのである」。(『信長公記』)。 **「信長―萱津の戦い」。信長(1534~1582)、払暁に那古野城(愛知県名古屋市中区)を出て、守山城(名古屋市守山区市場)主である叔父の織田信光(信秀弟)(1516~1556)と合流し共に、尾張萱津で坂井大膳の軍勢と合戦、信長が勝利し、織田勢は松葉城・深田城を奪回する。**撤退した敵を追い、信長は余勢を駆って清洲の田畑を薙ぎ払い、以後両者の敵対関係が続くことになる。
	8月-	**この月、細川晴元(1514~1563)が丹波に出奔する。**従う者は八十人ほどであったと公家の山科言継(1507~1579)が日記に記す。
	9月-	この月、細川聡明丸(晴元の子、後の細川昭元)(1548~1592)が、三好長慶(1522~1564)によって摂津越水城(兵庫県西宮市)に預けられる。
	9月-	この月、細川晴元が、丹波宇津に進出する。
	10月3日	三好長慶、京都西岡に放火し、三鈷寺・善峰寺等が炎上する。(『言継卿記』)。
	10月12日	織田信長、大森平右衛門尉(知多郡郡代カ)へ、知多郡と篠島の商人が守山を往来することについて自由を安堵。信長の商人保護政策である。
	10月20日	細川晴元方と、三好長慶方の内藤国貞(丹波守護代)(?~1553)とが、丹波桑田郡で交戦する。 内藤国貞は、細川氏綱を擁した三好長慶方となっていた。
	10月21日	**「信長、初の知行宛を行う」。**信秀の跡を継いだ織田信長(1534~1582)、織田玄蕃允秀敏(?~1560)へ、尾張愛知郡中村方三郷を「桃厳」(織田信秀)の判形通りに安堵。秀敏は、織田信秀の叔父にして織田信長の大叔父とされる。
	10月26日	幕府軍、京都杉坂および嵯峨に打廻す。(『言継卿記』)。
	10月29日	幕府軍、京都船岡山に出張し、細川晴元軍、蓮台野を退く。(『言継卿記』)。
	10月-	この月、足利義藤(義輝)、京都霊山に築城して徒る。
	11月-	この月、細川晴元(1514~1563)・波多野元秀(波多野稙通の次男)(?~?)、数掛山城(京都府亀岡市本梅町)の波多野秀親(波多野稙通の弟)(?~?)に丹波宇津への参陣を促す。
	11月27日	細川晴元軍、京都西岡に放火し嵯峨に出陣する。小泉秀清等は西院小泉城を自焼、霊山に入る。(『言継卿記』)。小泉秀清は、将軍足利義輝の籠る霊山城へ入る。

西暦 1552

天文21	11月28日	「清水坂の戦い」。細川晴元軍、京都霊山城を攻め五条口を焼く。建仁寺、兵火に炎上する。（『言継卿記』）。	0304
	11月28日	細川晴元勢が、山城蓮台野に進出し、将軍足利義藤（義輝）の奉公衆が船岡山でこれを迎撃する。	0305
	12月15日	松永久秀(1508？〜1577)、京都四府(左右近衛府・左右兵衛府)駕輿丁御服座衣更の事を糾明し、役銭を同座に拘置させる。	0306
	12月20日	幕府、京都霊山城修築のために西京七保に人足役を課す。	0307
	12月20日	「織田信長判物」。信長、熱田の加藤全朔・加藤紀左衛門尉（資景）（織田氏御用商人）父子へ、商売に関する優遇を安堵。	0308

西暦 1553

天文22	1月-	**この月、三好長慶、幕府政所執事伊勢貞孝(？〜1562)と庶政を協議。ようやく、長慶の洛中支配が強化されてくる。**	0309
	閏1月13日	信秀が没して織田家中が不穏となる中、傅役の二番家老・平手政秀(1492〜1553)が「うつけ者」と呼ばれていた織田信長(1534〜1582)を憂い、諫めるため切腹とされる。享年62。閏1月19日ともいう。美談として語られるが諸説あり。 信長は、政秀を弔うため小木村に政秀寺を建立。沢彦宗恩(？〜1587)が住持となる。平手政秀の娘・お清(雲仙院)は、信長の弟の長益(有楽斎)(1547〜1622)の正室である。	0310
	閏1月15日	**三好長慶、足利義藤（義輝）と和睦する。**（『言継卿記』）。	0311
	2月9日	足利義藤（義輝）、京都霊山城を修築する。（『言継卿記』）。	0312
	2月20日	先に入京した三好長慶軍、細川晴元軍を京都西郊に撃破する。（『言継卿記』）。	0313
	2月26日	三好長慶軍、山城の鳴滝で細川晴元軍と戦闘、勝利する。	0314
	2月26日	三好長慶、清水寺において、細川晴元に内応した上野信孝ら奉公衆六名の身柄を、将軍足利義藤（義輝）に要求。	0315
	2月26日	この頃、三好長慶、清水寺において、細川晴元に内応した上野信孝ら奉公衆六名の身柄を、将軍足利義藤（義輝）に要求。	0316
	2月28日	従五位下三好長慶(1522〜1564)、従四位下に昇叙。筑前守如元。	0317
	3月8日	**足利義藤（義輝）(1536〜1565)、三好長慶(1522〜1564)との和が破れ、京都霊山城に入城する。**（『言継卿記』）。 京都霊山城に籠城した義藤（義輝）は、細川晴元と協力する。	0318
	3月16日	細川晴元軍、山城畑に出陣。三好長慶、松永久秀をしてこれを破る。	0319
	4月中旬	斎藤利政（斎藤道三）、織田信長へ、尾張国聖徳寺(正徳寺)(愛知県一宮市冨田字大堀)での会見要請を通達。信長は斎藤道三からの会見要請を承諾。	0320
	4月17日	織田信長（「織田上総介信長公」）、今川義元に通謀した山口左馬助教継(尾張鳴海城主)(？〜1560？)・山口九郎二郎教吉(？〜1560？)父子を攻撃。信長はこの日に帰陣。（『信長公記』）。	0321

天文22	4月20日	**富田の正徳寺にて斎藤道三(1494？〜1556)と織田信長(1534〜1582)が会見する。**
		信長は七百名の供回りを連れ、その軍勢は足軽を先頭に、三間半（6.4m）の槍を持った槍隊五百が続き、さらに弓・鉄砲五百挺を装備していた。「おおうつけスタイル」で現れた信長だが、いざ道三と会見時には、髪を整え褐色の長袴に着替え、きちんと正装していた。信長の器量を見抜いた道三は、家臣猪子兵介(猪子兵助)(1546〜1582)に、「山城が子供、たわけが門外に馬を繋ぐべき事、案の内にて候」（わが子どもは、かならずそのたわけ(信長)の門前に馬をつなぐことになろう）とゆくゆく美濃が信長の配下となることを憂いたという。さらに、「今より以後、道三が前にて、たわけ人と云う事、申す人これなし」（以後、道三の前で信長をたわけと言う者はなくなった）。
		「おおうつけスタイル」とは、髪を茶筅のようにして、萌黄色の平打ち紐で髻を巻いて、湯帷子の袖をはずし、片肌を脱いで、腰の周りには火打ち袋や瓢箪を八個結びつけていた。太刀や脇差にはわら縄を巻いて、虎革や豹革を四色に染めた袴を穿いていた。
	5月20日	織田信長、尾張国津島神社祢宜九郎大夫へ、山本与三郎に対する借銭は無効とする旨を通達。
	7月3日	芥川孫十郎に謀反の疑いありと判断した三好長慶（1522〜1564）は、芥川城を包囲する。
	7月3日	幕府、清原業賢(清原良雄)(1499〜1566)に、大炊寮領米課役を安堵する。
	7月-	**この月、細川晴元勢が上洛を試みるも、将軍足利義藤（義輝）の奉公衆と河内の安見氏の軍勢に退けられる。**
	7月12日	六角義賢(後の承禎)(1521〜1598)の軍、京極高吉を擁した浅井久政(1526〜1573)と太尾山城(滋賀県米原市米原)で合戦に及び大勝し浅井氏を降伏させる。
		そして久政嫡男・猿夜叉(後の浅井長政)(1545〜1573)と、義賢の重臣平井定武の娘との婚姻を約束させる。
		京極高吉(1504〜1581)の妻は、久政の次女(京極マリア)であった。
	7月28日	**細川晴元、霊山城に入って、将軍足利義藤（義輝）と同心する。** 三好政勝(政生)、後の宗渭(？〜1569)と香西元成(1518〜1560)も足利義輝に謁見。
	8月1日	**「霊山城の戦い―三好長慶の畿内制覇成り、室町幕府中絶する」。**
		三好長慶(1522〜1564)、西院城救援のため、河内・和泉・大和・摂津・紀伊の兵二万五千を連れて摂津国より入京し、京都霊山城(京都市東山区清閑寺霊山町)を攻略。足利義藤(義輝)(1536〜1565)は、杉坂へ逃亡。
		将軍足利義藤(義輝)は伯父である前関白・近衛稙家(1502〜1566)らを伴い、朽木元綱(1549〜1632)を頼って近江朽木に退去する。このまま永禄1年(1558)まで、18〜22歳までの五年間を山深い朽木谷で過ごす事となる。
	8月13日	三好長慶、足利義藤(義輝)扈従の幕臣大半を京都に拉致する。(『言継卿記』)
		長慶は、将軍に随伴する者は知行を没収すると通達したため、随伴者の多くが将軍義輝を見捨てて帰京した。
	8月15日	守護代織田彦五郎(信友)(？〜1555)の家宰坂井大膳(清洲城将)、坂井甚介・河尻与一・織田三位と共に、尾張国松葉城を攻略、織田伊賀守(松葉城将)・織田右衛門尉(深田城将)を人質として織田信長に御敵の色を立てた。

1553

天文22	8月22日	芥川孫十郎、籠城戦の末に兵糧が尽きて、三好長慶に降伏して芥川城を明け渡し、長慶・松永久秀が受け取りに赴く。	0332
	8月29日	**「三好長慶政権が成立」**。三好長慶(1522～1564)が、細川聡明丸(後の昭元)(1548～1592)を奉じて摂津芥川城(大阪府高槻市)に入る。以後、ここに居住する。	0333
	9月3日	三好長慶方の松永久秀(1508？～1577)・長頼(？～1565)兄弟、内藤国貞ら、細川晴元方の丹波の波多野秀親の籠る数掛山城を攻撃するも、香西元成・三好政勝(後の宗渭)らに、襲撃され敗退する。八木城(京都府南丹市八木町)主・内藤国貞(？～1553)が討ち死にする。 **「第三次八上城の戦い」**。松永久秀らは、退却時に三好政勝(後の宗渭)(？～1569)らに落とされた八上城(兵庫県丹波篠山市八上)を奪回して入る。久秀の甥の松永孫六を城将として居城させる。	0334
	9月18日	**「第三次八上城の戦いー八木城の戦い」。** **香西元成・三好政勝(後の宗渭)ら、松永久秀らを攻め八木城は落城。** **久秀の弟・松永長頼(1516～1565)は残兵を糾号して一日で八木城を奪回、この軍略によって一躍、三好長慶の重臣にのしあがり、丹波一国をあずけられた。** 以後、丹波八木城主として守護代内藤氏の名跡を継承する地位にあり、やがて長頼は内藤貞正(国貞の父)の娘(国貞の子ともいう)を娶って内藤氏を継ぐ形となった。長頼はのちに「内藤宗勝」を称した。内藤如安の父である。	0335
	9月下旬	24歳にして万難を排して京都に上ることを決意した長尾景虎(謙信)(1530～1578)、この頃、従五位下弾正少弼叙任御礼のため、手兵二千を率いて初めて上洛。	0336
	11月22日	信長、尾張の服部弥六郎に買得の田畠等に関する権利などを安堵。	0337
	11月26日	六角義賢(承禎)に敗れた浅井久政(1526～1573)、六角氏と和睦、その配下となる。	0338
	11月28日	細川晴元の兵、山城国霊山城を攻める。	0339
	12月9日	織田信長、尾張国三奥山虚空蔵坊(津島神社神宮寺)へ諸役を免除。	0340
	12月-	この月、織田信長、神主兵部少輔(尾張国津島神社氷室氏へ)、借銭・質物は天文九年以前の分に関しては織田信秀判形に任せ免除。	0341

1554

天文23	1月15日	斎藤道三、村木城へ出陣の織田信長の要請により、家臣・安藤守就(1503？～1582)を、一千兵と共に、尾張国那古野城の「留守居」として派遣する。(『信長公記』)。留守中清洲勢が那古野を急襲する恐れがあり、このため信長は舅の斎藤道三へ城番の兵を要請した。	0342
	1月19日	信長(1534～1582)、尾張国那古野を出陣。「出陣となったとき、宿老の林佐渡・美作(林秀貞・林通具)兄弟が不意に荒子城(愛知県名古屋市中川区荒子)へ退転してしまった。家老の面々が取り騒いだが、信長公は「そのようなこと、かまわぬ」とのみ言って出立した」。(『信長公記』)。	0343
	1月20日	安藤守就(「安藤伊賀守」)、織田信長の要請により尾張国那古野へ到着。安藤守就、尾張国那古野城近くの志賀・田幡両郷に着陣する。信長、陣取り見舞いとして陣中を訪ね礼を言う。信長、尾張国那古野を出陣。(『信長公記』)。	0344
	1月21日	織田信長、尾張国熱田に宿泊。(『信長公記』)。	0345

天文23	1月22日	織田信長、「以外大風」により野陣を張る。またこの日、水野信元「水野下野守」に対面する。(『信長公記』)。 信元は、織田信秀の三河侵攻に協力すると共に、自らは知多半島の征服に乗り出し、松平広忠に離縁された妹の於大の方（徳川家康の母）を、阿久居の久松俊勝に嫁がせる。 今川氏は水野信元を攻め滅ぼさんと計画し、重原城(愛知県知立市上重原町本郷)経由で物資を運び、水野信元の緒川城(愛知県知多郡東浦町緒川)の眼前に村木砦を築く。ここに至って信元は、信長に救援を依頼した。
	1月23日	織田信長、知多郡西岸に渡海して小河(緒川)に着陣。
	1月24日	**「信長―村木城の戦い」。** 織田信長、岡崎衆・駿河衆の拠った尾張国村木城(愛知県知多郡東浦町大字森岡字取手・八劔神社)を包囲・攻撃。信長は南方面の攻撃を指揮。西の搦手は織田信光(信秀弟)(1516～1555)が攻撃を指揮、東大手は「水野金吾」(水野信元)(？～1576)が攻撃を指揮した。**信長小姓衆には多数の死傷者が出たが、申下刻(18時頃)に村木城を攻略。**(『信長公記』)。
	1月25日	織田信長、尾張国寺本城(愛知県知多市八幡町字堀之内(津島神社))を攻撃し城下を焼き、後に尾張国那古野へ帰陣。(『信長公記』)。
	1月26日	織田信長(1534～1582)、斎藤道三が派遣した尾張国那古野「留守居」の安藤守就(1503？～1582)を訪ねて謝礼する。(『信長公記』)。
	1月27日	安藤守就(「安藤伊賀守」)ら美濃衆、美濃国へ帰陣。(『信長公記』)。 守就は信長からのお礼を伝えるほか、暴風にも関わらず渡海して村木城を攻めたことやその戦況を斎藤道三に悉く報告したところ、道三は「すさまじき男、隣にはいやなる人にて候よ」(恐るべき男だ。隣国には居てほしくない人物だな)と言ったという。
	2月12日	近江朽木の室町幕府第十三代征夷大将軍・足利義藤(1536～1565)、名を「義輝」に改める。
	3月-	この月、美濃を完全に平定した斎藤利政(道三)(1494？～1556)、家督を子の義龍(1527～1561)へ譲り、自らは常在寺(岐阜市)で剃髪入道を遂げて「道三」と号し、鷺山城(岐阜市鷺山)を修築し隠居。
	4月12日	三好長慶(1522～1564)、松永久秀(1508？～1577)、丹波桑田郡へ出陣、三好政勝(後の宗渭)方の小城を攻め落とす。
	5月4日	朝廷、幕府政所執事・伊勢貞孝(？～1562)および三好長慶(1522～1564)に、洛中に賦課して禁裏東南の堀を浚泄させる。(『言継卿記』)。
	5月21日	京都北白川郷、吉田郷と芝草を争い吉田を襲撃せんとする。山科言継、町衆五百余人を率い仲裁に赴く。(『言継卿記』)。
	5月29日	幕府政所代蜷川親俊(親世)(？～1569)、白川・吉田両郷相論に関わる意見状を三好長慶に具申する。

西暦 1554

天文23	7月12日	七月十二日、若武衛様に御伴申す究竟の若侍、悉く川狩に罷り出でられ、内には、老者の仁体纔に少貼相残る。誰々在之と指折り、見申し、坂井大膳、河尻左馬丞、織田三位談合を究め、今こそ能き折節なりと、焜と四方より押し寄せ、御殿を取り巻く。……。四方屋の上より弓の衆さし取り引きつめ、散貼に射立てられ、相叶わず、御殿に火を懸け、御一門数十人歴々御腹めされ、御上﨟衆は堀へ飛び入り、渡り越し、たすかる人もあり。水におぼれ死ぬるもあり、哀れなる有様なり。武衛様は川狩より、直ちにゆかたびらのしたてにて、信長を御憑み候て、那古野へ御出で、すなわち弐百人扶持仰せ付けられ、天王坊に置き申され候。……（『信長公記』）。 「主従と申しながら、筋目なき御謀叛思食たち、仏天の加護なく、か様に浅猿敷無下無下と御果」てた。（尾張の守護（義統）は織田氏の主君ではあるが、今は織田氏が実権を握っており、その織田氏に無謀な反抗を企てたので、神仏の加護もなく、このように浅ましくむざむざと死んだのである）。（『信長公記』）。 斯波義統（尾張国守護）、自刃す。斯波義銀（「若武衛様」）（尾張国守護の斯波義統嫡男）、尾張国那古野の織田信長を頼る。 **清洲城の尾張守護代織田彦五郎（信友）（？〜1555）とその家臣坂井大膳（？〜？）らが共謀し、清洲城内守護館の尾張守護の斯波義統（1513〜1554）を攻めて、自害に追い込む。** 主だった家臣を引き連れて川遊びに出かけ、難を逃れた子の岩龍丸（義銀）は那古野城の織田信長（1534〜1582）の元に逃げ込む。信長は岩龍丸に二百人扶持をあたえ、天王寺に住まわせた。その後、斯波義銀（1540〜1600）は、信長の助けにより、武衛家督継承、守護就任となる。
	7月18日	**「安食の戦い（成願寺の戦い）」。** 柴田勝家（「柴田権六」）、尾張国清洲城（愛知県清須市一場）を攻撃。 変事の後のこの日、柴田勝家が清洲に攻撃をかけた。清洲勢は山王口から攻め入った敵に対し、安食村で防いだがかなわず、成願寺でも支えられず、ついに清洲の町口まで追い詰められた。反撃を試みたが敵の長槍の前にいかんともしがたく、歴々三十騎が討死した。武衛様の臣で由宇喜一という十七ばかりの若者が鎧も着けず敵中に討ち入り、見事武衛様仇の織田三位の首を挙げた。信長公の感心はなみなみならぬものであった。……（『信長公記』）。 岩龍丸（義銀）を保護し清洲を攻撃する大義ができた信長の命を受け、柴田勝家・斯波家臣、尾張国清洲城下を攻撃、敵方多数を討ち取る。斯波義銀の被官である由宇喜一が尾張国清洲城に於いて、織田三位（？〜1554）の首級を挙げる。
	7月18日	織田信長（「上総介信長」）、斯波義銀（「若武衛様」）の被官である由宇喜一が尾張国清洲城に於いて「織田三位」の首級を挙げたことを賞賛す。（『信長公記』）。
	8月13日	**本願寺証如（光教）（本願寺第十世）（1516〜1554）、没。享年39。顕如（12歳）（1543〜1592）、宗主になり、祖母の慶寿院鎮永尼（1493〜1571）が後見する。**
	10月-	この月、三好長慶（1522〜1564）が淡路に渡り、弟達の三好実休（義賢）（1527?〜1562）・安宅冬康（1528〜1564）・十河一存（1532〜1561）と、播磨攻めについて協議する。

西暦1554

天文23	10月20日	織田信長、熱田の商人・加藤図書助順光へ、織田信秀の逆鱗に触れて零落した山口孫八郎妻子の還住許可を通達し、後家とその子供の処遇を委ねる。(『信長公記』)。
		信長の侍臣・山口孫八郎の母は、松平竹千代(後の家康)(1543~1616)が加藤氏宅に幽居時の取り扱いに関し、織田信秀の怒りで、厳科に処せられたという。
	11月-	この月、三好長慶方の軍勢が播磨明石城を攻撃する。
	11月16日	織田信長、祖父江九郎右衛門に、俵子船一艘の諸役免許を与え、「上総守信長」と署名。
		「上総介」とある初見は翌24年(1555)2月からであるという。
	11月20日	織田信長、安斎院(曹洞宗曹源山、生駒氏菩提所)へ、居屋敷・寺領を先規の如く安堵。「上総介信長」と署名。
	-	この年、木下藤吉郎(秀吉)(1537~1598)、尾張(愛知県西部)に帰り、織田信長(1534~1582)の小者として仕えた。
		頭の働く秀吉は信長に次第に認められ、頭角を表した。永禄1年(1558)9月の異説あり。

西暦1555

天文24	1月13日	近衛晴嗣(後の前久)(1536~1612)、従一位に昇叙し、足利家からの偏諱を捨て、名を「前嗣」と改める。
	2月5日	「織田信長書状」。織田信長、鳴海城の山口左馬助教継に与同した星崎・根上の者の所領を欠所とするため、調査するように、一雲軒・花井右衛門尉兵衛に命じる。
	4月19日	織田信光(尾張国守山城主で信長叔父)(1516~1556)、尾張国清洲城「南矢蔵」へ移る。(『信長公記』)。
		信光は、清洲城の織田彦五郎(信友)と起請を交わした。織田彦五郎・坂井大膳は、織田信光を信長から離反させることを謀る。ここまでの信光の動きはすべて信長と通じた上での行動であり、城内に信光殿を送り込むことによって内から清洲を攻め取ろうという謀略であった。信長は信光に、下四郡(愛知郡、知多郡、海西郡、海東郡)のうち二郡の割譲を約束していた。
	4月20日	坂井大膳(織田達勝家老)、尾張国清洲城「南矢蔵」を礼問しようとしたところ、物々しく軍備を構える織田信光を恐れて駿河国へ逃亡し、今川義元を頼る。(『信長公記』)。
	4月20日	織田信光(信秀弟)(1516~1555)、攻め寄せ守護代織田彦五郎(信友)(?~1555)を自刃させ尾張国清洲城(愛知県清須市一場)を乗っ取り、これを織田信長へ譲渡。織田信光は、信長より尾張国那古野城を受け取る。(『信長公記』)。
		信長は、義銀(1540~1600)を斯波家当主とした。
	5月8日	信長、織田信光の後室(小幡殿)へ、長慶寺法主分・寺領等を安堵。
	5月26日	三好長慶、物集女太郎左衛門尉と同久勝との年貢相論を裁許し、太郎左衛門尉に公用を速納さす。

西暦1555

天文24	6月26日	尾張国守山城主織田孫十郎信次（信秀の弟で信長の叔父）（？～1574）が庄内川で川狩をしていたところを、信長・信行の弟・喜六秀孝（？～1555）が供を連れずに一人、騎馬で通りかかった。これを見た信次家中の洲賀才蔵が騎馬での乗り打ちに激昂し弓を射かけた。運悪くその矢が当たり、秀孝は馬から落ちた。川から上がった信次は、射た相手が信長の弟と知り、季節が変わったかと思うほどに肝を寒くした。身の破滅を感じた信次は守山にも戻らず姿を消し、何処へともなく逃げ去った。秀孝は当時十五・六歳で、美貌の声が高かった。末盛城の織田信行（信勝）（信長の同母弟）（勘十郎、信勝）（1536？～1557）は、この報せを聞いて報復として守山に攻め寄せ城下に放火した。（『信長公記』）。 信長は遠乗り中にこのことを聞いたが、「わが弟ともあろう者が、供も連れず下郎のごとくに一騎で出歩くとは何事か。そのような弟、たとえ存生なりとも許すまじ」と言ったのみであった。（『信長公記』）。 この頃、織田信長、尾張国清洲城を出て織田信行（信勝）の守山城攻撃の様子を一見、織田秀孝の軽挙を難じて清洲城へ帰城ともいう。	0375
	7月6日	守山城には信次の家臣たちが立て籠もっていた。家老衆である角田新五（？～1556）・坂井喜左衛門・岩崎丹羽源六（丹羽氏勝）（1523～1597）らが城に立て籠もったのだ。 信長はこれを飯尾近江守（定宗）（？～1560）らに囲ませた。信行（勘十郎、信勝）（1536？～1557）からも柴田勝家らが遣わされ、木が崎口を固めた。そのような中で佐久間信盛（1528～1581）が城衆の説得にあたり、信長弟で器才のある安房守秀俊を城主に迎えることで開城が成立した。この功により、佐久間は守山領内で百石を与えられた。（『信長公記』）。 織田信長（1534～1582）、この日、守山城を腹違いの弟（兄説も）・織田安房守秀俊（信時）（？～1556）に与える。	0376
	8月2日	三好長慶、亀井佐介と法金剛院珠栄との下地相論を裁許し、法金剛院珠栄に安堵する。	0377
	8月-	織田信長（「織田上総介」）、尾張国熱田神宮座主坊（天台宗如法院）へ、直務する社領秋武町の畠・屋敷を安堵。座主持分の神領に関しては違乱者を必ず申し付けるように、更に熱田神宮周辺は座主坊政所の管轄であるので先例通りに処置すべきを命令。	0378
	10月1日	織田信長、花井三河守政勝へ、二百七十八貫文の知行を与える。	0379
	10月22日	斎藤新九郎義龍（1527～1561）、叔父とされる長井道利（？～1571）と共謀して、斎藤道三が寵愛する異母弟の孫四郎、喜平次らを日根野弘就（1518～1602）に稲葉山城内で殺害させ謀反を起こす。11月12日ともいう。 道三は、謀反を知り、兵を立てて町を焼き、火煙にまぎれて城下を退去、そして長良川を越えて山県郡の大桑城（岐阜県山県市大桑）に入る。 次男孫四郎、三男喜平次は、小見の方と斎藤道三の子とされる。	0380
弘治1	10月23日	「弘治」に改元。戦乱などの災異のため改元という。	0381
	10月26日	三好長慶、金蓮寺に敷地を安堵する。	0382

西暦 **1555**

弘治1	11月26日	清洲城奪取に功のあった信長の叔父・織田信光(1516〜1555)が、坂井大膳の謀略に乗った家臣坂井孫八郎に殺される。信長は、那古野城を林秀貞(1513〜1580)に守らせる。
	12月14日	三好長慶、意北軒と三淵晴員の相論を裁許し、下地を意北軒に安堵する。
	12月28日	織田信長、坂井利貞へ、河尻与三郎の知行地のうち十五貫文と斎藤分のうち四貫文、合わせて十九貫文を知行として扶助。
	−	坊丸(のちの織田信澄)(1555/1558〜1582)、織田信秀の三男・織田信行(信勝)(1536 ?〜1557)の嫡男として生まれるという。信澄は、後に明智光秀(1528 ?〜1582)三女「川手の方」と婚姻する。

西暦 **1556**

弘治2	1月1日	芥川城(大阪府高槻市)で火災が起き、松永久秀や三好孫次郎(後の義長・義興)(長慶嫡男)(1542〜1563)の陣所などが焼ける。三好長慶軍、摂津芥川城を引き上げる。
	2月11日	**三好長慶(1522〜1564)、山城にて「七ヶ条の掟」を定め、松永久秀(1508 ?〜1577)がこれを奉行する。**
	3月29日	将軍足利義輝(1536〜1565)、越前の朝倉義景(1533〜1573)に、本願寺と和睦し加賀より撤兵することを勧める。
	3月-	**「織田信長、三河へ出陣」。**この月信長、八ツ面山(愛知県西尾市)の荒川城を攻撃。野寺原で今川氏の軍勢と遭遇し戦う。 この信長の軍事行動は、三河西条城主・吉良義昭の手引きによるという。
	4月上旬	この頃、駿河・今川義元の斡旋で尾張守護・斯波義銀(1540〜1600)と三河守護・吉良義昭(? 〜?)が会見。 信長、義銀に随行して三河上野原に出陣。吉良側に今川義元が立ち会ったとされる。
	−	この年、信長(1534〜1582)、斯波義銀(1540〜1600)に尾張一国を譲り国主に据えるとし、清洲城本丸を進呈、自身は北の櫓に退く。
	4月18日	斎藤道三は鷺山の高所に登って陣を構えた。 信長も盟約によって出兵し、木曽川・飛騨川を越えて美濃大良の東蔵坊に入った。
	4月19日	**「信長への国譲り状」。** **長良川での戦いの前日、死を覚悟した斎藤道三(信長舅)が末子・日饒に自筆遺言状を送り、美濃国を婿・信長に譲る旨を認める。** 観照院日饒は、岐阜の斎藤道三菩提寺である常在寺の第五世住職を務めたのち、天文17年(1548)旧地二条通衣棚に復興された妙覚寺に、この年入り、妙覚寺十九世となる。
	4月20日	**「長良川の戦い」。美濃国を治める斎藤道三(1494 ?〜1556)、二千五百兵「長良川の戦い」にて、旧土岐氏の勢力に支えられた嫡子・斎藤義龍(1527〜1561)一万七千余の兵に敗れ、戦死。享年63。年月日は異説あり。** 道三の側室は元美濃守護土岐頼芸(1502〜1582)の側室深芳野で、嫁いで七ヶ月後に義龍を生んだ。このため、道三は頼芸の子ではないかと疑い、義龍も頼芸を父と考えるようになり、お互いの疑心暗鬼が父子の戦いに発展したともいう。

弘治2	4月-	この頃、織田信長（1534〜1582）、美濃大良近辺の河原にて斎藤義龍軍と戦う。信長、道三討ち死にの報を聞き撤退を開始、信長自ら殿を務める。	0396
	−	信長の盟友・道斎藤三の死は、尾張の状勢にも変化をもたらした。**この頃、尾張の上郡四部を守る守護代の一人、岩倉城**（愛知県岩倉市下本町）**の織田信安**（？〜1591？/1614）**が、斎藤義龍と結び信長に敵対行動を取るようになる。**（『信長公記』）。	0397
	−	この頃、織田信安の兵が下の郷に火を付けて回ったため、帰国間もない信長は、直ちに岩倉城を攻めて付近を焼き払い、その日のうちに帰国した。下の郡においても大半が信長に反発するようになる。	0398
	−	この頃、信長、正眼寺を巡り織田信安と小競り合い。	0399
	5月2日	三好長慶、主殿寮領市原野の下地相論を裁許す。	0400
	5月26日	信長公は、何を思われたか突然秀然殿ただ一人を連れて林秀貞の屋敷にあらわれた。よき機会と弟の美作が殺害をすすめたが、秀貞は主君を直接手に懸けるのはさすがにためらわれ、この日は危害を加えずに帰し、一両日してからあらためて敵対を表明した。これに応じ、林を寄親としていた荒子城・米野城・大脇城がつぎつぎと敵方にまわった。（『信長公記』）。織田信長（1534〜1582）、織田秀俊（信時）（「安房殿」）（守山城主）（？〜1556）を伴い尾張国清洲城を発し（愛知県清須市一場）織田信行（「勘十郎殿」）を擁立して「逆心に及ぶ」との風説が高まった「信長公の一のおとな」林秀貞（「林佐渡守」）（那古野城主）を訪問。その際、秀貞の弟・美作守が信長の謀殺を企てたが、林秀貞はこれに反対し、信長は事なきを得る。	0401
	5月下旬	この頃、林秀貞（1513〜1580）、林美作守（通具）（1516〜1556）・柴田権六勝家（1522？〜1583）らと共に、織田信長へ御敵の色を立てる。（『信長公記』）。	0402
	6月-	**織田信時**（「安房殿」）（信長弟）、**角田新五郎の謀叛により尾張国守山城において自刃させられる。「守山では秀俊殿が若衆を重用したことで家老と不和になり、殺害されてしまった」。**（『信長公記』）。この月、織田秀俊（信時）（信長弟）（？〜1556）が、織田信次（信秀の弟で信長の叔父）の家臣・角田新五（？〜1556）の謀叛により尾張国守山城（愛知県名古屋市守山区市場）において自刃させられる。	0403
	6月26日	織田信長、角田新五らが籠る守山城を攻める。飯尾定宗（？〜1560）、嫡男・尚清（1528〜1591）と共に守山城攻めに従軍。	0404
	6月-	織田信長（1534〜1582）、出奔していた伯父の織田信次（「孫十郎殿」）を尾張国守山城主とする。「秀俊殿殺害のこの事件を受けて信長公は浪人していた孫十郎信次殿を赦免し、守山城主とした。信次殿はのちに伊勢長島で戦死する」。（『信長公記』）。この月、信長、弟の守山城主・織田安房守秀俊が家臣に殺されたため、信長弟（喜六郎秀孝）誤射事件で出奔中の織田孫十郎信次（信秀の弟で信長の叔父）（？〜1574）を赦免し、再び守山城を与える。角田新五（？〜1556）・岩崎丹羽源六（丹羽氏勝）らも納得した。丹羽氏勝（1523〜1597）は、それ以降は信長の直臣となった。	0405
	7月10日	**「城持大名」となった松永久秀**（1508？〜1577）、**摂津国滝山城**（兵庫県神戸市中央区）**で、歌舞音曲・千句音曲・猿楽を行い、堺から招いた三好長慶を饗す。**	0406

弘治2	8月22日	「信長公と信行殿の対立は深まり、ついに信行殿は信長公の直轄領である篠木を押領して砦を構えた」。(『信長公記』)。
		信長弟の織田信行(勘十郎、信勝)(1536？～1557)が、那古野城主・林秀貞、林通具兄弟や柴田権六勝家(信勝家臣)の支援を得て、信長の直轄領・篠木三郷を押領し謀反。
	8月22日	信長公はこれに対し、八月二十二日佐久間大学盛重に命じ名塚に砦を築かせた。敵方の人数は柴田勝家の兵一千に、林兄弟の兵七百が加わっていた。(『信長公記』)。
		織田信長(1534～1582)、林秀貞ら敵勢力の伸張を防ぐため「名塚」に構築した「取出」に佐久間盛重(「佐久間大学」)(？～1560)を入れる。
	8月23日	反信長の柴田勝家(「柴田権六」)が一千名余を率い、秀貞弟・林美作守(通具)が七百名余を率いて、砦の完成前に攻撃を仕掛けるべく出撃。
	8月24日	**「信長一稲生の戦い」。** 二十四日になり、信長公も清洲を出陣し庄内川を渡った。両軍は稲生の村外れで対陣した。 稲生の西に七段に陣を構えた信長勢に対し、柴田勢は海道の南東に位置し、林勢はそれより南に陣を取った。信長公の軍勢は七百に満たなかった。正午頃、信長公はまず南東に向かい柴田の軍と対戦した。 激戦となって山田治部左衛門が戦死し、信長公の馬前まで敵が押し寄せたが、織田造酒(織田信房？)ら旗本勢が奮戦して持ち堪えた。そこへ信長公が敵勢に対し大音声を上げた。敵もかつての身内の者である。信長公の威光を目にして士気を萎えさせ、ついに崩れさった。 信長公は敵の崩れに乗って南へ進み、林美作の陣になだれ込んだ。信長公は自ら美作を突き伏せて首を挙げ、勢いに乗じて敵勢を追い崩した。信長勢は大勝して多くの首級を挙げ、その日のうちに清洲に帰陣した。(『信長公記』)。 織田信長、七百未満の兵力で、柴田勝家・秀貞弟の林美作守(通具)らの謀叛を鎮圧するため尾張国清洲城を出陣。**信長、尾張国稲生(愛知県名古屋市西区名塚町)において柴田勝家・林美作守らと衝突、信長軍が勝利する。信長、清洲城帰城。**
	8月25日	信長、この日、首実検。取った首級は林美作守(通具)をはじめとしてその数四百五十にのぼった。信行(信勝)勢は末盛・那古野に籠城、信長は両城の城下を焼き払った。(『信長公記』)。
	8月-	土田御前(母)が使者を遣わし、織田信行(信勝)謀叛の謝罪を述べ、信長に信行(勘十郎、信勝)(1536？～1557)らの赦免を求めた。 **信行(信勝)が柴田勝家、林秀貞らを伴い清洲城(愛知県清須市一場)へ赦免御礼に赴く。信長、三人を赦す。**(『信長公記』)。

弘治2	－	**この年、織田三郎五郎信広**（信長庶兄）（?～1574）、**美濃稲葉山城の斎藤義龍**（1527～1561）**と組んで謀反を画策する。**信広は、信長の清洲城出撃時に留守居役をおびきだし城を乗っ取り、斎藤義龍とで信長を挟撃するという作戦を立てる。 この計画は事前に信長に漏れた。信長は、留守居役には城から出ることを禁じ、町の者には信長の帰陣まで木戸を閉ざして外部の人間を一切入れないよう触れを出し、その上で出陣した。信広は、信長出陣と聞いてすぐさま手勢を率いて清洲に向かった。清洲に着いた信広は計画通り留守居を待ったが出てこず、入城も拒否された。やがて謀反が露見したかと不安になり、あわてて引き返した。信広はこの後信長への叛意を露わにし、小規模な衝突が繰り返されたが、この間信長に助力する者はほとんどいなかった。このように孤立無援の状態にあっても、信長は旗下の精強七百を率いて合戦に際しては一度たりとも不覚を取らなかった。（『信長公記』）。

0413

	－	この年、信長（1534～1582）、尾張国丹波郡郡村の富豪・生駒家宗の娘・生駒吉乃（1528?/1538？～1566）を側室とするとされる。生駒は、信忠・信雄・徳姫（見星院）を生むという。

0414

9月25日	**味方した道三が死に、斎藤義龍に居城・明智長山城**（岐阜県可児市瀬田長山）**が攻められて落城、脱出して諸国遍歴に出る。**（『明智軍記』）。明智長山城主・「宗寂」明智光安（1500？～1556？）・光久（?～1556？）ら討ち死。 明智光秀（1528？～1582）は、妻熙子（?～1576）と二人の娘、光安の子・弥平次（明智秀満）（1536～1582）、光久の子・次郎（治右衛門）（1540～1582）らを引き連れ、落城数日前に落ち延びたという。光秀らは、母お牧の方の実家である若狭武田氏に赴いたという。そこを根拠にして、光秀は諸国遍歴に出るという。この二人の娘は、長女倫子（綾戸）、次女直江であろうか。光秀の子女については俗説が非常に多い。 ここでは、五男七女があったとする。

0415

長女　倫子（綾戸）　初めは荒木村重の息新五郎村安（村次）に嫁ぎ、離縁され明智秀満（1536～1582）に再嫁。

次女　直江　光秀従弟・治右衛門（1540～1582）に嫁ぐ。

三女　京子　川手の方　織田七兵衛信澄（1555/1558～1582）に嫁ぐ。

四女　珠子（玉子）（1563～1600）　細川与一郎忠興（1563～1646）の妻ガラシャ（秀林院）。

五女　秀子（?～1632）　上野御方　筒井伊賀守定次（1562～1615）の妻。母は公家・原仙仁の娘という。

六女　川勝丹波守（川勝秀氏）（1555/1575～1607）の妻。母は原仙仁の娘という。

長男　十五郎（光慶）（1569～1582）

次男　不立　天龍寺に入る。母は原仙仁の娘という。

七女　井戸三十郎（井戸良弘次男・井戸治秀）の妻。母は不明。

三男　十内（のちの左馬之助）（?～1582？）　坂本城落城の際に死亡か？

四男　自然（?～1582？）　十二郎（定頼）　筒井順慶の養子？　坂本城落城の際に死亡。

五男　内治磨呂（喜多村弥平衛尉保之）（1582～1638）　母は喜多村出羽守保光の娘、江戸町年寄となる。

10月24日	三好長慶（1522～1564）、禁苑等修理の費用を洛中へ課し修理が始まる。（『御湯殿上日記』）。

0416

西暦1556

弘治2	12月23日	三好長慶、東寺と公文所宮野浄忠との借銭相論を裁許して、東寺に年貢直務を命じる。
	12月27日	三好長慶、東寺に宮野浄忠父子一族の追捕を命じる。

西暦1557

弘治3	4月3日	「大内氏・滅亡」。周防・長門の大内義長(1532?～1557)、毛利軍に攻められ自刃。
	4月9日	織田信長、飯田弥兵衛尉宅重へ、同族彦太郎の跡式、同渡辺与六郎分並河崎縫殿助分買得之地などを与える。
	4月17日	第十一世本願寺顕如光佐(1543～1592)、六角定頼の猶子の如春尼(1544～1598)と結婚。証如の生母の慶寿院(1514～1565)の辣腕であった。如春尼の実父は三条公頼だが、後に細川晴元(1514～1563)の猶子に出され、この結婚時には六角定頼の猶子となっていた。細川・六角氏と本願寺の友好関係成る。そして、三条公頼の娘は三姉妹で、長女は細川晴元の室に、次女は甲斐の武田信玄室として嫁いでいた。三女が顕如に嫁いだ如春であった。
	7月12日	盗賊(実際は信長の手勢と考えられる)より、尾張黒田城(愛知県一宮市木曽川町)が焼き打ちに遭う。山内一豊(13歳)(1545～1605)はじめ、山内一族の生き残った者は主家の岩倉城(愛知県岩倉市下本町)に逃げる。
	7月18日	「……上総介殿は天人の御仕立に御成候て、小鼓をあそばし、女踊りをなされ候。津島にては堀田道空の庭にてひと踊りあそばし、それより清須へ御かえりなり……」。(『信長公記』)。 信長、津島で踊り興行。旗本の士たちが赤鬼青鬼・餓鬼・地蔵や弁慶・鷺といった仮装をし、信長は天人の格好をして小鼓をうち、女人踊りを踊った。思わぬ楽しみにあずかった津島の村々の者たちは、津島五ヶ村の年寄たちが清洲まで御礼にやってきた。信長は彼らを身近に召し寄せて、「これはひょうきんだ」とか「似合っていた」などと、それぞれに打ち解けて親しく言葉を掛け、ありがたいことに団扇で扇いでやったり、「お茶を飲まれよ」と勧めたりて、大層満足した。(『信長公記』)。
	9月5日	後奈良天皇(第百五代)(1497～1557)、崩御。
	9月18日	織田信長(1534～1582)の使者が、津田宗達(宗及の父)(1504～1566)の茶会席に現れる。宗達は、天文17年から没年まで茶会記を記す。 『天王寺屋会記(天文17年(1548)～天正18年(1590))』は、堺の天王寺屋三代(津田宗達・宗及・宗凡)にわたる茶会記。 尾張国清洲城主織田信長は、堺の繁栄を視野に入れはじめる。
	－	この年、織田三郎五郎信広(信長庶兄)(?～1574)、再び謀反を企て、岩倉城主織田信安(?～1591?/1614)と通じて信長直轄地篠木三郷を奪おうとする。それに与した織田信行(信勝)の家臣中で、津々木蔵人の専横甚だしいがため、柴田勝家は、疎んじられたのを不満として信行(信勝)謀反を織田信長に告げる。 信長はこの日から病の体を装い、表へ一切出なくなった。(『信長公記』)。
	10月27日	正親町天皇(1517～1593)、践祚する。第百六代。
	10月28日	三好長慶方の軍勢が丹波に侵攻する。

弘治3	11月2日	信行の男色の相手に津々木蔵人という者がいた。家中の評判のいい侍たちは皆、津々木の配下に付けられた。津々木は勝ち誇って思い上がり、柴田勝家をないがしろに扱った。柴田は無念に思い、信行がまたもや謀反を企んでいる旨を、信長に告げた。それ以来、信長は病気のふりをしていっさい外へ出なかった。「御兄弟の間なのですから、信行殿はお見舞いに行った方がよいでしょう」と母と柴田勝家が勧めたので、信行は清洲へ見舞いに出かけた。この日、信長は河尻・青貝に命じて、清洲城北櫓天守次の間で、信行を殺害させた。この時の忠節によって、のちに越前という大国を柴田勝家に与えたのである。（『信長公記』）。	0429
		信長(1534〜1582)**は病気と偽り、反逆を図った庶弟織田信行**(信勝)(1536？〜1557)**を清洲城に誘い出すと、清洲城北櫓天主次の間で、暗殺**。命を受けた信長の乳母兄弟の池田恒興(1536〜1584)、河尻秀隆(1527〜1582)らが殺害という。 以後、織田信広(信長庶兄)(？〜1574)、諫言した柴田勝家(1522？〜1583)は、信長に重用され信長が死ぬまで信長に忠節を尽くすことになる。その後信広は、二心無く信長に仕え、当時はまだ信長の息子たちも劣く、信秀直系で一番の年長者ということもあって、織田家連枝衆の中ではまとめ役的な存在であったという。 信行(信勝)の子の坊丸(後の織田信澄)(1555？〜1582)らは助命され、伯父・信長の命令により柴田勝家の許で養育された。長じてからは信長の有力部将として活躍する。	
	11月9日	三好長慶、中沢一直と大原野神社神官の下地相論に裁許を下し、大原野神社へ安堵す。	0430
	11月22日	資金難のため遅れていた先帝・後奈良天皇の葬儀、三好長慶の寄進で、ようやく行われる。	0431
	11月25日	山陽・山陰十ヶ国を領有する戦国大名・毛利元就(1497〜1571)が三人の息子(毛利隆元(1523〜1563)・吉川元春(1530〜1586)・小早川隆景(1533〜1597))に教訓状を送る。この文書は、「三矢の教え」としても有名。	0432
	11月27日	織田信長、熱田検校馬場氏・熱田祝師田島氏へ、敵味方からの依頼された保管物を誰が処分しても信長は同意しない旨、それ以外に信長が使者を門外に入れたり竹木を要求したり郷質を取り立てることを永久にしない旨を安堵。信長は、熱田社の社領を守護使不入とする。	0433
	12月29日	三好長慶、再び東寺に、公文所の宮野浄忠追捕を命令し家財田畠を没収する。	0434
	－	この年、将軍足利義輝、長尾景虎(上杉謙信)上洛のため、景虎(謙信)・武田晴信(信玄)の和睦をはかり、聖護院道澄(近衛前久弟)(1544〜1608)を派遣する。	0435
	－	この年、信長嫡男の奇妙丸(織田信忠)(1557〜1582)、尾張国に生まれる(異説1555年)。母は側室の生駒吉乃(1528?/1538？〜1566)という説が一般的だが不確定。	0436

| 弘治4 | 1月27日 | 織田信長、加藤紀左衛門尉(資景)へ、商売に関しては以前与えた判形通り、織田信行誘殺に関する戦乱にあたり加藤資景分の知行は代々免許の通りに安堵。 | 0437 |
| | 2月2日 | **細川晴元嫡男・信良**(後の昭元)(1548〜1592)**、人質となっていた芥川城で、三好長慶**(1522〜1564)**の下で元服。晴元**(1514〜1563)**は十年ぶりに息子信良**(聡明丸)**と再会を果たす。 | 0438 |

弘治4	2月20日	将軍足利義輝（1536〜1565）、甲越和睦への長尾景虎（上杉謙信）の同意を褒める。 武田晴信（信玄）（1530〜1578）、将軍家の御内書の応じて長尾景虎（上杉謙信）（1530〜1578）と和睦する。
永禄1	2月28日	「**永禄**」に改元する。正親町天皇即位のため改元。
	3月7日	「**品野城の戦い—桶狭間前哨戦**」。織田信長（1534〜1582）、今川氏の勢力下にある品野城（愛知県瀬戸市上品野町）を攻めたが、豪雨のさなか、近隣の落合城（愛知県瀬戸市落合町）から来援を得た城将松平家次（？〜1563）の反撃に遭い大敗。
	5月3日	**近江朽木谷に避難していた足利義輝、細川晴元以下三千余の軍勢を率い坂本へ移る。** 挙兵した義輝は、六角義賢（承禎）の支援で晴元と共に坂本に移り、京の様子を窺う。
	5月19日	三好長逸・松永久秀、京都を打廻す。（『御湯殿上日記』）。 将軍義輝（1536〜1565）は、細川晴元（1514〜1563）と共に帰京の動きを見せた。これを見た三好長慶（1522〜1564）は、三好長逸（？〜1573）、松永久秀（1508？〜1577）・長頼（？〜1565）兄弟、伊勢貞孝（？〜1562）父子を大将とする一万五千の軍勢に京都市街を巡察させた。
	5月-	この月、岩倉城の父織田信安（？〜1591？/1614）・弟信家（上四郡守護代家）（？〜1582）を追放し、新城主となった信安長男の信賢（末森城主）（？〜？）は、美濃の斎藤義龍（1527〜1561）らと結んで信長に反抗する姿勢を見せる。 父信安が信賢の弟・信家を寵愛し跡継ぎに定めようとしたという。後に、信安は美濃斎藤氏に仕える。
	6月2日	足利義輝、京都上京室町に制制を下す。
	6月2日	**三好長逸・松永久秀ら、京都勝軍山に城を構築し足利義輝の入洛を阻止。** 勝軍山城（北白川城）のあった瓜生山は、早くから陣地として利用されていた。永正17年（1520）近江に逃れていた細川高国が近江守護六角定頼らの後援のもと、京都に攻め上ったとき、陣地として築かれたという。 瓜生山を一名「勝軍地蔵山」と呼ぶのは、このとき定頼が軍陣の守護として勝軍地蔵を陣中に祀ったことに由来する。
	6月4日	足利義輝、細川晴元と共に如意嶽へ出陣し、三好長逸の兵、これと京都鹿ヶ谷に戦う。（『御湯殿上日記』）。
	6月7日	三好長逸の兵、北白川勝軍山城を自焼し京都に退く。足利義輝の兵、同城に移陣する。
	6月8日	足利義輝方が空けた如意岳城（左京区鹿ヶ谷大黒谷町）を、三好長慶の三好長逸・松永久秀兄弟が接収。
	6月9日	「**北白川の戦い**」。 再び洛中へ戻ろうとした三好長逸・松永兄弟を、足利義輝（1536〜1565）は勝軍山城（北白川城）から兵を出陣させ、白川で追撃。この戦いは激烈を極め、双方多数の負傷者が出たが、足利勢は勝軍山城中に総退却した。

永禄1	7月12日	**「信長—浮野の戦い」**。信長（1534～1582）、犬山城の織田信清（信長の従兄弟）（?～?）と共に、岩倉城（愛知県岩倉市下本町）の織田信賢（尾張上四郡守護代）（?～?）の軍勢三千を丹羽郡浮野に破る。 信清は、信長従兄弟にあたり、信長の姉（犬山殿）（?～?）を娶り、弟の広良（?～1562）同様、信長に仕える身となっていた。	0451
	7月13日	清洲に帰陣した信長は、首実験で千二百五十もの首を検分。	0452
	7月14日	三好長慶、濫りに洛中地子を徴集。（『言継卿記』）。三好長慶（1522～1564）、松永久秀（1508?～1577）に奉行させ、洛中地子銭を賦課徴収。幕府、阻止できず。	0453
	7月-	この月、三好長慶、京都清水寺に鉄砲を放つのを禁ずる。	0454
	9月15日	織田信長、尾張国恒川氏（恒川久蔵）へ、津島辺（『北辺』）内の興雲寺領十貫文、堀之内公文名三十貫文、合計三千疋を扶助。	0455
	9月17日	織田信長、前野勝右衛門尉（長康）へ、野々村大膳分二十貫文、高田中務丞分二十貫文、合計四十貫文を扶助。	0456
	10月27日	足利義輝、京都阿弥陀寺境内に無縁所として檀那土葬を許す（無縁墓所の初見）。	0457
	11月27日	**「幕府が復活し、三好長慶の京都支配は、形式的に終わる」**。 小競り合いはあったが、次第に厭戦ムードが濃くなり、足利義輝（1536～1565）は、六角承禎（1521～1598）の斡旋により、三好長慶（1522～1564）と和睦し、五年ぶりに京都勝軍山城（北白川城）（京都市左京区北白川清沢口町瓜生山）より入洛して、父の今出川御所には入らず、一旦足利氏ゆかりの相国寺に入る。そこで三好長慶らを引見する。	0458
	11月30日	河内守護畠山高政（1527～1576）、守護代安見宗房（?～1571?）の離反によって居城の河内高屋城（大阪府羽曳野市古市）を追放されて堺に逃れる。	0459
	12月3日	足利義輝、京都本覚寺へ移座する。（『御湯殿上日記』）。 その昔、本覚寺と合併した妙覚寺であろう。	0460
	12月18日	**三好長慶・松永久秀（1510～1577）、京都より摂津国芥川城（大阪府高槻市）に還る。阿波の三好義賢（実休、之康）（長慶弟）（1527?～1562）らは、和泉国堺より淡路及び阿波に帰る。**	0461
	12月28日	足利義輝（1536～1565）、伯父の近衛稙家（1502～1566）の娘を正室に迎える。	0462
	12月-	織田信長、尾張国白坂雲興寺へ全五ヶ条の禁制を下す。	0463
	－	この年、三好政勝（政生）、後の宗渭（?～1569）が、細川晴元配下から三好長慶方へ鞍替えした。	0464
	－	この年、信長二男の茶筅丸（織田信雄）（1558～1630）が生まれる。母は側室の生駒吉乃（1528?/1538?～1566）。	0465
	－	この年、信長三男の三七（織田信孝）（1558～1583）が生まれる。母は側室の坂氏。三七の方が茶筅丸（織田信雄）より先に生まれたが、侍女が信長に出生を伝えるのが遅かった、または坂氏の身分が低かったから三男とされたという。	0466

西暦 1559

永禄2	1月-	この月、織田信長、織田信賢（?～?）の居城である岩倉城下に出陣、城下町を焼き討ちする。そして、攻囲を続ける。	0467

永禄2	1月-	「岩倉城の戦い─信長、ほぼ尾張を統一する」。

信長（1534～1582）、岩倉城（愛知県岩倉市下本町）の包囲を続け、この月、降伏開城した織田信賢（？～？）を追放し、岩倉城を破却。この結果、長く続いた織田家の内紛が終わる。『信長公記』は、岩倉城の戦いを3月とする。

	2月2日	「信長、初上洛」。「尾州より織田上総介上洛云々、五百ばかりと云々、異形者多しと云々」。（『言継卿記』）。

将軍足利義輝（1536～1565）の上洛要請に応じた織田信長、尾張国より八十の軍勢を率いて初上洛。信長はこれぞ晴れ舞台と意気込んで、装いを凝らし、金銀飾りの太刀を誇らしげに差していた。供の者もみな金銀飾りの刀だった。（『信長公記』）。

「室町通り上京うら辻」の宿所に着く。

京では、尾張守護の斯波家の邸で室町幕府第十三代将軍足利義輝に拝謁を賜り、美濃攻めが万事滞りなく進んでいることを報告。都の様子、奈良を見つつ、高屋城（大阪府羽曳野市古市）で三好長慶に会い、「尾張を三好家に進呈する代わりに、近畿にそれに値する所領を与えられれば、信長が三好家の先陣となる」と申し入れるが、松永久秀（1508？～1577）の反対でこれを退けられる。また、信長の上洛を知った斎藤義龍が討手を差し向けたものの、京の町見物の信長と、小川表で偶然出会う。信長は凄まじい形相で一喝。討手は震えあがり信長に詫びて引き上げるという。（『信長公記』）。

信長は、仮御所である本覚寺に入った義輝に拝謁したのか？、長慶とは面会していないという。

	2月7日	「尾州之織田上総介、昼に立ち、帰国す」。（『言継卿記』）。

織田信長、昼頃帰国の途につき、近江守山、永源寺の相谷、八風峠、伊勢桑名を経て数日後の寅の刻に清洲城に帰る。『信長公記』。

	4月3日	「藝州之毛利右馬頭元就進上也、二千貫云々」。（『言継卿記』）。

毛利元就（1497～1571）、朝廷に二千貫を進上。

	4月21日	近衛稙家（1502～1566）・前嗣（前久）（1536～1612）父子、近江坂本へ長尾景虎（謙信）（1530～1578）を出迎える。景虎（謙信）は、さらに三好長慶（1522～1564）・松永久秀（1508？～1577）らの表敬を受ける。

	4月27日	**長尾景虎（上杉謙信）、二回目の上洛をして足利将軍義輝（1536～1565）に謁見、物を献じる**。義輝、大いに喜び、塗輿等許可し、関東管領就任を遠回しに許可。さらに朝廷にも、内裏修理資金などを献じる。

	4月-	この月、浅井賢政（長政）（1545～1573）、六角氏に反発する家臣団からの支持を受け、娶ったばかりの妻（六角氏重臣・平井定武の娘小夜姫）を離縁して送り返し、六角氏に抗するという意思を鮮明にする。

六角義賢（後の承禎）（1521～1598）は怒り、兵は攻勢に出て佐和山城（滋賀県彦根市古沢町）を包囲。長政はこれに対抗すべく、肥田城（滋賀県彦根市肥田町）の高野瀬秀隆をはじめとして、犬上郡の赤田氏や高宮氏などを調略し反旗をあげさせた。

六角軍は永原重虎・蒲生賢秀・進藤貞治らを先陣に二万五千を動員、対する浅井軍は一万一千という。しかし、結果は大軍に油断した六角勢の敗北に終わり、以後、六角氏は浅井氏に対して軍事的劣勢を強いられることになる。

	－	この年、浅井氏に敗れた六角義賢（1521～1598）は、剃髪して「承禎」と号し、家督を義弼（義治）（1545～1612）に譲るとされる。年次には異説あり。

西暦
1559

永禄2	5月1日	長尾景虎(上杉謙信)が参内して正親町天皇に拝謁する。天皇は、杯と剣を景虎(謙信)に授ける。	0476
	5月20日	幕府、勅裁により禁裏大工惣官定宗を大工中務職とする。	0477
	5月29日	三好長慶の武将・松永久秀(1508？～1577)、岸和田城の十河一存(三好元長の四男)(1532～1561)と共に、救援に和泉へ入るも、根来寺衆徒の援を受けた河内守護代・安見宗房(直政)(？～1571？)に敗れる。	0478
	6月26日	三好長慶(1522～1564)は、松永長頼(久秀弟)(？～1565)と共に河内国に出陣し、松永久秀と合流、守護代安見宗房(直政)と交戦する。	0479
	6月26日	将軍足利義輝、四通の御内書を長尾景虎(上杉謙信)に発行する。景虎(謙信)、義輝から山内上杉家を任せるという御内書を受ける。さらに義輝は、信玄の出兵をなじり、信濃の諸将士に、景虎(謙信)に従い戦闘を停止するよう令する。	0480
	7月-	この月、将軍足利義輝が洛中に邸宅を築く為、北野社地下中から人夫を徴発する。上京の勘解由小路室町の斯波武衛陣址に造営する「二条城武衛陣の御構」である。	0481
	8月2日	**三好長慶と和睦した河内守護畠山高政(1527～1576)、三好氏の後押しを受けて、安見宗房(？～1571？)らを追放して高屋城(大阪府羽曳野市古市)に復帰する。**畠山氏が三好の下に置かれた。	0482
	8月4日	ガスパル・ヴィレラ(1525？～1572)、日本人のロレンソ了斎(良西)(イルマン・ロレンソ)(1526～1592)を同行し、九州の浜を出て、京都に向けて出船。	0483
	8月4日	三好長慶方の松永久秀(1508？～1577)、伊丹親興(？～1574)らをして大和に入り、筒井藤勝(後の順慶)(1549～1584)・十市遠勝(？～1569)らを攻める。	0484
	8月4日	**三好長慶、細川氏綱(1513～1564)を淀城に居らせ軟禁。**この頃の淀城は、現在は淀古城と呼ばれ、京都市伏見区納所北城堀にあった。	0485
	8月6日	松永久秀を大将とする一軍(伊丹・池田)は大和に侵攻する。松永久秀、筒井城(奈良県大和郡山市筒井町)に筒井藤勝(順慶)と戦い、これを破る。順慶は椿尾上城(奈良市北椿尾町)へ逃れる。	0486
	8月8日	**三好長慶方の松永久秀、大和信貴山城(奈良県生駒郡平群町信貴山)を修築し、ここに大和支配の拠点を構える。**	0487
	8月17日	幕府、三好長慶が京都鞍馬寺に用木を徴集することを停止する。	0488
	8月-	この月、ガスパル・ヴィレラ、ロレンソ了斎(良西)を同行し豊後国より上洛、布教活動を実施。	0489
	10月12日	徳姫(1559～1636)、信長の長女として生まれる。生母は生駒吉乃といわれているが、矛盾を示唆する史料もある。のちに徳川家康の嫡男・松平信康(1559～1579)へ嫁ぐ。	0490
	10月26日	**長尾景虎(上杉謙信)(1530～1578)、京都から越後に帰国する。**	0491
	11月3日	幕府、禁裏六町へ、足利義輝第の堀開削の役を勤めさせる。(『御湯殿上日記』)	0492
	11月9日	将軍足利義輝(1536～1565)、豊後の大友義鎮(後の宗麟)(1530～1587)の「九州探題職」及び「大内家督」を安堵。	0493
	12月15日	慶寿院鎮永尼(1514～1565)、正親町天皇の即位式費用を負して、本願寺顕如(1543～1592)を門跡に列し、本願寺を「門跡寺院」とする。	0494

永禄2	12月18日	**三好長慶(1522～1564)の嫡男・孫次郎(1542～1563)が、将軍足利義輝の偏諱を受け、義長(後の義興)を名乗る。** 幕府権力と将軍権威の復活を目指す将軍足利義輝は、諸大名への懐柔策として、桐紋使用を許したり、さらに自らの名の偏諱(1字)を家臣や全国の諸大名などに与えた。
	12月30日	京を転々としたガスパル・ヴィレラ(1525～1572)、日本人のロレンソ了斎(良西)(イルマン・ロレンソ)(1526～1592)ら、四条新町西入革棚町(下京区四条新町西入ル郭巨山町)の山田の後家の家に移り住む。 翌年初めに幕府から京都布教の許可を受けた。その後、戦乱による中絶はあったが、ルイス・フロイス(1532～1597)、オルガンティーノ・ニエッキ(1533～1609)などが精力的に布教を進めた。

永禄3	－	この年、イエズス会宣教師ガスパル・ヴィレラ(1525～1572)、苦労の末に、妙覚寺に逗留していた将軍足利義輝(1536～1565)に謁見、砂時計を献上する。
	－	この年、織田信長、大沢橘太夫(行嗣)へ、今度の禁裏修理に際しての船車の問い合わせに関する馳走を謝し、徳政令が発令されても田畠・質物等を安堵する旨を通達。 「馳走」は、奔走、周旋、尽力などの意味で使う。
	－	**この年、「浮野の戦い」と織田信賢を追放した岩倉城攻めに功のあった犬山城の織田信清(信長の従兄弟)(?～?)が、信賢の旧領地の分与を巡って信長といさかいを起こす。**
	1月16日	**三好長慶、幕府相伴衆に列し、三好長慶による京都支配は実質的に終わる。** (『言継卿記』)。 「相伴衆」は管領に準ずる名誉的格式で、将軍の饗膳に相伴するだけではなく、幕政に参画する幕府宿老衆でもあった。
	1月21日	三好長慶、修理大夫に任じられる。この時、三好義長(後の義興)(長慶嫡男)(1542～1563)は筑前守に任じられる。 義長(後の義興)、三好家の家督を継ぐ。
	1月27日	弘治3年(1557)10月、践祚した正親町天皇(1517～1593)、ようやく即位の礼を行う。主には毛利元就(1497～1571)の献金であった。長尾景虎(上杉謙信)(1530～1578)は、幣物を献上して祝賀する。
	1月-	この月、幕府、三好長慶の斡旋によりガスパル・ヴィレラへ布教を許し、禁制を与える。
	1月-	この月、信長の軍勢、今川方戸田氏の品野三城(秋葉・桑下・落合)(愛知県瀬戸市上品野町)を攻略。
	2月1日	松永久秀(1508?～1577)、三好義長(後の義興)(長慶嫡男)(1542～1563)と共に足利義輝の御供衆となる。
	2月4日	信貴山城(奈良県生駒郡平群町信貴山)主松永久秀、弾正忠から「弾正少弼」に任じられる。
	2月6日	**足利義輝の参内で、松永久秀も、三好義長(後の義興)や細川藤賢らと共に幕府御供衆として従う。**

西暦**1560**

永禄3	3月5日	三好長慶(1522~1564)、松永久秀(1508?~1577)の讒言に依り、次弟三好実休(義賢)(1527?~1562)と不和となる。	0508
	4月5日	松永久秀、河内から大和へ入り、西ノ京を宿所とする。	0509
	4月13日	幕府、賀茂社大工の永村某の非法を糾明するために給田百姓に年貢を拘置させる。	0510
	4月-	この月、六角承禎(1521~1598)、浅井賢政(長政)(1545~1573)に寝返った高野瀬秀隆の肥田城(滋賀県彦根市肥田町)を前年に続き攻撃する。肥田城の周りに堤防を築き、愛知川と宇曽川から水を流れ込ませるという水攻めをはじめる。	0511
	5月5日	織田信長(1534~1582)、三河吉良(愛知県西尾市吉良町)に出兵。付近を放火し、三河国の実相寺を焼く。	0512
	5月17日	織田信長、清洲城(愛知県清須市一場)にあって軍議も行わずに過ごす。	0513
	5月18日	今川義元、尾張の沓掛城(愛知県豊明市沓掛町)に本陣を移す。 松平元康(後の徳川家康)は、鷲津・丸根両砦からの攻撃をかわして大高城(名古屋市緑区大高町)に兵糧を運び入れる。 夕刻、その急報を受けた信長は、特別軍議を開くわけではなく、軽い雑談を交わしただけで、深夜には彼らを帰してしまう。	0514
	5月19日	織田信長、夜明け方に今川軍が鷲津砦・丸根砦に攻撃を仕掛けた旨の報告を受ける。 伝令を聞くと信長は、あの有名な敦盛の舞を舞った。「人間五十年、下天の内をくらぶれば、夢幻のごとくなり。ひとたび生を得て、滅せぬ物のあるべきか」。「敦盛」を三度舞い「法螺貝を吹け！具足をよこせ！」と信長は言い、すぐさま鎧をつけ、立ったまま湯漬けをかきこみ、兜をかぶり、単騎で清洲城(愛知県清須市一場)を飛び出していった。急な出陣のため、従う者は小姓衆の岩室長門守・長谷川橋介・佐藤藤八・山口飛騨守・加藤弥三郎の五人だけだった。その後、法螺貝の音を聞いた家臣たちは支度を整え、我遅れまいと続々と出陣していった。	0515
	5月19日	午前8時、信長は熱田へ着く。 信長、熱田社(愛知県名古屋市熱田区二番)で戦勝祈願をする。	0516
	5月19日	織田信長、辰刻(8時)に上知我麻神社より東側の鷲津砦・丸根砦(いずれも名古屋市緑区)が陥落したことを予測させる煙を見る。 この時迄に集結した織田軍は馬上六騎に雑兵二百余であった。	0517
	5月19日	午前10時織田信長(1534~1582)、熱田社より上手の道を経由して丹下砦(名古屋市緑区鳴海町)、次いで佐久間信盛(1528~1581)が布陣する善照寺砦(同区鳴海町)を経て、「勢衆」を揃える。	0518
	5月19日	午前10時30分頃、信長方の丸根・鷲津砦陥落。 佐久間盛重(「佐久間大学」)(?~1560)、織田玄蕃允秀敏(?~1560)、飯尾定宗(?~1560)が戦死。	0519
	5月19日	正午、今川義元(1519~1560)、大軍勢を率いて桶狭間山(正しくは田楽狭間ともいう)にて人馬を休息させる。 今川義元、午刻(12時)に織田側の鷲津砦・丸根砦を攻略して満足し「謡を三番」謡わせる。	0520

永禄3	5月19日	佐々隼人正（政次）（佐々成政の長兄）(1522？〜1560)、千秋李忠（せんしゅうすえただ）(1534〜1560) が手勢三百程度で今川軍に攻めかけ、討ち取られる。

信長はこの状況を見た上で、家臣の制止を振り切って善照寺砦から中島砦（緑区鳴海町）へ移った。この時の信長の手勢は二千程度であったという。

一方、今川義元はこの戦いに二万五千の兵力を投入したというが、その兵力は尾張国境付近に分散しており、義元本陣の兵力は五千程であったという。

	5月19日	**「桶狭間の戦い」。午後1時頃、信長、そのまま、ようやくまとまった兵三千の内、二千を率いて、義元が昼食休憩を取っていた田楽狭間を急襲した。この時にわか雨が石か氷を投げつけるように降って来たという。**

午後2時過ぎ、今川治部大輔義元（1519〜1560）、田楽狭間に織田信長（1534〜1582）の奇襲にあって討たれる。

今川義元は、戦国時代の武将・大名。駿河国（静岡県中部）の守護大名・戦国大名。桶狭間は、愛知県の豊明市と名古屋市緑区の有松町（どちらも旧愛知郡）にまたがっている古戦場跡と推定される丘と、その北側にある手越川の谷間＝狭間のこととされる。

「山際まで軍勢を寄せた時、激しいわか雨が石か氷を打つように降りだした。北西を向いて布陣した敵には、雨は顔に降りつけた。味方には後方から降りかかった。沓掛の峠の松の根方に、二抱え三抱えもある楠の木が、雨で東へ降り倒された。あまりにも幸運なことに、「この合戦は熱田大明神の神慮による戦いか」と皆が言った。空が晴れたのを見て、信長は槍をおっ取り、大音声を上げて「それ、掛かれ、掛かれ」と叫ぶ。………。敵は、初めは三百騎ばかりが丸くなって、義元を囲んで退いたが、二、三度、四度、五度と引き返し、打ち合い切り合う内に、次第次第に人数が減り、ついには五十騎ほどになった。信長も馬を下り、若武者どもと先を争うように、突き伏せ突き倒す。頭に血が上った若武者ども、乱れかかって鎬を削り鍔を割り火花を散らし火焔を降らす。乱戦だが、敵味方の区別は旗差し物の色で知れた。ここで信長のお馬廻・お小姓衆の歴々、負傷・打ち死にした者、数も知れない。服部春安は義元に打ち掛かり、膝口を切られて倒れ伏す。毛利良勝は、義元を切り伏せて首を取った」。

信長は前面の今川軍を攻撃するため中島砦を進発。この出撃は家臣たちの強い反対にあうが、信長は逆に家臣たちを督励して攻撃へ向かわせた。中島砦から東進して今川本陣へ向かう途中、豪雨に見舞われた。雨が上がり晴れ間が見えた時点で、信長の軍勢は今川軍と戦闘を開始した。信長の軍勢が桶狭間山の義元本陣への攻撃を加えると、義元は退却を開始する（午後2時頃）。義元の護衛は最初三百騎程で組織的な抵抗を示していたが、次第に崩壊し、最後には総大将である義元自身が討死をした。信長は義元の本陣を破ると、その日のうちに清洲に帰陣した。

	5月20日	信長、清洲城下にて義元以下の首実検を行う。その数、三千以上という。信長は清洲から二十町ほど南の須賀口の街道沿いに義元塚を築き、供養の為に千部経を読ませ、大きな卒塔婆を立てて厚く弔った。
	5月21日	幕府、御霊神社別当へ、洛中洛外で募縁させ造営に努めさせる。

西暦**1560**

永禄3	5月23日	**松平元康（後の徳川家康）（19歳）（1543～1616）、今川軍が退くのを待って、岡崎城に帰る。** 天文十八年に駿府に抑留されて以来、実に十年余の歳月が流れていた。皮肉なことに、今川軍が大敗するという思いもかけぬ事態によって宿願の岡崎城復帰を果たした。家康は父祖伝来の地、三河の回復と家臣団の再編成を進めていく。	0525
	5月28日	六角承禎（1521～1598）による高野瀬秀隆の近江国肥田城の水攻め、愛知川と宇曽川を堤防で堰き止め城を水浸しにするが、堤防が決壊し水が流れ出したために失敗に終わる。	0526
	5月-	この月、河内国守護畠山高政（1527～1576）、和睦して河内国守護代に戻した安見宗房（？～1571？）と結んで、三好長慶に対抗する姿勢を見せる。	0527
	5月-	岡部元信（？～1581）は、鳴海城を拠点に織田勢と戦う。主君今川義元が織田信長に討たれた後も抵抗し続け、信長が差し向けた部隊を悉く撃退し、義元の首と引き換えに開城を申し入れ、信長はその忠義に感動して義元の首級を丁重に棺に納めた上で送り届けたという。 元信は義元の棺を輿に乗せて先頭に立て、ゆうゆうと鳴海城を引き払った。	0528
	6月2日	**「信長、美濃侵攻」。**織田信長、本格的に美濃攻めを開始。度々美濃に侵攻し、斎藤道三の嫡男・斎藤義龍（1527～1561）と戦う。 3日にかけて信長は丸茂兵庫頭光兼、市橋、長井甲斐守利房と戦うが敗退。殿は柴田勝家が務める。	0529
	6月8日	内藤宗勝（松永長頼）（1516～1565）に駆逐された波多野元秀（牢人）（波多野稙通の次男）（？～？）と若狭武田軍勢が、野々村（京都府北桑田郡美山町）に攻め込む。高浜（福井県大飯郡高浜町）に拠点を置く逸見経貴の援軍もあり、内藤宗勝はこれを退ける。	0530
	6月10日	佐久間信盛（1528～1581）、田楽狭間の戦勝により贈物をした福井勘右衛門尉（伊勢皇大神宮御師）へ、今川義元（「義元」）の「御討死」について報告し、「立願」の旨を「御使」与三郎に委細を伝達したので祈祷を依頼。	0531
	6月19日	足利義輝（1536～1565）、近衛新邸へ移徙する。（『御湯殿上日記』）。 義輝、妙覚寺から竣工した武衛陣新御所（近衛新第）へ移徙。 現在は平安女学院が建っており、敷地の一角に「此の付近斯波武衛陣」碑がある。	0532
	6月-	この月、河内征伐のため、四国から三好勢が尼崎に着陣する。	0533
	6月29日	三好勢、河内中部に出陣し、飯盛城安見宗房と高屋城畠山高政を分断する。	0534
	7月21日	朝廷、京都小野山供御人の家屋沽却を停止する。（『御湯殿上日記』）。	0535
	7月21日	**斎藤義龍（1527～1561）、近江の六角氏と同盟を結ぼうとする。** 六角承禎（1521～1598）は、重臣平井定武（？～？）・蒲生定秀（1508～1579）に宛て、義弼（義治）（1545～1612）が前年叛いた浅井氏牽制の為画策した、美濃斎藤義龍との婚姻同盟を止めさせるよう書状を出した。	0536
	7月24日	三好長慶方の松永久秀（1508？～1577）、畠山在氏（？～？）の党・井戸良弘（1534～1612）を大和辰市城（奈良市東九条町）に攻め、さらに、椿尾上城（奈良市北椿尾町）から救援に出陣した筒井衆を破る。	0537
	7月28日	井戸良弘の井戸城（奈良県天理市）が、松永久秀方に明け渡される。	0538
	8月6日	三好長慶の兵（三好実休ら）が、畠山高政（1527～1576）の兵を河内国石川郡に攻め破り、畠山方一揆を掃討する。	0539

永禄3	8月中旬	この頃、肥田城 (滋賀県彦根市稲枝町) からの救援要請を受けた浅井賢政 (後の長政) (1545〜1573) は15歳の若さで軍を率い、六角軍を相手に「野良田の戦い」で見事な戦いぶりを披露、勝利する。近江野良田は、現在の滋賀県彦根市野良田町及び肥田町。 六角氏に対して反抗を開始する浅井賢政 (長政) を六角承禎 (1521〜1598) は討伐するために二万五千の大軍を自ら率いたが、長政率いる六千の浅井軍の前に大敗を喫した。浅井軍が討ち取った首は九百二十級で、浅井方の討死は四百余り負傷者も三百余りあった。
	8月20日	幕府、洛中諸寺へ新儀土葬を停止。
	8月24日	三好勢池田長正 (?〜1563)、堀溝 (大阪府寝屋川市堀溝) で安見宗房 (?〜1571?) を破る。
	8月-	この月、松永久秀 (1508?〜1577)、大和国郡山城を落とす。
	8月-	**この月、織田信長、再度美濃に侵入して斎藤義龍と戦う。** 田畑を刈り取り、敵をおびき出すが、斎藤家の将・長井甲斐守利房、丸茂兵庫頭光兼率いる兵千余騎に敗れて退却する。
	9月-	三好長慶及び松永久秀、河内「観心寺」に禁制を揚ぐ。 松永久秀、河内「興正寺」に禁制を揚ぐ。
	9月-	「諸荷物馬壱疋、国中往還之事、於末代違乱有間敷者也、仍如件、」。 織田信長、丹羽郡小折 (愛知県江南市) の生駒家長 (「生駒八右衛門」) (信長側室生駒吉乃の兄) (?〜1607) へ、馬一疋での国中往還を許す。
	10月-	この月、三好勢、山城国杉山口で、河内国守護代安見宗房軍を敗る。
	10月12日	内藤宗勝 (松永長頼、久秀弟) (?〜1565)、河内の畠山高政 (1527〜1576)・安見宗房 (直政) (?〜1571?) に呼応して宇治炭山に拠る細川晴元勢力の香西元成 (1518〜1560) を敗死させる。
	10月13日	将軍足利義輝が、自らの邸宅・武衛陣新御所 (近衛新第) のために、北野社の人夫を使って「もりのこけ」を運搬させる。
	10月15日	三好長慶軍 (三好実休ら)、河内国高屋城 (大阪府羽曳野市古市) で、紀伊国根来衆と戦い破る。
	10月24日	**三好長慶軍、飯盛城 (大阪府大東市及び四條畷市) を攻略する。この日畠山高政が、27日安見宗房が紀伊に逃亡する。**
	10月-	**この月、浅井賢政 (長政) (1545〜1573)、家臣団の支持を得て家督相続。**六角氏従属路線を進めていた父・久政 (1526〜1573) を隠居させるという。 いや、久政は隠居してもなおも発言力を持ちつづけており、父亮政以来の朝倉氏との友好関係に固執し、新興勢力の織田氏との同盟関係の構築には終始反対し続けたとされる。
	11月13日	河内を平定した三好長慶 (1522〜1564)、芥川城 (大阪府高槻市) から飯盛城 (大阪府大東市及び四條畷市) に入城し居城とする。芥川城には嫡男・三好義長 (後の義興) (1542〜1563)、高屋城 (大阪府羽曳野市古市) には弟三好実休 (1527?〜1562) を配置する。
	11月13日	松永久秀は大和国万歳城 (奈良県大和高田市市場) を落とす。次いで24日、檜牧城 (奈良県宇陀市旧榛原町) を落とす。

西暦1560

永禄3	12月8日	足利義輝（1536～1565）、毛利元就（「毛利陸奥守」）（1497～1571）へ、「連々可致忠節」の言上を受け、褒美として「相伴衆」に召し加えることを通達。詳細は聖護院道増法親王（「聖護院門跡」）と上野信孝（「信孝」）に伝達させる。	0555
	12月-	この月、美濃国斎藤氏が六角氏と提携し、北近江に侵攻する。	0556
	12月-	織田信長、尾張国東龍寺へ全五ヶ条の「禁制」を下す。	0557

西暦1561

永禄4	春	**「この頃、信長（1534～1582）、松平元康（後の徳川家康）（1543～1616）と和す」。** 織田・松平両家の宿老、尾張の鳴海に会して国境を定める。信長にとって三河の松平氏と組むことは上洛に際して背後の心配がなくなる。家康、今川氏を継いだ今川氏真（1538～1615）と断交し、三河平定に着手。**が、小競り合いは続く。**	0558
	-	この年、信長、傀儡として新たに尾張守護に擁立していた斯波義銀（1540～1600）が、吉良氏や石橋氏と結んで信長追討を計画し、今川の軍勢を尾張の海上から引き入れようとしたため、義銀を尾張から追放、官職停止処分とする。 大名としての斯波武衛家は滅びた。 のちに上洛した信長により、武衛家の京屋敷は、将軍足利義昭の居城として利用された、幕府御所（二条城）（烏丸中御門第）である。	0559
	1月24日	**三好義長（義興）（慶興嫡男）（1542～1563）、松永久秀（1508？～1577）が上洛する。将軍足利義輝（1536～1565）に参賀、相伴衆となる。義長、「義興」と改名する。**	0560
	1月28日	正五位下松永久秀を藤原姓として従四位下に叙される。	0561
	2月1日	**三好長慶・松永久秀・三好義興、将軍家より、桐紋の使用と塗輿を許される。**	0562
	2月4日	松永久秀・三好義興、三好長慶と同じ従四位下に叙位する。 久秀の請に依り、従四位の（1/28に一旦藤原姓として）口宣案を得たが、桐紋の使用を許可された為改めて源氏姓として叙される。	0563
	2月-	三好長慶（1522～1564）、松永久秀（1508？～1577）、「北野経王堂」に禁制を掲ぐ。	0564
	2月-	この月、浅井賢政（長政）（1545～1573）、横山城築城。 横山城は、近江国坂田郡（滋賀県長浜市堀部町・石田町）。浅井長政が対六角氏用の防衛拠点として築城させた。城代には一門の浅井井演を任命した。	0565
	2月-	この月、浅井賢政（長政）（1545～1573）、六千を率い美濃に侵攻し、美江寺（岐阜県瑞穂市）で、六角氏と組む斎藤義龍（1527～1561）と戦う。	0566
	3月-	この月、六角承禎（1521～1598）とその子義治（1545～1612）は、「野良田の戦い」の屈辱をはらそうと、浅井賢政（長政）が、美濃に出兵していた隙を狙い軍を進め、たちまち包囲した佐和山城（滋賀県彦根市古沢町）を落とす。 しかし、持ち堪えることはできず、再び退却したという。	0567
	3月18日	「鬼十河」と恐れられていた讃岐の十河一存（三好長慶弟）（1532～1561）、有馬温泉にて松永久秀（1508？～1577）と湯治中に突然死。これに乗じて河内守護畠山高政（1527～1576）軍は、岸和田城を包囲に向け動く。4月23日死亡説もある。	0568
	3月18日	幕府、春日局と日野家領小舎人雑色との地子相論を裁許し、開闔意見状に任せ春日局へ安堵す。	0569

永禄4	3月30日	三好義興（長慶嫡男）(1542〜1563)、京都立売堀の自邸に将軍足利義輝を招く。細川氏綱・三好長慶をはじめ、諸将が太刀を義輝に献上する。松永久秀も、太刀を献上し御伴衆の接待を務める。
	閏3月16日	**長尾景虎（上杉謙信）(1530〜1578)、鎌倉に入り、上杉憲政から山内上杉家の家督を相続、関東管領を譲られ、鎌倉の鶴岡八幡宮社前で管領就任の報告式を行い、名を「上杉政虎」と改める。**
	閏3月-	この月、将軍足利義輝が信濃守護・小笠原長時(1514〜1583)の信濃復帰を支援するよう、御内書で上杉政虎(上杉謙信)に要請する。長時は、弘治1年(1555)同族の三好長慶を頼って上洛し、将軍足利義輝の騎馬指南役を務めていたという。
	4月上旬	**この頃、織田信長、松平元康（後の家康）の所領三河**（愛知県東部）**に侵攻。手始めに、**三河加茂郡の梅ヶ坪城（愛知県豊田市）・伊保城（豊田市保見町御山前）を攻める。次いで八草城（豊田市八草町）にも攻撃を加えて帰陣する。**城を巡って織田と松平勢間で奪い合いが繰り返される。**
	4月-	この月頃、浅井賢政(1545〜1573)、六角承禎(義賢)(1521〜1598)の偏諱を受けた賢政の名を棄て、「長政」と改名。
	5月-	この月、織田信長、挙母城（愛知県豊田市）の中条氏を屈服させ、高橋荘一円（巴川以西の加茂郡西部一帯）を自領とした。
	5月6日	**「三好長慶、細川晴元を許す」**。細川晴元(1514〜1563)、三好長慶(1522〜1564)と和睦（足利義輝が晴元の赦免を願い出た為）して、摂津国富田の晋門寺に入り、軟禁される。
	5月11日	**斎藤義龍(1527〜1561)、急死。享年35。後を子の龍興13歳(1548〜1573)が継いだ。**
	5月13日	織田信長(1534〜1582)、斎藤義龍の死を好機と捉え、木曾・長良川を渡り西美濃に侵入し、勝村（岐阜県海津市平田町）に陣取る。
	5月14日	**「信長一森部（森辺）の戦い」。信長、斎藤龍興と森部**（岐阜県安八郡安八町森部）**で数刻に渡り戦い撃破する。**津島衆の恒河久蔵が斎藤家譜代家臣日比野清実を、同衆の服部平左衛門が同家臣長井甚安を討ち取る。合わせて百七十人以上を討ち取った。ついで滝の墨俣砦を奪い在陣する。信長と斎藤龍興の六年にわたる戦いのはじまりとなる。 前田犬千代（利家）(1538〜1599)は、信長の小姓として仕えたが、永禄二年に信長の可愛いがっていた同朋衆を斬ったことから、怒りを買い出仕停止を受けていた。前年の桶狭間の戦いでも私的に参戦し、敵の首三つを取り持参したが許されず、「頸取り足立」など二つの首を取った森部の戦いの功績でようやく許され帰参がかなう。(『信長公記』)。
	5月23日	**「信長一十四条の戦い・軽海の戦い」**。斎藤方が稲葉山から軍勢を繰り出し十四条（岐阜県本巣市十四条）まで進出した。墨俣砦の信長はこれを迎え撃つが、早朝の合戦（十四条の戦い）で斎藤軍は優勢のうちに北軽海（同本巣市）まで進出してきた。信長方・犬山城主織田信清(信長の従兄弟)(?〜?)の弟勘解由左衛門信益(広良)(十九条城の守将)が討たれる。信長は西軽海で対陣し、夜戦（軽海の戦い）に及んで相手を退却させた。池田恒興と佐々成政が敵の将である稲葉又右衛門を討ち取るという。信長は明朝まで居陣し、墨俣に引き上げた。斎藤龍興軍は稲葉山城へと引き上げる。
	5月24日	前日、軽海において戦った信長、早朝、清洲に帰城。

1561

永禄4	5月28日	幕府、祇園社祭礼路次の耕作を禁止。	0582
	5月-	織田信長、尾張真福寺へ全三ヶ条の「禁制」を下す。	0583
	6月18日	織田信長、西美濃へ出兵。稲葉山城下の民家に放火。	0584
	6月-	織田信長、美濃国平野神戸市場へ全三ヶ条の「禁制」を下す。	0585
	7月21日	朝廷、賀茂社へ警固人数を徴集す。（『御湯殿上日記』）。	0586
	7月22日	朝廷、禁裏六町衆に東堀を開削させる。（『御湯殿上日記』）。	0587
	7月28日	三好氏を支え、「鬼十河」と恐れられていた長慶の実弟・十河一存が3月に没した。これを機に六月挙兵した**六角承禎(1521～1598)・六角義治(1545～1612)父子は、細川晴元(1514～1563)**の次男・**細川晴之(？～？)**を奉じて、河内の畠山高政(1527～1576)と共に、三好長慶を討つため、家臣永原重澄に命じ、勝軍山城（北白川城）へ立て籠もらせる。承禎自身は、神楽岡付近に陣をはり上洛を伺う。	0588
	7月28日	京都小野山、禁中警固の人数を進める。（『御湯殿上日記』）。	0589
	7月28日	芥川城主・三好義興(長慶嫡男)(1542～1563)は、山城国梅津に、信貴山城主・松永久秀(1508？～1577)は、同国西院に陣し、勝軍山城と対陣。	0590
	7月-	この月、六角承禎、洛中洛外寺社へ禁制を下す。	0591
	7月-	この月、松永久秀、清水寺に五ヶ条の禁制を与える。	0592
	7月-	この月、浅井長政(1545～1573)、六角氏の太尾山城(滋賀県米原市米原)を攻める。	0593
	8月2日	**朝廷、六角軍の禁中乱入を停止する。**（『御湯殿上日記』）。	0594
	8月3日	木下藤吉郎(後の秀吉)(1537～1598)、弓足軽頭の浅野又右衛門長勝・養女おね(実父・杉原助左衛門定利)(後の北政所)(1542？～1624)と結婚する。1564年説もある。	0595
	9月2日	室町幕府、京都北野社人と洛中洛外土倉との酒麹役相論を裁許し、西京諸住へ安堵。	0596
	11月24日	**「勝軍地蔵山の戦い」。**六角・畠山方が勝利。三好義興(長慶嫡男)(1542～1563)軍は白川口を攻撃。松永久秀(1508？～1577)、永原重澄(六角承禎部将)を勝軍山城（北白川城）(京都市左京区一乗松原町)に攻撃し殺害する。その後、六角承禎が陣取る神楽岡へ討ち入るも敗走。	0597
	12月4日	三好長慶、京都大山崎郷の徳政令を免除。	0598
	－	明智光秀(1528？～1582)と熙子(？～1576)に三女が生まれる。織田七兵衛信澄(1555/1558～1582)に嫁ぐ京子(川手の方)であろうか。	0599

1562

永禄5	1月14日	元康（後の家康）、清洲に到着。先頭を歩く本多忠勝(1548～1610)、主君を嘲笑する町衆を追い払う。滝川一益(1525～1586)が城門前まで迎えに現れたという。	0600

永禄5	1月15日	「清洲同盟成立」。 織田信長(1534～1582)と松平次郎三郎元康(後の徳川家康)(1543～1616)が同盟。 この同盟関係は、天正10年(1582)本能寺の変まで20年間守り続けられる。 同盟の締結により信長は東方の憂いから解放され、また元康にとっては駿河の今川氏から独立する画期となる。家康は後に、母の再婚相手・久松俊勝(1526～1587)と3人の息子(異父弟)に松平姓を与えて家臣とし、於大の方(1528～1602)を母として迎える。
	1月16日	信長、宿老の林秀貞(1513～1580)らを岡崎に遣わして元康(後の家康)に答礼する。
	－	明智光秀(1528？～1582)、朝倉義景(1533～1573)の領国越前に入り、称念寺門前に居住する。(『明智軍記』)。 若狭武田氏の内紛激化で朝倉氏を頼ったとされる。そして、称念寺の園阿上人の好意で門前に仮住まいをしていた。 福井県丸岡町にある称念寺に芭蕉句碑があり、そこには「月さびよ明智が妻の咄しせむ」とある。 「奥の細道」で有名な松尾芭蕉が詠んだ句で、これは元禄2年(1689)に芭蕉が「奥の細道」の旅を終えて伊勢山田に入り、遷宮参詣の折り、又玄宅に止宿した。神職で蕉門の門弟島崎又玄は、神職間の勢力争いに敗れ、この頃、貧窮のどん底にあった。貧しさにもかかわらず又玄夫婦の暖かいもてなしを受け芭蕉は感激し、けなげにもてなしてくれた又玄の妻に送った句である。 「将軍明智が貧のむかし、連歌会営みかねて侘び侍れば、其の妻ひそかに髪をきりて、会の料にそなふ。明智いみじくあはれがりて、いで君、五十日のうちに輿にものせんといひて、頓て云いけむようになりぬとぞ。ばせを」。 明智光秀が出世する前の貧しかった頃、連歌会を催すもお金がなくて集まった人をもてなす膳の用意もままならない。妻は黒髪を切り売ってその料とし立派な連歌会を営み、夫の面目を保った。 光秀は妻への報恩を心に決め、出世の後には「輿にものせん」の思い叶え、終生妻への労りを欠くことはなかったという。夫への愛に生きた熙子は本能寺の変の6年前1576年11月、光秀が城主となった坂本城で幸せのうちに生涯を閉じた。
	2月-	「前々任筋目、国中鐘・塔九輪・鰐口可鋳之、次於熱田鉄屋、立藁籥事可停止、然者自他国鍋釜入事、可申付之、諸役・門並所質等、令免許之無相違者也、仍如件、」。 織田信長、水野範直(「太郎左衛門」)へ、従来通り尾張国内に於いて「鐘」・「塔九輪」・「鰐口」鋳造の特権を承認し、熱田の「鉄屋」が鞴を立てることを禁ず。更に他国人が尾張国内で「鍋」・「釜」を移入することを禁止し、水野範直に専売権を承認、諸役・門次の所質などを免除。
	3月5日	「泉州久米田の戦い」。 紀伊の根来衆の援助を得た畠山高政(1527～1576)に攻められ、三好実休(義賢、長慶長弟)(1527？～1562)は、和泉久米田で討ち死にする。

西暦1562

永禄5	3月6日	足利義輝(1536～1565)、和泉国での敗戦により洛中より八幡へ移座す。三好義興・松永久秀が山崎に撤兵。	0606
		「六角軍が入洛」。六角承禎、京都勝軍山城（北白川城）より清水へ移陣し洛中を占拠。上京・下京は焼却される。（『御湯殿上日記』）。 六角承禎、一時的に三好長慶を京都より追い出すことに成功する。	
	3月7日	六角承禎(1521～1598)、朝廷を警備する。	0607
	3月7日	三好方の松山新介重治・池田衆らが西岡に陣を敷き、松永久秀重臣今村紀伊守慶満・高野瀬備前守らが勝龍寺城に籠もる。	0608
	3月10日	三好義興（長慶嫡男）(1542～1563)・松永久秀(1508 ?～1577)、摂津と鳥養・柱本へ陣を移す。	0609
	3月10日	幕府、京都西岡諸郷に徳政を約して忠節を致させる。	0610
	3月13日	六角承禎、京都大徳寺領を惣安堵す。	0611
	3月17日	「六拾六部之経聖当国往反事、如前々、不可有相違者也、仍状如件、」。 織田信長、尾張国熱田座主御坊（如法院）へ、「六拾六部」（六十六部廻国衆）の尾張国内通過を承認。	0612
	3月18日	**六角承禎、洛中洛外に徳政令を発す。**	0613
	3月21日	六角承禎、京都大覚寺へ愛宕燈明要脚を安堵す。	0614
	3月22日	「正眼寺無縁所、如前々、（並）諸寄進等之儀、聊不可有相違者也、仍状如件、」。 信長、尾張国正眼寺に寺領を安堵。	0615
	3月23日	六角承禎、洛中に敵方隠匿内通の禁止五ヶ条の布告を発す。	0616
	3月24日	京都大覚寺坊官、嵯峨土倉中に愛宕神物は徳政に改動無き旨を通達。	0617
	3月-	この月、六角承禎、洛中洛外諸社寺郷村へ禁制を下す。	0618
	3月-	この月、信長、美濃を再び攻める。	0619
	4月5日	六角承禎(1521～1598)に呼応した畠山高政(1527～1576)の軍勢が、三好長慶の飯盛城（飯盛山城）（大阪府大東市及び四條畷市）を包囲し、周辺の三好方の出城の攻略を開始。	0620
	4月11日	畠山高政の軍勢が飯盛城の周辺の城を攻略し終える。	0621
	4月25日	六角承禎の軍勢が停滞し、畠山高政が督促。	0622
	－	この年、織田信賢の旧領地の分与を巡って信長といさかいを起こした、**犬山城の織田信清（信長の従兄弟）(？～？)が反旗を翻し、美濃の斎藤氏と同盟を結ぶ。**	0623
	5月3日	「信長―美濃軽海の戦い」。 織田信長(1534～1582)、美濃の軽海で斎藤龍興(1548～1573)と戦う。 前田利家(1538～1599)・佐々成政(1536～1588)、この戦いで軍功をあげる。	0624
	5月10日	三好康長他三好実休遺臣が、阿波から尼崎に上陸。 三好義興、松永久秀、三好長逸、松山重治、池田長正がこれに合流する。	0625
	5月14日	三好義興（長慶嫡男）・松永久秀・安宅冬康（長慶弟）・三好長逸・三好政康（三好政勝（後の宗渭））・三好康長ら、二万の大軍で、畠山高政(1527～1576)に攻められている飯盛城（大阪府大東市及び四條畷市）の救援に向かう。	0626

永禄5	5月16日	三好長慶の籠城の軍勢と救援の軍勢が合流。

5月19日	**「教興寺の戦い〜20日」**。三好長慶(1522〜1564)、義興(長慶嫡男)(1542〜1563)・安宅冬康(1528〜1564)・三好長逸(？〜1573)・三好政勝(政生、後の宗渭)(？〜1569)・三好康長(後の咲岩、笑岩)(？〜？)・松永久秀(1508？〜1577)・松山重治(？〜？)・池田長正(？〜1563)らを率い、河内教興寺(大阪府八尾市教興寺)で畠山方を撃破し、根来衆の湯川直光(？〜1562)を討ち取る。 畠山高政(1527〜1576)は高屋城(大阪府羽曳野市古市)を退去、大和国宇智郡へ、安見宗房(？〜1571？)は大坂寺内町へ、野尻宗泰(宗房の子)は鷹山谷(奈良県生駒市)へ、薬師寺弼長は東国へ敗走する。大覚寺義俊(1504〜1567)・伊勢貞孝(？〜1562)・伊勢貞良(？〜1562)父子は近江坂本に逃げる。 長年細川氏と対立してきた旧勢力の河内畠山氏が、畿内の覇権をめぐって争った一連の戦いの最終章である。
5月21日	三好方の軍が大和へ侵攻。筒井・十市・片岡などを焼く。
5月25日	三好方、矢田寺および平群、生駒へ侵攻。
6月2日	**三好氏と六角氏が講和する。** 三好長慶(1522〜1564)、降伏した六角承禎(1521〜1598)と和睦する。
6月22日	伊勢の国山田の神人ら、伊勢宇治を攻めて内宮を焼く。
6月23日	**足利義輝(1536〜1565)、山城八幡よりこの日帰洛する。**三好義興(長慶嫡男)(1542〜1563)と松永久秀(1508？〜1577)、従う。
6月23日	この日、熊野本宮が焼ける。
6月下旬	**この月、信長(1534〜1582)、犬山城の織田信清(信長の従兄弟)(？〜？)が斎藤龍興と結んで反抗したため、犬山城の支城である於久地城(小口城)(愛知県丹羽郡大口町小口)に攻めかかるも、苦戦して退却。** 御小姓衆が先懸けとなって惣構を押し破り、曲輪内に突入して数刻にわたる戦いとなった。この戦いで御小姓衆の岩室長門守重休が敵にこめかみを突かれて討死。(『信長公記』永禄四年六月)。
7月3日	**尾張国知多郡の大野城主・佐治為興(信方)の水軍、今川氏から織田氏に寝返る。** 佐治氏は代々知多半島の大半を領した豪族で、伊勢湾海上交通を掌握する佐治水軍を率いていた。佐治為興(1553?〜1574？)は、信長妹(お犬の方)(？〜1582)を妻に与えられ、信長の字を拝領して「信方」と改名する。
7月21日	「当寺如前々、門家並末寺共申付迄、裁許可在之、猶不可有相違者也、仍状如件、」 織田信長、尾張国阿弥陀寺へ、従来の如く「門家」(寺内)及び「末寺」の支配を委ねる。
8月2日	関白近衛前久(1536〜1612)、越後より京都に帰り参内する。
8月12日	**松永久秀(1508？〜1577)が、奈良の眉間寺山に築く多聞山城(奈良市法蓮町)の棟上式を行う。**嫡男・松永右衛門佐義久(後の久通)(1543〜1577)を入れる。 久秀は、眉間寺を壊し、南都に多聞山城を築き、信貴山城と共に両拠点とした。現在の奈良市立若草中学校の敷地。

西暦1562

永禄5	8月25日	**伊勢貞孝、六角承禎に応じて丹波国より京都へ乱入。**（『御湯殿上日記』）。	0640
		三好家に反目した幕府政所執事・伊勢貞孝（？～1562）が京都を出奔し、六角承禎（1521～1598）に応じて丹波で挙兵し京都へ乱入。	
	8月-	この月、松永久秀、山城国南部及び大和国において徳政令を発する。	0641
	9月11日	**三好義興・松永久秀、六角承禎・畠山高政に通じた伊勢貞孝・貞良父子を京都杉坂に攻め殺す。**（『御湯殿上日記』）。	0642
		伊勢氏の政所支配は幕を閉じ、幕府将軍による政所掌握への道を開いた。	
	9月20日	**明智光秀（1528？～1582）、加賀一向一揆との戦いで戦功を上げる。**（『明智軍記』）。	0643
		光秀が朝倉家に仕官した時の俸禄は、五百貫（三百九十五石）という。	
		一揆の不穏な動きに気付いた光秀は、「（夜陰に紛れて一揆勢が奇襲をかけてくると踏んで）ゆめゆめ御油断なされませぬように」と言ったという。	
		そして、三宅弥平次（明智秀満）、明智治右衛門ら鉄砲の名手を配置して一揆勢の奇襲に備えたところ、予測通り一揆勢が奇襲を仕掛けてきた。鉄砲の一斉射撃で総崩れとなった一揆勢は朝倉勢によって、壊滅的打撃を受け敗走したという。この功績により光秀は朝倉義景より感状を賜ったという。	
	－	この年、春林宗俶の庵居・黄梅院（大徳寺塔頭）、建立。信長が初めて入洛した際に父・信秀の追善菩提のために木下秀吉に命じて黄梅庵を建立という。	0644
	－	この年、信長、犬山城主織田信清（信長の従兄弟）（？～？）の支城を次々と攻め落とす。	0645

西暦1563

永禄6	1月27日	将軍足利義輝（1536～1565）、吉川元春（1530～1586）に宛て、毛利・大友両氏の和睦締結に尽力するよう要請。	0646
	2月-	**この月、織田信長（1534～1582）、美濃を攻めるため、丹羽長秀（1535～1585）を奉行として小牧山**（愛知県小牧市城の内）**に築城をはじめる。**	0647
		美濃斎藤氏と、これと結ぶ犬山城の織田信清（信長の従兄弟）を攻略するためであった。	
		丹羽長秀は、信長の養女（信長の庶兄・織田信広の娘で姪）桂峯院を妻に迎え、嫡男の長重（1571～1637）も信長の五女・報恩院（1574～1653）を娶っている。さらに、長秀は信長から「長」の字の偏諱を受け、親しい主従関係であった。二代に渡って信長の姻戚となった例は、他の家臣には無く、信長から「長秀は友であり、兄弟である」と呼ばれるという逸話が残るほど信頼されていた。	
	3月1日	**細川晴元（1514～1563）、摂津富田普門寺で没。享年50。**山城・摂津・丹波守護。	0648
	3月2日	松平元康（後の徳川家康）嫡男・竹千代（信康）（1559～1579）と信長の娘・徳姫（1559～1636）の婚約成る。二人共五歳。	0649
		婚姻は、4年後の永禄10年（1567）5月27日。	
	3月18日	幕府、浄福寺寮舎の破却を命令。	0650
	3月22日	細川藤賢、三好軍を率いて京都杉坂に放火。（『言継卿記』）。	0651
		将軍足利義輝に仕える細川藤賢（細川氏綱弟）（1517～1590）、三好軍を率いて京都杉坂に放火する。	
	3月-	この月、丹波の柳本勢が京都に侵攻して西京、二条を放火し、将軍足利義輝の奉公衆三十騎が、これを迎撃する。	0652

永禄6	4月-	「信長―新加納の戦い」。
		信長は再度、稲葉山城を攻めで美濃国へ侵攻するが新加納の戦いで、斎藤龍興の家臣・竹中半兵衛(重治)(1544～1579)の伏兵策に翻弄されて敗れ清洲に撤退。
		信長、清洲を出陣し、木曽川を渡り美濃各務野に侵入。新加納に陣を敷く。近隣を放火し、斎藤勢を挑発する。斎藤勢が打って出て、先陣の池田恒興隊・坂井政尚隊が敗れ、後陣の柴田勝家隊・森可成隊も防戦に努めるが退却。
		この戦い以降、信長の美濃侵攻が「力攻め」から「調略、策謀」へと変化する。
	4月17日	織田信長、斎藤龍興との戦闘にあたり、尾張国妙興寺へ全三ヶ条の「禁制」を下す。
	4月19日	**明智光秀**(1528？～1582)、**朝倉義景**(1533～1573)に砲術の腕前を披露して激賞され、鉄砲寄子百人を預かる。(『明智軍記』)。翌日には軍学を講じ、翌々日には天下の形勢を論じる。義景は破格にも即座に五千貫に加増したという。
		光秀は鉄砲の名手であったという。
		「一百の鉛玉を打納たり。黒星に中る数六十八、残る三十二も的角にそ当りける」(『明智軍記』)。
		ここで言う「的(まと)」とは一尺四方のものを二十五間(約45.5メートル)離して設置したものだというから、かなりの腕前だったことになる。また、飛ぶ鳥を鉄砲で撃ち落としたという逸話もあるという。
		たとえ天下をとったとしても、妾は持たぬ。
		光秀が朝倉家に仕えてだいぶ経った頃のこと、出仕前に身なりを整えようと鏡を見ると、髪に白髪が生えていることに気がついた。このままでは、大志を全うできないうちに一生を終えてしまうと思った光秀は、朝倉家を去ることを決意し、妻と下人たちを連れて越前と美濃の国境の柳ケ瀬という所にひとまず逗留することにした。
		逗留先の居所で知り合いを呼んでの持ち回りの連歌の会を開くことになった光秀は、妻の熈子にその饗応を頼んだという。宴では熈子の豪華な酒肴がずらり。友人たちは満足して帰っていく。
		金のなかった熈子は自分の髪を切って売ることで金を工面したが、髪の短くなった熈子を見た光秀は「出家して自分を見限るつもりか」と憤ったという。
		下女に事の次第を聞き及んだ光秀は短慮を詫び、熈子の気持ちに応え、「たとえ天下をとったとしても、妾は持たぬ。」と約束したという。(江戸後期の随筆『一話一言』)。
	4月20日	松永久秀、筒井藤勝(順慶)(1549～1584)に信貴山城(奈良県生駒郡平群町信貴山)を奪われる。
	4月24日	「市橋して御物語、誠令祝着候、弥々御馳走可畏入候、猶彼口上申含候、恐々謹言」。織田信長、高木貞久(「高木直介」)(美濃斎藤氏被官)へ、市橋長利を仲介に内応した旨を喜ぶ意思を通達、「弥々御馳走」を奨励。
		美濃衆の高木貞久(美濃駒野城(岐阜県海津市)主)(？～1583)、西美濃の一人・市橋長利(1513～1585)を介して織田信長に誼を通じる。
	5月24日	松永久秀、信貴山城を奪還。

西暦
1563

永禄6	6月17日	「今度合戦付而、親討死之由、無比類忠節候、」。	0659
		織田信長、美濃国の毛利広盛(「毛利小三郎」)(1533~1616)へ、合戦で討死にした親(毛利広雅)の忠節を讃える。	
		毛利広雅は土岐氏、斎藤氏に仕えたが、この年織田信長に味方し斎藤龍興と戦って戦死した。	
	7月6日	今川氏と断交した**松平二郎三郎元康(家康)(1543~1616)**、今川義元の偏諱を改め、「家康」と改名。	0660
	7月10日	幕府、橘以緒の知行青花座の違乱を停止。(『言継卿記』)。	0661
	7月22日	三好義興(長慶嫡男)(1542~1563)、京都市原野と幡枝との柴木相論を裁許する。	0662
	7月-	「…………。信長は、今度は「小牧山に移ろう」と言い出した。小牧山へは麓まで川が続いており、家財道具を運ぶのに便利な土地である。皆わっと喜んで、移転をした」。	0663
		この月、信長(1534~1582)、本拠を清洲城(愛知県清須市一場)**から小牧山城**(愛知県小牧市堀の内)**に移城し、斎藤龍興(1548~1573)と犬山城主の織田信清(従兄弟の信長の姉婿)(?~?)に備える。**永禄7年2月ともいう。	
		移城に伴い家臣に清洲から小牧山城下への移住を命じ、初めて兵農分離を図る。	
	−	この頃、信長、木下藤吉郎を起用して川並衆(蜂須賀正勝ら)の調略に取り掛かる。	0664
	8月25日	**三好義興(長慶嫡男)(1542~1563)が居城芥川城において急死。享年22**。	0665
		家臣松永弾正久秀の陰謀により毒殺されたともいう。	
		義興の死は、三好家崩壊の遠因となる。混乱の中、翌年7月、ようやく、三好長慶(1522~1564)は、養子・十河重存(後の三好義継)(1549~1573)を家督に据える。	
	9月5日	「三河一向一揆、勃発~永禄7年(1564)2月」。	0666
		主君への忠誠心と信仰心の板ばさみにあって松平家武将の半数が一揆に与したという。収束後、武将の多くが、一向宗から松平家康の浄土宗へと改宗という。	
	9月15日	織田信長、水野藤九郎(尾張国緒川の豪族)へ、島田秀順(「嶋田かた」)への「鶻」(ハヤブサ)献上を謝す。島田秀順は、信長奉行の島田秀満(?~?)。	0667
	10月1日	**「観音寺騒動」**。六角氏の筆頭家臣であった後藤賢豊父子、権力争いで六角義治(承禎の嫡男)(1545~1612)によって観音寺城(滋賀県近江八幡市安土町)で謀殺される。	0668
		元六角主家筋の六角義秀(1532~1569)派と、六角家後継の承禎・義治派の対立が更に深まる。そして浅井氏が六角氏を攻める動きを見せたことで、浅井方につく者まで現れ始める。(異説あり)	
	10月6日	浅井長政(1545~1573)、「観音寺騒動」による六角氏領国の混乱により、愛知川まで南下する。	0669
	10月7日	「観音寺騒動」。後藤氏と縁戚にあった永田景弘(正貞)・三上恒安らと池田景雄(秀雄)・平井定武・進藤賢盛ら、六角氏と敵対関係にあった浅井長政の支援を仰ぎ、挙兵。	0670
		六角義治は観音寺城を支えきれずに、蒲生郡日野中野城(滋賀県蒲生郡日野町)主・蒲生定秀(1508~1579)・賢秀(1534~1584)父子を頼って落ち延び、箕作城(滋賀県東近江市五個荘山本町)の六角承禎も甲賀郡の三雲氏のもとに逃亡する。	

永禄6	10月20日	**「観音寺騒動」**。六角義治・承禎を保護した蒲生定秀・賢秀父子や三雲定持(?~1570)が、事態を憂えて調停に乗り出し、和睦が成立。 謀殺された後藤賢豊の次男・高治(1540?~1589)の家督相続と所領安堵を認めること、六角義治が隠居してその異母弟・義定(賢永)(1547~1582)を家督に据えることで離反諸将の復帰を促し、事態の収拾を図った。そして、六角承禎・義治父子は、観音寺城に戻ることができたとされが、領国の近江を離れられなくなったとされる。 さらに永禄10年(1567)4月28日には、「六角氏式目」を制定する。
	10月24日	幕府、京都清水寺と本國寺との山木相論を裁許し、本國寺に安堵す。
	10月-	織田信長、美濃国稲葉山井口城攻撃に際し、尾張国曼陀羅寺へ全五ヶ条の「禁制」を下す。
	11月13日	熊千代(のちの細川忠興)(1563~1646)、将軍足利義輝に仕える幕臣・細川藤孝(のちの幽斎)(1534~1610)の長男として京都で生まれる。(異説1564年1月13日)。 通称は与一郎、天正6年(1578)に元服といい、織田信忠より偏諱を受け、「忠興」と名乗ったという。父・幽斎と同じく、教養人・茶人の細川三斎としても有名で、利休七哲の一人に数えられる。
	11月20日	幕府、京都仁和寺借主中へ嵯峨土倉への返弁を督促。
	11月-	織田信長、美濃斎藤氏との戦闘中に織田側に内応する者が出たため長田弥右衛門尉へ「当知行」を安堵。
	11月-	織田信長(1534~1582)、加藤全朔(「賀藤全朔」)・加藤資景(「賀藤紀左衛門尉」)へ、美濃斎藤氏との戦闘中で内応者には欠所処分・財産没収とするが、織田家と密接な加藤家には特権を承認。
	11月-	「其方扶助之内、大坊文・禰宜分・布目分並藪分為欠所申付上、不可有相違者也、仍状如件、」。 織田信長、池田勝之介へ、大坊文・禰宜分・布目分並藪分を欠所と申しつける。
	12月14日	松永久秀(1508?~1577)、家督を嫡男の松永義久(久通)(1543~1577)に譲る。久通、多聞山城(奈良市法蓮町)主となり、従五位下・右衛門佐に叙位・任官する。
	12月20日	山城国の淀城(淀古城)(京都市伏見区納所北城堀)に、三好長慶の監視付きで居城を与えられた細川氏綱(1514?~1564)、没。享年51。
	12月28日	「熊申候、仍被寄存知栗毛馬到来、御懇之儀候、寔祝着之至候、猶佐久間可申候、恐々謹言、」。 織田信長(「三介信長」)、三宅孫介へ、「被寄存知栗毛馬」の到来を謝し、詳細を佐久間信盛に伝達させる。
	12月-	「其方扶助之内、同持分並家来者買得持分之儀、誰々為欠所前後之雖判形出之、不混自余、無相違知行可申付者也、仍状如件、」。 織田信長、池田恒興(「池田勝三郎」)(1536~1584)へ、「扶助」分・「持分」・「家来者買得持分」を安堵。
	12月-	この月と思われる。織田信長、尾張国瀬戸へ「瀬戸物の売買を保護する全三ヶ条の「制札」を下す。 信長は、領国において流通を把握することに努力し、国侍や寺社の経済活動に特権を認め、有力な商工業者には保護を与えた。

西暦1563

永禄6	12月-	この月と思われる。織田信長、尾張国亀井山円福寺の熱田亀井覚阿弥へ、「買得田畠・屋敷」以下を末代まで安堵、「引得」分のうちで弟子に譲った分については「新儀諸役」・「理不尽使」を入れないことを安堵。	0684
	－	珠子(玉子)(のちの細川ガラシャ)(1563～1600)、明智光秀(1528？～1582)、煕子(？～1576)の四女として大味村土井の内(福井市東大味)に生まれる。のちに細川忠興に嫁ぐ。	0685
	－	室町幕府十三代将軍・足利義輝に仕える蜷川親長(ながかわちかなが)(1533～1610)の仲介で、石谷光政(いしがいみつまさ)(？～？)の次女が長宗我部元親(1539～1599)の土佐国へ輿入れする。輿入れの際には元親が京都へ上洛したといわれている。 石谷光政は男子に恵まれなかったので、同族の土岐氏支流の明智氏の縁者である斎藤利賢の長男・頼辰(よりとき)(？～1587)を養嗣子として迎えて、長女を娶らせた。 利賢次男が、頼辰の実弟の明智光秀家臣・斎藤利三(1534～1582)である。 明智光秀は、細川藤孝の中間だったことから、石谷頼辰を通じて長宗我部元親と知り合うともされる。	0686

西暦1564

永禄7	1月15日	松平家康(後の徳川家康)(1543～1616)は、馬頭原合戦の勝利で優位に立ち、和議に持ち込み、「三河一向一揆」の解体に成功する。	0687
	1月-	坊丸(のちの織田信澄)(1555？～1582)、元服して「津田」の姓と、尾張国川西(愛知県西部)の地を信長(1534～1582)より賜り、蝶の家紋の使用を許されたとされる。	0688
	2月6日	**美濃の斎藤龍興の家臣・竹中重治(竹中半兵衛)(しげはる)(1544～1579)が色欲と酒に溺れ悪政を行っている龍興(1548～1573)を諫めるため、弟・竹中重矩(しげのり)(1546～1582)や舅・安藤守就(もりなり)(1503？～1582)らと龍興の稲葉山城(後の岐阜城)をたった十六人で乗っ取る。** 信長、これを聞き、城を明け渡すように要求するが、竹中重治は応ぜず。その後八月頃、自ら稲葉山城を龍興に返還し、斎藤家を去り、隠棲する。 しかし、この事件によって美濃斎藤家の衰退が明らかとなり、家臣らの離反が目立つようになった。	0689

淀古城跡付近

永禄7	3月10日	将軍足利義輝(1536～1565)、大覚寺義俊(1504～1567)を関東へ遣し、武田信玄・北条氏康と上杉輝虎(謙信)の関係悪化の調停を図るが、和議成功せず。
	4月13日	信長、織田信清(信長の従兄弟)(?～?)の犬山城攻めのため小牧出陣。
	5月9日	三好長慶(1522～1564)、松永久秀(1508？～1577)の讒訴を信じ、弟の安宅冬康(1528～1564)を、飯盛城(大阪府大東市及び四條畷市)に誘殺する。 「讒訴」とは、他人をおとしいれようとして、事実を曲げて言いつけること。 謀将の三好義賢(実休)(1527?～1562)・勇将の十河一存(1532～1561)・嫡男の三好義興(1542～1563)・勇将の安宅冬康を短期間に失った三好長慶は、翌年長慶は無実であったことを知り後悔のまま、欝状態となり衰弱して病死し、三好家は急速にその勢力を失っていくことになる。
	6月9日	「玉章到来、謹而拝閲快然候、抑近年在関東御発向、数度被得利、平均之上御帰国之由、珍重存候、随而自直和別而御懇切之条、被示給候、本懐之至候、猶追而可達音問候間、不能具候、此旨御披露所仰候、恐々敬白」。 織田信長、直江景綱(1509～1577)「(直江大和守)」へ、「玉章」が到来し謹んで「拝閲快然」であるとし、近年「関東」へ発向し、数度にわたり勝利を得て「平均」し、帰国された件を喜ぶ。また直江景綱より特別懇切な書状を謝す。なお追って書状を遣すので詳細はここに申し上げないこと、この旨を上杉輝虎(謙信)へ披露することを依頼。 「玉章」は手紙、消息。
	6月-	この月、三好重存(十河重存)(後の三好義継)(1549～1573)、将軍足利義輝に家督相続の挨拶のため、拝謁する。 義継は、長慶の世子であった三好義興が早世したため、長慶の養子として迎えられ、三好姓に改める。長慶(1522～1564)は家督を譲って隠居する。
	6月17日	武田信玄(1530～1578)、織田信長の攻撃に危機迫る斎藤龍興(1548～1573)を援けんとし、長井道利(?～1571)に書を送り、援助を約束して激励する。
	6月21日	「此表之事、種々馳走由候、甚以辛労候、弥可被入精候、猶明院・滝川可申伝候、謹言、」。 織田信長、徳山則秀「(徳山次郎右衛門)」へ、「此表」(美濃斎藤氏との交戦状況)への「馳走」を賞す。詳細は明院良政(?～1570？)・滝川一益(1525～1586)に伝達させる。徳山則秀(1544～1606)は美濃国大野郡徳山の土豪。
	6月22日	三好重存(後の義継)(1549～1573)、松永義久(後の久通)(1543～1577)・三好長逸(?～1573)らをはじめ、広橋国光(1526～1568)らの公卿を含めて四千人を従え、将軍家に対し家督相続を許された御礼言上のため上洛する。 松永義久(後の久通)は、足利義輝から偏諱をうけて「義久」と名乗ったが、後にその将軍を暗殺した経緯もあり三好義継から改名を命じられて「久通」と名乗ったとされる。

西暦1564

| 永禄7 | 7月2日 | 「越州之儀御馳走本望候、此方之事、更以不可有別儀候、弥彼方可然様御調尤候、
猶市橋申含候、右之趣懇御取成簡要候、恐々謹言」。
織田信長、国枝吉泰(「国枝少兵衛尉」)へ、「越州」(越前朝倉氏)への「馳走」は本望であること、「当方」の件は特に変化は無く、越前表へは然るべきように調整を依頼。なお市橋長利(1513~1585)へ申し含めているので懇ろに「取成」を依頼。
信長(1534~1582)、調略し臣従させた稲葉良通(一鉄)(1515~1589)の与力だった国枝少兵衛尉古泰(西美濃本郷城主)に、朝倉義景(1533~1573)との取次を依頼。 | 0698 |

| | 7月4日 | **三好長慶(1522~1564)、息子に死なれ病気がちになり、飯盛城にて没。享年43。**
その絶頂期の勢力は山城、摂津、河内、大和、和泉、丹波、阿波、淡路、讃岐の九ヶ国に及んだ。長慶養子の三好重存(後の義継)(1549~1573)が家督相続していたが、既に重臣の松永久秀や三好三人衆が主家を凌駕する実力を保持していて、義継は彼らの傀儡に過ぎなかった。
義継の後見人である三好長逸(?~1573)・三好政康(政勝・政生)(?~1569)・岩成友通(?~1573)ら三好三人衆、阿波三好家を支える篠原長房(?~1573)・三好康長(後の咲岩、笑岩)(?~?)、大和の松永久秀(1508?~1577)、丹波の松永長頼(久秀の弟)(?~1565)による連立政権が樹立された。
『細川両家記』で、三好三人衆の一人・三好政康とされるのは、三好政勝(政生)(?~1569)で、後の永禄8年(1565)3月に出家し釣竿斎宗渭と名乗る。 | 0699 |

| | 8月- | **この月、信長はいよいよ本格的に美濃攻略を開始。** まず、木曽川を越え、犬山城の対岸にある伊木山城(岐阜県各務原市)を調略して、堅固な砦を築く。 | 0700 |

| | 8月- | この頃、犬山城主織田信清(信長の従兄弟)(?~?)の家老和田新助(黒田城主)(?~1574)・中島豊後守(小口(於久地)城主)父子が信長に降る。丹羽五郎左衛門長秀・木下藤吉郎・蜂須賀正勝(小六)(1526~1586)の謀略という。 | 0701 |

| | 8月- | **「信長、犬山城を攻略、尾張を完全に統一」。**
この月、信長(1534~1582)、丹羽長秀(1535~1585)を大将として、犬山城(愛知県犬山市)を攻め落とし、斎藤方の犬山城主の織田信清(信長の従兄弟)(?~?)は甲斐に逃亡する。信長の姉犬山殿の婿・信清は、武田氏の元で「犬山鉄斎」と称したという。ようやく信長は尾張を完全に統一。父信秀が没し家督を継いでから十三年の歳月が流れていた。 | 0702 |

| | 9月9日 | 「其後絶音間候、本意外候、仍先月濃州相働、井口近所取出城所々申付候、然者犬山令落居候、其刻金山落居候、其外数ヶ所降参候条、令宥免候、其上勢州辺迄如形申付候、以直書申候条、不能具候、恐々謹言」。
織田信長、直江景綱(「直江大和守」)(1509~1577)へ、「其後絶音間」は本意ではなかったこと、先月に美濃国へ出動し井口城(稲葉山城)に迫り、その近所に砦を構築したこと、犬山・金山などその他数ヶ所は「降参」したので「宥免」したこと、更に伊勢国まで出撃したことなど「直書」を以て上杉輝虎(謙信)に通知したので省略することを通達。なお佐々長穐(1537?~1615?)に連絡させる旨を通知。 | 0703 |

| | 9月11日 | 将軍足利義輝(1536~1565)、摂津国有馬湯治へ行く。細川輝経(?~1600)・細川藤孝(1534~1610)・一色藤長(?~1596?)を随行。 | 0704 |

| | 9月15日 | 織田信長、美濃国常在寺へ百貫文の領知を寄進。
常在寺は、斎藤道三以後の斎藤氏三代の菩提寺。 | 0705 |

| | 10月10日 | 幕府、六町衆に禁裏東堀を掘らせる。 | 0706 |

永禄7	10月28日	**正親町天皇の意を受けた御蔵職の立入宗継(1528～1622)が御料所の回復・京都御所の修繕などを命じ、上洛を促す密勅を持って清洲城に下向する。**
		立入宗継は一介の皇室の倉庫番であったが、自分の命に代えても天皇に忠節を捧げた。宗継は織田信長の武将としての令名を聞き、自分の舅である礒貝久次(？～1578)と相談し，中納言藤原惟房を介して正親町天皇の綸旨を得て、熱田神宮へのお使いと称し尾張国の信長のもとへ綸旨を届けた。 立入宗継は、明治政府より朝儀復興に尽力した功績を称えられ、明治31年(1898)4月9日に従二位の位階を追贈され、「時代祭」の「織田公上洛列」の先頭に登場することで知られる。墓は京都の清浄華院。
	11月7日	「今般以使者申候処、則有御入眼、種々御懇慮、本懐不少候、随而おほ鷹五連被懸御意候、前代未聞過当至極候、別而寵愛無他候、右之趣御取成所仰候、恐々謹言、」。 織田信長、直江景綱へ、信長からの使者派遣に触れ、上杉輝虎（謙信）に懇願した件が受諾され、更に大鷹五連を贈られた事を謝し、謙信へその旨の取成を依頼。 「追而申入候、抑御誓談条々、忝次第候、殊為御養子愚息可被召置旨、寔面目之至候、於何時、自路次様子可進гов候、向後弥得御指南可申談候、此等之趣御披露可為本望候、恐々謹言、」。 織田信長、直江景綱（「直江大和守」）へ、上杉輝虎からの「御誓談条々」を受領し「愚息」（織田信長子息）を上杉輝虎の「御養子」とすることを承諾された事を謝す。今後の「御指南」及び上杉輝虎へこれらの旨の「御披露」を依頼。 信長、謙信からの「御誓談条々」を受領し、信長の子を謙信の養子とすることを承諾された事を謝す。
	11月13日	「就其表之儀、懇示給候、承悦候、更不可有疎意候、弥其方之儀見放申間敷候、猶御使者可被申候、恐々敬白、」。 織田信長、北伊勢に勢力を持つ長野氏の一族・分部光高（「分部左京亮」）(1527～1569)に連絡を取り、味方として優遇する旨を通知、更に情報提供を促す。
	11月23日	朝廷、京都東寺再建のため諸国に勧進させ造営を開始させる。(『言継卿記』)。
	冬	足利義輝、京都室町に新第造営を開始。
	12月15日	幕府、四府駕輿丁座の猪熊神人の諸役を免除。
	12月19日	ポルトガル人イエズス会の宣教師・ルイス・フロイス(1532～1597)、ガスパル・ヴィレラ(1525？～1572)の布教を助けるため、京都に来任する。 京都見物で、足利義輝の「二条御所武衛陣の御構」の豪壮さに驚く。
	12月20日	「今度御内書被成下候、忝奉存候、寔生前大事不可過之候、随而御馬一疋青毛、致進上候、併御内儀之条如此候、御取成可為本望候、御恐惶謹言、」。 織田信長、大舘晴光（「大舘左衛門佐」）(？～1565)へ、足利義輝からの「御内書」に対する請状を発す。「寔生前大事不過之候」と感激し、「青毛」馬一疋を進上。「御内義」の件を取り成された事は「本望」であることを通知。
	12月23日	幕府、京都上野村へ松室重清預状返弁を督促す。
	12月27日	幕府、上御霊神社境内茶室の諸役を免除す。

西暦1565

永禄8			
	1月1日	イエズス会宣教師フロイス、ヴィレラが室町幕府に新年を賀する。	0717
	2月-	**「家康、三河平定」。** この月、松平家康（後の徳川家康）（1543〜1616）、今川氏の田原城（愛知県田原市）を攻略、三河全域平定する。	0718
	2月28日	上杉輝虎（謙信）、去年朝倉氏と盟約した加賀侵攻が実行できなくなった理由を述べる。	0719
	3月4日	三好重存（後の義継）（1549〜1573）、京都浄福寺真澄の伝戒勤修を褒し寺内寮舎の破却を禁止。	0720
	3月13日	朝廷、今村慶満（元細川氏綱の被官）の東口率分関押領を禁止。（『言継卿記』）。	0721
	3月23日	足利義輝（1536〜1565）、上杉輝虎（謙信）（1530〜1578）へ、去年北条氏康との講和命令を下した際の了承を喜び、早急な講和実行を促す。また北条氏康（1515〜1571）へは義輝より使者を派遣するので交戦を禁止する旨を通達。	0722
	3月27日	**本願寺顕如光佐（1543〜1592）、武田信玄（1530〜1578）と音信を結び、対上杉輝虎（謙信）の盟約を結ぶ。** 本願寺と武田信玄、軍事同盟を結ぶ。顕如と信玄の間を斡旋したのは相模国の北条氏康である。	0723
	3月-	この月、三好政生（政勝）（？〜1569）、出家して釣竿斎宗渭と名乗る。 『細川両家記』でいう三好三人衆の一人、三好政生のことである。	0724
	4月6日	朝廷、禁裏六町衆に警固を命令。（『御湯殿上日記』）。	0725
	4月22日	本願寺顕如光佐、避難先の興正寺から石山本願寺に還住。	0726
	4月28日	京都賀茂神社、禁裏堀浚渫人数を供出。（『晴右公記』）。	0727
	5月1日	**三好重存（後の義継）、三好長逸、松永久秀上洛し、足利義輝に出仕。** 室町幕府第十三代将軍・足利義輝、長慶養子・三好重存に偏諱を与え、三好義重（後の三好義継）（1549〜1573）と改名させ「左京大夫」に推挙。	0728

二条御所武衛陣跡

永禄8	5月19日	**「永禄の変」。（幕府三度中絶）。**

「辰刻（8時）三好人数松永右衛門佐等、以一萬計俄武家御所へ乱入取巻之、戦暫云々、奉公衆数多討死云々、大樹午初点生害云々、不可説不可説、先代未聞儀也」。「三好松長人数討死手負数十人有之云々」。『言継卿記』。

上泉信綱に教えを受け、塚原卜伝に奥義の伝授を受けた剣豪将軍・足利義輝(1536～1565)(30歳)、義輝を廃し義輝の従弟足利義親(義栄)(1538/1540～1568)を将軍に擁立しようと画策する三好義重(後の義継)(1549～1573)・三好三人衆(三好長逸・三好政康・岩成友通)・松永義久(後の久通)(1543～1577)らに、早朝、二条御所(斯波武衛陣)を包囲攻撃され、実弟・周暠、近習幕臣と共に討死。

義輝は松永久秀(1508？～1577)らに奪われていた実権を回復するため、盛んに有力な大名に対し上洛を促す御内書を発給していた。将軍のこの動きに危機感を持った三好・松永方が、清水参詣と称して洛中へ人数を寄せ、御所に先制攻撃をしかけた。大和国の松永久秀は、足利家重代の道具「不動国行」を奪取して所持する。

石谷光政は、娘（次女）の嫁ぎ先である長宗我部家を頼って土佐に渡る。以後、娘婿である元親に仕え、実家の斎藤氏を頼って明智光秀(1528？～1582)の家臣となった石谷頼辰(？～1587)を介して、織田信長との取次役を務めた。
没落した幕府奉公衆蜷川氏は、蜷川親長(1533～1610)の時、一族の多くは、土佐国の長宗我部元親のもとへ落ちのびた。親長は婚姻のよしみで、同朋衆として元親に仕えた。長宗我部元親室・石谷氏が親長の異父姉妹。石谷氏は、明智光秀重臣の斎藤利三の妹。

	5月19日	**三好義重(後の義継)・松永義久(後の久通)ら、室町幕府十二代将軍・足利義晴次男の興福寺一乗院門跡覚慶(後の足利義昭)(1537～1597)を同院に幽閉する。** 三好勢は、寺を相続するかぎり危害は加えないとの約束をしていた。
	5月21日	**三好長逸(？～1573)、参内し正親町天皇から三好氏を公認する姿勢が示される。**
	5月23日	改名した三好義継(義重)・松永義久(後の久通)(1543～1577)ら、興福寺一乗院を破壊し放火する。
	6月3日	三好義継(1549～1573)、八瀬童子の諸役を免除。
	6月9日	将軍足利義輝の葬儀が行われる。生前親しい間柄にあった公家衆は一人も参列せず、幕府奉公衆、奉行衆のみが参列する。
	6月23日	三好義継、京都大徳寺大仙院へ寺領を安堵。
	6月24日	六角宗房(近江国箕作城主)、直江実綱(謙信重臣)へ、京都に於ける足利義輝の変報を告げ、弔い合戦の意思を表明し、詳細は大覚寺門跡義俊(1504～1567)が通達すること、輝虎(謙信)が上洛すれば天下再興は可能で、南方は六角承禎らが平定する予定であること、越前国・若狭国・尾張国などの諸国へは大覚寺門跡義俊が協力を依頼することになっていることを通知。
	6月28日	安見宗房(？～1571？)、越後の上杉輝虎(謙信)(1530～1578)へ、将軍足利義輝が三好、松永党に殺害されたことを報じ、「先代未聞の仕合」と述べ、大覚寺門跡義俊を介して、越前の朝倉義景、尾張の織田信長と共に謙信の上洛を依頼し、自らも畠山昭高(秋高)(1534～1573)、遊佐信教(1548～？)と共に決起する意向を示す。

西暦1565

永禄8	7月-	この月、美濃加治田城(岐阜県加茂郡富加町加治田)の佐藤紀伊守忠能(？～1578)・右近右衛門尉忠康父子が、丹羽長秀(1535～1585)を介して信長(1534～1582)に呼応する。佐藤氏は、家臣梅村良沢を使者に立て信長に内通の意を伝えてきた。 木曽川を自然の要害とするうえ、守備の固い美濃を攻めかねていた信長は、梅村良沢に黄金を与えて佐藤紀伊守父子と誓書を交わし、協力を約束。	0738
	7月4日	三好義継(1549～1573)、京都東寺境内百姓の不法を停止。	0739
	7月5日	「大うすはらいひたるよし、みよし申」。(『御湯殿上日記』)。 朝廷、三好義継・松永久秀の奏請によりバテレン追放、教会没収の女房奉書が出される。 ガスパル・ヴィレラ(1525？～1572)とルイス・フロイス(1532～1597)は、堺へ落ち延びる。	0740
	7月10日	「先度以誓紙如申候、三郡之儀、反銭・夫銭共一切可被召置候、其上手入次第可有知行者也、仍状如件、」。 織田信長(1534～1582)、西美濃方面で内応に応じた佐藤右近衛門尉(紀伊守の子)へ、以前に「誓紙」で申したように美濃三郡の件で「反銭」・「夫銭」共に全て押さえることを許可。	0741
	7月-	この頃、斎藤龍興(1548～1573)は、信長に味方している佐藤紀伊守忠能父子の加治田城(岐阜県加茂郡富加町)への備えとして、堂洞(富加町)に砦を構え、岸勘解由左衛門(岸信周)(？～1565)に守らせる。	0742
	7月20日	正親町天皇、三好義継と松永久秀に、禁裏の修理を命じる。	0743
	7月28日	松永久秀(1508？～1577)に幽閉されていた13代将軍足利義輝の弟・一乗院覚慶(後の足利義昭)(1537～1597)、一色藤長(？～1596？)・細川藤孝(1534～1610)・朝倉義景(1533～1573)らの計画により幽所を脱出、大覚寺門跡義俊(近衛尚通の子)(1504～1567)・三淵藤英(藤孝の異母兄)(？～1574)・和田惟政(1530？～1571)・仁木義政(義広)(？～1573？)・畠山尚誠(1531～？)・米田貞能(米田求政)(1526～1591)・明智光秀(1528？～1582)らの尽力で、和田惟政の城(近江国甲賀郡和田)に入り、保護される。(『上杉古文書』)。 越後の上杉氏を頼りにしていた覚慶は、その後、近江の佐々木六角氏、若狭の武田氏などに保護を求め、最終的には越前の朝倉氏の保護を受け、上洛と将軍家再興の機会を窺うことになる。	0744
	7月28日	織田信長、美濃出陣。長井道利(？～1571)の攻撃を排除し、堂洞城(岐阜県加茂郡富加町夕田)を包囲する。 尾張凱旋途中、斎藤龍興、長井道利らの三千の兵を撃破する。	0745
	7月29日	細川藤孝・和田惟政、一色藤長・杉原長盛(？～1569)を呼び寄せ、室町幕府再興に向けて協議。	0746

永禄8	8月2日	**「和久郷の戦い―反三好勢力が丹波を制圧」**。三好方・内藤宗勝(松永長頼、松永久秀の弟)(？～1565)、丹波国人・荻野(赤井)直正の居城である黒井城(兵庫県丹波市春日町)を攻撃中、天田郡和久郷の決戦においてに戦死。赤井側の形勢が一気に有利となり、赤井直正は鬼ヶ城(京都府福知山市大江町南山)へ攻め入ったとされる。**三好政権の丹波支配も崩壊し、以後、奥郡荻野氏、多紀郡波多野氏、船井郡内藤氏の三者鼎立(ていりつ)状態が続く。** 赤井直正(1529～1578)は、天文23年(1554)外叔父・荻野秋清(？～1554)へ年初の挨拶に黒井城に出向き、秋清を謀殺し黒井城を乗っ取り、「悪右衛門尉」と称したという。朝廷には、右衛門尉(う、えもんのじょう)という右衛門府の第三等の官があり、それに対抗したという。 内藤家では、長頼の子である内藤如安(1550?～1626)こそ城主とすべき派と、内藤国貞(？～1553)実子・内藤貞勝(？～?)の擁立を目指す一派とで内紛が起こった。最終的に貞勝が八木城(京都府南丹市八木町)主となり、如安は執政の立場となるという。
	8月4日	朝廷、京都小野山に禁中警固人数を徴集す。(『御湯殿上日記』)。 山城国葛野郡小野山(現在の京都市北区小野)を本拠地とした供御人は、炭や松明(たいまつ)を朝廷に貢納し小野山長坂口警固の兵士を務める代償として、諸関役・諸商売課役を免除され洛中で松明・炭・材木を販売した。
	8月5日	一乗院覚慶(後の足利義昭)(1537～1597)、上杉輝虎(後の謙信)(1530～1578)へ、室町幕府再興を表明。詳細は大覚寺門跡義俊(1504～1567)に通達させる。
	8月6日	一色藤長・細川藤孝・和田惟政・杉原長盛ら、河田禅忠(河田長親)(上杉輝虎重臣)らに、一乗院覚慶(後の足利義昭)の室町幕府再興援助を依頼。
	8月8日	六角宗房(近江国箕作城主)、薬師寺九郎左衛門尉(細川氏被官)へ、阿波国より足利義親(後の義栄)(よしひで)が上洛する前に、一乗院覚慶(後の足利義昭)が室町将軍家督として宣言することが大切であり、六角氏側では紀伊国根来寺などに連絡を付けている旨を通知。
	8月14日	越前朝倉氏家臣・前波吉継(ままばよしつぐ)(のちの桂田長俊)(1524～1574)、近江の一乗院覚慶(後の足利義昭)の越前入国の意図を知り、加賀と対立中であることを挙げて難色を示す。 和田惟政(これまさ)(1530？～1571)へ、覚慶を越前に迎える意思を表明した返信を送るとも。
	8月23日	三好義継、京都相国寺光源院へ足利義輝菩提料を寄進。
	8月27日	興福寺一乗院、近衛前久(関白)の子を門跡として迎える。(『多聞院日記』)。 関白近衛前久(1536～1612)、覚慶(後の足利義昭)が一乗院を脱出したため、三歳の長男(1563～1616)を一乗院門跡として入れる。 天正4年〈1576〉興福寺一乗院にて得度して、名を尊政(尊勢とも)と改めた。
	8月28日	**信長軍、鵜沼城、猿啄城を攻落。**『信長公記』は永禄7年8月とする。 時の鵜沼城(宇留摩城)(岐阜県各務原市鵜沼南町)主・大沢治郎左衛門・主水父子は、木下藤吉郎(後の秀吉)(1537～1598)の調略に応じて信長に降り、斎藤家の臣・大沢次郎左衛門は後に秀吉の家臣となる。 給水源を占拠された猿啄城(さるばみじょう)(岐阜県加茂郡坂祝町勝山)も、丹羽長秀・河尻秀隆によりほどなく開城。怒った美濃堂洞城主・岸佐渡守信周(のぶちか)(？～1565)が、鵜沼、猿啄の敗兵を集め堂洞城に籠城する。

西暦1565

永禄8	8月28日	「堂洞の戦い」。信長軍（丹羽長秀、河尻秀隆、森可成）は、佐藤紀伊守忠能と共に、堂洞を包囲し、正午頃から午後6時頃までの激戦の末、堂洞城（岐阜県美濃加茂市蜂屋町）を陥落させる。夜、信長は加治田城（岐阜県加茂郡富加町）の佐藤忠能父子のもとへ行き対面、息子・右近右衛門尉の屋敷に宿泊。	0756
	8月29日	織田信長（1534～1582）、堂洞の麓の町で首実検をし、引き上げようとしたところへ突如、関方面から長井道利（?～1571）、井口（岐阜）から斎藤龍興（1548～1573）に攻められ多数の死傷者が出る。しかし、何とか鵜沼へ退却した。	0757
	－	信長、堂洞城攻略中の太田牛一の弓の射掛けを絶賛し、牛一の知行を大幅に増やす。 牛一は、文才に優れ、信長・秀吉・秀次・秀頼・家康の軍記などを著述したが、信長の一代記である『信長公記』が特に有名。	0758
	8月29日	「関・加治田の戦い」。 勢いに乗る長井道利、加治田城を攻撃したが、信長が派遣した斎藤新五郎（利治）（1541?～1582）に攻められ関城（岐阜県関市）に退却。 斎藤利治は、斎藤道三の末子といわれる。	0759
	8月-	この月、織田信長、森可成らの攻撃で、斎藤方の烏峰城（後の金山城）（岐阜県可児市兼山）を攻略する。 この戦いの後、信長は可成にこの地を知行として与えた。烏峰に移った可成は、早速この城を「金山城（兼山城）」と改めた。	0760
	9月1日	「関・加治田の戦い」。 信長方・斎藤新五郎利治ら、斎藤龍興方・長井道利（?～1571）の関城を奪う。道利の子・道勝は討死。 中濃地方が信長の勢力圏に入った。信長は美濃の中央部に楔を打ち込み、東西を分断させた。	0761
	9月3日	「分国におゐて貴辺鉄砲にて鹿・鳥打候事不苦候、委細中野又兵衛・小坂井可申者也、仍状如件、」。 織田信長、松倉城（岐阜県各務原市）の坪内利定（「坪内喜太郎」）へ、織田「分国」内に於いて「鉄炮」で鹿・鳥を狩猟することを許可。詳細は中野重吉（「中野又兵衛」）・小坂井某に伝達させる。	0762
	9月9日	「信長、信玄と甲尾同盟」。 織田信長（1534～1582）、津田掃部守一安（織田忠寛）（?～1577）を武田家に使者として派遣。武田家との縁談を持ちかける。 武田信玄（1521～1573）、織田信長の養女（信長の姪、遠山夫人、遠山直廉（苗木勘太郎）の娘）（?～1571）を高遠城主・諏方勝頼（信玄四男）（1546～1582）の妻とすることを了承し、武田、織田両家の同盟締結を決める。 信長は、斎藤龍興（1548～1573）との対抗上、東の憂いを無くすべく武田との関係改善を模索した。武田信玄は、従来の北進戦略を変更し、織田家と同盟して、西の憂いを無くし信濃侵攻や東海方面への侵攻に臨む。	0763
	9月28日	一乗院覚慶（後の足利義昭）（1537～1597）、武田信玄へ、御内書を発給し援軍を要請。	0764

永禄8	9月-	「当寺之儀寺領諸寄進田畠並野山等迄如前々不可有相違殊諸役令免許竓一切其方江令寄付訖、不可有異儀者也　仍状如件、」。 織田信長、尾張国継鹿尾山寂光院へ、寺領・諸寄進田地・野山を「如前々」く安堵、諸役を免許する。
	10月4日	一乗院覚慶（後の足利義昭）、上杉輝虎（後の謙信）へ、北条氏康と和睦し上洛することを促す。
	10月8日	丹波波多野秀治(1529？～1579)等、同国荻野(赤井)直正(1529～1578)に応じて山城長坂口に出陣した。 松永久秀(1508？～1577)は、竹内秀勝(？～1571)をして丹波衆を撃退させる。 丹波の反三好・反松永方が、上洛の姿勢を示し、松永久秀は家臣の竹内秀勝を上洛させ、京都防衛に努める。
	10月11日	一色藤長（「一色式部少輔入道藤長」）、細川藤孝（「細川兵部大輔」）・飯川信堅（「飯川山城入道」）と共に連名で、京都清水寺成就院へ禁制を下す。
	10月11日	一色藤長・細川藤孝・飯川信堅、京都大徳寺へ全三ヶ条の禁制を下す。
	10月11日	一色藤長、京都大徳寺へ寺領の件は「証文」（既に大徳寺に存在する）を以て別儀無き様にする旨を通達。
	10月16日	反三好党一乗院覚慶（後の足利義昭）・大覚寺坊官・薬師寺弼長（九郎左衛門）（細川氏有力被官）・柳本秀俊・内藤貞治・旧幕府奉公人ら、洛中洛外寺社に禁制を掲げる。（『東寺百合文書』）。
	10月20日	朝廷、京都賀茂郷民に警衛を命令。（『御湯殿上日記』）。
	10月26日	**朝廷、足利義輝死後朝廷に預かっていた将軍家重代の家宝「御小袖の唐櫃」を松永久秀(1508？～1577)と権大納言広橋国光(1526～1568)に引き渡す。** 将軍家を象徴する「御小袖」が、三好方に渡されたということは、朝廷は三好政権を足利幕府に代わる存在と認めた画期的なことだった。 「唐櫃」とは大鎧を収納する箱。
	10月28日	一乗院覚慶（後の足利義昭）(1537～1597)、薩摩国の戦国大名島津貴久(1514～1571)・島津義久(1533～1611)父子へ援軍を要請。 一乗院覚慶、肥後国の戦国大名・相良義陽へ援軍を要請。
	10月-	この月、一乗院覚慶（後の足利義昭）・大覚寺坊官・薬師寺弼長・柳本秀俊・内藤貞治・旧幕府奉行人ら、洛中洛外寺社へ禁制を発す。
	11月1日	織田信長、佐籐紀伊守らを援助し関城を攻略した美濃国の斎藤新五郎へ「新知」の宛行状を下す。 信長、斎藤新五郎(利治)(斎藤道三の末子といわれる)(1541?～1582)に、武儀郡から加茂郡にかけての地十三ヶ所、計二千百八十四貫文の知行を宛がう。
	11月3日	織田信長、坪内惣兵衛・坪内勝定（「坪内玄蕃允」）・坪内利定（「坪内喜太郎」）の三名へ、戦功を賞して美濃国内に都合三百貫文を宛行う。 織田信長、坪内惣兵衛・坪内勝定（「坪内玄蕃允」）・坪内利定（「坪内喜太郎」）の三名へ、戦功を賞して美濃国内に都合六百八十七貫文を宛行う。
	11月3日	**木下秀吉(1537～1598)、坪内利定(松倉城主)宛で織田信長知行宛行状の副状を発給。木下藤吉郎秀吉と署名。「秀吉初見文書」。**

西暦1565

永禄8	11月13日	**武田信玄の嫡子・諏訪（武田）勝頼（1546〜1582）と、織田信長養女（遠山夫人、龍勝院）（？〜1571）の婚儀が挙行とされる。** 遠山夫人は、永禄11年（1567）11月1日に嫡男武王丸（太郎信勝）（1567〜1582）を出産する。 0779

信玄以下主だった重臣が高遠城（長野県伊那市高遠町）に出向き婚儀が行われた。諸国への披露として、使者衆では、日向源藤斎が関東の国衆・安房里見氏・下総結城氏・下野宇都宮氏・越前朝倉氏・比叡山延暦寺へ、雨宮存哲が近江浅井氏・土佐長宗我部氏へ、甲府の長延寺実了が伊勢長島願証寺・大坂石山本願寺・加賀一向宗門徒・越後上杉謙信へ、それぞれ通達した。

	11月15日	**三好三人衆（三好長逸・三好政康・岩成友通）と三好康長（後の咲岩、笑岩）（？〜？）が、三好義継（1549〜1573）に対し、松永久秀（1508？〜1577）との決別を促す。** 0780

三好三人衆軍千人余は、当時、松永久秀方の城であった飯盛城（大阪府大東市と四條畷市）を突如襲って、三好長慶の養子で後継であった三好義継を高屋城（大阪府羽曳野市古市）に庇護した。

これにより三好三人衆と松永久秀の対立は決定的になっていく。

	11月16日	松永久秀と三好三人衆が決裂。 0781
	11月18日	「第六次筒井城の戦い」。松永久秀、三好三人衆と協調していた大和国筒井藤勝（順慶）（1549〜1584）の筒井城（奈良県大和郡山市筒井町）を攻め落城させる。 0782

奇襲攻撃で電光石火の早業で、あまりの手際の良さに、箸尾高春（1546〜1615）、高田当次郎（為業）らの国人衆が筒井順慶を見限って松永軍に寝返った。

筒井藤勝（順慶）は布施城（奈良県葛城市寺口字布施）を頼って落ち延びる。

	11月21日	**一乗院覚慶（後の足利義昭）、近江国甲賀郡江和田の和田惟政（1530？〜1571）の居城より近江国矢島の少林寺（滋賀県守山市）へ移居。六角氏の庇護を受ける。** 0783
	11月26日	高田当次郎（為業）らの寝返りに激怒した筒井藤勝（順慶）、当次郎の居城高田城（奈良県大和高田市旭北町）を襲って城下を焼討ち。 0784
	12月2日	六角承禎（1521〜1598）、上杉輝虎（謙信）（1530〜1578）へ、「公方様」より御内書を携帯した大舘藤安が派遣されるから上意に応ずるよう指示を下す。六角承禎は、一乗院覚慶を初めて公方様と呼称したという。 0785

一乗院覚慶（後の足利義昭）は、謙信へ、北条氏康と和議を結び、上洛するように依頼する。

	12月5日	「織田信長書状」。「就　御入洛之儀、重而被成下、御内書候、謹而致拝覧候、度々如御請申上候、上意次第不日……」。 0786

信長、細川兵部大輔（細川藤孝）へ、一乗院覚慶（後の足利義昭）「御入洛」の件を重ねて御内書により通達されたものを拝閲したこと、度々了承したとおり、「上意次第」即時「御供奉」する意思を表明。さらに朝倉義景（「越前」）（1533〜1573）・武田義統（「若州」）（1526〜1567）へも早速出兵命令下すよう督促。使者の大草公広（幕府奉公衆）・和田惟政（同）より申し上げるため「御取成」を依頼。

	12月-	**この月、阿波の足利義親（義栄）（1538/1540〜1568）は、三好三人衆に強要されて、「松永久秀討伐令」を出す。** 0787

筒井城を追われていた筒井藤勝（順慶）（1549〜1584）は、三好三人衆に与する。

	12月19日	筒井より中坊駿河守（松永方）が二千の兵を率いて出陣「井戸城」に入る、河内・山城口へ二千ほどの兵を率いて出陣し、相楽（南山城）に陣取る。 0788
	12月20日	三好義継（1549〜1573）、京都阿弥陀寺に地子銭を寄進する。 0789

西暦1565

永禄8	12月21日	筒井党への援軍として河内から三好三人衆の軍勢が三千の軍勢を率いて大和に入り、松永久秀(1508？～1577)と大和国乾脇(添下・平群郡)に交戦する。	0
	12月24日	誓願寺長老が矢島(近江国)にいる一乗院覚慶(後の足利義昭)のもとに赴く。(『言継卿記』)。	0
	12月26日	三好三人衆が大和から撤退する。松永方多聞山勢が、宝来・西ノ京を焼く。	0
	12月27日	三好三人衆の三好長逸(？～1573)、勧修寺領百姓に年貢寺納を命じる。	0
	12月28日	「遠山之事、天王右馬大夫諸檀那之上者、雖為敵方可令出入、並野方已下不可有違乱者也、仍状如件、」。 織田信長、尾張国津島社社家の天王右馬大夫へ、「遠山」へは天王右馬大夫の「諸檀那」であれば「敵方」であっても出入を許可する旨を通達。	0
	12月-	「加納村之事、其方一職進退申付上、小物成・諸欠所給人共、糾明次第可申付者也、仍状如件、」。 織田信長(1534～1582)、坪内惣兵衛(「坪内宗兵衛」)へ、尾張国加納村の「一職進退」を与え、「小物成」・「欠所」地の「給人」などは「糺明次第」に給与することを通達。	0
	－	この年、三好義継(1549～1573)、故三好長慶(義継父)の菩提を弔うため、京都大徳寺聚光院を建立。	0

西暦1566

永禄9	2月4日	松永久秀、三好三人衆方の筒井藤勝(順慶)と大和に戦う。久秀は多聞山城(奈良市法蓮町)に帰陣する。	
	2月6日	松永久秀、筒井城へ兵粮を入れるべく多聞山城から出陣する。	
	2月一	**この頃、松永久秀(1508？～1577)が、紀伊の畠山高政(1527～1576)、安見宗房(？～1571？)と結ぶ。**	
	2月12日	畠山高政、根来寺衆徒と共に松永久秀に応じて、和泉遠里小野(大阪市住吉区)に出陣する。	
	2月12日	足利義秋(足利義昭)、京都東寺八幡宮へ「凶徒」の「退治」を立願し、自身の急速な「帰洛」が実現したならば「一宇」建立を約す。	
	2月13日	畠山高政、安見宗房が河内に侵攻する。	
	2月17日	**「滝山城の戦い―2月17日～8月17日」はじまる。** 三好三人衆に加担する安宅信康(三好長慶の弟・安宅冬康の長男)(1549～1578)に率いられた淡路衆、炬口浦(兵庫県洲本市炬口)を出立、軍船百数十艘で兵庫に上陸。松永方の摂津国の本拠地であった滝山城(兵庫県神戸市中央区)を攻囲。	
	2月17日	**「和泉上芝の戦い」。** 三好三人衆方の三好義継(1549～1573)、河内で畠山高政勢・遊佐勢と交戦して勝利する。高屋城(大阪府羽曳野市古市)での首実検は四百六十三を数える。畠山・遊佐勢は堺へ逃げる。堺にいた松永久秀(1508？～1577)は、大和多聞山城に逃げ帰る。	
	2月17日	正統な血筋による将軍家を再興するため、**一乗院覚慶(後の足利義昭)(1537～1597)、矢島御所(滋賀県守山市矢島町)において還俗して「義秋」と改名。**	
	2月17日	足利義秋(足利義昭)(1537～1597)、禁裏へ太刀・馬代を献上。(『御湯殿上日記』)。 元六角家主家筋の六角義秀(1532～1569？)の尽力という。	

西暦 1566

| 永禄9 | 2月26日 | 「**第四次八上城の戦い**」。 | 0807 |

丹波八上城（兵庫県丹波篠山市八上）の松永孫六（松永久秀の甥）が、波多野秀治（1529？～1579）ら反松永方の攻勢を受け城を奪回され、摂津大物道場へ退去する。
祖父秀忠・父元秀を継いだ波多野秀治は、八上城を奪回し、丹波第一の堅城として三好三人衆と戦って丹波一国を支配するほどの一大勢力を築く。

| | 2月- | 「尾州海東郡間嶋村之内百貫者、但寺中、門前屋敷共末代令寄進訖、全可為寺納者也、」。 | 0808 |

この月、織田信長、尾張国の薬師寺別当蔵南坊へ、尾張国海東郡間島村内の百貫を寄進。
信長は、永禄七年にも薬師寺別当蔵南坊へ、「尾州海東郡馬橋村之内薬師領七十五貫六百文、同国小兔五十三貫五百文並ニ寺領弐百卅六貫五百文末代令寄進訖、」と、判物を出している。

| | 3月8日 | **武田信玄**（1530～1578）、**足利義秋**（後の足利義昭）へ、遠国のため援軍は派遣出来ない旨を通知。 | 0809 |

| | 3月10日 | 足利義秋（後の義昭）、質問書を呈出した上杉輝虎（後の謙信）へ、上杉・北条氏の和談についての使者を派遣したこと、上杉輝虎の援軍派遣の意思表示を賞し諸国に上洛援助を要請していること、三好三人衆・松永久秀の自滅予告を通達。足利義秋（後の義昭）、大覚寺門跡義俊（1504～1567）を上杉輝虎（謙信）の許に遣はし、北条氏康と和して上洛すべき旨を伝へしむ、また、水内郡の人泉祢七郎をして、之を促さしむ。 | 0810 |

| | 3月17日 | **細川信良**（後の昭元）（1548～1592）（摂津国芥川城主）、上京し洛中洛外に撰銭令を発す。（『兼右卿記』） | 0811 |

「撰銭令」は、悪銭のうちとくに粗悪な銭の流通を禁止すると共に、その他について撰銭を禁止するなど、銭貨流通に関して室町幕府、大名、社寺などが発した法令。
足利義親（義栄）を十四代将軍にと、擁立する三好三人衆により、名目上の管領として処遇を受けた細川信良（後の昭元）、上洛し、洛中洛外に撰銭令を発する。

| | 3月- | 足利義秋（後の義昭）（1537～1597）、織田信長と斎藤龍興に和平を勧告する。 | 0812 |

| | 4月上旬 | **この頃、信長、斎藤龍興と美濃国各務原で対峙する。** | 0813 |

地勢が悪く軍の進退が難しいため信長は交戦を断念し、その日のうちに帰陣。
信長と龍興の戦いは、木曽川を越えて一進一退が続く。

| | - | この後信長は、足利義昭の仲介で一旦斎藤龍興と和睦する。 | 0814 |

| | 4月10日 | 四日、再び大和に入った三好三人衆、筒井藤勝（後の順慶）軍と合流、松永久秀と戦う。 | 0815 |

| | 4月11日 | **織田信長**（1534～1582）、朝廷に馬・太刀の代として銭三千疋（三十貫文）を献上。（『御湯殿上日記』）。 | 0816 |

| | 4月18日 | **足利義秋**（後の義昭）、**細川藤孝・和田惟政へ、信長が上洛に加勢することを喜び、時期を確認するよう命ず。** | 0817 |

| | 4月21日 | 松永久秀（1508？～1577）は、筒井藤勝（順慶）（1549～1584）・三好三人衆へ、一旦降伏。美野庄城（美濃庄城）（奈良県大和郡山市美濃庄町）を和議にて、筒井氏に明け渡す。 | 0818 |

永禄9	4月21日	近江の足利義秋(後の義昭)(1537～1597)、吉田兼右(かねみぎ)(1516～1573)の伝奏を通さずに隠密に取りはからいにより、朝廷より従五位下左馬頭に叙任される。征夷大将軍就任のための布石。 義秋(後の義昭)、信長の後援を受けて、着袴・乗馬始・判始の儀式を執行。
	4月22日	三好三人衆の三好長逸(ながやす)(？～1573)、京都余部図子中へ買得地を安堵。
	4月24日	足利義秋(後の義昭)、一色藤長(？～1596？)へ、興福寺一乗院脱出を細川藤孝(1534～1610)と相談・努力した結果であると感状を発給。
	4月27日	**本願寺顕如(1543～1592)、六角承禎(1521～1598)と盟約する。**
	5月9日	足利義秋(後の義昭)、相国寺万松軒に於いて足利義晴十七回忌法会を執行。
	5月13日	織田信忠・信雄・徳姫(見星院)の母といわれ、信長最愛の女性という側室の生駒吉乃(1528?/1538？～1566)が、小牧城において39歳で病死。
	5月18日	反三好方の松永久秀、夜、多聞城から摂津に出陣する。
	5月19日	松永久秀、摂津中島・野田に布陣。
	5月19日	足利義秋(後の義昭)、相国寺光源院に於いて足利義輝一周忌法要を執行。
	5月19日	「高嶋の儀、饗庭三坊の城下まで放火せしめ、敵城三ヶ所落城したので今日は帰陣しました。然るところ、林方より只今この如くの注進がありましたので、然るべく御披露肝要です。事態に変化があれば追々報告いたします」。 近江高嶋で饗庭三坊と呼ばれる西林坊・定林坊・宝光坊の城下に放火し、敵城三ヶ所を落としたこと、林方よりの注進を義昭へ披露するように依頼した。明智光秀・細川藤孝ら、足利義秋(後の義昭)の御内書に対し、その礼を述べると共に、上山城地区の戦況の進みしことを、曽我助乗、飯川信堅その使者に報告する。 将軍の代弁者である「申次衆」二名近習・御詰衆の曽我助乗(すけのり)(？～？)・飯川信堅(いがわのぶかた)(？～？)宛に「これ等のとおりしかるべき様に御披露あずかるべく候」として出された将軍への披露状。差出人は幕府内最高職位の「御供衆」細川藤孝(1534～1610)・次席の「部屋衆」三淵藤英(藤孝の異母兄)(？～1574)・上野秀政(？～？)と明智光秀(1528？～1582)が連署している。 これにより光秀は幕府内の序列では藤英や秀政と同格ということになる。「御供衆」は三好長慶や松永久秀なども任じられており、名誉職の意味合いもあるが、「部屋衆」以下は代々の「奉公衆」による世襲的な地位によるとされる。
	5月24日	松永久秀(1508？～1577)と畠山高政(1527～1576)に率いられた根来衆・摂津国人衆らが、河内高屋城(大阪府羽曳野市古市)を攻撃する。城将の三好康長(後の咲岩、笑岩)(？～？)が、内通者を処断したために、攻略はならず、和泉堺に退く。
	5月28日	松永久秀・伊丹親興(ちかおき)(？～1574)ら、三好党の池田勝正(1530？～1578)を、摂津国池田城(大阪府池田市)に攻める。
	5月29日	松永久秀、和泉堺に入る。
	5月30日	**堺に立て籠もる松永久秀に、大軍勢の三好三人衆が包囲、六月一日を期しての決戦を申し入れる**るも、松永久秀は津田宗達(宗及の父)(1504～1566)と会合衆に仲介を申し出、堺を戦場としない、自らの敗北を認めるという条件で停戦を結ぶことになる。**久秀は海上に逃走して行方をくらます。**
	6月-	**この月、畠山高政(1527～1576)と三好三人衆(三好長逸・三好政康・岩成友通)が和平交渉をはじめる。畠山高政軍は紀伊国に帰国。**

西暦**1566**

永禄9	6月8日	「第七次筒井城の戦い」。 筒井藤勝(順慶)軍は、三好三人衆の援軍六、七千を得て攻勢に転じ、手薄となった松永方の筒井城(奈良県大和郡山市筒井町)を攻城し、居城の奪還に成功。	0834
	6月11日	**三好三人衆方に味方した阿波三好家重臣・篠原長房、二万五千の兵を率いて兵庫津に上陸する。**	0835
	6月11日	近江の足利義秋(後の義昭)(1537~1597)、和田惟政(1530？~1571)へ、尾張国の細川藤孝(1534~1610)からの報告の旨を伝達。 その内容は、藤孝が早急に惟政を尾張国へ派遣するように要請してきたこと、これは信長の要請を受けてのものだが、改めて義秋から惟政へ尾張国下向を命令すること、必ず信長に義秋の参洛のための馳走をするよう通達すること、「方々調略之子細」があるため遅延しては都合が悪いこと、何としてでも信長の出勢を急ぎ実現させること、惟政が明日には尾張国へ出発することを通達・命令。	0836
	6月24日	**三好三人衆が、河内真観寺(大阪府八尾市亀井)において三好長慶(1522~1564)の葬儀を行う。** 三好三人衆はここに至り、遺言で三年間秘されてあった三好長慶の死を世間に公表すると、三好氏の新当主に据えた三好義継(1549~1573)を喪主とする盛大な葬儀を真観寺で営んだ。 ここから三好三人衆軍の松永久秀討伐に向けた快進撃が始まる。	0837
	6月-	この月、足利義親(義栄)(1538/1540~1568)、三好三人衆党の篠原長房(？~1573)、三好康長(後の咲岩、笑岩)(？~？)らに擁されて、阿波国から上洛の途に就き、淡路国に渡海する。	0838
	7月-	**織田信長、近江矢島に逗留する足利義秋(後の義昭)に誓書を出し、軍勢を率いて「八月二十八日」に近江矢島に参陣し、義秋を奉じて上洛する旨を確約する。**	0839
	7月-	この頃、足利義秋(後の義昭)、近江から、能登守護・畠山義綱(義胤)(能登国七尾城主)(？~1594)へ出陣を命令。さらに、十市遠勝(大和国国人)(？~1569)へ出陣を命令し、来月二十二日織田信長が出陣し、自身の動座に供奉する由を通達。	0840
	7月13日	三好三人衆、摂津国淀城を攻略。(『言継卿記』)。 三好三人衆、摂津国より山城国に入り、松永方の西院小泉城、淀城、勝龍寺城を攻略。	0841
	7月13日	細川信良(昭元)(1548~1592)、松室重清に神領を惣安堵す。『松尾月読神社文書』。	0842
	7月13日	足利義秋(後の義昭)、若狭武田彦五郎へ、信長が斎藤龍興と和睦して来月出陣する旨を伝える。 武田彦五郎は、若狭国守護・武田信豊の二男で、長男義統(1526~1567)の弟、武田信方(？~？)であろう。	0843
	7月14日	**三好三人衆、摂津国より入洛し庶政を裁決する。(『言継卿記』)。**	0844
	7月16日	能登畠山氏の第九代当主・畠山義綱(義胤)(？~1594)は、足利義秋(後の義昭)の出陣命令を、「隣国等の擾乱によってこれを辞退」した。	0845
	7月17日	三好勢によって勝龍寺城が落城し、三好三人衆の岩成友通(？~1573)が入城する。	0846
	7月21日	三好三人衆三好長逸(？~1573)、宇津頼重(？~？)の京都小野山違乱を停止。(『御湯殿上日記』)。	0847
	7月下旬	この頃、浅井長政(1545~1573)、江南へ侵攻。	0848

永禄9	7月-	「其方持分門真雌墳方田畠之儀、公方諸役、其上欠所相究外、於徳分者、於末代令免許畢、野・林・池・堀吾分可為裁許、次米銭借付西方郷切徳政雖有之、不可准他門、並一切国役令免許上、不可有相違者也、仍状如件、」。 この月、織田信長、日比野孫一へ、「持分」である門真の雌墳方（おすみかた）の田畠は「公方諸役」（織田家徴収の諸役）及び「欠所」地を調査する以外に「徳分」（得分、年貢）などは永久に給与する旨を通達。また野・林・池・堀などの「裁許」を許可。次に貸し付けた米銭については、たとえ西方郷だけの「徳政」を命令しても日比野孫一分は特別扱いとし、一切の国役を免許。
	8月3日	三好長逸、足利義秋（後の義昭）の上洛運動に対して追手三千を派遣、近江国坂本まで進撃。
	8月17日	「滝山城の戦い—2月17日〜8月17日」終結。三好義継の武将安宅信康（あたぎのぶやす）（1549〜1578）ら、三木氏、明石氏、衣笠氏などの播磨勢の援軍が到着して水の手を切り、松永久秀の属城・摂津国滝山城（神戸市中央区城山）を攻略、畿内を制圧する。
	8月22日	「織田信長のこの日の上洛、中止となる」。 義秋（後の足利義昭）に対抗して足利義親（義栄）の擁立を図る三好三人衆が、斎藤龍興に対して濃尾和睦の破棄を働きかけていたのである。さらに三人衆は、当初、義秋（義昭）の擁立に積極的であった近江の六角氏にも調略の手をのばし、六角氏を離反させた。
	8月24日	三好三人衆三好長逸（？〜1573）、松永党の京都居宅を没収。（『言継卿記』）。
	8月25日	この頃、足利義秋（後の義昭）、近江からしきりに、上杉輝虎（謙信）、武田信玄、北条氏政に和睦をすすめる。
	8月25日	北条氏政（1538〜1590）、細川藤孝（1534〜1610）へ、足利義秋（後の義昭）が提示した上杉輝虎（後の謙信）・武田信玄・北条氏政の同盟督促に関しては武田信玄に下知することが先決であることを通知。
	8月28日	「御入洛の御供として織田尾張守参陣し候」。足利義秋（後の義昭）側近・一色藤長と三淵藤英が連署して、山城・伊賀の武将へ、信長と上洛する旨の書状を記す。しかし、六角氏らの謀反ため、出されることはなかった。
	8月29日	足利義秋（後の足利義昭）（1537〜1597）、三好三人衆と通じた六角氏・矢島同名衆の謀叛が顕然としたため、夜陰に乗じて琵琶湖を渡り若狭に逃れ、妹婿の武田義統を頼る。 義統（よしずみ）（1526〜1567）・元明（1552？〜1582）父子の対立により、若狭武田家は上洛出来る状態ではない。そのため、義秋は朝倉氏を頼ることになる。
	8月29日	稲葉山城攻略を目指す織田信長、美濃国濃尾堺へ侵入し、木曽川河野島へ進撃。斎藤龍興もこれを迎え撃つべく出馬し対峙。
	8月30日	織田信長・斎藤龍興、美濃国木曽川に於いて風雨の中、対峙する。
	閏8月8日	「河野島の戦い—信長敗北」。 木曽川が洪水となったため撤退を開始した織田信長（1534〜1582）、美濃の河野島に於いて追撃の斎藤龍興（1548〜1573）と交戦、敗北し、多数の戦死者を出す。 この戦いが斎藤龍興の最後の勝利となる。信長の策謀が完成しつつあった。
	閏8月18日	斎藤龍興の老臣・安東（安藤）守就（1534？〜1582）・日根野弘就（1518〜1602）ら、連署花押して斎藤・織田信長の確執の状況を、武田信玄の側近に報ずる。

永禄9	9月2日	京都米座、朝廷へ貢租を献上。（『御湯殿上日記』）。	0862
	9月5日	摂津国伊丹城将・伊丹親興（？～1574）、反三好方の松永久秀（1508？～1577）に背き、足利義親（後の義栄）（1538/1540～1568）に降り、三好三人衆となる。	0863
	9月8日	**足利義秋（後の義昭）（1537～1597）、朝倉義景（1533～1573）の奔走により越前国敦賀金ヶ崎（福井県敦賀市）に移る**。義景は朝倉景鏡（1529～1574）を使者として遣わし、その来訪を歓迎した。明智光秀（1528？～1582）は、義秋（後の義昭）接待役となるという。	0864
	9月12日	木下秀吉（1537～1598）、半年以上前から準備した、墨俣一夜城築城にとりかかる。	0865
	9月13日	足利義秋（後の義昭）、上杉輝虎（後の謙信）へ、大覚寺門跡義俊を派遣し上杉氏・北条氏の和平斡旋を促し出陣を要請。	0866
	9月13日	斎藤龍興の兵五百程、墨俣東北より攻めかかり矢合戦となり、敵は鉄砲を打ちかけ、おびただしき手負い、討死がある。	0867
	9月14日	墨俣の馬柵大略出来上がり、堀割・堺も首尾、角楼に旗差物大ぎょうに押し立て、朝日の昇る勢いなり。斎藤龍興の兵、西北から東南の柵まで寄せ来り。連日連夜寝もやらず立ち働く。そこへ美濃方大勢約二千が、取りかかり激戦となるも退ける。	0868
	9月14日	**信長は三千余の兵力で墨俣布陣。**	0869
	9月15日	「墨俣一夜城」。木下秀吉（1537～1598）、蜂須賀小六（正勝）（1526～1586）などと共に、墨俣一夜城を築き、美濃に橋頭堡を築く功績を挙げる。織田信長（1534～1582）、午前10時、諸将を引き連れ、入城。9月24日ともいう。後世の創作とされる。	0870
	9月17日	信長、斎藤龍興の兵を破って小牧山（愛知県小牧市堀の内）帰城。	0871
	9月18日	三好方の筒井藤政（順慶）（1549～1584）、奈良興福寺南大門に進出し松永勢と交戦する。	0872
	9月23日	**足利義親（義栄）（1538/1540～1568）が、二ヶ月に亘る軍事行動によって山城国・摂津国を統治下に置いた三好三人衆（三好長逸・三好政康・岩成友通）に擁されて、淡路から摂津国越水城（兵庫県西宮市）に入る。**	0873
	9月25日	三好三人衆・筒井藤政（順慶）、松永久秀の多聞山城（奈良市法蓮町）への攻撃を開始する。	0874
	10月20日	本願寺顕如（1543～1592）、加賀国一向一揆と朝倉義景の講和を命令してきた足利義秋（後の義昭）へ拒絶の意思を通知。	0875
	10月20日	**「右一部、明智十兵衛尉、高嶋田中籠城の時口伝なり、本の奥書かくのごとし、この一部より、沼田勘解由左衛門尉殿大事に相伝し、江州坂本においてこれを写す、」（『米田文書』）。医学書『針薬方』の奥書に明智十兵衛尉（1528？～1582）が登場。光秀の史料上の初見とされる。**沼田勘解由左衛門（清延）は、若狭三方郡熊川城主・沼田光兼の四男で父と共に足利義昭に仕えていたという。米田貞能（米田求政）（1526～1591）は、永禄12年（1569）から細川藤孝（1534～1610）の部下になり足利義昭の追放後は、そのまま藤孝に仕え代々の家老職、細川家米田氏初代となった。将軍家は、現在の滋賀県高島市安曇川町の田中城落城を座視できず、奉公衆を派遣して籠城させ、その中に足軽衆の末尾に「明智」と書かれている。	0876

永禄9	10月21日	足利義秋（後の義昭）、明叔元揚へ、周防国永興寺住持職の公帖を発給。
	11月7日	三好三人衆、山科家へ率分関高荷商売公事役を安堵す。（『言継卿記』）。 三好長逸（？～1573）、京都真乗院に深草の地を安堵す。
	11月9日	三好三人衆、京都仙翁寺村百姓に年貢納所を命令。
	11月21日	足利義秋（後の義昭）（1537～1597）、越前国一乗谷へ赴き、朝倉義景（1533～1573）に出兵を説くも応諾を得られず。
	11月22日	若狭の武田義統（1526～1567）、足利義秋（後の義昭）を訪ね、若狭鍛冶惣五郎作の太刀を贈る。
	11月-	「為扶助兼松弥四郎名田並諸買得、誰々如何様之雖帯判形、為欠所申付上、無相違可知行者也、仍状如件、」。 織田信長、兼松正吉（「兼松又四郎」）へ、「扶助」として兼松弥四郎の「名田」及び「諸買徳」地を例え「誰々如何様之雖帯判形」も「欠所」として給与する旨を通達。
	11月-	「津島服部氏文書今大橋家ニ納之、新儀諸役並理不尽之使不可入之、雇夫、大蔵棟別外諸棟別令免許上、不可有相違者也、仍状如件、」。 織田信長、服部小藤太へ、「新儀諸役」及び「理不尽之使」の立入禁止と「雇夫」ならびに「大蔵棟別外棟別」を免許。
	11月-	織田信長、埴原常安へ、岩滝内にて二十貫文の地を宛行う。
	12月7日	**足利義親（義栄）（1538/1540～1568）、三好三人衆に擁されて摂津富田の普門寺に入る。仮の御座所とする。** 足利義維（1509～1573）は、子の義栄と共に念願の入京を果たすため、摂津国富田に移って機会を待った。
	12月9日	徳川家康、三河守を拝領。 松平家康（1543～1616）、勅許を得て「徳川氏に改姓」。関白近衛前久（1536～1612）・山科言継（1507～1579）、松平家康の松平の苗字を「徳川」に改めることと、家康に対する従五位下三河守叙任について朝廷に斡旋し成し遂げる。
	12月11日	徳川家康、左京大夫を拝領。
	12月19日	**三好三人衆、上洛する。**（『言継卿記』）。
	12月21日	三好長逸、三好政康ら三好三人衆、六角承禎（1521～1598）と近江国坂本で会談する。
	12月23日	松永久秀（1508？～1577）、宿院城を築城する。現在の奈良女子大学の南側という。
	12月28日	**足利義親、摂津国富田普門寺にて「義栄」と改名。「従五位下」・「左馬頭」に叙任される。**
	12月29日	細川信良（昭元）（1548～1592）、再度洛中洛外へ撰銭令を発す。（『兼右卿記』）。
	12月-	「森河分七貫弐百文申付上、知行不可有相違者也、仍状如件、」。 織田信長、浅井四郎左衛門へ、森河分七貫二百文を「知行」として安堵。

| 永禄10 | 1月13日 | 三好三人衆の三好長逸（？～1573）、京都金光寺の燈明料の違乱を停止。
当時の金光寺地は、現在の西本願寺および興正寺の境内にあたるという。 |

西暦1567

永禄10	2月10日	「於真如堂、為光源院殿御訪、京辺土、摂津池田衆、坂本衆、六斎念仏大施餓鬼有之、十六ヶ所之衆先別々念仏申之、次一度に又念仏有之、鉦鼓之衆二千八百人云々、貴賤男女之群衆七八万人可有之欠之由各申之、四方土居無其所、先代未聞之群衆也、見物了」。（『言継卿記』）。 摂津国・近江国の諸侍、六斎念仏を上京真如堂に修理し足利義輝の冥福に資する。貴賤七～八万人が群集する。	0895
	2月16日	**三好義継**（「三好左京大夫」）**(1549～1573)、三好三人衆のもとを出奔**（「堺ニテ宿所ヲ替」）**し松永久秀**（「松弾」）**(1508？～1577)に「同心」す。**（『多聞院日記』）。 三好三人衆・篠原長房ら三好政権首脳陣は義栄を次の将軍にすべく尊重する一方で義継をないがしろにしていった。このため、金山信貞らの義継側近達の間に不満が募った。義継は久秀に頼る。	0896
	2月-	足利義秋（後の義昭）、上杉輝虎（後の謙信）へ、武田信玄・北条氏政と和睦し出兵することを要請。	0897
	2月24日	越前国の足利義秋（後の義昭）は、昨年来、武田・北条・上杉三氏の和睦を策していたが、この日も義昭、上杉輝虎（謙信）へ書を送る。 武田信玄・北条氏政との和睦遅延に関し、先ず停戦を督促。さらに、上洛して義昭を援助することを望む。また義昭に同盟した大名が離反した旨に触れ、状況によっては越後国下向もあり得る旨を通知。	0898
	2月28日	三好義継、三好三人衆を非難し、松永久秀に味方するように宣言する。 三好単独政権志向の三好義継(1549～1573)は、足利義栄政権志向の篠原長房（阿波三好家重臣）(？～1573)と対立していた。	0899
	3月-	**この月、朝倉義景(1533～1573)、「堀江氏の乱」を鎮圧。朝倉氏の領国支配が強められる。** 家臣堀江景忠が加賀一向一揆と通じて謀反を企てた。3月12日加賀国から来襲した杉浦玄任率いる一揆軍と交戦しつつ、同月18日義景は山崎吉家・魚住景固を大将に命じ堀江家に攻撃をしかける。景忠も抗戦をするが、結局、和睦して景忠は加賀国を経て能登国へと没落した。	0900
	3月-	**阿波三好家当主・三好長治（実休の長男）(1553～1577)が畿内へ渡海。三好氏は、三好三人衆、篠原長房(？～1573)、三好康長(？～？)の集団指導体制に移る。**	0901
	3月20日	三好三人衆、京都久我荘百姓へ年貢収納を命令。	0902
	3月-	足利義秋（後の義昭）(1537～1597)、吉川元春(1530～1586)へ、尼子氏撃破を祝賀す。また毛利元就(1497～1571)へ足利義秋帰洛援助を要請。	0903
	3月-	**「信長の第一次北伊勢侵攻戦―3月～8月」はじまる。**この月、信長(1534～1582)、滝川一益(1525～1586)を大将に命じ、北伊勢に侵攻開始。 一益は中江城（三重県桑名市大字下深谷部）を拠点に北伊勢の国人に衆を取り込んでいった。伊勢侵入軍の先鋒として美濃国と伊勢国の国境の桑名市多度付近から員弁郡・桑名郡・朝明郡攻略を目指した。	0904
	4月6日	反三好方の松永久秀、三好義継を擁して、和泉堺より大和国信貴山城（奈良県生駒郡平群町信貴山）に入る。	0905
	4月7日	松永久秀が大和国へ入国により、筒井藤勝（順慶）は退陣し、この日夜半に多聞山城へ入城。（『多聞院日記』）。さらに、奈良を出発五本松に陣を置く。	0906

永禄10	4月8日	**若狭国守護武田義統**(1526～1567)**、没。享年42。**異説同年11月9日。 家督は子元明(1552？～1582)が継ぐが、逸見氏・粟屋氏などの反乱は続き、若狭武田氏の統治は一向に安定しなかった。 義統の死の翌年8月には朝倉義景(1533～1573)が若狭に出兵し武力で平定、元明は一乗谷に定住することを促され、朝倉氏の保護下に置かれた。
	4月11日	松永久秀(1508？～1577)、三好義継(1549～1573)を擁し、筒井藤勝(順慶)(1549～1584)の出た大和国多聞山城(奈良市法蓮町)へ移る。
	4月18日	**「東大寺大仏殿の戦い―4月18日～10月10日」はじまる。** 三好義継の裏切りに激怒した三好三人衆(三好長逸・三好政康・岩成友通)、一万余の軍勢を率いて大和国奈良近辺に布陣。三好三人衆が奈良白毫寺に布陣し、筒井藤勝(順慶)と共に多聞城を攻撃する。
	4月24日	三好三人衆・筒井藤勝(順慶)、大和国天満山の大乗院山に布陣。反三好方の松永久秀、東大寺塔・南大門に上がり鉄砲を放ち、銃撃戦となる。
	4月28日	起草した三上恒安以下二十人の六角氏重臣と、六角承禎・義治(義弼)との間に**「六角氏式目」が結ばれる。** 条文は、所領相論、刑事犯罪、債務関係など多岐にわたり、訴訟手続や年貢収納など農民支配に特色があり、内容も六角氏の権限や恣意的行為を制約するものが半数を超えている。それゆえ、この式目は領主権益の擁護を目的として、領主相互の協約と六角氏の権限の制約という二つの特質をもつといわれる。
	5月2日	三好三人衆の岩成友通(？～1573)、池田衆が東大寺に進出し、念仏堂、二月堂、大仏殿の回廊に布陣し、東大寺戒壇院に布陣した松永勢と交戦する。
	5月5日	「東大寺大仏殿の戦い」。摂津の池田勝正(1530？～1578)・三好康長(後の咲岩、笑岩)(？～？)軍、交替として四・五千程の軍勢で東大寺へ到着。
	5月5日	**織田信長から興福寺在陣衆に対して、松永父子に協力してその上洛を迎えよとの朱印状が到来する。**
	5月17日	「東大寺大仏殿の戦い」。池田勝正、大和国西芳寺へ布陣。三好政康とされる釣竿斎宗渭(三好政康)(？～1569)は天満山より西坂に移陣。岩成友通の統率する念仏堂に立て籠っていた軍勢は、氷室山法雲院の後ろの畠に布陣。筒井藤勝(順慶)(1549～1584)は大乗院山に留まり、東大寺内への通路を遮断する。 三好三人衆・筒井勢が、松永久秀の多聞城東方に進出し、城への攻撃を開始する。
	5月18日	反三好方の松永久秀(1508？～1577)が、陣地として使用できそうな般若寺、文殊堂などを焼き払う。松永方の宿院城に三好方の池田勢が夜討ちをかける。
	5月23日	三好方の池田勢が、宿院城の西にある大豆山に布陣する。
	5月24日	三好三人衆(三好長逸・三好政康・岩成友通)、大和国法輪院へ入る。松永方、多聞山より火矢で放って、宝徳院・妙音院・徳蔵院・金蔵院が炎上。
	5月27日	**信長長女・五徳(徳姫)(1559～1636)が、徳川家康嫡男・竹千代(信康)(1559～1579)に輿入れする。**共に九歳の形式的な夫婦とはいえ岡崎城で暮らす。 『織田家雑録』によると、「信忠、信雄、五徳の三人が鼎の足になって、織田家を支えて欲しいと五徳と名付けた」とある。
	6月4日	「東大寺大仏殿の戦い」。筒井軍、東大寺へ火矢にて放火するも効果は無かった。

西暦 **1567**

永禄10	6月5日	「東大寺大仏殿の戦い」。筒井軍、龍花院方の発心院・中蔵院・千手院・大聖院・安養院・谷坊・慈明坊へ布陣する。	0921
	6月5日	筒井軍、興福寺の宿坊に布陣して、千手院に築城を開始する。	0922
	6月11日	足利義栄(1538/1540〜1568)、山科音羽郷百姓へ年貢社納を命令。	0923
	6月16日	六角承禎軍、山門相論により一乗寺を焼打ちす。(『言継卿記』)。	0924
	6月16日	**武田信玄(1530〜1578)、美濃国斎藤龍興(1548〜1573)の傳役・長井道利(?〜1571)に対し、向後、龍興の身上を見継ぐことを約する。**	0925
	6月17日	「東大寺大仏殿の戦い」。反三好方の松永久秀軍（信貴山衆）、箸尾衆と協力して筒井郷椎木・小泉周辺を翌朝まで放火する。	0926
	6月27日	花厳院にて筒井藤勝(順慶)(1549〜1584)は、三好三人衆に、松永久秀(1508?〜1577)との和睦をもちかける。	0927
	7月8日	大和国人古市氏、三好三人衆の調略により、大和国多聞山(筒井順慶)側へ寝返る。	0928
	7月11日	「東大寺大仏殿の戦い」。松永久秀軍、古市郷を焼き払う。	0929
	7月13日	細川信良(昭元)、広隆寺領を惣安堵す。	0930
	7月13日	上杉輝虎 (後の謙信)(1530〜1578)、織田信長(『織田尾張守』)へ、伝聞にて「濃州一変」(美濃国統一)を賞し再度書信を遣わす旨を通知。 誤報であって実際は、8月15日。	0931
	7月23日	「東大寺大仏殿の戦い」。三好三人衆の調略により、松永方五人が裏切り、東大寺戒壇院・千手堂を焼く。	0932

東大寺大仏殿

永禄10	7月27日	三好三人衆軍、波多野晴通(松永党)と京都西岡に於いて交戦。(『言継卿記』)。 三好三人衆軍、八上城の波多野秀治(松永党)と京都西岡に於いて交戦。 波多野晴通は永禄3年(1560)に没しており、嫡男の波多野秀治(1529?~1579)であろう。
	7月-	足利義秋(後の義昭)、上杉輝虎(後の謙信)へ、上洛の決意を固め、兵粮米調達及び参陣を命令。
	8月1日	**斎藤氏の有力な家臣稲葉良通(一鉄)(1515~1589)、安藤守就(1503?~1582)、氏家直元(卜全)(1512?~1571)の美濃三人衆が信長(1534~1582)に内応を決断。** 信長への忠節を打診してきたのである。かれらはその証拠として人質を供出する旨を申し出てきた。村井貞勝(?~1582)は、信長の命を受けて、島田秀順(秀満)(?~?)と共に人質の受取りに遣わされる。 良通の号・一鉄が、「頑固一徹」の語源という。
	8月-	**「信長の第一次北伊勢侵攻戦―3月~8月」終結。** この月、信長、自ら桑名に出陣。明智光秀と親しい僧・勝恵の説得で員弁郡の上木九郎左衛門、朝明郡の木俣隠岐守及び茂福左衛門尉に降伏を勧告して応諾して、員弁郡の白瀬氏・三重郡の浜氏・朝明郡の高松氏など織田家の軍門に下った。岐阜から濃尾(尾張国と美濃国)の兵数万人を率いて、桑名など所々に放火して敵を威嚇する戦術をとった。猛威を恐れて降伏した木俣氏・茂福氏(茂福城主)・上木氏・白瀬氏・浜田氏(浜田城主)・高松氏(高松領主)など全員織田軍に参加して木俣隠岐守などが案内役になり諸塞の攻撃を助けた。員弁郡の梅戸氏、朝明郡の萱生氏(春日部氏)、南部氏など富田六郷付近の諸氏、三重郡の宇野部氏も望んで織田家の軍門に下った。織田信長は降伏した北勢四十八家の兵を前列に立てて三重郡楠城主の楠貞高を攻めて滅ぼしたとされる。 明智光秀は、若かりし頃京都嵯峨天竜寺の雲水・勝恵という学僧を招き、現在の天神神社(岐阜県恵那市明智町)で学問に精進したという。 しかし信長は、美濃三人衆が内応してきたため、伊勢の高岡城(三重県鈴鹿市高岡町字茶山)の囲みを解いて滝川一益を桑名城に置き北伊勢の監視にあたらせ、岐阜へ戻る。神戸城の支城・高岡城は、神戸友盛(具盛)(?~1600)重臣の山路弾正(?~1571)が守り、抵抗していた。
	8月2日	紀伊の畠山勢・根来寺衆徒、和泉国に出陣し、反三好三人衆の松永久秀に応ずる。
	8月-	この月、三好三人衆(三好長逸・三好政康・岩成友通)を支援する為、播磨の別所長治(1558~1580)が奈良に入る。
	8月-	**この頃、伊勢攻略を急遽反転した織田信長、美濃三人衆の人質を待たず、突如、岐阜を出陣。**稲葉山と連なる瑞竜寺山へ一気に駆け上ると、稲葉山城下の町に次々火を放つ。あわてた美濃三人衆は、稲葉山下の井口城に攻撃を仕掛ける。そして信長は、稲葉山城(井口城)の周りに鹿垣(柵)を作り包囲。
	8月12日	朝廷、三好長逸のルイス・フロイス京都還住奏請を却下。(『御湯殿上日記』)。
	8月15日	**「信長、稲葉山城攻め、美濃を平定する」。** 信長(1534~1582)、斎藤龍興(1548~1573)の稲葉山城(井口城)を攻め落とす。斎藤龍興、稲葉山井口城を脱し長良川を経由して伊勢国長島へ敗走。
	8月18日	織田信長、金色「五つ木瓜」の大旗をなびかせて稲葉山城に入城。

永禄10	8月21日	「雖未申通令啓候。仍松少与連々申談事候。今度公儀江御断之段、達而可言上半候。定不可別儀候。雖不及申、此時御忠節尤候。随而山美息女之事、松少江内々申事候。先三木女房衆、此刻早速被返置様御馳走専一候。通路以下御為ニ候。向後別而可申承候。相応之儀、不可有疎意候。猶結山可為演説候。恐々謹言」。 織田信長、柳生宗厳（「柳生新左衛門尉」）へ、初めて連絡するが松永久秀（「松少」）と何度も交渉していること、今度の柳生宗厳「御断」の件を足利義昭（「公儀」）へ言上すること、この時に忠節を尽くすべきこと、それについては山岡景隆（「山美」）（1526〜1585）息女の件は松永久秀へ「内々」に申していること、先ず「三木女房衆」の即時返還の「馳走」を督促することなどを通知。詳細は結城忠正（「結山」）に演説させる。 **織田信長（1534〜1582）、大和土豪柳生宗厳（石舟斎）（1529〜1606）に書を送り、松永久秀と連携しての協力を依頼する。**年次には異説あり。	0943
	8月23日	矢部家定（1530？〜1611？）、織田信長より豊後守を任じられ近習となる。	0944
	8月24日	三好長逸、京都無明院役者へ寺領を安堵す。	0945
	8月25日	松永久秀（1508？〜1577）の援軍要請を受け、畠山高政（1527〜1576）が率いる根来衆が再び出軍。	0946
	8月25日	北条氏政、細川藤孝へ、上杉氏・北条氏・甲斐武田氏の和睦を承諾。また武田信玄への足利義秋下知を要請。	0947
	8月28日	佐久間信盛（1528〜1581）、柳生宗厳（「柳生新左衛門尉」）へ、織田信長の上洛（「信長上洛」）の件で近江国の情勢が不安定であり延引しているが、松永久秀と申し談じて諸方準備の出来次第「南都」まで上るというので尽力を期待する。なお織田信長（「尾州」）より「直札」で通達することを通知。年次には異説あり。	0948
	8月-	織田信長、尾張国蓮台寺へ、津島の道場（蓮台寺のこと）の堀より外の屋敷及び寺領は「衆僧」の「裁許」たるべき指示を下す。	0949
	9月5日	根来寺衆・屋形衆、松永久秀支援の為、三千の軍勢を率い大和国南部へ侵入し、三好三人衆方と戦闘が起こる。	0950
	9月6日	三好三人衆、播磨の別所氏の援軍も加えて飯盛城（大阪府大東市及び四條畷市）を攻撃し開城させる。	0951
	9月7日	細川信良（後の昭元）（1548〜1592）、広隆寺へ植林灌漑を命令。	0952
	9月8日	朝倉義景（1533〜1573）、足利義秋（後の義昭）（1537〜1597）のために安養寺御所を造営。義景は「堀江氏の乱」以後、加賀一向一揆への警戒を強め、義秋を奉じての上洛は出来なかった。 そのため、義秋は自ら仲介役となって「加越和議」を成立させようとする。	0953
	9月10日	織田信長、美濃国棚橋氏（上加納村庄屋）へ、北加納に於いては竹木伐採・乱妨・狼藉の一切を停止し、諸事「如先規」く申し付ける。	0954
	9月13日	松永方の根来寺衆、河内国烏帽子形城（大阪府河内長野市喜多町）を攻撃するも敗退。	0955
	9月15日	松永久秀支援の為、根来衆が河内烏帽子形城を攻撃する。	0956

永禄10	9月15日	近江小谷城（滋賀県長浜市湖北町伊部）主・浅井長政(1545〜1573)が、織田信長の家臣市橋長利(1513〜1585)を通じて、信長への音信を依頼する。
	9月16日	飯盛城将の松山安芸守が松永方に味方して、飯盛城が松永方になる。 久秀は、五百の兵を援軍として飯盛城に入城させる。
	9月27日	細川信良（後の昭元）、二尊院寄進用油の諸関勘過を命令。
	9月27日	足利義栄(1538/1540〜1568)、京都阿弥陀寺の無縁所を許可。
	9月28日	筒井藤政（順慶）(1549〜1584)、春日大社を参詣した後、宗慶権大僧都を戒師として興福寺成身院にて得度し、筒井藤政（藤勝）から改名し「筒井陽舜房順慶」となる。正式に興福寺衆徒となった。18歳である。異説としては、永禄9年末ともいう。
	9月28日	細川信良（後の昭元）(1548〜1592)、山城国諸関の役銭を今村慶満へ沙汰させる。 山科言継はこの件を三好三人衆へ訴える。（『言継卿記』）。
	9月29日	**「信長、浅井長政と同盟を結ぶ」**。浅井長政、市橋長利を仲介し織田信長へ同盟を要請。 浅井長政(1545〜1573)、信長(1534〜1582)妹・お市(1547？〜1583)と婚約。 結婚は、この年12月、永禄11年早々など、諸説あり。子に万福丸、茶々（淀殿）、初、江（於江与）、万寿丸。 長政は、六角氏と結ぶ美濃斎藤氏は脅威と見做しており、信長は、斎藤氏という共通の敵を持つ浅井氏と結び、美濃を東西から挟撃しようと考えた。
	9月-	この月、信長、美濃の郡上八幡城（岐阜県郡上市八幡町柳町）主・遠藤慶隆(1550〜1632)に本領を安堵。
	9月-	この月、信長、美濃国北加納の圓徳寺へ百姓還住を命じ、善福寺千手堂、崇福寺、多芸荘椿井郷などに禁制を下す。
	10月3日	信長、美濃国武芸八幡神社衆僧中へ、寺社領を安堵。
	10月3日	坂井政尚（「坂井右近尉」）(？〜1570)・森可成（「森三左衛門尉」）(1523〜1570)、美濃国武芸八幡寺へ、織田信長「御制札」が存在する上は「異儀」無きこと、「前々より相替られず」（美濃斎藤氏に代わり織田信長が領主となったが相違無き）ことを通達。
	10月6日	織田信長、美濃国手力雄神社へ禁制を下す。

岐阜城

西暦1567

永禄10	10月8日	「八月十五日、稲葉山城の将兵はみな降参して、斉藤龍興は、飛騨川の続きであるから、舟で河内の長島へ退散した。こうして信長は、美濃の国全域を支配することとなり、尾張の国小牧山から美濃の稲葉山へ引き移った。井口という地名をこの時改めて、岐阜と名付けたのである」。 **織田信長(1534〜1582)、本拠を小牧山(愛知県小牧市堀の内)から移転。美濃国稲葉山城(井口城、金華山城)をして「岐阜城」と改称する。** 岐阜城は、岐阜市(旧・美濃国井之口)の金華山(稲葉山)にある山城跡。 名称変更を命じられた沢彦宗恩(？〜1587)は、『岐山、岐陽、岐阜』の三つの名を考案、提示したという。交通の要衝ということで、分かれ道を表わす『岐』という文字は、かつて周王朝の文王が西安(長安)の近くの岐山に郡を置いて、殷の国を滅亡に追い込んだという故事にも通じた。また、『阜』は丘を表わすと同時に、孔子の生まれた『曲阜』にも通じた。 信長は、近江と畿内を狙うため、本拠を岐阜に移し、ここを自由市場とし美濃における物流拠点に定めた。	0969
	10月9日	**明智光秀(1528？〜1582)、岐阜城に到着。** 光秀は信長に、菊酒の樽五荷、鮭の塩引きの簀巻き二十を献上、御台所(濃姫)には住国大滝の髪結紙三十帖、府中の雲紙千枚、戸口の網代組の硯筥・文筥・香炉箱の類五十を進呈。信長から差し当たり美濃安八郡四千五百貫拝領するという。 光秀は、朝倉家を辞し足利義秋(義昭)に臣従し、義秋の上洛を実現するべく、美濃に出たという。讒言に遭い、朝倉義景(1533〜1573)に暇を出されたともいう。	0970
	10月10日	「**東大寺大仏殿の戦い(4月18日〜10月10日)―東大寺大仏殿炎上」。** 松永久秀(1508？〜1577)が、東大寺大仏殿に布陣する三好三人衆(三好長逸・三好政康・岩成友通)を夜襲し、これを破る。三好三人衆軍、池田勝正軍は総崩れになり、摂津国、山城国に退く。東大寺大仏殿が炎上焼失する。	0971
	10月15日	河内国飯盛城将・松山安芸守、三好三人衆に城内私宅を攻められ和睦し堺へ退く。	0972
	10月21日	篠原長房・三好長逸、退却して飯盛城に入る。(『多聞院日記』)。 松山安芸守の飯盛城は、三好三人衆三好長逸(？〜1573)の誘降戦術が功を奏し開城し、松永久秀に寝返った者(松山安芸守、山口秀勝)は堺へ去っていった。 飯盛城(大阪府大東市及び四條畷市)を篠原長房(？〜1573)・三好日向守長逸が受け取り入城する。	0973
	10月26日	池田勝正(1530？〜1578)、少数の軍勢を残して摂津国へ退却。(『多聞院日記』)。	0974
	10月-	**「美濃楽市場宛制札」。織田信長、楽市楽座令を出す。** 信長、岐阜城下の加納寺内(円徳寺門前)に「楽市令」を下すという。 1.楽市場住人は関銭など免除の自由通行権を持つ。 2.市場内では市場外での債権、債務関係が消滅し、課税・労役を免除する。 3.市場内へ「使」(警察権力)の介入は認めない。そのほかに、売り手が望まないのに、無理に買い取る押し買い、乱暴、けんか、口論の禁止や、市場内の平和維持を目的とした「宿とり非分」(無理やり宿泊させるよう迫ることを禁止する)を規制する内容も記される。 信長は、加納を自由都市と定めた。加納市場に移住する者には、信長の領地内の往来の自由を保証し、課税を免除した。たとえ信長譜代の家臣であっても、市場の平和を乱すような行為を行うことを厳禁した。	0975
	10月-	織田信長、美濃国美江寺へ全三ヶ条の禁制を下す。	0976

永禄10	11月7日	本願寺顕如光佐(1543〜1592)、織田信長(1534〜1582)へ、美濃国・伊勢国を平定し上洛しようとするのに祝意を表明、太刀等を贈呈。
	11月9日	「正親町天皇と信長の長い付き合いがはじまる」。 「古今無双之名将」と賞賛し、尾張・美濃両国の皇室領の復興、皇子元服料の献上、禁裏修理を命じ、天下一統に励むべく督励する。 正親町天皇(1517〜1593)が、勧修寺晴豊(1544〜1603)らをして、織田信長に対し綸旨を発する。 「綸旨」とは、蔵人所が天皇の意を受けて発給する命令文書。
	11月14日	朝倉氏と加賀一向一揆の和平が進み、双方が撤兵する。
	11月16日	足利義栄(1538/1540〜1568)、朝廷に対して将軍就任を申請したが、朝廷の要求した献金に応じられなかったために拒絶された。
	11月-	足利義栄、朝廷に征夷大将軍宣下を申請するも却下される。(『晴右公記』)。
	11月21日	織田信長、甲尾同盟の補強として、織田掃部助忠寛(?〜1577)を使者として、嫡男奇妙丸(後の信忠)(11歳)と武田信玄の五女・松姫(7歳)との婚儀の話を持ち込み、信玄はこれを受諾する。『甲陽軍鑑』によるが、誤りとされる。
	11月22日	足利義秋(後の義昭)、敦賀から一乗谷安養寺へ移る。
	11月27日	反三好方の松永久秀(1508?〜1577)・久通(1543〜1577)父子と三好義継(1549〜1573)、春日社山内(興福寺)へ、三ヶ条の禁制を出す。 依頼した興福寺は、松永方諸将ばかりか、足軽衆にも樽代を贈る。
	11月-	「織田信長朱印状―天下布武の朱印状の初見」。 この月、信長(1534〜1582)、尾張土着の奉行衆・坂井文助(坂井利貞)(?〜1608)に美濃国旦嶋内に二十貫文の知行をあてがい、天下布武の朱印状を発行する。 当時、九州では島津氏・大友氏、中国において毛利氏、信濃・北陸では上杉氏、甲斐においては武田氏、駿河では今川氏、そして関東では北条氏に代表されるように各地に地域的な中央集権的建体制が成立しようとしていた。幕府再興を志す信長は、沢彦宗恩(?〜1587)の選定した印文『天下布武』の朱印を使用し、岐阜を拠点に全国制覇を目指す。 後世の解釈では、「天下布武」とは、『礼記』を典拠にその一説「堂上接武 堂下布武」に擬えた「天下への伺候(を求める)」という諸大名へのメッセージという。

織田信長

西暦1567

永禄10	11月-	織田信長、美濃国多芸の丸毛不心斎へ、全三ヶ条の禁制を下す。 信長、矢野弥右衛門尉（美濃国地侍）へ、美濃国河野内に二十貫文を知行として安堵。 信長、兼松正吉（「兼松又四郎」）へ、美濃国河野内に十貫文を知行として安堵。	0986
	11月-	**足利義秋（後の義昭）、朝倉義景へ、加賀国一向一揆との和睦を命令。** （『多聞院日記』）。	0987
	12月1日	「御入洛之儀、不日可致供奉候、此刻御忠節肝要候、就其対多聞、弥御入魂専一候、久秀父子之儀、不可見放之旨、以誓紙申合候条、急度加勢可申候、時宜和伊可為演説、猶佐久間右衛門尉可申候、恐々謹言、」。 織田信長、大和国興福寺衆徒・岡因幡守（松永久秀老臣）・柳生新左衛門（宗厳）へ、足利義秋（後の義昭）入洛に、近日中に供奉する予定、義昭への忠誠、大和国多聞城の反三好方・松永久秀・久通父子との入魂、久秀父子を見放さないことは、誓紙を交換したので必ず加勢するであろうことを通知。以上の件は和田伊賀守惟政に、詳細は佐久間信盛に通達させる。年次には異説あり。	0988
	12月2日	興福寺、関白近衛前久に頼り、寺内の陣営を撤せられんことを松永久秀に請うが、久秀肯せず。	0989
	12月5日	織田信長、正親町天皇綸旨・女房奉書・殊に紅衫（紅色の着物）を賜ったことを感謝し、仰付の条々については叡旨に副う旨を万里小路惟房（1513〜1573）に伝えて、執奏を願った請文を発給。	0990
	12月12日	足利義栄（1538/1540〜1568）、京都祇園社牛王宝印商売を片羽屋神人に安堵す。	0991
	12月12日	**「加越和議」**により、加賀からの人質が一乗谷阿波賀に送られる。また、和議の条件として、朝倉義景（1533〜1573）の娘（生母細川晴元息女）を、本願寺顕如長男・教如（1558〜1614）の正室に迎えることが決まった。 足利義秋（後の義昭）の仲裁により、朝倉氏と加賀一向一揆の和睦が成立する。	0992
	12月15日	「加越和議」により、本願寺は加賀柏野城（石川県加賀市柏野町）、松山城（加賀市松山町）を破却。朝倉家は黒谷城（加賀市山中温泉）、檜屋城（日谷城）（加賀市日谷町）、大聖寺城（加賀市大聖寺地方町）を破却。	0993
	12月25日	足利義秋（後の義昭）（1537〜1597）、朝倉義景邸を訪問。義景（1533〜1573）は、義秋を将軍として出迎えた。	0994
	12月-	織田信長、美濃国阿願寺へ寺領を安堵。	0995
	－	この年、織田信長（1534〜1582）、お鍋の方（興雲院）を側室とする。信長と間に二男一女、七男信高（1576〜1603）・八男信吉（1573〜1615）・於振（？〜1643）をもうける。	0996

西暦1568

永禄11	1月1日	河内津田城（大阪府枚方市）城将・津田主水（正時）（？〜？）、松永久秀（1508?〜1577）に応じ、三好三人衆の党の木沢紀伊守と河内国出口にて戦い、敗死させる。	0997
	1月17日	多聞院英俊、加賀国一向一揆と朝倉義景（「越前」）が「和談」したことを知る。足利義秋（「上意」）が越前国一乗谷に移って実現した調儀であるという。（『多聞院日記』）。	0998
	1月17日	三好方の摂津池田衆が奈良に入り、淡路、阿波衆に代わって、多聞山城（奈良市法蓮町）の松永勢を監視する。	0999

永禄11	2月8日	「左馬頭源朝臣義榮宣爲征夷大将軍、兼可聽禁色」。(『言継卿記』)。 足利義栄(よしひで)(1538/1540〜1568)、三好三人衆の推挙により、朝廷から第十四代将軍として将軍宣下が下され、富田庄普門寺(大阪府高槻市富田町)にて、約三年の将軍空位ののち、室町幕府征夷大将軍に就任。 松永久秀は三好家から孤立するが、義栄は三好三人衆と松永久秀との戦いが終わらない為、上洛に到ってなかった。	10
	2月8日	織田信長、直江景綱(1509〜1577)を通して上杉輝虎(謙信)に「糸毛之腹巻」・「同毛之甲」を贈る。	
	2月-	この月、大坂・堺・奈良の本願寺門徒が大和に一向宗の道場を設置しようとし、三好三人衆の岩成友通(?〜1573)がこれを支援するも、奈良の寺社の反対によって実現はせず。	
	2月-	この月、大和国龍王山城(奈良県天理市田町)主・十市遠勝(とおちとおかつ)(?〜1569)、秋山直国(?〜1615)を森屋城(奈良県磯城郡田原本町)に攻め落とす。	10
	2月20日	森屋城に於いて三好三人衆(三好長逸・三好政康・岩成友通)側と十市遠勝の軍勢が交戦、森屋城を三好三人衆側が奪取。	
	2月29日	大和多聞山城の斉藤龍興の兵が、三好三人衆に通ずる。この者を松永久秀が捕える。	10
	2月-	この月、北近江の浅井長政(1545〜1573)、甲賀山中氏と同盟を結ぶ。	1
	2月-	信長の策謀により内紛が発生し、長野氏の第十六代当主・長野具藤(ともふじ)(1552〜1576)、多芸城(霧山城)(三重県津市)に逃亡。 この月、織田信長は、弟信包(のぶかね)(1543/1548〜1614)を北伊勢を支配する長野工藤氏の嗣子とし、長野の名跡を継がす。伊勢国上野城を居城とする。さらに信長は、津城(安濃津城)には、北畠家への押さえとして織田掃部頭(織田忠寛、津田一安)(?〜1577)を置く。	1
	2月-	「信長の第二次北伊勢侵攻戦、織田軍により北伊勢平定」。 この月、信長(1534〜1582)、三男の三七(信孝)(1558〜1583)を、降伏した神戸城(三重県鈴鹿市)城主・神戸友盛(具盛)(かんべとももり)(7代目当主)(?〜1600)の嗣子とする。神戸友盛は、抗戦の利あらずとして信長の三男信孝を養子(女婿)として迎えることで和睦。	1
	2月-	織田信長、「藤八」へ、「名田」を「前々」の如く安堵す。	1
	3月2日	朝廷、高山寺へ沽却質券地を取り戻し、再建を督促す。(『言継卿記』)。	
	3月6日	斎藤利三実兄の石谷頼辰(いしがいよりとき)(?〜1587)、幕府奉行人中沢光俊・松田藤弘から将軍足利義栄(よしひで)(1538/1540〜1568)の奉書を得る。石谷頼辰は、足利義栄幕臣となったようだ。 「奉書」(ほうしょ)は、上意を奉じて出す指図書き。特に武家時代、将軍の命を受けて下した文書。	
	3月6日	**武田信玄(1530〜1578)・北条氏康(1515〜1571)・上杉輝虎(後の謙信)(1530〜1578)の三者の和睦同盟が成立。**	
	3月8日	朝倉義景生母・光徳院、足利義秋(後の義昭)から従二位(女性の最高位)に任ぜられる。義景(1533〜1573)は、御礼のため、南陽寺で祝宴を開く。	
	3月11日	十市遠勝(とおちとおかつ)(?〜1569)、三好方の三好康長(咲岩、笑岩)(?〜?)・篠原弾正入道紫雲(三好長治の重臣篠原長房)(?〜1573)と誓紙を交わす。	

西暦**1568**

永禄11	3月20日	足利義秋（後の義昭）(1537～1597)、本願寺顕如(1543～1592)へ、越前・加賀の講和に関して朝倉義景の使僧の到着せること等を報ず。	1015
	3月21日	三好方の河内衆が奈良に入り、摂津衆に代わって多聞山城(奈良市法蓮町)の松永勢を監視する。	1016
	3月24日	足利義秋（後の義昭）、本願寺顕如（「本願寺殿」）へ、朝倉義景が越前国「一果」を報告してきたこと、次は加賀国「料所」の差配のために三淵伊賀入道を派遣したので詳細を伝達させることを通知。 三淵伊賀入道は、細川藤孝（後の幽斎）(1534～1610)の父・三淵晴員（宗薫）(1500～1570)であろうか。	1017
	4月2日	松永久秀(1508？～1577)、山城国阿弥陀寺の玉誉清玉が、東大寺大仏殿再興の資金を募縁するを褒める。	1018
	4月上旬	この頃、元関白二条晴良、義秋（後の義昭）の元服の式に出席するため、越前国に下向。	1019
	4月8日	織田信長、使者として富野某を派遣して来た甲賀諸侍へ、和田惟政（「和田伊賀守」）(1530？～1571)を通じて返答する。 甲賀衆が信長に使者を送り、より安全な輸送路の確保と護衛の斡旋を申し出てきた。	1020
	4月15日	**足利義秋（31歳）(1537～1597)、越前国一乗谷の朝倉義景館に於いて元関白二条晴良(1526～1579)の加冠、朝倉義景(1533～1573)の理髪にて元服。「義昭」と改名。** 義昭、足利義栄(1538/1540～1568)の将軍就任を聞き、激怒、上洛の決意を固める。	1021
	4月27日	**「信長、近江の武将を懐柔」**。織田信長（1534～1582)、六角氏を離れた佐治為次へ、近江国蒲生郡内に知行を安堵す。 佐治城(滋賀県甲賀市水口町和野)主・佐治為次は、信長の上洛軍に従って六角氏攻めに加わり、それらの功により佐治、平野、伊佐野、稗谷、今宿を安堵され、さらに蒲生郡にも給地を受けた。元亀2年(1571)には所領併せて一万四千石、佐治氏は小さいながらも大名に出世した。	1022
	4月27日	織田信長、永原重康（「永原越前守」）(甲賀豪士)へ全三ヶ条の条書を下す。 永原越前守は、「筑前守」であろう。 六角氏の重臣らに調略の手を伸ばしていた信長はさらに、近江佐々木六角氏の家臣・永原重虎(野洲郡永原の在地領主)と盟約する。	1023
	4月30日	足利義昭、京都相国寺応徳軒に寺領を安堵。	1024
	4月-	松永久秀(1508？～1577)、弾正少弼を改め「山城守」と称す。	1025
	5月7日	六角承禎(1521～1598)、一色式部少輔(一色藤長)(？～1596？)等宛書状を送る。	1026
	5月17日	朝倉義景、一乗谷の朝倉館に足利義昭の御成り(訪問)を迎ぎ、義昭を将軍になぞらえて盛大な宴を催す。	1027
	5月19日	篠原長房(？～1573)・三好宗渭(？～1569)、河内国津田城(大阪府枚方市)を攻略する。	1028
	5月22日	篠原長房・三好宗渭、西の京に陣し、筒井順慶(1549～1584)と連携する。	1029
	6月2日	筒井順慶、奈良中に人夫役を賦課し、喜多院家の北方の石切に城を構築。	1030
	6月2日	**三好三人衆三好長逸(？～1573)、上洛。**(『言継卿記』)。	1031
	6月2日	細川信良（後の昭元）、阿弥陀寺無縁所を安堵する。	1032

永禄11	6月上旬	この頃、武田信玄(1530〜1578)、岐阜の織田信長(1534〜1582)へ、奇妙丸(織田信忠)・松姫の婚約を祝し、秋山伯耆守信友(秋山虎繁)(1527〜1575)を使者として祝儀を届ける。越後有明の蝋燭三千張、漆千桶、熊皮千枚、馬十一疋など、その他多数。
	6月16日	足利義昭、島津義久(「島津修理大夫」)(1533〜1611)へ、入洛に際し幕府再興(「柳営之儀」)の意志を告げ、「殿料」回復に関する諸国への命令を通達。詳細は細川藤孝(「藤孝」)に伝達させる。
	6月18日	**朝倉義景(1533〜1573)、細川藤孝の勧めで上洛を定める。** が、六月二十五日、嫡子阿君丸の死去により中止となる。
	6月20日	越前国の足利義昭、紀伊粉河寺に御内書を発し、近日上洛するので、畠山高政(1527〜1576)と協力するように要請する。
	6月23日	三好三人衆、摂津国に於いて松永方の甲賀衆三百と交戦、撃破する。
	6月23日	**「細川家記に、明智十兵衛光秀が初登場」。** 足利義昭(1537〜1597)は、細川藤孝(1534〜1610)と上野清信(?〜?)を使者として、岐阜に赴き、「明智十兵衛光秀」に付いて信長(1534〜1582)に謁見した。(『細川家記』)。
	6月25日	織田信長、直江景綱へ、武田信玄から度々和親の件を要請されているが未だ承諾しておらず、「越甲御間之儀」の和談を斡旋したいこと、しかし上杉家の問題であるので遠慮していること、上杉輝虎(謙信)の賢慮によっては馳走することを通知。詳細は佐々長穐(1537?〜1615?)に伝達させる。
	6月26日	三好三人衆の三好長逸(?〜1573)と岩成友通(?〜1573)が、関白近衛前久(1536〜1612)を訪ね、害意のない旨、誓紙を出す。 三好三人衆が近衛前久を殺害するという噂が流れていた。
	6月29日	三好康長ら、松永久秀の大和国信貴山城を攻略す。(『多聞院日記』)。 筒井順慶(1549〜1584)・三好康長(後の咲岩、笑岩)(?〜?)率いる三好三人衆連合軍、松永久秀の大和国信貴山城(奈良県生駒郡平群町信貴山)を攻略する。本願寺顕如の仲介で開城したという。

信貴山麓の朝護孫子寺

永禄11	6月-	織田信長、近江国蘆浦観音寺へ蘆浦三郷の「欠所方」及び「給人はつれ」の土地を「糺明」の後に蘆浦観音寺に与え、年貢納入などをさせる旨を下す。	1042
	7月10日	「細川家記に、光秀の家人「溝尾庄兵衛」が初登場する」。 溝尾茂朝（1538〜1582）であり、三沢小兵衛秀次、三沢惣兵衛尉秀儀、明智小（庄）兵衛は同一人物とされる。	1043
	7月11日	細川信良（後の昭元）（1548〜1592）、下京諸商人に魚公事銭を拘置させる。	1044
	7月12日	越前の足利義昭、京都本能寺へ禁制を下す。	1045
	7月12日	足利義昭、上杉輝虎（「上杉弾正少弼」）へ、織田信長より美濃国岐阜への移座を要請され近日中に発足すること、朝倉義景もこの件については悪しき感情を有していないことを通知。	1046
	7月13日	入洛を後援するという信長からの使者を迎えた**足利義昭、細川藤孝の勧めで明智光秀を通じて織田信長を頼り、美濃国岐阜へ向けて越前一乗谷を発つ**。 義昭、朝倉義景（1533〜1573）に終生、恩義は忘れないとの誓詞を与える。朝倉景恒（？〜1570）、前波景当（？〜1570）が二千余名を率い、近江国境まで警護した。	1047
	7月16日	足利義昭（「公方様」）、近江国小谷城（「江州浅井館」）（滋賀県長浜市湖北町伊部）に於いて浅井長政の饗応を受ける。（『多聞院日記』）。	1048
	7月22日	足利義昭、美濃国へ移る。迎えの使者に立った和田惟政・不破河内守光治・村井貞勝・島田秀順（秀満）らに伴われる。	1049
	7月25日	足利義昭、明智光秀に迎えられ美濃立政寺に御成。	1050
	7月27日	**「足利義昭・織田信長、会見」。** **足利義昭（1537〜1597）・明智光秀（1528？〜1582）一行、美濃立政寺に信長（1534〜1582）を迎える。** 下座に着いた信長には会見の仲介をした明智光秀が傍に介添えしていた。信長に対する不満の感情を抑えた義昭は、接使の派遣に謝意を述べると共に、上洛尽力を信長に頼む。信長は畏まって承諾の旨を言上。信長は献上品として御太刀、御馬、御鎧二、沈香、縮緬百反と鳥目千貫を揃えていた。これで義昭は武家の頭領として振舞う武具と装身具を持つことができた。 義昭一行はしばらく、立政寺正法軒に留まることになる。	1051
	7月28日	織田信長、浅井長政に使者を送り、来たる八日、会見したい旨を告げる。	1052
	7月29日	織田信長、上杉輝虎（謙信）へ、織田・武田間の件は足利義昭の入洛に供奉するため一和が成立したこと、武田信玄・徳川家康間は相互に侵略しない契約が成立し動くことができないこと、越甲間が無事に属して相互に遺恨を忘れて「天下之儀」を馳走するよう依頼する。また越中国での一揆蜂起と上杉方の神保氏張父子が「鉾楯」の様子を尋ね、神保父子のことは織田信長も「無疎略」であるため心配していること、さらに唐糸・豹皮を贈呈する旨を通知。 信長姉は、神保氏張（1528〜1592）に嫁いでいた。彼女は、後に離縁し、信長の死後、稲葉貞通（1546〜1603）室となる。	1053
	7月-	織田信長、美濃山県郡の深尾二郎兵衛へ、三百貫八百文を宛行う。	1054

永禄11	8月2日	織田信長、近江国甲賀諸侍へ、足利義昭の美濃国「移御座」及び「入洛」の件で信長は供奉命令を受けていること、しかし近江国通過は困難であり来たる五日に先ず近江国へ進発するので、「先々任請状」にて信長に「入魂」の旨を依頼。詳細は和田惟政・大草公広が伝達することを通知。 信長は、近江甲賀の土豪に対して、近江進発する予定日を告げ忠節を要請した。
	8月5日	**織田信長、精鋭の馬廻り衆二百五十騎を引き連れて、岐阜城を出発。**
	8月7日	「八月七日、信長が近江の佐和山へ行き、義昭の使者に自分の使者を添えて、六角義堅のもとに派遣した。「義昭公が御上洛の途次には、保証のための人質を出して、相応の奉仕をしなさい」と、七日間滞在していろいろと説得した。「義昭公が御本意を達した時には、あなたを幕府の所司代に任命しましょう。」と固く約束したが、六角は聞き入れなかった。信長は、仕方がない、こうなったら近江を征伐せねばならない、と考えるようになった」。 **織田信長(1534～1582)が、近江佐和山城(滋賀県彦根市古沢町)に入り、浅井長政(1545～1573)と会見して軍事同盟を確認。** 信長、七日間逗留する間、一乗谷の朝倉義景(1533～1573)と近江六角氏に上洛を呼び掛ける。佐和山城への出兵を要請された義景、応ぜず。 近江の通過を六角義秀(1532～1569？)派は容認したという。 信長、足利義昭を通じて六角承禎(1521～1598)に対して、京都所司代の地位を約束し、自らの上洛に対する支援を要請するも、承禎はこれを拒否する。 「佐和山城」は、現在の滋賀県彦根市にある山城跡。犬上郡のみならず近江支配の重要拠点であり、16世紀の末には石田三成が居城としたことでも知られる。
	8月8日	織田信長、浅井長政と佐和山城で夜中、二人で密談、六角承禎の箕作城(滋賀県東近江市五個荘山本町)攻め手の事、三好三人衆退治の相談、義昭の上洛の相談という。 信長の接待役を命じられていた遠藤喜右衛門直経(1531～1570)は、信長暗殺を長政に進言した。しかし、長政は暗殺は信義に反するとしてそれを受け入れず、直経も主君の命に背くわけにはいかずに、結局暗殺計画は未遂に終わったという。
	8月8日	美濃国の足利義昭、近江野洲郡の服部同名中惣へ、近日中に上洛するため戦列に参陣し、道中の斡旋を命令。
	8月11日	京都本國寺使僧、美濃国の足利義昭を訪問し対面。
	8月13日	**織田信長、七日間の逗留もむなしく六角氏との交渉は決裂。信長は、ここに至って開戦もやむなしと考え、一旦帰国に向かう。**
	8月14日	織田信長(1534～1582)、反三好の三好義継(1549～1573)に近日中の出陣を知らせる。
	8月17日	三好三人衆、観音寺城の六角承禎(1521～1598)と談合すべく、京より近江へ下る。 信長迎撃作戦を練る。
	8月18日	反三好方の松永久秀軍、山城国外野城(富野城)(京都府城陽市富野)で敗北。
	8月20日	**織田信長、岐阜へ帰る。**
	8月29日	織田信長、朝倉義景(1533～1573)へ、足利義昭入洛に供奉するため武田信玄と和睦した旨を通知。
	8月-	朝倉義景、遠敷郡に兵を進め、武田元明(1552？～1582)を越前へ連れ去る。

西暦1568

永禄11	8月-	織田信長、美濃国瑞龍寺へ全五ヶ条の「禁制」を下す。 信長、近江国柏原成菩提院へ全三ヶ条の「禁制」を下す。 信長、近江国多賀神社へ全三ヶ条の「禁制」を下す。	1068
	9月2日	山城国にいた三好康長（後の咲岩、笑岩）（？～？）、軍勢三千余を大和国西ノ京辺りに進撃させる。	1069
	9月3日	三好三人衆方の三好康長、松永久秀の籠もる大和国多聞山城（奈良市法蓮町）の西北側を攻撃。それに応じ、筒井順慶は東側より攻撃、程なく攻略。 松永軍は再び窮地に立つことになる。	1070
	9月4日	三好三人衆（三好長逸・三好政康・岩成友通）軍、東大寺辺の松永久秀軍を攻撃し諸郷に放火、その後に西ノ京へ進撃。	1071
	9月4日	細川信良（昭元）（1548～1592）、京都本能寺に買得地を安堵する。	1072
	9月5日	三好三人衆軍、京に帰陣する。	1073
	9月6日	幕府奉行人の松田秀雄・諏訪俊郷、美濃国立政寺へ禁制を下す。	1074
	9月7日	**「信長、上洛出陣」。** 義昭の元へ参上し、出陣の挨拶を述べた織田信長（1534～1582）、「正親町天皇をお護りする、足利将軍家再興、足利義昭を将軍職に据える事」を大義名分に掲げ、尾張・美濃の兵を率いて岐阜城を出立。途中、北近江（浅井長政）、三河（徳川家康）、北伊勢（神戸（織田）信孝・長野（織田）信包、その他を合わせ三万余という軍勢を率い上洛を開始する。	1075
	9月7日	織田信長、美濃平尾村に着陣。	1076
	9月8日	織田信長、近江の高宮（滋賀県彦根市高宮町）に移陣して休息、浅井長政の到着を待つ。	1077
	9月8日	浅井長政（1545～1573）の軍勢が、織田勢に合流する。	1078
	9月10日	三好三人衆の岩成友通（？～1573）軍、箕作城（滋賀県東近江市五個荘山本町）の六角承禎父子支援のため、近江坂本に出陣。	1079
	9月10日	信長、近江中郡（蒲生・神崎・愛知の三郡）に出陣。	1080
	9月11日	三好三人衆の岩成友通軍、帰京。	1081
	9月11日	織田信長、愛知川の戦いで、和田山城（滋賀県東近江市五個荘町和田）の六角軍に敗北。	1082
	9月12日	織田軍、箕作城（「美作之城」）を攻略。観音寺城も夜半許りに攻略。長光寺城以下十一、十二諸城も攻略したという。（『言継卿記』）。 **「箕作城の戦い」。**織田信長（1534～1582）、16時、丹羽長秀・木下藤吉郎・佐久間信盛・浅井新八（政澄、政貞）（？～1581）らをして攻め入り、夜、六角承禎（1521～1598）・義治（1545～1612）父子の箕作城を攻略。承禎父子は逃走。箕作城の陥落を知った和田山城（東近江市五個荘和田町）は降伏・開城。 明智光秀（1528？～1582）は、柴田勝家（1522？～1583）らと共に和田山城攻撃に加わったという。	1083
	9月13日	多聞院英俊、大和国多聞山城へ諸方面より足利義昭（「上意」）の入洛が間もない旨の注進が届いていることを知る。（『多聞院日記』）。 大和国多聞山城の反三好方の松永久秀（1508？～1577）へ、諸方面より、足利義昭の入洛が間もない旨の注進が届く。	1084

永禄11	9月13日	「**織田信長、観音寺城を攻略**」。六角承禎父子が甲賀に逃亡したことが分かると、六角義秀(1532〜1569?)や重臣の平井定武(?〜?)・後藤高治(1540?〜1589)らも、人質を差し出してことごとく信長に降る。 義秀は、信長に呼応しており、足利義昭上洛時には、観音寺城(滋賀県東近江市安土町)に迎え入れているともいう。 後藤賢豊(?〜1563)の跡を嗣いだ後藤高治は、天正10年(1582)6月本能寺の変が起きると、明智光秀に味方し、山崎の戦いに参加したが敗れて所領を失い、父の妹が母親と言う縁のあった蒲生氏郷に仕えた。この蒲生氏仕官時代に「戸賀十兵衛尉」と名を改め、秀吉の九州平定にも参陣している。天正17年(1589)、京にて没という。
	9月13日	三好政康(「釣閑斎」)・香西某(「香西」)、三千程の軍勢を率い木津平城へ入城。(『多聞院日記』)。 **六角氏の敗北を聞いて、三好三人衆の釣竿斎宗渭(?〜1569?)・香西佳清(1553〜1588)ら、三千程の軍勢を率い、洛中の居宅を出て木津城**(京都府木津川市木津片山)**へ入城**。
	9月-	日野城(滋賀県蒲生郡日野町西大路)主・蒲生賢秀(1534〜1584)は、嫡男・鶴千代(後の蒲生氏郷)(1556〜1595)を人質として差し出して信長の家臣となる。 蒲生賢秀は、一千の兵で日野城に籠城していたが、妹婿である神戸城(三重県鈴鹿市)城主・神戸友盛(具盛)(7代目当主)(?〜1600)が単身日野城に乗り込み、賢秀を説得して開城に導いたとされる。 鶴千代(後の蒲生氏郷)と会った信長は、「蒲生が子息目付常ならず、只者にては有るべからず。我婿にせん」と言い、自身の次女を娶せる約束をしたという。(『蒲生氏郷記』)。 鶴千代は岐阜の瑞竜寺の禅僧・南化玄興(1538〜1604)に師事し、儒教や仏教を学び、斎藤利三(後の明智光秀家臣)(1534〜1582)の奨めで武芸を磨いた。岐阜城での元服の際には信長自らが烏帽子親となった、弾正忠信長の「忠」の文字を与えられ忠三郎賦秀と名乗る。
	9月14日	**正親町天皇(1517〜1593)、万里小路惟房(1513〜1573)を迎えの使者として、織田信長へ綸旨を下す。**明院良政(?〜1570?)・磯谷(磯貝)久次(?〜1578)が信長に取次ぐ。 その内容は、足利義昭の入洛は正親町天皇に達したが京都の件は、乱妨狼藉の禁止、禁中及び政庁の警護命令を下す。
	9月14日	織田軍、六角義賢(承禎)(「六角入道紹貞」)の居城を攻略。近江国は悉く制圧されたという。六角家臣の後藤・長田・進藤・永原・池田勝正(「池田筑後守」)・平井・九里ら七名が裏切ったからだという。このため「京中辺大騒動」となる。(『言継卿記』)。 六角家臣は、後藤高治・永田景弘(正貞)・進藤賢盛・永原重康・池田勝正・平井定武・九里某であろう。山科言継は、織田信長を「敵」と表記。
	9月15日	織田信長、この日、不破河内守光治(?〜?)を使者として遣わせ、美濃立政寺の足利義昭へ、観音寺山城(近江国)を落としたことを伝え、さらに、上洛のため寺を出立されるよう進言。
	9月16日	「木津へ出撃した三好三人衆軍、「引退」し西京へ布陣す。(『多聞院日記』)。 **三好三人衆は、信長の侵攻を恐れて、木津城を出て、勝竜寺城(山城国)、芥川城(摂津国)、飯盛城・高屋城(河内国)などそれぞれの居城に立て籠もることになる。**

1568

永禄11	9月20日	織田軍の出張のため洛中洛外は日々騒動する。(『言継卿記』)。	1092
	9月21日	この日から二十三日まで、朝廷、臨時の御拝を催し、天下安穏の祈祷をはじめる。	1093
	9月21日	山科言継、織田軍の本日出張は延引し、来たる二十四日になった風聞に接す。(『言継卿記』)。	1094
	9月21日	信長、馬を進め、柏原の上菩薩院(成菩提院)(滋賀県米原市)に着陣。	1095
	9月21日	織田信長、直江景綱(1509〜1577)へ、去九月七日に足利義昭「御入洛」のため近江国南郡へ進んだこと、「国々」は悉く「平均」したこと、来たる九月二十四日に渡海予定でありいよいよ「御本意」を遂げられるであろうことを、上杉輝虎(謙信)に上申するよう依頼。	1096
	9月22日	義昭を迎え桑実寺へ入った織田信長、近江国百済寺に全三ヶ条の「条書」を下す。	1097
	9月22日	朝廷、皇室領の山科郷民および上賀茂・下賀茂郷民に禁裏警固を命令。(『御湯殿上日記』)。	1098
	9月23日	朝廷、中山孝親・山科言継・勧修寺晴右・庭田重保・五辻為仲を禁裏警備の責任者とする。(『言継卿記』)。	1099
	9月23日	**義輝暗殺容疑及び足利義栄将軍就任に便宜を働いた容疑のある近衛前久(関白)(1536〜1612)、織田信長入京を避けて摂津国大坂へ出奔。**	1100
	9月23日	信長、守山まで移動し、瀬田・志那で船の都合がつくまで逗留。	1101
	9月23日	織田信長、琵琶湖を渡って大津に着き、三井寺光浄院(滋賀県大津市園城寺)へ布陣。	1102
	9月23日	幕臣細川藤孝(1534〜1610)・和田惟政(1530？〜1571)を大将として「江州裏帰衆」を伴い一万余の織田軍先勢は、山科七郷へ布陣。	1103
	9月24日	小泉島介(西院)・和久壱岐守(九条)、早旦に城に火をかけ南方へ退却。(『言継卿記』)。 柳本某、丹州より出張し嵯峨川端の太秦を放火し、大将軍まで進撃。(『言継卿記』)。 柳本某は、柳本元俊(柳本賢治の子という)か。	1104
	9月24日	足利義昭、三井寺光浄院へ着陣、信長と合流する。	1105
	9月25日	**織田軍足軽二、三騎が山科邸の近所に配備。織田信長の禁裏警護命令による任務であるという。(『言継卿記』)。**	1106
	9月26日	筒井順慶・三好新丞、大和国「マメ山」より退却。大和国多聞山城(奈良市法蓮町)の松永久秀より奈良中及び興福寺へ乱妨停止の安堵が下された。(『多聞院日記』)。 三好三人衆方の筒井順慶(1549〜1584)・三好政定らが撤兵する。 松永久秀(1508？〜1577)、奈良の寺院を濫妨するを停止す。敵に内通する者の所領を没収す。 久秀、奈良に課税する。	1107

永禄11	9月26日	**「織田信長、足利義昭を奉じて入京」。** 織田軍（「尾張衆」）、早旦に山科郷より南方へ出張。北白川よりも同様に別働隊が進軍する。細川藤孝（「細川兵部大輔」）・明院良政（「明印」）が山科言継邸北門まで到来し、この日足利義昭（「武家」）が清水寺に布陣、織田信長（「織田弾正忠信長」）は東寺に布陣した由を通知。山科郷粟田口西院の方々で放火があり、久我に於いて合戦があったという。織田軍、岩成友通（「岩成主税助友通」）を山城国勝龍寺城に於いて攻撃すという。（『言継卿記』）。 織田信長（1534〜1582）、東寺に陣取る。足利義昭（1537〜1597）は清水寺に陣を構え、禁裏に信長右筆 明院良政（？〜1570？）と義昭近臣細川藤孝（1534〜1610）を使者として派遣し、禁裏の警護を申し入れる。 信長、岩成友通（三好三人衆）（？〜1573）の守る勝龍寺城攻めを、柴田勝家・蜂屋頼隆・森可成・坂井政尚に命じる。
	9月26日	織田信長、洛中法制を定める。
	9月27日	織田軍の江北郡衆・高島衆八千余、神楽岡に布陣。後に南方へ移動。（『言経卿記』）。
	9月27日	足利義昭、清水寺より東寺へ赴くが西岡向へ移動し、西山寂照院（京都府長岡京市奥海院寺）に布陣。（『言経卿記』）。
	9月27日	織田軍、西岡・吉祥院・淀・鳥羽・河州・楠葉などを放火。（『言経卿記』）。
	9月27日	**織田信長、菅屋長頼（？〜1582）をして、洛中・洛外での兵士たちの乱暴を禁じる。また、信長在陣の東寺に、京中町々の宿老・名士、しきりに参集し祝賀する。** **「信長、在京の「名物」を徴す」。** その後、「金や銀、米やお金は十分あるので、唐物や天下の名物を集めよ」と松井友閑・丹羽長秀（1535〜1585）に命じ、沢山の名物といわれる茶道具を入手したという。 松井友閑（？〜？）は、清洲の町人ともいわれ、信長は上洛する前に友閑から幸若舞を教わったともいい、信長の茶道であったともいい、信長の政策の立案に多く関わり、信長が堺を直轄したときには代官（堺政所）を命じられた。
	9月27日	織田信長、三好三人衆を西岡勝龍寺城に攻撃。山城国勝龍寺城をめぐる戦闘が激化するも和睦交渉が行われたという。（『言経卿記』）。 「勝龍寺城の戦い」。織田軍、山崎天神馬場に布陣、三好三人衆の岩成友通（？〜1573）を西岡勝龍寺城に攻撃。 山城国勝龍寺城をめぐる戦闘が激化するも、和睦交渉が行われた。
	9月28日	足利義昭、山城国山崎の竹内左兵衛邸（長治）邸へ布陣。織田軍先勢は摂津国芥川の市場へ放火。（『言経卿記』）。 竹内長治（1536〜1586）は、松永久秀（1508？〜1577）の婿。
	9月28日	「勝龍寺城の戦い」。織田信長軍の柴田勝家（1522？〜1583）・蜂屋頼隆（1534？〜1589）・森可成（1523〜1570）・坂井政尚（？〜1570）、三好三人衆軍の勝龍寺城を攻略。
	9月28日	**「松永久秀、信長に臣従」。**反三好方・松永久秀（1508？〜1577）、質（廣橋氏との娘）を織田信長（1534〜1582）に納める。
	9月28日	朝廷と信長の間を周旋し活躍する立入宗継（1528〜1622）、朝家のことを思い、正親町天皇の勅使・万里小路惟房（1513〜1573）に、信長に天下を仰せ付けられる旨の綸旨を出すように説得。

西暦 1568

永禄11	9月28日	信長、東福寺に移る。京都町衆の参集を受ける。	1119
	9月29日	足利義昭(1537～1597)、入京後初めて松尾社に禁制を掲げる。	1120
	9月29日	信長、乙訓郡寺戸に陣を移し、摂津衆・三好三人衆討伐のため摂津方面に出馬。	1121
	9月29日	足利義昭、勝龍寺城攻略で、山崎天神馬場まで進軍。 三好三人衆の岩成主税頭友通(?～1573)は、和睦して降伏。	1122
	9月29日	先勢は摂津国芥川籠を火攻めする。その他、河内国方々を放火する。 織田軍、ついに芥川城(大阪府高槻市)を攻略。細川六郎信良(昭元)(1548～1592)・三好日向守長逸(?～1573)は織田勢の圧迫に耐えかね、退却。さらに、越水城(兵庫県西宮市)・滝山城(神戸市兵庫区)・伊丹城(兵庫県伊丹市)が降伏する。小笠原長時(1519～1583)父子、芥川城を逃れ、次いで再度、越後の上杉輝虎(謙信)を頼る。	1123
	9月29日	夕方、芥川城と勝龍寺城(山城国)が信長に渡される。	1124
	9月30日	**織田信長・足利義昭に供奉して、摂津国芥川城(大阪府高槻市)へ入城**。織田軍、この日は郡山道場と富田寺らを破壊。信長はさらに、池田(摂津国)に攻め入る。 三好三人衆の三好長逸(?～1573)は、細川信良(後の昭元)(1548～1592)を連れて阿波国へ逃れた。長逸は10月2日に降伏ともいう。	1125
	9月30日	足利義昭(義輝の次弟)を織田信長が擁立して上洛してきたため、**阿波に逃れた第十四代将軍足利義栄(1538/1540～1568)、失意のうちに病死という。**死亡日を含め、異説あり。 室町幕府歴代将軍の中で、唯一本拠地のある京都に一度も足を踏み入れずに終わっている。 父足利義維(1509～1573)は、失意の内に阿波に戻った。	1126
	9月-	「美濃加納市場宛制札」。この月、信長、岐阜に楽市・楽座を令する。	1127
	9月-	**この頃、信長は、東寺などに禁制を発行。** 入京以前の近江国二ヶ所(沖島・永源寺)をはじめ、山城国で十八ヶ所、摂津国で一ヶ所(尼ヶ崎本興寺)の文書が残る。山城国では、洛中と周辺の社寺が十二ヶ所(清水寺、新知恩院、大徳寺、若王子神社、南禅寺、本能寺、妙伝寺、妙顕寺、西八条遍照心院、妙心寺、清凉寺など)、洛中と周辺の町場・村が二ヶ所(上京、余部)、山城国内の町場・村が四ヶ所(吉田、八瀬荘、大山崎など)。禁制の内容は、軍勢濫妨・狼藉のこと、陣取・放火のこと、竹木伐採のことなど三ヶ条で、寄宿についても付け加えられている。	1128
	10月2日	「**織田信長、五畿内(山城、大和、摂津、河内、和泉)及びその隣国を平定**」。 畠山高政・松永久秀・池田勝正ら、人質を出して信長軍に降伏。 信長(1534～1582)・足利義昭(1537～1597)は軍勢を引き連れ芥川の本営に凱旋。 五畿内及びその隣国が織田信長の支配するところとなる。 そして信長は、軍資として堺の南北に二万貫、石山本願寺に五千貫の「矢銭」を課した。本願寺顕如(1543～1592)はその命に応じたが、堺の会合衆は三好三人衆の軍政を頼りこれを拒んだ。信長は堺の反抗に慎重に対処し、堺を攻撃せずそこに代官を置くことだけにした。	1129

永禄11	10月2日	多聞院英俊、松永久秀（「松少」）が足利義昭（「公方」）へ御礼のため八幡山に出向いた旨を知る。（『多聞院日記』）。 松永久秀は、信長の軍事力を恐れ、無双の名器といわれた「九十九髪茄子」という茶入れと、「天下一振の吉光」を贈って、恭順の意を表わす。 九十九髪茄子は足利義満の唐物茶入れであり、代々足利将軍家に伝わって愛用され、当時の茶人の垂涎の的となっていた。現在は東京世田谷の「静嘉堂文庫美術館」に保存されている。
	10月2日	今井宗久(1520〜1593)は、密かに名物「松島の壺（葉茶壺）」と舅・武野紹鴎所持の茄子茶入れ「紹鴎茄子」を、信長に献じる。
	10月3日	畠山高政・畠山昭高（秋高）・松永久秀・竹内三位入道秀勝・池田勝正ら、摂津国芥川城に赴き、足利義昭・織田信長に、降伏を受け入れてくれたことの礼をする。
	10月4日	「織田信長、国割り」。 三好義継(1549〜1573)には河内上半国守護と若江城（大阪府東大阪市若江南町）を、畠山高政(1527〜1576)実弟畠山昭高（秋高）(1534〜1573)には河内下半国守護と高屋城（大阪府羽曳野市古市）を、和田惟政(1530？〜1571)・伊丹親興(？〜1574)・池田勝正(1539/1530〜1578？)の「摂津三守護」には摂津国を、松永久秀(1508？〜1577)・久通(1543〜1577)父子には、大和国を与えた。安見宗房(？〜1571？)、奉公衆となる。 信長は畿内各地の有力豪族を、臣下に置いて支配の安定を図ろうと考えた。 和田惟政は、信長の援助を得て義昭が将軍に就任すると、信長によって摂津国芥川山城、のちに高槻城を与えられ、足利義昭からは池田勝正、伊丹親興と共に摂津守護の一人として任命され「摂津三守護」と称された。以後、足利幕臣として京都周辺の外交・政治に大きく関与しながら、織田氏家臣としても信長の政治や合戦に関わるという義昭と信長の橋渡し的役割を務める。
	10月4日	筒井方の井戸氏・豊田氏以下の大和国人衆も、中坊駿河守仲介で足利義昭に拝謁、信長の配下に属することを求めるが拒否される。
	10月4日	正親町天皇、山科言継へ禁裏御法事に際し徳川家康へ「うちうち」に献金を要請したところ、織田信長（「をたのたん正」）の馳走により二万疋が献上され、そのため御懺法講三日間滞り無く行われ、正親町天皇も満足している旨などを徳川家康（「いゑやす」）にも織田信長（「のふなか」）より伝達するよう通達を命令。（『言継卿記』）。
	10月6日	柳本、福智堂等、松永久秀に款を通ず。柳本城（奈良県天理市柳本町）、福智堂城（天理市福知堂町）が、松永久秀に誼みを通じる。
	10月6日	**朝廷、参議・万理小路輔房(1542〜1573)を勅使として芥川城に派遣し、足利義昭に上洛戦勝の祝辞と太刀、信長に酒肴を贈る。** その時、信長は禁裏の経済的な不如意を万理小路輔房から聞く。 信長は「禁裏御不便」として百貫、誠仁親王元服費用として三百貫を献上し、天皇・公家領の知行を保障したうえに御所の修理に取りかかるという。
	10月6日	織田吉清（「織田修理亮吉清」）・跡部秀次（「跡部兵左衛門尉秀次」）・奥村秀正（「奥村平六左衛門尉秀正」）・志水長次（「志水悪兵衛尉長次」）四人連名で、大和国法隆寺へ「家銭」として銀子百五十を当日中に上納するよう命令。 織田信長、大和国法隆寺に家銭を課す。

西暦 1568

永禄11	10月-	この月、和泉国堺の会合衆、摂津国平野庄(大阪市平野区)の年寄中へ、織田信長の近日中の上洛に際し共同謀議の上で抵抗の決定を通達。 [1139]
	10月8日	信長方となった松永久秀(1508？～1577)、三好義継(1549～1573)が入っている河内国飯盛城(大阪府大東市及び四條畷市)へ帰城。 [1140]
	10月8日	織田信長、和田惟政・細川藤孝・佐久間信盛に、松永久秀の援護を命じる。 [1141]
	10月8日	三好三人衆方の筒井順慶の筒井城(奈良県大和郡山市筒井町)が、織田軍により落城。順慶(1549～1584)は、夕刻に城を脱出する。 [1142]
	10月8日	織田信長(「織田弾正忠」)、「禁裏御不便」により内々に万疋を献上。(『言継卿記』)。織田信長、誠仁親王元服のためという名目で、朝廷に銭万疋(百貫文)を献上。 [1143]
	10月9日	信長方の松永久通、筒井順慶が退却した筒井城へ進撃。 [1144]
	10月9日	織田信長(「弾正忠信長」)、御室御門跡(任助法親王)雑掌の成多喜御房へ、足利義昭「御下知」に任せて仁和寺門跡領・境内を安堵。 [1145]
	10月10日	「信長、大和平定を志向」。「公方方ノ両大将」細川藤孝(1534～1610)・和田惟政(1530？～1571)、「織田尾張守方大将」の佐久間信盛(1528～1581)らが二万の大軍にて大和国へ入り唐招提寺周辺に進撃。 織田軍、大和国春日神社へ社参する。奈良中へは厳重に禁制が下されていたため「穏便」であった。 織田軍、三好三人衆軍より大和国森屋城(奈良県磯城郡田原本町)を奪取。 (『多聞院日記』)。 [1146]
	10月11日	織田軍、三好三人衆方軍より大和国窪之庄城(奈良市窪之庄町)を奪取した後、井戸表へ進撃。(『多聞院日記』)。 [1147]
	10月11日	織田信長、堀秀政(「久太郎」)(1553～1590)へ、京都本圀寺の土手築造について油断無きよう指示を下す。また近日の美濃国岐阜下向予定を通知。 [1148]
	10月14日	足利義昭、摂津国芥川より上洛し本國寺(後の本圀寺)に入る。 本國寺を義昭の御座所とした織田信長、摂津より京都に戻り、東福寺に入る。 [1149]
	10月14日	足利義昭、織田信長(御父織田弾正忠)の功績を称え、「武勇天下第一」であり、当家再興を謝す。詳細は細川藤孝・和田惟政より伝達させる。 [1150]
	10月14日	織田信長、室町幕府を通じて上・下両京中へ禁裏御料所諸役などの貢納を厳命する。(『言継卿記』)。 [1151]
	10月15日	織田軍、豊田城(奈良県天理市豊田町)を落とす。 大和国は再び松永久秀(1508？～1577)の手に戻りだす。 [1152]
	10月16日	足利義昭、巳刻(10時)に、細川藤賢邸(故細川氏綱邸)に移る。 [1153]
	10月16日	織田信長、近江国古津(滋賀県大津)へ移る。「猛勢」を率いていたという。 [1154]
	10月18日	「室町幕府再興」。夜、足利義昭に統一征夷大将軍宣下。 織田信長(1534～1582)、朝廷から将軍宣下を受けて、足利義昭(1537～1597)を第十五代将軍に就任させる。義昭、念願の征夷将軍・参議左近衛中将に任じ、従四位下に叙され、足利幕府を再興。 [1155]

西
暦*1568*

永禄11	10月18日	足利義昭（「武家」）、宝鏡寺殿へ御成。織田信長も同行。山科言継、宝鏡寺殿へ参り織田信長（「織田弾正忠」）へ足利義昭と同じように挨拶。（『言継卿記』）。 義昭の兄・足利義輝の娘が、大慈院住持で宝鏡寺兼帯であった。
	10月18日	織田家奉行人の明院良政（?～?）・木下秀吉（1537～1598）、連署して山城妙心寺に寺領を安堵。 京都に置いて初めての連署状が発給されるという。
	10月19日	織田軍、布施城（奈良県葛城市寺口字布施）へ向かう。
	10月19日	松永久秀軍（「多聞衆」）、四ヶ所に攻撃を加える。この日、「諸勢」（織田軍）は大和国を「引退」し摂津国方面へ派遣される。（『多聞院日記』）。
	10月20日	室町幕府、京中に禁裏御料諸役の勤仕を命じ、次いで信長、これを洛中諸本所に安堵する。
	10月20日	織田信長、久我晴通（「久我殿」）（1519～1575）へ、「旧領」認証の足利義昭「御下知」により所領安堵を通達。
	10月21日	幕府奉行衆の諏訪俊郷・蜂屋頼隆（1534～1589）、上下京中へ宛て「禁裏御料所」諸役等の無沙汰を成敗する由を通達。（『言継卿記』）。
	10月21日	織田信長（1534～1582）、諸本所雑掌中へ宛て、正親町天皇より「禁裏御料所」諸役等を「先規」（公家法）に任せ回復する命令を拝受した由を通達。（『言継卿記』）。
	10月21日	織田信長、朝廷に雁を献上する。
	10月22日	足利義昭（1537～1597）、将軍任官の御礼として参内。 常御所にて正親町天皇（1517～1593）に対面、三献の儀（三三九度の盃）が執り行われる。相伴者は、誠仁親王（1552～1586）、二条晴良（1526～1579）であった。
	10月23日	松永久通（「松右」）・竹内秀勝（「竹下」）以下、上洛す。（『多聞院日記』）。 お礼のため足利義昭・織田信長のもとに赴く。
	10月23日	**将軍足利義昭、織田信長を仮御所（細川藤賢邸）に召して、観世大夫の能興業を行う。** 当初は十三番であったが、信長が「いまは隣国平定をいそぐ時である。これで弓矢が納まりしなどとは、考えも及ばぬ」と不快感を示し、五番に変更。 義昭、宴の最中、信長に副将軍、もしくは管領への就任を打診。信長、これを拒否。 「道成寺」の始まる直前、義昭は信長に鼓を打つよう所望。信長、これを拒否。 終演後、信長は、義昭の名前ではなく、自分の名前で引出物を渡す。

西暦**1568**

永禄11	10月24日	足利義昭（1537〜1597）、和田惟政（1530？〜1571）・伊丹親興（？〜1574）・池田勝正（1539/1530〜1578？）の「摂津三守護」へ互いに和協を命令。	1168
	10月24日	織田信長、義昭へ帰国の挨拶を申し述べる。その際も義昭は、信長に、副将軍・管領職を勧めるが、信長は辞退する。	1169
	10月25日	「今度国々凶徒等、不歴日不移時、悉令退治之条、武勇天下第一也、当家再興不可過之、弥国家之安治偏憑入之外無他、尚藤孝・惟政可申也」。 （このたび、国々の賊徒らを短期間のうちにことごとく征伐してしまったことは、あなたの武勇が天下第一のものであることを示したものです。当将軍家が再興できたのも、あなたのお蔭です。ますます国家が安定するよう、ひとえにあなたにお頼みするほかはありません。なお、委細は細川藤孝・和田惟政からお伝えします）。 **将軍足利義昭、二十四日日付で織田信長（「御父織田弾正忠」）の功績を称え「武勇天下第一」であり「当家再興」を謝す。**（『信長公記』）。 「今度依大忠、紋桐・引両筋遣候、可受武功之力祝儀也」。 足利義昭、織田信長へ「桐」及び「引両筋」の紋を遣わし武功を促す。 信長、義昭より「御父織田弾正忠殿」と宛名された二十四日付感状を受け、足利宗家の権威をあらわす桐と二引の両紋の使用を許される。 信長は、山城、大和、摂津、河内、和泉の畿内五ヶ国知行を勧められたが断り、泉州堺津、江州の大津・草津などの都市や生野銀山などの要所を授かる。義昭は、信長を、幕府三職の随一である斯波氏の家督に任じる。 信長の狙いは、海外貿易拠点としての堺および東海道と中山道が交わり湖上交通の要である近江草津などの交易拠点を手中にすることにあった。	1170
	10月25日	**織田信長が岐阜に帰国するため、京都を発つ。**26日に近江守山。	1171
	10月26日	**信長（1534〜1582）の命で、佐久間信盛（1528〜1581）・丹羽長秀（1535〜1585）・村井貞勝（？〜1582）・明院良政（？〜1570？）、木下秀吉（1537〜1598）が五千の軍勢と共に京都に駐在。**	1172
	10月27日	「宗久が信長に堺南荘の実情を説明した結果、信長がこれを了解し、堺会合衆と会見することになった」。 **今井宗久（1520〜1593）は、明智光秀（1528？〜1582）に宛てて書状を送る。**	1173
	10月27日	織田信長、柏原上菩提院泊。	1174
	10月28日	**織田信長、岐阜城に凱旋。**	1175
	10月29日	大和国の織田軍、奈良に賦課する。	1176
	10月30日	将軍足利義昭（1537〜1597）、仮御所（細川藤賢邸）から本能寺へ移る。 当時の本能寺は、西洞院大路、油小路、六角小路、四条坊門小路にわたる寺地であった。	1177

永禄11	10月-	「その後、信長は、天下のため、また往来する旅人を気の毒に思って、領国内に数多くある関所を撤廃した。都市、田舎の身分の別なく、人々は皆ありがたいことだと思い、満足したのである」。 **この月、信長、分国中（尾張・美濃など）の関所撤廃を命じる。**
	10月-	織田信長、大和国法隆寺へ全三ヶ条の「禁制」を下す。 信長、河内国永原へ全三ヶ条の「禁制」を下す。
	11月15日	「何路百韻」。明智光秀（1528？〜1582）、飛鳥井雅春（1520〜1594）・細川藤孝（1534〜1610）・里村紹巴（1525〜1602）らと連歌に参加。 **光秀の連歌の記録として最初である。**
	11月20日	織田信長、嵯峨西山西芳寺へ、庭園の泉水再興を安堵。
	11月22日	多聞院英俊、近衛前久（「近衛殿」）が足利義昭（「上意」）「御勘当」により薩摩国へ下向することになった旨を知る。（『多聞院日記』）。
	11月-	この月、関白散官の近衛前久は、大坂石山本願寺に身を寄せる。
	11月23日	近衛前久（1536〜1612）、家督を次男（後の信尹）（1565〜1614）に譲りたい旨を、正親町天皇から将軍義昭に取り成すよう依頼する。
	11月24日	織田信長、近江国長命寺に、本年の年貢収納を認める。 京で政務に当たっている丹羽長秀と村井貞勝、長命寺惣坊に坊領の知行分の年貢の収納を認める。 丹羽長秀と村井貞勝、沖島地下人に沖島における堅田の知行分を認める。
	11月27日	将軍足利義昭（1537〜1597）、正親町天皇（1517〜1593）をはじめ織田信長（1534〜1582）らが取り成すも、近衛前久の願いを拒否する。
	12月9日	松永久秀奉行人の竹内秀勝（？〜1571）・喜多重政（？〜？）、大和国法隆寺へ、織田信長への御礼銭六百貫文を受け取ったことを即時宗勁・宗純に申し渡した旨を通知。
	12月15日	誠仁親王（1552〜1586）、親王宣下を受け元服。 資金難のため延び延びになっていたが、織田信長が費用を負担してようやく実現したものという。
	12月16日	**摂津国大坂の石山本願寺のもとに身を寄せる近衛前久（1536〜1612）、関白を罷免され、前関白二条晴良（1526〜1579）が関白に再任する。** 将軍義昭は永禄の変後の前久の行動から兄義輝の死には前久が関与しているのではと疑い、更に前関白の二条晴良も前久の罪を追及した。 吟味の結果、義昭はついに前久を朝廷から追放した。
	12月16日	和田惟政（1530？〜1571）・坂井好斎（好斎一用）（？〜？）・中川重政（？〜？）・木下秀吉（1537〜1598）・松永久秀（1508？〜1577）へ、今井宗久（1520〜1593）・武野新五郎（宗瓦）（1550〜1614）の「公事」（訴訟）の件で織田信長が「異見」（和解の提案）を申しても、宗瓦が「異儀」及んだので全て今井宗久の勝訴としたので、今後は宗久に信長への「馳走」命令通達を依頼。
	12月16日	織田信長（「弾正忠」）、大覚寺門跡へ、足利義昭「御下知」に任せ門跡領・下河原領・功徳院分について安堵を下す。
	12月16日	織田信長、沢与助（鷹の扱いに優れ近江浅井氏に属した少士豪）へ、近江国御園内の神田郷の六十四石の「米方」と十二貫文の「小物成」を宛行う。

西暦 1568

永禄11	12月16日	織田信長、一色藤長(?～1596?)へ、足利義昭「御下知」に任せ領地を安堵する。[1193]
	12月24日	松永久秀(1508?～1577)、早旦に大和国多聞山城(奈良市法蓮町)を発し、「名刀不動国行」などの名物を多数持って、美濃国へ下向。そのまま越年する。[1194]
	12月28日	松永久秀(「松永」)が池田丹後守・寺町衆に守備させた和泉国家原城(大阪府堺市西区家原寺町)が三好三人衆に攻撃され陥落。(『多聞院日記』)。 **信長不在の京都をねらい、阿波へ逃げていた三好三人衆が六千の兵を率い、和泉へ上陸、進撃した。**[1195]
	12月-	織田信長、山城国妙顕寺へ、足利義昭(「公方様」)の「御下知」により妙顕寺への「永寄宿」・「非分課役」等が免除されたことを安堵。[1196]
	12月-	この月、秀次(秀吉の姉・日秀の子)(1569～1595)、生まれる。後の豊臣秀次。 この月、秀勝(織田信長四男)(1569～1586)、生まれる。後の羽柴秀勝。母は、信長側室・養観院という。[1197]

西暦 1569

永禄12	1月3日	信長不在の京都をねらい、三好三人衆が進撃。[1198]
	1月4日	三好三人衆、京中へ侵入し、浄福寺・東寺周辺に布陣、さらに塩小路まで押し寄せる。 三好三人衆は、勝軍地蔵山城・東山を焼き、京都と岐阜の間を分断する。[1199]
	1月4日	**「光秀が『信長公記』に初登場」。** このとき本國寺内にあって公方様を警護していたのは、細川典厩藤賢・織田左近・野村越中・赤座七郎右衛門・津田左馬丞・坂井与右衛門・**明智十兵衛光秀**・森弥五八・山県源内・宇野弥七らであった。[1200]
	1月5日	**「本國寺の変」。** 「三好日向守、同下野入道釣竿、石成主悦助以下、今日悉本國寺取詰攻之、午刻合戦、寺外焼之、……武家、御足軽衆以下廿餘人討死云々、貴衆死人手負数多有之云々。」(『言継卿記』)。 三好三人衆(三好長逸・釣竿斎宗渭(三好政康)・岩成友通)、斎藤右兵衛大輔龍興・長井道利主従らの諸浪人を糾合し、将軍足利義昭の御座所である本國寺(後の本圀寺)を攻撃。午刻(12時)、応戦した義昭側近の細川典厩藤賢(1517～1590)・織田左近・野村越中・赤座七郎右衛門・津田左馬丞・坂井与右衛門・明智十兵衛光秀・森弥五八・山県源内・宇野弥七らは、かろうじて持ちこたえる。**明智光秀(1528?～1582)は、鉄砲、弓で応戦したという。** 織田方・若狭衆の山県源内(盛信)、宇野弥七の二人は、三好三人衆大将の薬師寺九郎左衛門貞春の旗本に切ってかかり、多くの敵に手傷を負わせるも、最期は槍に突かれて討ち死。しかし、陥落に至らぬまま日暮れとなったため、三好勢は兵を収めて翌日の戦闘に備えた。本圀寺の北の中堂寺、南東の不動堂が放火され、兵火を憂える本國寺僧侶の説得に応じたともいう。[1201]

永禄12	1月6日	「三好日向以下悉七條越云々、自西池田、伊丹衆、北奉公衆、南三好左京大夫取懸、左京兆鎧入之、従三方懸、三人衆以下申刻敗軍、多分討死云々、及黄昏之無殊沙汰」。(『言継卿記』)。
		翌日になって、足利奉公衆の細川藤孝(1534~1610)、それに摂津国衆の伊丹親興(ちかおき)(?~1574)、池田勝正(1530?~1578)、池田清貧斎(正秀)、荒木村重(1535~1586)らが兵を率いて本國寺に馳せ参じる。七条に移動した三好三人衆勢は不利を悟って退却。京都桂川で追いついた池田勝正・伊丹親興軍が西から、三好三人衆勢と戦い不利なさ中、南から三好義継(1549~1573)が到来、北から奉公衆が攻め、三好三人衆勢を破る。三好三人衆の岩成友通(?~1573)が北野社松梅院に逃れ入り攻撃され落行。三好長逸(?~1573)は八幡へ退却。
	1月8日	夜、三好義継・細川藤孝・池田勝正ら、敗退した三人衆方追撃のため、「西岡勝隆寺之城」(勝龍寺城)へ進駐。
	1月8日	織田信長(1534~1582)、美濃国岐阜城に於いて松永久秀(1508?~1577)を謁見する。松永久秀は帰服の証として天下無双の名物である「不動国行」の太刀を献上し、恭順の意を表す。
	1月8日	**信長、「本國寺の変」の報せを聞くとすぐさま岐阜を出陣。大雪の中を一騎掛けで京へ向かう。最初の供の者は十騎という。**
	1月9日	「本國寺の変」で、信長軍が堺の町を攻撃。
	1月10日	**織田信長、三好三人衆が本國寺の足利義昭を包囲急襲の変報を聞き、大雪の中を上洛。**松永久秀を同行。 信長は、堺の南北荘へ使者を遣わし、三好方の根拠地となった堺津の三十六人会合衆に対して同罪であると責める。
	1月12日	信長の上洛につき、尾張・美濃・伊勢・近江・若狭・丹波・摂津・河内・山城・大和・和泉の国衆が上洛し八万の軍勢が集まるという風聞に接す。(『言継卿記』)。
	－	この頃、幕臣であった米田求政(1526~1591)が勝龍寺城に来て、細川藤孝(1534~1610)の旗下に属すると伝える。
	1月14日	**将軍足利義昭の存立は信長なしでは在り得ないことを見抜いた織田信長、義昭の将軍権力や幕府の奉公人の権力行使を制限するため、「殿中御掟九ヶ条」を定め、将軍足利義昭に承認させる。**
	1月15日	本願寺顕如光佐(1543~1592)、信長上洛を祝い、信長に物を献上。
	1月16日	**「織田政権が始まる」。** **信長、殿中御掟九ヶ条にさらに七ヶ条の細則を追加した十六ヶ条の殿中御掟を制定し、これも義昭に承認させる。** 信長の名前で制定し、将軍義昭にはその文書の右端に承認を意味する花押をさせた。それは、将軍の命を奉じて信長が制定した形だったが、信長が将軍の行動に制約を加えたものであり、将軍は信長の傀儡にしか過ぎないことを意味し、織田政権は実質的にここ始まった。
	1月18日	織田信長、明日予定されている「三毬打(さぎちょう)」の準備を見物し朝廷へ警固役を申し出る。(『言継卿記』)。 三毬打(左義長、三毬杖)とは、小正月に行われる火祭りの行事。

西暦**1569**

永禄12	1月19日	三好三人衆の反乱も治まり、朝廷、声聞師の松囃子で、左義長の行事を行う。織田信長、日の出以後に近習五百人を率いて禁裏へ出仕。それ以外の軍勢は門外を警固させる。後に織田信長を小御所庭に於いて酒肴を下すことになったが、既に織田信長は到来しているにもかかわらず下賜の酒を待っていたが、遅れたので退出してしまう。(『言継卿記』)。[1214]

1月19日　織田信長、近江国堅田中に全五ヶ条の「定」下し、湖上水運の課役徴収を認める。[1215]

1月21日　「さて、信長は「これからは、きちんとした将軍御所がなくては不都合だ」と言って、尾張・美濃・近江・伊勢・三河・五畿内・若狭・丹後・丹波・播磨十四ヶ国の大名・武将たちを上洛させ、これからの人々命じて、二条の古い邸の堀を広げ、将軍御所として改築させることにした」。[1216]

「本國寺の変」を受けた織田信長、将軍に堅固な居宅を目論み、勘解由小路室町真如堂（前将軍義輝二条の館跡）に、将軍義昭の新第（二条城）の造営に自らが奉行となって着手する。二月二日、大がかりな工事がはじまる。大工奉行は村井貞勝と島田秀順（秀満）。

1月22日　織田信長、足利義昭の下知に任せ、権大納言烏丸光康へ摂津国上牧（かんまき）の知行を安堵。[1217]

1月26日　織田信長、真如堂蓮光院へ、「真如堂当屋敷」にはもとのように将軍「御殿」を建立するため、その替地として一条西の四丁町（京都市上京区元真如堂町）を寄進するから諸伽藍を再興するよう命令。堂領諸所の散在は「任御代々御判之旨」（足利将軍家代々の御下知状の通り）せて安堵すること、西岡知徳庵・道場分は新たな寄附分でありこれを寺納すること、非分課役・寄宿は「停止」することを通達。[1218]

1月27日　山科言継、勘解由小路室町真如堂の「光源院御古城」（足利義輝旧邸）再興の普請を始めた織田信長へ立ち寄り礼を申し、暫く雑談する。(『言継卿記』)。[1219]

2月2日　織田信長、朝廷に鯨を献上。すぐに切り刻んで公家らに配給された。[1220]

2月2日　織田信長、勘解由小路室町真如堂に元の如く「武家御城」を近日中に普請を実施するという。尾張国・美濃国・伊勢国・近江国・伊賀国・若狭国・山城国・丹波国・摂津国・河内国・大和国・和泉国・播磨国より人夫が石を運び召集され、この日より「石蔵積」（石垣普請）が開始される。(『言継卿記』)。[1221]

織田信長の将軍義昭の新第（二条城）の造営、十一ヶ国衆の普請という大がかりな工事で、はじまる。石積みを西側より始める。

2月4日　織田信長、徳川三河守家康の改年祝儀の鯉贈呈を謝す。[1222]

2月6日　織田信長、朝廷に鮒を献上。公家ら、鮒汁で盛り上がる。[1223]

2月7日　足利義昭（1537〜1597）、大友宗麟（義鎮）（1530〜1587）に対し、「義昭料所」を献上する毛利元就（1497〜1571）との和議を勧告する。
義昭は将軍として政治行動をはじめた。[1224]

2月7日　山科言継（1507〜1579）、午時に「武家御城」の普請場に織田信長を見舞う。西方の「石蔵」（石垣）は大方完成した。聖護院道澄（近衛前久弟）（1544〜1608）・三好義継（「三好左京大夫」）（1549〜1573）が見舞に来訪。聖護院道澄・徳大寺公維以下方々よりたくさんの贈物が届けられ山科言継は驚く。(『言継卿記』)。[1225]

永禄12	2月8日	「足利義昭御内書」。将軍義昭、上杉輝虎(謙信)へ、三好三人衆(三好長逸・三好政康・岩成友通)の本國寺襲撃を織田信長が撃破したことに触れ、それ以来、現在に至るまで在洛していることを通知。また武田信玄との和与を命令し、「天下静謐」の馳走は信長と談合すべきことを通達。詳細は智光院頼慶に伝達させる。
	2月9日	「武家御城」の石垣南岸が崩壊し人夫七、八人が死亡。普請には日々数千人が携わっている。(『言継卿記』)。
	2月10日	織田信長、直江景綱へ、輝虎(謙信)・信玄の和睦に関する足利義昭「御内書」が発給されたので、この旨を承知し足利義昭のために「御馳走」することが肝要であり、特別に奔走することは織田信長にとっても快然であることを通知。
	2月11日	**堺接収に信長の上使衆が派遣される。堺に二万貫の矢銭を課し、かつ牢人衆を入れて反抗しないことを誓わせ、その自治権を制限する。** 今井宗久(そうきゅう)(1520〜1593)は、会合衆と信長との仲を取り持ち、結果、南荘を足利義昭に近く、堺に伝統的勢力をもつ安宅信康(あたぎのぶやす)(三好長慶の弟・安宅冬康の長男)(1549〜1578)に任せ、北荘を今井宗久の手引きにより「自治」体制のまま信長に従属させたとされる。
	2月13日	足利義昭、本國寺より織田信長が進めている旧幕府御殿跡地への城築造を見物。(『言継卿記』)。
	2月15日	「足利義昭御内書」。将軍義昭、忍頂寺(摂津国)に代々の証文により祈願所であることは間違いないので寺領の守護不入を安堵する御内書を発給する。詳細は細川藤孝(「細川兵部大輔」)・中沢元綱(「中沢下野守」)に伝達させる。 同日付の添状形式で奉行人奉書が出された。さらに、信長の朱印状が添状の形で翌日発給される。
	2月16日	「織田信長朱印状」。信長、義昭の下知に任せ、摂津の忍頂寺領を安堵。 忍頂寺が御祈願所であり、寺領全域について、守護不入の地であることを認めた。
	2月26日	足利義昭、年頭の礼に参内。常御所にて正親町天皇に対面、三献の儀(きんこん)(三三九度の盃)が執り行われる。
	2月26日	佐久間信盛(佐久間右衛門尉信盛)・柳生宗厳(「柳生新左衛門尉」)へ、「御味方」(織田側と松永久秀(「多門山」))と連絡を取っていることを賞し、織田信長よりの謝意を通知。また去年以来の結城忠正(「結山」)との談合については決して油断していない旨を通知。
	2月27日	将軍足利義昭の幕府御所(二条城)の鍬初め(起工)が行われる。大工奉行は、村井貞勝・島田秀順(秀満)。 信長、本國寺に命じて、寺の座敷や襖絵、屏風、障壁画など、この幕府御所に運ばせることとする。
	2月28日	**織田信長(1534〜1582)、この日より畿内各所に撰銭令を発布し、また、三月十六日、条目を追加する。**
	2月28日	織田信長、軍勢三千人余の軍を派遣し、別所に陣取り、摂津の尼崎に矢銭をかける。
	2月29日	村井貞勝(?〜1582)・明智光秀(1528?〜1582)・朝山日乗(ちょうざんにちじょう)(?〜1577)、近衛前久邸門外町人に対し、公方御所および信長御台所座所の近辺に、寄宿することを禁じる。

永禄12	2月-	織田信長、山城国慈照院へ、相国寺内塔頭慈照院境内の宜竹軒領の地子銭・年貢米を安堵す。	1239
	3月1日	織田信長、摂津国四天王寺へ、撰銭に関する全七ヶ条の「定精選条々」を下す。信長は、悪貨1枚を精銭1枚に対して、2分の1、5分の1、10分の1の価値比率にそれぞれ分類して活用するように命じる。	1240
	3月2日	朝廷、伝奏・右少弁両名(万里小路大納言、廣橋右少辯兼勝)を勅使とし、信長に副将軍を推任。織田信長(1534～1582)、この推任に返答せず。(『言継卿記』)。	1241
	3月2日	織田信長、「上辺」の次に尋ね事があるというので山科言継を訪問。言継、門外にて信長と面会するも「され事」であった。(『言継卿記』)。	1242
	3月2日	和田惟政(「和田伊賀守」)・進斎忠正(「竹内下総守」(松永久秀家臣)・柴田勝家(「柴田修理亮」)・蜂屋頼隆(「蜂屋兵庫助」)・野間長前(「野間左橘兵衛尉」)・森可成(「森三左衛門尉」)・坂井政尚(「坂井右近尉」)・佐久間信盛(「佐久間右衛門尉」)、摂津国多田院へ「御用脚」を免除。織田信長、摂津多田院の矢銭を免除する。	1243
	3月3日	**朝廷、信長に皇室領率分の回復を請う。**「率分」とは納める租税未納を補填するための制度で、権益ともいえる課税権のこと。	1244
	3月3日	織田信長、廷臣の所領回復のため、その記録を徴す。	1245
	3月3日	織田信長、細川藤賢邸の庭より三、四千人の人夫で、慈照寺（銀閣寺）伝来の銘石「藤戸石」を笛鼓にあわせて勘解由小路室町まで運搬。日暮れまでには堀之内へは入れられず。山科言継、この「藤戸石」見物に赴き驚嘆す。(『言継卿記』)。慈照寺の庭石「九山八海」他、洛中洛外の名石・名木を集める。**信長は、石蔵造りを目指し、石材が足りないので石仏を倒して運ばせる。**	1246
	3月5日	山城国本能寺、織田信長に屏風（絵は鷹）を献上。信長、これを謝し旅宿の飾りに用いることを伝える。詳細は「黄門」に通達させる。	1247
	3月5日	室町幕府、大山崎油神人に京中販売の特権を安堵する。	1248
	3月6日	信長配下の兵、矢銭を拒否した摂津の尼崎に火を放つ。	1249
	3月7日	山科言継、勧修寺晴右・甘露寺経元と共に織田信長を訪問。十一ヶ国から集められた人夫により御城の内側の「磊」（石垣）がこの日悉く完成したというので暫く見物し驚嘆す。また、織田信長が美濃国下国の話をしたので公家衆は秋頃までは在京するよう慰留する。山科言継、細川藤賢（「細川右馬頭」）に自邸まで送ってもらう。(『言継卿記』)。	1250
	3月9日	信長方の松永久秀、兵を率いて法隆寺並松で筒井勢を破る。	1251
	3月10日	織田信長、御城の南門に櫓を建てる。(『言継卿記』)。信長、義昭の幕府御所(二条城)の南門に櫓を建てる。	1252
	3月16日	織田信長、この朝に禁裏へ串柿二盆・台物を献上。(『言継卿記』)。信長、朝廷に鯛、串柿を献上する。	1253
	3月16日	織田信長、上京へ、「銭定」など全七ヶ条の「精撰追加条々」を下す。	1254
	3月17日	第百六十五世天台座主である梶井門跡入道応胤親王（伏見宮貞敦親王の第五王子、後奈良天皇の猶子）(1531～1598)、山科言継を同行し織田信長の宿所に臨む。	1255

永禄12	3月18日	木下秀吉(1537~1598)、小早川隆景(1533~1597)へ、毛利元就(1497~1571)から信長への使者派遣につき取次ぐ旨を通知。
	3月18日	織田信長、禁裏へ鯛を献上。(『言継卿記』)。
	3月23日	「この時いささかも信長御疎略においては、信玄滅亡疑いなく候」。「信玄の事は、只今信長を憑むのほか、又味方なく候」。 武田信玄(1530~1578)、織田信長との交渉のために京都駐在の謀臣・市川十郎右衛門尉に命じ信長に働きかけさせ、その斡旋により甲越和睦を実現、信玄自身は、北条氏に当たり得るよう画策する。が、かなり悲観的な言葉を述べる。年次には異説がある。
	3月27日	宝鏡寺殿新御所、この夜に織田信長の媒酌により三好義継(「三好左京大夫」)へ「嫁娵」という。(『言継卿記』)。 信長(1534~1582)に命じられた三好義継(1549~1573)、信長の媒酌により、宝鏡寺殿新御所(足利義昭の妹)を娶る。
	3月28日	**明智光秀、山城国法金剛院門前屋敷の付属田畑・屋敷畠の安堵状を出す。**
	3月-	織田信長、山城国誓願寺泰翁長老へ、「参銭」等を安堵。また「如近年可為一職」を安堵。 大林寺の第四世住職・泰翁は、弘治2年(1556)京都に移り京都誓願寺の住職となる。その際、家康の三河支配正当化のために徳川姓と三河守任官に尽力したという。
	4月2日	明智光秀(1528?~1582)、細川藤孝(1534~1610)と共に、山城国天竜寺の存立の安堵状を出す。
	4月2日	織田信長、足利義昭に従う内藤貞弘を、岡御所領丹波佐伯南北両荘の代官に任じる。 内藤貞弘は、この1月に本國寺に籠り、伊丹軍に加勢して三好三人衆の軍と戦う。そして、岡御所領丹波佐伯南北両荘を遺乱した。
	4月3日	**義昭が任命した大工総官職に対し、違う者を任命したいという朝廷の意向を山科言継が信長に伝えるが、将軍の固い意志によって決められたことであり、意見を申し入れるのはどうかと、信長は返答した。(『言継卿記』)。**
	4月5日	織田信長、山城国八瀬童子の諸商売について綸旨及び将軍家「御代々御下知」に任せて安堵する。また八瀬童子の居住地八瀬の山林・竹木伐採や「郷質」・「所質」を押執ることを停止する。
	4月-	**「信長の茶道具の名物狩り」。**「さて、信長は、金銀、米銭には不足することはなかったので、この上は唐土から渡来した美術工芸品や天下の名物を手もとに置こうと考えて、次の品々を提出するように命じた。……松井友閑および丹羽長秀が使者となり、金銀・米を下げ渡して右の品々を召し上げた」。 この月、織田信長(1534~1582)、上京の富豪が所持する「唐物天下の名物」の買上げを命令し、堺政所の松井友閑(?~?)・丹羽長秀(1535~1585)を使者に遣わす。所蔵主には金銀米穀が代償として与えられた。 買上げ茶器、初花(大文字屋所蔵)・ふじなすび(祐乗坊所蔵)・竹さしやく(法王寺所蔵)・かぶらなし(池上如庵所蔵)・雁の絵(佐野・灰屋所蔵)・もくそこ(江村所蔵)などという。

西暦1569

永禄12	4月7日	山科言継・万里小路輔房・広橋兼勝、早旦に織田信長を訪問。蹴鞠が行われており、白地を着用した信長と対面。信長より「前之筋目」は和田惟政より通知するとの返答を受ける。山科言継ら、和田惟政の旅宿である妙蓮寺を訪問し、先ず「公方御下知」を下されるよう依頼して帰宅。(『言継卿記』)。	1267

	4月7日	将軍足利義昭、上杉輝虎(謙信)へ、「甲越無事」の件について去々月に派遣した使僧の智光院頼慶が帰洛しないため輝虎(謙信)の返答を督促。再度の使者派遣と軽率な出陣を戒める。詳細は織田信長に伝達させる。 信長、直江景綱へ、去々月に輝虎(謙信)・信玄の和睦に関する足利義昭「御内書」が下されたが、使者の帰洛が無いため再度足利義昭「御内書」が送付されたので、この旨に応ずるよう促す。	1268

	4月7日	織田信長、本郷信富(「本郷治部少輔」)(1531~1605)へ、武田義統(「武田大膳大夫」)(足利義昭の妹婿)(1526~1567)の「折紙」(書状)に任せ若狭国大飯郡本郷の年貢以下を集積し名家本郷家の維持を安堵す。	1269

	4月7日	織田信長、金山信貞(「金山駿河守」)(三好義継家臣)・紀伊国守護代の遊佐盛(「遊佐勘解由左衛門尉」)(畠山秋高(政頼)家臣)らをして、紀伊国金剛峯寺へ、三好三人衆に一味し、度々の軍事行動及び要害構築したこと、大和国宇智郡に於ける不法行為などを「言語道断」と譴責し、恭順の意を示さなければ直ちに「御成敗」の対象となる旨を通達。	1270

	4月8日	松永久秀(1508?~1577)・松永久通(1543~1577)(「松永父子」)、「南」(摂津国方面)へ出陣。三好義継(「三好左京大夫」)(1549~1573)・畠山高政(「畠山殿」)(河内国守護)(1527~1576)が摂津国・河内国・和泉国の軍勢を率いて出陣。(『多聞院日記』)。	1271

	4月8日	山科言継(1507~1579)、万里小路輔房を同行し足利義昭(「武家」)を訪問。「率分」の件の「女房奉書」を提示し足利義昭「御下知」を所望したところ、この件は織田信長が停廃したので先ず織田信長へその次第を通知し、その後に足利義昭「御下知」を調えるとの返事であった。次いで「改元」の件での交渉あり。(『言継卿記』)。	1272

	4月8日	**「信長、京都でのキリスト教布教を認める」。** 織田信長(1534~1582)、足利義昭の住居である建築中の幕府御所(二条城)(烏丸中御門第)の工事現場で、再び入京したポルトガル人耶蘇会士ルイス・フロイス(1532~1597)を初めて引見する。「…………彼は天下を統治し始めた時には三十七歳くらいであったろう。彼は中くらいの背丈で、華奢な体躯であり、髭は少なくはなはだ声は快調で、…………」。(『フロイス日本史』)。 ルイス・フロイスは、一度目は会見できず、二度目の訪問である。そして、信長朱印状をもって、京に居住する自由を与えられる。 これにより、先に内裏が出した宣教師追放令は事実上、無効になる。	1273

	4月8日	**「北野経堂で奈良大仏の螺髪を鋳る」。朝廷・信長は、大仏再興を意図していた。** 北野経王堂は、三十三間堂の1.5倍の長さの御堂で北野社社頭にあった。	1274

	4月10日	織田信長、山城国北野社松梅院へ、社領丹波国船井郡の「地頭職」十一ヶ村を将軍家「御代々之御判」・足利義昭「御下知」に任せて安堵す。	1275

	4月13日	織田信長、朝廷に砂糖、柿を献上。	1276

	4月13日	織田信長、山城国西岡の灰方公文へ、広橋国子(曇華院殿)(聖秀女王の母)が徴集している西岡灰方からの「夫銭」は月毎に納入するはずであるが理由を付けて「難渋」していることは「曲事」であるとし、「如前々」く進納するよう命令。	1277

永禄12	4月13日	織田信長(1534〜1582)、晩に衣棚押小路の妙覚寺へ移徙する。(『言継卿記』)。
	4月14日	**足利義昭(1537〜1597)、本圀寺から巳刻(10時)に勘解由小路室町(武衛陣)の幕府御所(春日室町第)へ移徙する。(『言継卿記』)。** 京都の将軍二条城が、膨大な人手を使い驚くべき短期間に完成し、将軍足利義昭が居を移す。二条第新造祝の観能が催される。義昭は信長の庇護の下にあることを一層認識する。
	4月14日	織田信長、花山院家輔(「花山院殿」)へ、京都一条の道場屋敷半分の南方と門・藪を「花山院殿御分」として安堵。
	4月14日	「賀茂庄中宛木下秀吉・明智光秀連署状」。「猶以定納四百石宛ニ相定候也、以上、城州賀茂庄之内、自先々落来候田畠、雖為少分、任御下知旨、賀茂売買之舛にて毎年四百石宛可運上、并軍役百人宛可有陣詰之由、得其意候、聊不可如在事肝要候、恐々謹言、以上」。 **明智光秀(「明智十兵衛尉」)(1528?〜1582)・木下秀吉(「木下藤吉郎」)(1537〜1598)、山城国賀茂荘中へ「落来」(隠蔽していた)田畠について足利義昭「御下知」に任せ「賀茂売買之舛」により毎年四百石の「運上」と「軍役」として百人宛の「陣詰」命令が出されたことを通達。**
	4月15日	信長軍、三好三人衆と行動を共にしていた入江元秀の摂津国入江城(高槻城)と、山城国普賢寺城(天王畑村)(京都府京田辺市天王高ヶ峯)を攻略。
	4月15日	烏丸光康・烏丸光宣・万里小路惟房・山科言継ら、妙覚寺の織田信長(「織田弾正忠」)を訪問。妙覚寺には若狭国・丹波国・摂津国衆が数多出入しており「公事」は取り乱れていた。公家衆は暫く仏殿で待機していたが、使者の通達によれば烏丸の摂津国知行分の件、万里小路惟房・山科言継の「率分」の件、「禁裏御料所」の件は大概手続きが調ったとのことであった。(『言継卿記』)。
	4月15日	山科言継、足利義昭(「武家」)へ祗候し移徙を祝す。申次は細川藤孝(「細川兵部大輔」)であった。足利義昭(実際は大蔵卿局)、飯川肥後守(信堅)を以て「改元」の件を「如何様にも」この月中に行うよう内々に上奏するよう要請。(『言継卿記』)。
	4月15日	織田信長、摂津国西宮西蓮寺「住持職」を本寺の証文の通り眼阿弥陀仏に安堵する。
	4月15日	将軍足利義昭(1537〜1597)、キリスト教布教許可の制札を出す。
	4月16日	信長方の松永久秀(1508?〜1577)ら、三好三人衆方の筒井順慶の属城・片岡城(奈良県北葛城郡上牧町)を攻略。
	4月16日	明智光秀(「明智十兵衛尉光秀」)・中川重政(「中川八郎右衛門重政」)・丹羽長秀(「丹羽五郎左衛門尉長秀」)・木下秀吉(「木下藤吉郎秀吉」)、立入宗継(「立入左京亮」)へ、宇津頼重(「宇津右近大夫」)が「禁裏御料所」を「押領」した件について織田信長の糾明により宇津頼重へ違乱停止命令が出され織田信長の「朱印」を以て山国荘「両御代官」(庭田重保・高倉永家)へ上奏したこと、従来の通り朝廷の「御直務」とするため年貢納入を確保することを通達。 明智光秀(1528?〜1582)・中川重政(?〜?)・丹羽長秀(1535〜1585)・木下秀吉(1537〜1598)、立入宗継(1528〜1622)へ、信長(1534〜1582)の糾明により、宇津城(京都市右京区京北下宇津町殿ノ谷)の宇津頼重(?〜?)へ違乱停止命令が出されたことを通達。
	4月16日	秀吉・長秀・中川重政・光秀、丹波新庄他百姓中へ、宇津頼重へ違乱停止命令が出されたことを通達。

西暦 **1569**

永禄12	4月16日	秀吉・長秀・中川重政・光秀、若狭の広野孫三郎宛、所領安堵の連署状を送り、守護(武田氏)への忠節を命じる。実質上、若狭は朝倉氏の支配下に入っていた。	1290
	4月16日	秀吉・長秀・中川重政・光秀、梶又左衛門宛、所領安堵の連署状を送り、守護(武田氏)への忠節を命じる。	1291
	4月16日	秀吉・長秀・中川重政・光秀、治部助宛、所領安堵の連署状を送り、守護(武田氏)への忠節を命じる。	1292
	4月16日	**信長、朝山日乗(？～1577)に命じて朝廷に内裏の修理費用一万貫を献上。**	1293
	4月16日	織田信長、父信秀にならい禁裏修理に当たり、用瓦を報恩寺で焼く。禁裏修理の奉行は、日乗上人と村井貞勝という。	1294
	4月18日	信長方の松永久秀父子、万歳城(奈良県大和高田市大字市場)を攻める。	1295
	4月18日	秀吉・長秀・中川重政・光秀、宇津頼重へ、信長が違乱を禁止する旨を通達。	1296
	4月19日	織田信長、足利義昭の下知に任せ権大納言烏丸光康に摂津国上牧の地を安堵。同じく山城国大原野神社に社領を安堵。	1297
	4月20日	将軍足利義昭、上杉輝虎(後の謙信)(「上杉弾正少弼」)へ、「越甲間儀」について度々和睦を督促しているが、交渉の促進を意図して使者瑞林寺を派遣したこと、是非とも和睦締結に応じること、軽率な軍事行動を誡めることを通達。詳細は織田信長に伝達させる。	1298
	4月20日	織田信長、義昭の下知に任せ山城国妙顕寺の寄宿を免除。同じく山城国雲華院に大住荘を直務させ、同院領摂津国潮江荘と難波村の年貢を代官伊丹親興(？～1574)に催促させる。	1299
	4月20日	織田信長、京都大徳寺塔頭大慈院へ、清光院私領・代官敷地・買得田畠地子銭を将軍家「御代々御下知」に任せ「当知行」として安堵。	1300
	4月21日	木下藤吉郎秀吉(1537～1598)、幕府御所(春日室町第)警護を命令される。	1301
	4月21日	織田信長、将軍家「御代々御判」・「御下知」により東寺領並びに境内を安堵。	1302
	4月21日	**妙覚寺の織田信長(1534～1582)、幕府御所(春日室町第)の足利義昭へご機嫌伺いをしたのち、美濃国岐阜へ帰還するため、京を発つ。** 岐阜に帰還するとして暇乞い挨拶の後、義昭は涙を流し信長に謝意を表し門外まで見送り、信長が粟田口を越えるまで見送った。(『言継卿記』)。	1303
	4月23日	**織田信長、京より岐阜城帰陣。**	1304
	4月25日	佐久間信盛(1528～1581)、摂津西宮眼阿弥陀仏へ、西蓮寺「住持職」を本寺証文に任せ、信長御朱印を以て安堵する旨を通達。	1305
	4月25日	耶蘇会士ルイス・フロイス(1532～1597)に京都居住許可の綸旨も下された。	1306
	4月25日	「正親町天皇、宣教師追放の綸旨」。朝山日乗(？～1577)、耶蘇会士の京都追放を朝廷に奏請。綸旨は下されたが、後、失効。その後も日乗は耶蘇教排斥を訴えて運動を続け、宣教師たちを攻撃する。しかし信長は日乗が役に立つ人物であったので彼を利用し続ける。	1307
	4月-	織田信長、山城国清和院へ、院領の山城国西岡富坂・敷地・末寺については「御代々」の「綸旨」・「御下知」により安堵す。	1308

永禄12	4月-	「織田信長朱印状」。信長、近江堅田の土豪・猪飼野佐渡守(宣尚)・猪飼野孫右衛門尉(昇貞)へ、志賀郡の木場役を安堵。
	4月-	この月、明智光秀(1528 ?~1582)、熙子(?~1576)に長男・十五郎(光慶)(1569~1582)が生まれるという。
	4月-	朝倉氏と本願寺、最終的に和議締結。
	5月3日	三好三人衆の一人・三好政康とされる政勝(政生)、出家し釣竿斎宗渭(父は三好政長)(?~1569)が阿波で没という。家督は弟の三好為三(三好政長の次男政勝)(1536~1632)が継いだ。
	5月10日	織田方の松永久秀・久通父子、守将越智家増越の貝吹城(奈良県高市郡高取町与楽)を攻めるが自軍に損害を出す。
	5月16日	松永久秀父子、井戸表(奈良県天理市石上町)へ陣替えする。
	5月17日	木下秀吉(1537~1598)、山城国広隆寺へ、飯尾貞遙(「飯尾右馬助」)(飯尾昭連、幕府奉行人)に「信長朱印」を発給したこと、寺領については去年の信長「朱印」に相違無いことを通達。
	5月18日	松永久秀父子、御所の「一向宗道場」を破却する。
	5月-	**この月、織田信長(1534~1582)、津田一安(織田忠寛)(?~1577)を使者として甲府の武田信玄(1530~1578)のもとに派遣する。**
	5月-	「取引や用務で往来するおびただしい人々で道はにぎわい、一歩、店に入れば、商いと雑踏で家の中では自分の声が聞こえぬほどだった。昼夜、ある者は賭け事をし、飲食、売買、また荷造りに忙しく立ち働いているのだ。人口は八千人ないし一万人で、バビロンの雑踏を思わせるほどで、塩を積んだ多くの馬や貨物その他の品物を抱えた商人達が諸国から集まっていた。(『イエズス会士日本書簡集』)。 **この月、宣教師のルイス・フロイス(1532~1597)、岐阜に信長を訪ねる。十三歳であった奇妙丸(信忠)(1557~1582)が父の傍らに座したという。信長は、金華山の頂上には自分の身を守るために山城を築城したが、山の麓に居館としてフロイスによって「宮殿」と呼ばれた文化空間を構えていた。**
	5月-	**この月、伊勢木造城(三重県津市木造町)主・木造具政(1530~?)らが北畠家に背いて織田家に属す。** 伊勢国司・北畠具教(1528~1576)の弟である木造具政が信長に内応を申し入れた。
	閏5月6日	佐久間信盛(佐右信盛)、一色藤長(「一式少」)・曽我助乗(「曽兵」)へ、播磨国からの注進について足利義昭「被仰下」れた旨を直ちに織田信長へ報告し摂津国・丹波国の軍勢出動を協議するが、再度の注進を待ち待機(「遠慮」)していること、再度足利義昭の命令があれば織田信長は上洛するということ、三淵藤英(「三和」)・歳阿弥(「才阿」)・観世国広(「観与左」)からの通達は織田信長へ上申しており、織田側としては油断無き旨を足利義昭へ「御取成」すよう依頼。
	閏5月20日	上杉輝虎(謙信)、信長の取次である林次郎左衛門尉へ、「上意(将軍足利義昭)」の御入洛の御祝儀として、使僧を差し上せること、これにより、信長へも申し届けること、よしなに取り成してもらえれば、優れて喜ばしいこと、当国瀬波産の青鷹(雌鷹)・兄鷹(雄鷹)を一連づつ遣わすこと、これらを懇ろに通知する。

西暦 **1569**

永禄12	閏5月23日	織田信長、京都東寺へ、足利義昭「御下知」により「当知行」を安堵。
	6月2日	織田信長、今枝六蔵へ、宮田新丞知行分の尾張国日置郷内及び墨俣の「出作」分の合計四十貫文を扶助。
	6月7日	織田信長、稲葉貞通へ「領知方目録」を与える。
	6月7日	織田信長、稲葉貞通（「稲葉彦六」）（1546～1603）へ、美濃国河西所々における春秋の段銭・夫銭は稲葉一鉄（「其方」）・氏家直元（「氏家」）・安藤守就（「伊賀」）の美濃三人衆に三分の一ずつ当分に宛行い上納を義務付けることを「去々年」（永禄十年）に指示したが、近年は上納しないので譴責し、「其筋目」に任せた所務遂行を命令。
	6月11日	細川藤孝（1534～1610）、喜入季久（島津氏家臣）（1532～1588）へ、足利義昭「御内書」が発給された旨を通知。
	6月20日	山科言継（1507～1579）、朝山日乗（？～1577）を訪問し東寺路次について質疑したところ、度々申し遣わしているのだが「明智」（明智光秀）より返事が無いとのことであった。（『言継卿記』）。
	6月21日	**明智光秀（1528？～1582）、阿弥陀寺清玉上人へ、将軍足利義昭の下知を伝える。**
		阿弥陀寺は、天文24年（1555）、飯尾元運などの援助を得て、生誉清玉を開山として芝薬師町（現在の堀川上立売通西辺）に建立。清玉は東大寺の大仏殿勧進職を務めた人で、室町幕府から無縁所として許可を得、永禄3年（1560）には勅願所となった。織田信長の帰依を受けていた清玉は、天正10年（1582）の本能寺の変で亡くなった、信長・信忠をはじめ家臣百余名を当寺の墓地に葬った。信長の葬儀に際し、法事葬儀を勤めたいとの秀吉よりの申し出を断ったとの『由緒書』がある。同15年、豊臣秀吉の京の町整備により寺町の現在地（京都市上京区寺町通今出川上ル鶴山町14）に移った。その後延宝3年（1675）、天明8年（1788）と二度の大火に遭う。
	6月22日	足利義昭（征夷大将軍）（1537～1597）、権大納言・従三位に叙せられる。
	6月29日	「明智市尉」、山科言継を訪問し愛洲薬一包を貰う。（『言継卿記』）。 明智市尉（十兵衛尉光秀）が訪ねて来た。愛洲薬を所望されたので一包あげた。その後一献傾けた。（『言継卿記』）。 「愛洲薬」は、怪我人や出産前後の女性への支給が見られ、痛み止めや傷の治療薬としての効用が期待されていたようだ。
	7月8日	「御使」としての山科言継、午時（12時）に東国（三河国）へ向けて京都を発す。近江国坂本で晩食をとり、乗船す。（『言継卿記』）。
	7月10日	織田信長、山城国賀茂荘中へ、足利義昭「御下知」に任せ「如前々」く安堵す。
	7月10日	美濃国垂井を出発し、巳下刻に美濃国岐阜に到着した山科言継、「明智市尉」と行き合い息子山科言経（「倉部」）（1543～1611）への書状・言伝を預かる。（『言継卿記』）。

1322
1323
1324
1325
1326
1327
1328
1329
1330
1331
1332
1333

永禄12	7月12日	山科言継、午時に武井夕庵使者より織田信長の「下山」にあたり籠にて待機し路次に於いて見参するとの通達を受け、準備をして出向くが、信長が遅れるというので帰宅しようとしたところ、再度使者より武井夕庵邸にて待機するよう指示され、武井夕庵に同行して「籠之屋敷」へ赴き、織田信長と対面、贈物を進上す。信長、山科言継へ下向の理由を問い「仰天」す。 また山科言継へ徳川家康は駿河国境に逗留しているため、「別之用無之」ならば下向することは無用であるとし、信長が飛脚を以て伝達するので美濃国岐阜へ逗留するように指示す。(『言継卿記』)。 先帝の法会(後奈良天皇十三回忌)を行う資金集めのため、徳川家康(1543〜1616)を頼ろうとした山科言継(1507〜1579)、岐阜で織田信長(1534〜1582)と対面。下向の理由を説明すると、信長は仰天して言継の老いた年齢と極暑を心配してやり、家康へは飛脚を送ることとし、言継は岐阜に逗留し続けてよいように取りはからった。この後、信長は武井夕庵(?〜?)を通して、家康との連絡が不調に終わっても、自分のほうで一・二万疋を進上できると、言継へ伝える。
	7月12日	山科言継、一条内基(「一条殿」)「御公事」の件で「堅書状」を調えて朝山日乗・明智光秀(「明智十兵衛」)へ依頼するも、やがて上洛するとの返答であった。(『言継卿記』)。
	7月13日	山科言継、もと幕府「奉公衆」であった石谷兵部少輔(?〜1587)(石谷頼辰)が牢人し美濃国内で山科言継旅宿の近所に居住しているという風聞に接し訪問。門前に於いて雑談す。(『言継卿記』)。 杉原与七郎(長盛)(「牢人之奉公衆」)(?〜1569)、巳刻(10時)に山科言継旅宿の近所に於いて自刃。織田信長の命令であるという。(『言継卿記』)。杉原は、熱田神宮乱入の首謀者であったとも、将軍忠誠を明智光秀に咎められたともいう。
	7月16日	元幕府奉公衆の石谷兵部少輔、山科言経を訪問し談合。(『言継卿記』)。石谷頼辰、言継を訪れ話す。 頼辰は、この月、京都に戻り、その後、明智光秀(1528?〜1582)を頼り仕えるという。
	7月20日	織田信長、美濃国の中井忠蔵へ、美濃江口南島・権島の内にて五十貫文の地を宛行う。
	7月23日	信長方の松永久秀父子、東山内の小夫城(奈良県桜井市小夫)を陥れる。
	7月27日	信長が故・一色左京大夫(斎藤義龍)の未亡人(近江の方)所有の壷を欲しがったが、未亡人は無くしたと言い、これ以上責められたら自害すると言った。「信長本妻兄弟女子十六人自害たるべし、国衆大なる衆十七人、女子の男卅余人切腹すべし」。これに対して信長の本妻とその兄弟や主だった国人衆などが、未亡人が自害するようなことになれば、自分たちも自害・切腹するといって、信長に反抗した。結局、信長が無くしたという未亡人の言い分を認めて無事解決。(『言継卿記』)。 近江の方は、浅井久政(1526〜1573)の妹で養女、久政父・亮政(1491〜1542)の娘という。
	7月28日	織田信長、滝川一益(「滝左」)へ、伊賀国の仁木長政(「仁木」)に関する「内存」を了承し、仁木長政が忠節に励めば特別に疎略にしない旨を通達、更に状況報告を命令。

西暦**1569**

永禄12	8月1日	山科言継 (1507〜1579)、未刻 (14時) に岐阜城へ向かう。坂井利貞小者の案内により坂七曲を越える。今井宗久以下堺衆が四人、その他は武井夕庵・松井友閑・島田秀満らが到来。先ず「微音」音曲と囃子が奏でられ、次いで晩食があり、織田信長が自ら陪膳した。次いで「上之権現」などの城中の方々を見物し、暮れに及び下山し各自帰宅。山科言継、岐阜城の景観を「言語不可説」と評す。(『言継卿記』)。 信長が姑(信長本妻帰蝶の母・小見の方)に礼を述べるため会いに行くと記述があり、小見の方は生きていたようだ。	1342
	8月1日	**毛利氏 (毛利元就) に援軍を依頼された織田信長 (1534〜1582)、木下秀吉 (1537〜1598)に二万の兵を与え但馬国守護・山名祐豊 (1511〜1580) を攻略させる。** 但馬攻略は一日から十三日にかけて行われ、生野城 (生野銀山城) から此隅山城 (山名氏の本城) (兵庫県豊岡市出石) までの十八城を落とすという快進撃であった。祐豊はより急峻で堅固な有子山城を築き防戦するも、領国を追われて和泉堺に流れる。	1343
	8月12日	今井宗久(1520〜1593)、塩座衆中・塩魚座・淀塩座中へ、十河存保(「十河殿」)(?〜1587)知行分の座役徴収権を織田信長より安堵された旨を通達。	1344
	8月15日	織田信長、烏丸光康(「烏丸殿」)へ、足利義昭「御下知」に任せ摂津国上牧のうち寺庵・被官人跡職を安堵する織田信長「朱印」を進上するので入江某の押領分及び重層的に所有権が入り組んでいる部分を排除することを通達したこと、摂津国下牧・太田の件は「当知行」として「直務」するよう通達。	1345
	8月中旬	山科言継、美濃国岐阜より上洛。(『言継卿記』)。	1346
	8月18日	佐久間信盛(1528〜1581)、和泉国堺北庄惣郷中へ、地頭が「詰夫」・「諸役」などを「難渋」したため織田信長の譴責があり、速やかに対処すべきことを命令。	1347
	8月20日	朝山日乗(?〜1577)、毛利元就(1497〜1571)らに書を送り、信長は伊勢国司・北畠具教を討ったのちに畿内近国を平定して上洛し、次はいよいよ阿波・讃岐の三好氏か越前の朝倉氏のどちらかを討伐する予定であると報じる。	1348
	8月20日	**「信長の北畠氏討伐戦―8月20日〜10月4日」はじまる。** 織田信長 (1534〜1582)、伊勢木造城 (三重県津市久居木造町)主・木造具政(1530〜?)の長兄・北畠具教(1528〜1576)に背いての内応を受けて、八万余騎の軍勢を率いて、北畠氏を討伐するため、伊勢桑名まで出陣。秀吉、信長に従う。	1349
	8月21日	織田信長、鷹狩をする。	1350
	8月22日	織田信長、白子観音寺(三重県鈴鹿市)に着陣。	1351
	8月23日	織田信長、木造着陣、軍議。降雨のため、滞陣。	1352
	8月26日	「北畠氏討伐戦」。織田勢、木下秀吉 (1537〜1598) を先駆けとして、大河内城の支城である北畠氏(伊勢国司)の伊勢阿坂城(三重県松阪市阿坂町桝形山)を攻略。 信長、阿坂城には滝川一益(1525〜1586)の手勢を置く。	1353
	8月26日	「北畠氏討伐戦」。織田信長が木造城を出陣し、大河内城に向かう。	1354
	8月27日	「北畠氏討伐戦」。織田勢、大河内城へ押し寄せる。信長、周辺の地形を偵察したのち城東の山に陣を取り、夜半に町を焼き払わせる。	1355
	8月28日	**「北畠氏討伐戦―大河内城の戦い」**。朝、織田信長、伊勢国司・北畠具教・具房父子の拠る大河内城(三重県松阪市大河内町)を包囲。北畠父子は籠城する。	1356

永禄12	8月-	織田信長、伊勢国宇治朝熊三村へ、全三ヶ条の「禁制」を下す。
	9月8日	「北畠氏討伐戦」。信長の命で、稲葉貞通(1546〜1603)・池田恒興(1536〜1584)・丹羽長秀(1535〜1585)、大河内城の西方よりを夜襲するも苦戦。 降雨のため鉄砲が役に立たた無かったといい、多くが戦死した。
	9月9日	「北畠氏討伐戦」。信長、大河内城中を干し殺しにすべく、滝川一益に命じ、国司御殿など城周辺の放火・薙ぎ捨てを敢行。
	9月9日	「北畠氏討伐戦」。大河内城の兵糧がつき始めたため、北畠側の恭順の申し入れで、信長の次男茶筅丸(信雄)を北畠家の養子として、家督を譲ることで和約交渉。
	10月3日	「北畠氏討伐戦—大河内城の戦い」。信長、伊勢北畠城を和睦で陥落。和約なり、織田軍、伊勢北畠城(三重県津市美杉町)、入城。
	10月4日	**「北畠氏討伐戦(8月20日〜10月4日)—大河内城の戦い終結—信長、南伊勢平定」。** 船江(松阪市)の薬師寺において国司北畠具教(1528〜1576)・具房(1547〜1580)父子と信長の次男で十一歳の茶筅丸(のちの信雄)(1558〜1630)とが親子の杯を交わし具房の養子となる。 のち、国司父子は、大河内城を滝川一益・津田一安(織田忠寛)に明け渡し、多気笠木の坂内御所(三重県松阪市)へ退去する。
	10月4日	信長、伊勢国における諸関を免除する。(『信長公記』)。
	10月5日	信長、山田(伊勢市)に入って堤源介邸に宿泊。(『信長公記』)。
	10月6日	村井貞勝、阿弥陀寺清玉上人へ寄宿を免除。
	10月6日	信長、伊勢内宮・外宮・朝熊山へ参詣。(『信長公記』)。
	10月7日	信長、山田を発ち、帰国の途に就く。この日、木造に着陣。
	10月8日	**「信長、南伊勢の仕置き」。** 信長(1534〜1582)、上野(三重県津市河芸町)に着く。信長はここで軍勢を解き、次男茶筅丸(信雄)を大河内城主として介添え(南方奉行)に津田一安(織田忠寛)(?〜1577)を置き、安濃津(津)・渋見・木造の三城には滝川一益(1525〜1586)の人数を入れ、伊勢上野城には弟の織田信包(1543/1548〜1614)を封じる。自らは馬廻のみをつれて京へ向かうことにし、諸国の軍勢にも帰国を許す。(『信長公記』)。 信包はその後、安濃津(津)城に移る。
	10月9日	織田信長、千草に至る。(『信長公記』)。
	10月10日	信長、江州へ出て近江市原に宿泊。(『信長公記』)。
	10月11日	織田信長、馬廻衆を率いて千種峠を越えて上洛の途に就く。
	10月12日	信長、将軍足利義昭に対する伊勢平定報告のために、上洛。
	10月12日	村井貞勝、浄福寺へ寄宿を免除。
	10月13日	**「織田信長、初の参内」。** 信長(1534〜1582)、参内し禁裏修理を見舞い、太刀と三千疋を献上する。正親町天皇(1517〜1593)との対面は無かった。 **合わせて九回の参内記録があるが、天皇との「三献の儀」が執り行われたという記録は無いという。**

西暦1569

永禄12	10月15日	織田信長、足利義昭の命令により伊勢因幡入道（伊勢貞倍）の領地である丹波国桐野河内村半分・保津保半分・保津保毘沙門村集慶分半分・水尾村半分、摂津国溝杭村地頭名半分を安堵。 信長は、義昭の下知に任せ、政所執事職・伊勢貞倍（？～1572）に、丹波桐野・河内等の所領を安堵。	1375
	10月16日	織田信長、足利義昭（「上意」）と「セリアキ」て美濃国岐阜に下国す。（『多聞院日記』）。 **義昭と衝突した信長、三万騎を率い急遽、岐阜に向けて京を出る。正親町天皇に理由を質され、足利義昭と不和のためと答える。**	1376
	10月17日	中村良政（「中村隼人佑」）（村井貞勝家臣）、山城国富坂荘名主・百姓中へ、織田信長朱印状及び村井貞勝添状により清和院領として安堵された旨を通達。	1377
	10月19日	**織田信長、岐阜城帰陣。**	1378
	10月22日	十市遠勝（大和国国人）（？～1569）、病没。 十市家中は親松永派（十市後室、おなへ（遠勝の娘）ら）と親筒井派（一族の十市常陸介遠長）に分裂する。	1379
	10月29日	松永久秀（1508？～1577）、多聞山城（奈良市法蓮町）下の「法蓮郷市」を立てる。北里にも「市」を開かせる。	1380
	11月-	**この頃、明智光秀（1528？～1582）は、将軍・足利義昭（1537～1597）に近侍するという。** 信長に命令され、義昭の監視役となったともいう。	1381
	11月4日	攻防半年、越智氏の貝吹城（奈良県高市郡高取町与楽）が、松永久秀方に渡る。 久秀、貝吹城を越智家高に任せる。	1382
	11月5日	正親町天皇、山科言継へ、上臈御局領の丹波国新屋庄回復を織田信長（「のふなか」）へ通達するよう「女房奉書」を遣わす。（『言継卿記』）。	1383
	11月6日	織田信長、津田一安（「掃部助」）（織田忠寛）（？～1577）へ、三千五百十石の領中方目録を下す。	1384
	11月7日	足利義昭（「武家」）、鷹狩す。（『言継卿記』）。	1385
	11月8日	山科言継、美濃国岐阜へ向けて京都を発足。この夜は近江国坂本の宿泊。（『言継卿記』）。 山科言継、岐阜の信長のもとへ、京を発つ。	1386
	11月13日	山科言継（1507～1579）、織田信長への「奏者」がいないため、信長が鷹狩の帰路、門前に於いて待機し「存分少々」を奏上。戌刻に織田信長は、山科言継へ松井友閑（「友閑入道」）を「使」として派遣し「勅使歟又自分之儀歟」を問わせる。山科言継、この問いかけに「自分之訴訟」と返答。（『言継卿記』）。	1387
	11月15日	織田信長、伊勢貞倍（「伊勢因幡入道」）（幕府政所執事）へ、領知方目録を足利義昭「御下知」に任せて安堵す。	1388
	11月15日	織田信長、伊勢国の弘泉坊真円へ、常智院良慶が紛失した金子の件で覚弘院・弘泉坊真円間の訴訟を裁決し、出頭命令に従わなかった覚弘院を敗訴とし、その院領を弘泉坊真円に給与することを通達。	1389

永禄12	11月20日	将軍足利義昭(1537～1597)から、本願寺が阿波門徒に命じて三好三人衆を支援しているのではないかとの詰問を受け、本願寺顕如光佐(1543～1592)が明智光秀(1528？～1582)宛の文書で、自分は合力・援助もしていない、何も知らないとこれを否定する、さらに将軍義昭に取り成すことを頼まれる。 (『顕如上人御書札案留』)
	11月21日	織田信長、上杉輝虎(謙信)へ、弟鷹二連の贈呈を謝す。
	11月24日	織田信長、若狭国の本郷信富(1531～1605)へ、若狭国守護の武田義統・武田孫犬丸(元明)父子が対立し、一族の武田元実・武藤友益(？～？)らが越前朝倉氏に味方して織田側を攻撃するという状況を、矢部家定に報告したことを賞し、本郷信富の守備する砦が堅固であることを喜び、入江・中村らの変心が無いことについて安心したこと、近日中の出馬予定を知らせ、詳細は矢部家定(1530？～1611？)に伝達させる。年次は異説あり。
	11月-	織田信長、大沢橘大夫へ、「禁裏様御修理」に際し「御間之船・車」(間丸船・車)の件で奔走しているから「徳政」が公布されても足利義昭「御下知」に任せ全てを安堵する旨を通達
	12月9日	筒井・興福寺衆五百が十市城(奈良県橿原市十市町)に入り、今後に付いて談合するが決裂。松永久秀派の河合権兵衛以下六名は、後室を奉じて城を出て今井に移る。
	12月10日	武田信玄、織田信長に、上杉輝虎(謙信)の信濃出兵を中止するよう、働きかけを依頼する。
	12月11日	「当郷軍役之請状此方ニ在之歟之由候、其砌取乱無到来候、若以後自何方出候共、可為反古候、将亦対両人被下置候御下知之写遣之候、不可有疑心候、恐々謹言、」 当郷軍役の請状、こちらにあるかとの問合せの件ですが、取り紛れていて未だ到着していません。今後どこからか請状が出てきても、反古にします。また秀吉・光秀両人に対し下された信長様からの御下知の写を遣わしますので、けっしてお疑いにならなきよう、謹んで申し上げます。 **明智光秀、賀茂惣中へ信長下知を通達。両人は、秀吉と光秀。** 賀茂惣中は、山城国相楽郡加茂の荘園、現在の京都府木津川市。
	12月17日	信長奉行人の伊藤実元(「伊藤右近丞」)・伊藤実重(「伊藤豊右衛門尉」)・落合長貞(「落合平兵衛丞」)、山城国阿弥陀寺生誉清玉へ、「寄進領」の件は足利義昭「御下知」に任せ織田信長が安堵する旨を通達。
	12月26日	**朝廷、織田信長に、比叡山延暦寺の近江国山門領を返還するよう「綸旨」を出す。**
	12月27日	今井宗久(1520～1593)、山城国西九条名主・百姓中へ、「先方」(敵方)の十河民部大輔(十河存保)「当知行分」の西九条縄内で新たに織田信長「御料所」となった分の年貢・地子銭・諸物成以下は足利義昭「御下知」・織田信長「御朱印」により今井宗久が代官する旨を通達。
	12月-	織田信長、山城国相国寺宜竹軒へ、京都六角高倉四町町の地子銭は将軍家「御代々御下知」に任せて安堵されたにもかかわらず、今中某の取分という理由で安宅信康(あたぎのぶやす)(1549～1578)が「違乱」したことは言語道断であり、今後は許容しないこと、「如先々」く寺納貫徹を命令。

西暦 1569

| 永禄12 | － | この年の冬、織田信長次女・相応院（冬姫？）（1561～1641）が、蒲生忠三郎賦秀（後の氏郷）（1556～1595）に輿入れする。相応院（冬姫？）の母は、養観院という。
近江六角氏の旧臣の蒲生賢秀（1534～1584）が信長に臣従したとき、信長は賢秀の子・氏郷（当時は鶴千代）を人質として取ったが、その鶴千代の器量を早くから見抜いた。この年「大河内城の戦い」で初陣を果たした蒲生忠三郎に、冬姫を与えて娘婿として迎えた。さらに人質の処遇をやめて日野城に帰したという。 | 1401 |

西暦 1570

永禄13	1月7日	織田信長（1534～1582）、本願寺顕如光佐（1543～1592）から歳首の贈り物を受ける。	1402
	1月9日	織田信長、朝廷に鯨肉を献上する。	1403
	1月10日	多聞院英俊、織田信長の命令で元日より伊勢国の関所が悉く撤廃されたことを知る。（『多聞院日記』）。	1404
	1月12日	松永久秀（1508？～1577）、挨拶のため若江城（大阪府東大阪市若江南町）の三好義継（1549～1573）を訪ねる。 義継は、本拠を飯盛城から若江城に移していた。	1405
	1月13日	織田信長、朝廷に鵠（白鳥）・鯨を献上する。	1406
	1月23日	織田信長、畿内近国の二十一国に及ぶ諸大名、諸将に触状を発す。 「禁中御修理」・「武家御用」及び「天下弥静謐」のために信長が来月中旬に参洛するので各自上洛し、足利義昭に御礼を上奏し「馳走」することが大事であり、延引することはないようにと通達。	1407
	1月23日	「織田信長条書」。織田信長、岐阜から日乗上人（朝山日乗）（？～1577）と明智十兵衛尉（明智光秀）（1528？～1582）を通じて、室町幕府第十五代将軍・足利義昭に五ヶ条の覚書を送り諌める。 信長添え状無き御内書の乱発を禁止する。今まで出した義昭の命令は破棄せよ。領地を与えたい時は信長に申出よ。天下は信長に任せられよ。禁中のことはおろそかにしないようなど、将軍権力に制限を加える五ヶ条書を義昭に認めさせた。「義昭自身が袖に刻印を捺す」。義昭が信長による「五ヶ条の条書」を朝山日乗と明智光秀の仲介により認める。信長は、明智光秀を中立者として扱っている。	1408
	1月24日	足利義昭、参内。（『言継卿記』）。	1409
	1月24日	織田信長、将軍足利義昭に鷹、鳥、雁百五十を進上する。（『言継卿記』）。	1410
	1月25日	織田信長、禁裏へ諸鳥五十羽を献上。信長「御使」である細川藤孝（「細川兵部大輔」）に「伝奏」が添えられたという。（『言継卿記』）。	1411
	1月26日	「未下刻より奉公衆方、年頭之禮に罷向、路地次第、竹内治部少輔、濃州へ下向云々、三淵大和守、同彌四郎、一色式部少輔、曾我兵庫頭、明智十兵衛、濃州へ下向云々、」。（『言継卿記』）。 午後3時近くより幕府奉公衆方への年始回りに出掛ける。順番は道順で、竹内治部少輔殿（美濃へ出張中にて不在）、三淵大和守殿、三淵彌四郎殿、一色式部少輔殿、曾我兵庫頭助乗殿、明智十兵衛殿（美濃へ出張中で不在）。	1412
	2月1日	大和国興福寺、松永久秀（「松城」）より、織田信長（「上総」）の使者が成身院を宿所とする旨の通達を受ける。（『多聞院日記』）。	1413

永禄13	2月2日	この日より「禁中御作事」が始まる。(『言継卿記』)。禁裏の修理が早くも村井貞勝、朝山日乗を奉行として開始される。
	2月2日	将軍足利義昭(1537〜1597)、年頭の礼に参内。常御所にて正親町天皇(1517〜1593)に対面、三献の儀(三三九度の盃)が執り行われる。 伊丹親興(?〜1574)が三千の兵で辻固めを勤める。 「御供衆」は細川藤賢・細川藤孝・伊勢三郎(貞興)・同朋衆春阿、「御走衆」左は飯川弥四郎・真木島孫六・安威兵部少輔、「御走衆」右は後藤治部少輔・沼田弥四郎・沼田弥七郎、「御直廬」は同朋衆祐阿、「奉行」は諏方信濃守・飯尾右馬助らであった。(『言継卿記』)。
	2月3日	足利義昭、大友宗麟(1530〜1587)に太刀(恒弘)・刀(氏吉)を贈り帰陣を祝す。詳細は一色藤長・細川藤孝に伝達させる。
	2月5日	足利義昭、御所にて初卯の八幡御法楽連歌会を催す。 参会者は聖護院道澄、大覚寺義性、三条実澄、山科言継、飛鳥井雅敦、不断光院清誉、細川藤孝、飯川信堅、上野輝加、曽我助乗、飯川秋共、春阿弥で、執筆者は覚勝院の児子である松千代。(『言継卿記』)。
	2月6日	正親町天皇、大典侍局へ方違行幸。(『晴右公記』)。
	2月13日	織田信長、小早川隆景(「小早川左衛門佐」)へ、毛利元就からの播磨国出兵要請に応え出兵日時の打ち合わせ予定を通知。
	2月15日	松永久秀・久通父子、三好義継、上洛する。安宅神太郎が、久秀と義継の援軍を得て、三好三人衆の上洛を防ぐ。 安宅神太郎は、三好長慶の弟・安宅冬康の三番目の子で、嫡男であったという。
	2月16日	松永久秀の部将竹内秀勝及び信長の部将柴田勝家等、摂津「本興寺」境内門前に軍勢を駐することを停む。
	2月18日	織田信長、駿河国江尻逗留の武田信玄に書を送り、徳川家康の入魂と引廻しを依頼する。
	2月20日	井戸良弘(1534〜1612)、松永久秀の多聞山城(奈良市法蓮町)を襲撃する。
	2月22日	松永久秀、井戸良弘(井戸城)を攻める。松永久秀軍、筒井党からの人質(井戸良弘の娘と松蔵権介の子)を殺し、井戸城の際にて串刺しにする。また、筒井八条庄屋の子を殺す。
	2月24日	大和国の松永久通(1543〜1577)・竹内秀勝(?〜1571)、信長の在京中に出仕すべく近江へ出迎えに行く。
	2月25日	**織田信長(1534〜1582)、岐阜城を出立、京に向かう。**赤坂で宿陣。(『信長公記』)。
	2月26日	**徳川家康(1543〜1616)、織田信長上洛に合流、随行。**
	2月26日	織田信長、常楽寺(滋賀県湖南市西寺)に到着。(『信長公記』)。
	2月29日	**村井貞勝、明智光秀、朝山日乗に命じ、公家の近衛前久邸門外町人に対し、公方御所及び信長御台所座所の近辺に寄宿することを禁じる。**

永禄13	2月30日	「織田弾正忠申刻上洛、公家奉公衆、或江州或堅田、坂本、山中等へ迎に被行、京上下地下人一町に五人宛、吉田迄迎に罷向、予、五辻歩行之間、則被下馬、一町計同道、又被乗馬、則明智十兵衛尉所へ被付了、」（『言継卿記』）。[1430] 織田信長、申刻（16時）に山中越で上洛。公家衆・奉公衆が近江国堅田・坂本・山中などへ迎えに行った。上下京の地下人は一町につき五人が狩り出され、京都郊外の吉田まで迎えに出た。私（言継）が五辻の間を歩行の間、信長公は馬を降りて一町ばかり同道しその後乗馬し、明智光秀の宿所に赴かれた。
	2月30日	山科言継、戌刻（20時）に召され禁裏に参内。織田信長が長橋局（薄好子）へ二荷両種を献上したという。（『言継卿記』）。[1431] 「長橋局」は、宮中に仕えた女官で、勾当内侍の別称。
	2月30日	徳川家康（1543〜1616）、織田信長入京に随行。三好義継・和田惟政・松永久秀らも京都に集結する。信長に挨拶の者たちで門前は市をなすがごとき情景となった。[1432]
	3月1日	**織田信長（1534〜1582）、将軍足利義昭（1537〜1597）へご機嫌伺い、次いで禁裏に（二度目の）参内して物を献上、禁裏造営を視察。誠仁親王（1552〜1586）に初めて対面。**[1433] 織田信長、正親町天皇（「上」）へ太刀一腰・馬代一千疋を、長橋局（薄好子）へ「宮筒」一千疋を、誠仁親王（「親王御方」）へ太刀一腰・馬代一千疋を、新大典侍殿（万里小路房子）へ折紙一千疋を献上。（『言継卿記』）。 信長に随行したのは、畠山昭高、畠山高政、三好義長（義興）、畠山播磨守、鷲巣、大舘輝光、大舘晴忠等という。
	3月1日	**織田信長が半井驢庵を訪問にあたり、この日の礼を述べるため聖護院道澄・四辻季遠・山科言継・飛鳥井雅教・飛鳥井雅敦・日野輝資・広橋兼勝・高倉永孝らが訪問した。（『言継卿記』）。**[1434] 半井驢庵（二代）（1522〜1596）は、家代々の医業をつぎ、織田・豊臣氏に厚遇された。正親町天皇から通仙院の号と「医心方」をあたえられ、宮内大輔、典薬頭となる。
	3月3日	将軍義昭（1537〜1597）のもとに畠山昭高（秋高）、畠山高政、三好義長（義興）、御供衆の細川藤賢・大舘輝光・大舘晴忠・一色藤長・一色播磨守・畠山播磨守・伊勢三郎（貞興）・松永久通が礼にやってくる。（『言継卿記』）。[1435]
	3月4日	一条内基（「一条殿」）、織田信長へ礼のため渡御するので山科言継に同行させる。信長、頭痛のため「平臥」しているので、明日渡御するようにということであった。（『言継卿記』）。[1436] 織田信長、頭痛で臥す。
	3月5日	織田信長、誠仁親王へ酒・海老を献上。（『晴右公記』）。[1437]
	3月5日	足利義昭、織田信長・三好義長（義継）・松永久通らを随行させ放鷹する。（『言継卿記』）。[1438]
	3月5日	三月五日、御上洛、上京驢庵に至って御寄宿。畿内隣国の面々等、三州より家康公御在洛。門前市をなす事なり。（『信長公記』）。[1439] 3月5日、織田信長が上洛、半井驢庵の町家に訪問し寄宿と、『信長公記』は、2月30日上洛、明智光秀の宿所に行ったことを隠している。 実はこの日予定通り、信長は半井驢庵の町家に寄宿したのだろう。

永禄13	3月6日	織田信長(1534～1582)、飛鳥井中将邸へ公家を集め、朝山日乗(？～1577)・明智光秀(1528？～1582)を派遣して、公家衆知行分の指出(土地面積、年貢などの明確報告)を求める。 信長は、厳正な管理を求めた。飛鳥井中将は、飛鳥井雅敦(1548～1578)であろうか。
	3月7日	家康家臣・本多忠勝(1548～1610)、信長に招かれて精鋭二千兵で相国寺へ入る。
	3月10日	織田信長、中山孝親、勧修寺晴右、山科言継、甘露寺経元、庭田重通、日野、中院、局務師廉ら公家以下僧俗貴賎六十人と面会、山の如く贈物を受ける。 (『言継卿記』)。
	3月16日	織田信長に「都鄙貴賎」が礼問した。織田信長へ「先礼申衆」は豊後大友氏の使僧・但馬国の小田垣(太田垣)兄弟・備前宇喜多氏・三好義長(義興)、松永久秀ら大和国衆・和泉国衆・河内国衆ら二十人程で引物馬代等は「如山」であった。 (『言継卿記』)。
	3月16日	織田信長、朝廷に鱒を献上し、皇居修理の状況を覗く。(『御湯殿上日記』)。
	3月17日	山科言継、権中納言葉室頼房(1527～1576)が義昭のもとに当年の礼に訪れる。申次は細川藤孝。(『言継卿記』)。
	3月17日	足利義昭(「武家」)、山科言継を同行し「桜馬場」に於いて徳川家康内衆(「三川徳川之内衆」)の乗馬を見物。見物の「貴賎」は二万人ばかりであった。(『言継卿記』)。
	3月18日	「織田信長書状」。織田信長(1534～1582)、小早川左衛門佐(小早川隆景)(1533～1597)へ、毛利元就の要請を受け播磨国出兵日時の交渉についてのこと、備前国への軍事行動の同意等を伝え、信長としては毛利氏に対し隔心は無いので小早川隆景より毛利元就への披露を依頼。また織田信長は暫くの間「在洛」することを通知。 織田信長、吉川元春(「吉川駿河守」)(1530～1586)へ、永興寺周端の上洛により今後の毛利側との親交を期す。
	3月18日	木下秀吉(1537～1598)、小早川左衛門佐(小早川隆景)へ、毛利元就より織田信長の許に派遣された使僧(永興寺周端)が「上国」、その「申次」を自身が担当すること、織田信長は特別に「入魂被申」れているので今後益々隔心無く相談すること、「我等」(秀吉)は「若輩」ではあるが相応の件を提示すれば疎意無く奔走することを通知。また今後特別の懇意を依願する。 詳細は如閑斎(松井友閑)(？～？)・柳沢元政(1536～1613)に伝達させる。
	3月18日	多聞院英俊、幕府御所(二条城)の「石蔵」を四方に重ねている様子を見物。また織田信長の沙汰による内裏修理の様子も「侍所」の檜皮葺は完成し、以前は檜皮葺であった紫宸殿が瓦葺になっていたこと、清涼殿は檜皮葺にすることなどを知る。(『多聞院日記』)。
	3月20日	是より以前、信長は、森可成(1523～1570)に近江坂本に砦を築かせる。
	3月21日	山科言継(1507～1579)、「禁中御作事」を見舞う。この際、山科言継は朝山日乗(？～1577)が織田信長の「勘気」を蒙った風聞に接す。(『言継卿記』)。日乗は、キリシタンであった和田惟政(1536～1571)を陥れようとして失敗したという。
	3月21日	「何船百韻」。明智光秀(1528？～1582)、細川藤孝(1534～1610)・里村紹巴(1525～1602)らと連歌を詠む。

西暦 **1570**

永禄13	3月22日	織田信長、一色藤長（「一色式部少輔」）（？～1596？）の山城国曇華院および山城国大住庄三ヶ村における違乱行為を停止。森林跡と東・南跡職を「守護不入」地として曇華院に安堵。「天下布武馬蹄形朱印状の初見」。	1453
	3月22日	明智光秀（「明智十兵衛」）・中川重政（「中川八郎右衛門」）・丹羽長秀（「丹羽五郎左衛門」）・木下秀吉（「木下藤吉郎」）、山城国大住庄三ヶ村の名主百姓中へ宛てられた織田信長「御朱印」を受け曇華院（「御寺様」）に於ける一色藤長（「一色式部少輔」）の違乱停止および森林跡・東南跡職を「守護不入」地として安堵する旨を通達。明智光秀らは、山城国雲華院大住荘三ヶ村名主御百姓中宛てに、相論裁許の書状を送る。	1454
	3月23日	織田信長（1534～1582）、「官途」の件で毛利輝元（「毛利少輔太郎」）（1533～1625）へ、足利義昭「御内書」により「右衛門督」に任ぜられた旨を通達。	1455
	3月24日	山科言継（1507～1579）、朝食の後に織田信長を訪問。申次は村井貞勝（「村井民部少輔」）であった。信長への「礼者」は六・七人で武田下野守・和田紀伊入道であった。和田紀伊入道（和田惟政）（1530～1571）は去年より「勘気」を蒙っていたが足利義昭（「武家」）の取り成しにより解けたという。（『言継卿記』）。

幕臣和田惟政は、所用で美濃国にいる信長の許へ向かう途中、信長から蟄居を命じられた報を受け取る。二百人の家臣と共に芥川山城で謹慎の身となってしまった。ルイス・フロイスによれば他に「引見の不許可」「惟政が近江に持っていた城の破壊」「収入のうち2万クルザードの没収」という厳しい処分だった。フロイスはこれを朝山日乗が信長に讒言したためと記しているが、同時期に信長と足利義昭の関係が悪化している事が大きな原因と推測されている。惟政はこれに剃髪して抗議した。惟政は禁を破り、自ら京都に出向いて信長に赦免を願い出て、これを認めさせたという。 | 1456 |
| | 3月27日 | 信長方の松永久秀（1508？～1577）、井戸良弘（1534～1612）を大和井戸城（奈良県天理市石上町）に攻める。良弘は城を棄て奔る。
四月五日、久秀は、井戸城を壊した。 | 1457 |
| | 3月29日 | 織田信長、早旦に「禁中御作事」を見舞い、即時退出す。正親町天皇へは鵠（白鳥）一羽・塩引十・杉原紙三束を、同じく誠仁親王（「御方」）へ鶴鵠二羽・鱒五匹・杉原紙三束、長橋局（薄好子）へ杉原紙三帖を献上した。長橋局所には三条西実澄（実枝）（1511～1579）以下十人計が祗候。朝山日乗・村井貞勝（「村井民部少輔」）らに「一盞」振る舞われた。（『言継卿記』）。
「さらに彼は新たに、全日本の国王なる（天）皇のために一宮殿を再建することを命じ、また皇子なる内裏の一子のためにも他より優雅で豪壮な宮殿を建てた。なかには特に、当時天下におけるもっとも美麗にして優雅な建築の一つであるすべて塗金した一室があった。…………そして内裏は多年にわたり貧窮のうちに生活していたので、信長は彼のために収入を確定し、彼の多くの豊富な贈物をした。（『フロイスの日本史』）。 | 1458 |
| | 3月- | **織田信長、丹波国の赤井忠家（「蘆田五郎」）へ、丹波国奥三郡の所領を足利義昭「御下知」に任せ安堵。**
この月、丹波の赤井悪右衛門直正（1529～1578）は、本家の忠家（1549～1605）と共に織田信長に降り、丹波奥三郡の所領安堵を受ける。
赤井忠家は、直正兄・家清（1525～1557）の子とされる。 | 1459 |

永禄13	4月1日	足利義昭 (1537~1597)、幕府御所に於いて、新第竣工祝いの猿楽を挙行。幕府御供衆・御走衆らは各自烏帽子・襖袴を着用したという。織田信長以下の外様衆・公家御相伴衆が参席したという。織田信長はこの興行に御供無しであった。(『言継卿記』)。
	4月1日	**松井友閑(?~?)、織田信長の命により堺津の「名器」持参を公示。** 信長、松井友閑邸宅において茶器を実見。今井宗久所持の「松島壺」と「菓子絵」を召し上げる。(『今井宗久茶湯書抜』)。 「名器」は、菓子の絵(天王寺宗及所蔵)・小松嶋(薬師院所蔵)・柑子口(油屋常祐所蔵)・鐘の絵(松永久秀所蔵)などであったという。 実は今井宗久(1520~1593)は、密かに名物「松島の壺(葉茶壺)」と舅・武野紹鷗所持の茄子茶入れ「紹鷗茄子」を献じており、宗久が信長の知遇を得たことは、宗久を通して津田宗及(?~1591)および千宗易(利休)が紹介され、織田信長に茶の湯を政治的に利用させる契機ともなったという。
	4月2日	**織田信長(1534~1582)、千宗易(利休)(1522~1591)の手前で薄茶を召す。** (『今井宗久茶湯書抜』)。 今井宗久が信長の御前で、宗易の点前で薄茶を賜った。(『今井宗久茶湯書抜』)。 信長と千利休(宗易)の出会いか。
	4月3日	織田信長、朝廷に初物の筍と「八木」(米)五十石を献上。
	4月3日	「五辻」(五辻為仲)、鳥羽知行の件についての織田信長朱印状を下される。(『言継卿記』)。
	4月5日	信長方の松永久秀軍、井戸城(奈良県天理市石上町)を攻略し、破却する。
	4月5日	正親町天皇、山科言継へ「女房奉書」を下す。その内容は織田信長(「のふなか」)へ「ちよくくわん所」西岡寶菩提院の寺領回復命令を通達するものであった。(『言継卿記』)。
	4月5日	織田信長、「禁中御作事」を「被見舞」という。次いで「桜馬場」に於いて乗馬を行う。足利義昭(「武家」)が見物。山科言継も参内し見物した。(『言継卿記』)。
	4月5日	「五辻」、鳥羽知行分に対する朱印状を発給した織田信長を礼問。(『言継卿記』)。
	4月8日	山科言継(1507~1579)、朝食以後に浄成・蓮光院を同行し織田信長を訪問。成菩提院、織田信長に見参し西岡寶菩提院の件の「女房奉書」を提示。山科言継へは織田信長の対面は無かった。
	4月10日	**教王護国寺(東寺)、明智光秀の当寺八幡宮領山城国久世荘押領停止を幕府に申請。**(『東寺百合文書』)。 足利義昭に東寺八幡宮領下久世荘を与えられていたが、東寺の禅識が明智光秀に横領されたと幕府奉行衆の松田秀雄と飯尾昭連(飯尾貞遙)に訴える。 明智光秀(1528?~1582)は、幕府から一円知行によって久世荘一帯を宛行われたとして領有権を主張した。
	4月11日	**織田信長、早旦に三度目の参内。**
	4月11日	織田信長、吉川元春(「吉川駿河守」)(1530~1586)へ、出雲国在陣を慰労する。

永禄13	4月14日	**幕府御所（二条城）の祝宴がある。**	1473
		参加者は、信長（1534～1582）、飛騨の姉小路頼綱（1540～1587）、伊勢の北畠具房（1547～1580）、徳川家康、畠山氏、一色氏、三好義継、松永久秀、摂関家、清華家。 姉小路頼綱妻は、斎藤道三の娘である。 信長はさらに、官位の昇叙を勧められるが辞退という。	
	4月16日	明智光秀（「明智十兵衛尉」）・中川重政（「中川八郎右衛門尉」）・丹羽長秀（「丹羽五郎左衛門尉」）・木下秀吉（「木下藤吉郎」）、広野孫三郎へ、「卅六人之衆」（故武田義統家臣団）が武田義統へ忠節を尽くしていたならば去る永禄九年十二月十五日付の武田義統（「光録」）「御判形」に任せて所領安堵するという織田信長「朱印」を発給すること、益々「孫犬殿」（武田元明）（1552？～1582）への忠勤に励むことを通達。	1474
	4月19日	織田信長（1534～1582）、但馬の山名祐豊（1511～1580）へ、但馬国銀山・要害・知行方について旧冬談合したにもかかわらず未だに押領していることを譴責し、今井宗久（1520～1593）・長谷川宗仁（1539～1606）の派遣を通達。祐豊は、信長に許され、但馬を安堵されていた。	1475
	4月19日	織田信長、誠仁親王へ「結花枝」を献上。明日の「出陣御暇乞」（朝倉討伐のため）の祗候で、山科言継は「衣冠」を着用し参内。三条西実澄・万里小路惟房・烏丸光宣・「極﨟」らも同様に参内。正親町天皇（「禁裏」）より「薫物」十貝を賜り退出。「御使」は万里小路惟房であった。（『言継卿記』）。 足利義昭（「武家」）、「禁中御作事」を見舞う。「御肩衣之体」であった。言継、義昭の見舞は「信長被進申歟」と評す。言継、義昭と参会し供奉を申し入れる。足利義昭、万里小路惟房・白川雅朝・橘以継らと対面し、やがて退出した。（『言継卿記』）。 **織田信長、暇請いそして足利義昭と禁裏造営を視察し、禁裏に四度目の参内をし若狭討伐の勅命を得、正親町天皇より薫香を下賜される。**	1476
	4月19日	武田信玄（1530～1578）、徳川家康（1543～1616）に書を送り、織田信長（1534～1582）に同心して上洛する労を慰問し、洛内外の「静謐」を祝す。	1477
	4月20日	**「信長の越前侵攻戦―明智光秀、朝倉氏討伐に出陣」。** 山科言継（1507～1579）、早旦に織田信長（1534～1582）の出陣を見物。三万計りの軍勢であった。織田信長は三日の間には越前国に侵入する予定であるという。三好義長（義興）（「三好左京大夫」）は先発し、松永久秀（「松永山城守」）はこの日出陣。摂津国の池田勝正（「池田筑後守」）は三千計りを率いて出陣。「公家」の飛鳥井雅敦・日野輝資らも出陣。「貴賤男女僧俗」が見物した。（『言継卿記』）。 **若狭討伐勅命の織田信長、早旦に家康ら諸将・秀吉ら兵三万を率いて、朝倉氏討伐のために出京、近江国堅田に陣取る。奉公衆明智光秀（1528？～1582）や公家の飛鳥井雅敦（1548～1578）・日野輝資（1555～1623）らも出陣。官軍の司令官としての出陣であった。** 信長は朝倉義景（1533～1573）に出仕を命じており、足利義昭との密書交換の件について詰問するつもりでいたが、義景は上洛しなかった。信長、将軍の命に背いた若狭国の武藤友益（?～?）を討つという口実で、大軍を率い若狭へ向かう。	1478
	4月20日	織田信長、坂本を出陣、近江国和禰に着陣。（『信長公記』）。	1479
	4月20日	**明智光秀、奉公衆の細川兵部大輔（細川藤孝）、飯川肥後守（信堅）、曽我兵庫頭（助乗）へ、出陣を知らせる書状を出す。**	1480

永禄13	4月20日	若狭国大飯郡の武藤上野介友益（?～?）（若狭武田氏の家臣）、織田信長の攻撃を受けて降伏。	1
		この頃の若狭武田氏は越前国の朝倉氏に従属しており、越前一乗谷在住の武田元明（義統の嫡男）（1552?～1582）の命で武田信方（義統の弟）（?～?）と同心し織田氏と戦った。	
	4月20日	織田信長、吉田神社へ、武藤友益を降伏させ要害などの「破却」を命令した旨を通達。	
	4月21日	織田信長、海津氏の田中城(滋賀県高島市安曇川町田中)に至る。高嶋(安曇川町)に宿泊。（『信長公記』）。	
	4月22日	三好為三(政勝)(1536～1632)・石成(岩成)友通(?～1573)、大和国西大寺と誼を通じる。	
	4月22日	織田信長、松宮氏の若狭熊河に至り、松宮玄番の所に宿泊。（『信長公記』）。	1
元亀1	4月23日	**この日「元亀」と改元**。戦乱などの災異のため改元。足利義昭、改元の執奏を行い、改元が認められる。	
		年号の候補としては東坊城盛長の挙げた「明徴」・「寛永」・「乾徳」、高辻長雅の挙げた「元亀」・「天正」・「建正」・「安化」・「明和」があった。（『言継卿記』）。	
	4月23日	織田信長、佐柿城（国吉城）(福井県三方郡美浜町佐柿)の粟屋越中守勝久の館に着陣。（『信長公記』）。	
		粟屋勝久は、他の若狭国人衆と共に織田信長に協力。越前攻めでは一乗谷一番乗りの武勲を挙げ、幽閉されていた旧主の武田元明（義統の嫡男）(1552?～1582)を救出した。	
	4月23日	織田信長、革島一宣（「革島越前守」）(1509?～1581)へ、越前国諸浦兵船結集の功績により山城国西岡革島の所領を還付。	
	4月25日	**～27日、正親町天皇(1517～1593)、御所の内侍所で織田信長の戦勝祈願のために「千度祓」を行う。（『御湯殿上日記』）。**	
		信長の若狭討伐（実際は朝倉氏討伐）は、将軍の上意と天皇の勅命を帯びた初めての公認の戦いとなる。	
	4月25日	**「信長の越前侵攻戦」**。信長(1534～1582)、突然、若狭・越前国境の関峠を越えて越前国敦賀郡に入り、敦賀の妙顕寺(福井県敦賀市元町)を本陣として朝倉方の手筒山城(敦賀市泉・手筒)と金ヶ崎城(敦賀市金ヶ崎町)の二つの支城を攻めはじめる。越前国金ヶ崎において織田軍と朝倉軍が激突。（『武家雲箋』）。	
		織田軍、二千余の戦死傷者を出す。（『多聞院日記』）。 初陣の森可隆(可成の嫡男)(19歳)(1552～1570)、討ち死にする。（『信長公記』）。 柴田勝家、木下秀吉らと共に手筒山城を攻略し敵の首一千三百七十を討ち取る。（『家忠日記増補』）。	
	4月25日	家康軍、敦賀にて信長軍に合流。	
	4月25日	**「信長の越前侵攻戦—浅井長政反覆」。** 信長が浅井長政(1545～1573)と交わした「朝倉への不戦の誓い」を破ったため、長政は朝倉義景(1533～1573)との同盟関係を重視し、織田信長に反覆。	

西暦**1570**

元亀1	4月26日	**「信長の越前侵攻戦」**。織田・徳川連合軍、金ヶ崎城（福井県敦賀市金ヶ崎町）の朝倉中務大輔景恒（？～1570）を攻略、敦賀郡全域を占領。（『信長公記』）。 続いて疋壇城（敦賀市疋田）も落とした。	1493

4月26日　**「信長の越前侵攻戦」**。織田・徳川連合軍、木目峠を越えて朝倉領国（越前）に攻め入ろうとした矢先、妹婿の浅井長政反覆の報せが入る。（『信長公記』）。
信長の妹・お市が両端をきつく縛った小豆入りの袋を信長へと送り、「袋のネズミ」ということを暗に仄めかしたという逸話はこのときのこと。 [1494]

4月27日　浅井長政、信長を討たんと越前へと向かう。 [1495]

4月28日　朝倉義景（1533～1573）率いる兵二万、敦賀に到着。 [1496]

4月28日　正親町天皇、石清水八幡宮で百遍の法楽（神事）を修して、再び織田軍の戦勝祈願を行う。 [1497]

4月28日　「金ヶ崎城に木藤・明十・池筑その外残し置かれ」（『武家雲箋』）。
「次いで、木目峠を越えて越前中央部へ侵略する計画であったが、そこへ北近江の浅井長政が背いたとの情報が次々に入った。しかし、浅井は信長のれっきとした縁戚であり、その上、北近江一帯の支配を許しているのだから不足があるはずはない。信長は、浅井が背いたというのは誤報であろうと思った。けれども、事実であるとの報告が方々からあった。信長は「やむを得ぬ」と言って、越前から撤退することにした」。（『信長公記』）。
「信長の越前侵攻戦―信長の金ヶ崎退き口」。夜、織田軍、全軍撤退をはじめる。信長（1534～1582）、敦賀を撤退、丹後道（若狭路）を、三方郡佐柿の国吉城（佐柿城）に向かう。このときに殿軍として金ヶ崎城に池田筑後守勝正（1530？～1578）らを残した。この殿軍は朝倉勢の追撃を受けて一千三百以上の兵士が討ち取られたといわれている。後に木下秀吉・明智光秀ら、金ヶ崎城より撤退。
木下秀吉（1537～1598）・明智光秀（1528？～1582）らの殿軍は、疑問視されている。 [1498]

4月28日　**「信長の越前侵攻戦」**。徳川家康（1543～1616）、木の芽峠から退却する。途中から池田勝正隊に代わって殿軍を務め鉄砲にて防戦撤退ともいう。 [1499]

4月29日　山科言継、織田軍の苦境に立たされた状況を知る。その内容とは近江国に六角承禎・六角義治が出陣し「方々放火」といい、近江国北部の浅井長政と「申合」せて織田信長に「別心」したという。これにより織田信長は越前国から美濃国への退路を断たれたが、越前国より若狭国への「西路」を「往還」すというものであった。（『言継卿記』）。
六角承禎・義治父子も朝倉に応じて近江国で挙兵して所々を放火。承禎と申し合わせ、信長の美濃帰国を阻もうとする浅井長政は、鯰江城（滋賀県東近江市愛東町）に兵を入れる。 [1500]

4月30日　**「信長の朽木越え―信長の越前侵攻戦」終わる**。信長は、地元の近江朽木城主・朽木信濃守元綱（1549～1632）の協力もあり、越前敦賀から朽木を越えて、亥下刻（23時半頃）に京へ逃げ延びた。供はわずか十人程度であったという。
朽木元綱は、幕府奉公衆だが、実質的には浅井氏より知行を受け、属す形となっていた。信長に随行した松永久秀（1508？～1577）の説得により味方となったことから、信長は無事通過することができたという。
信長が森可成（1523～1570）を遣わして朽木氏を説得し、29日信長は朽木館に泊まったともいう。 [1501]

元亀1	4月30日	一色藤長(?～1596?)、坂井政尚・蜂屋頼隆へ、自身が丹後国に下向し軍勢結集する状況を報告。
	5月1日	山科言継、日野輝資を訪問し「対顔」、帰陣「珍重之由」を上申。次いで織田信長を訪問したところ、「被参武家」というので足利義昭(「武家」)へ祗候し「御礼申」し、同様に織田信長へも「礼申」す。(『言継卿記』)。
	5月1日	織田信長、禁裏の工事を視察。
	5月3日	山科言継、松木宗房・三条公仲・白川雅朝・中原師廉らを同行し織田信長を訪問。林秀貞(「林佐渡守」)が申次、徳川家康(「徳川左京大夫」)・畠山高政(「畠山尾張守」)・松永久秀(「松永山城守」)らにも面会。坂井好斎(好斎一用)より談合の子細が説明された。次いで徳川家康以下三名に「飯」が振る舞われた。次いで三好義長(義興)(「三好左京大夫」)からの「音信」が届いたが披露はされず、各自「罷帰」った。(『言継卿記』)。
	5月3日	織田信長、近江野洲郡の永原伊豆守の端午節句祝・帷二の送付を謝す。 永原伊豆守は、六角氏の元重臣であろうか。
	5月3日	山科言継、「禁中御作事」を見舞う。次いで長橋局(薄好子)へ祗候。山科言継、織田信長が福富秀勝(「福角」)を以て朝山日乗に同行させ「白瓜」九個を「御作事以下御褒美」として進上したことを申し渡す。(『言継卿記』)。
	5月4日	幕臣一色藤長(?～1596?)、長門国の波多野秀信(?～1569)へ、越前金ヶ崎における織田軍敗退を通知。
	5月6日	六角軍、稲葉一鉄(1515～1589)父子の守る守山城(滋賀県守山市守山)を攻める。
	5月6日	**若狭討伐の手前、織田信長(1534～1582)はすぐに明智光秀(1528?～1582)・丹羽長秀(1535～1585)を遣わして若狭の武藤上野介友益の人質(友益の母)をとり、居城石山城(若狭国大飯郡佐分利郷石山)を破却した。** 明智光秀・丹羽長秀、この日、友益への処分を終えて針畑越えの道をとって帰京。
	5月7日	織田信長、柴田勝家(「柴田修理亮」)・坂井政尚(「坂井右近」)へ、去年(永禄十二年)足利義昭「御下知」と織田信長「朱印」によって安堵された愛宕権現の神供料所の外畑村を広田の渡部太郎左衛門尉が「違乱」したというので、その行為を中止しなければ「成敗」すべきを命令。

西暦1570

元亀1	5月8日	織田信長、永原飛騨守へ、近江国内の「五人衆」は別として家中に「別心」者が発生したが「同越一途之覚悟」の忠節を賞し、「五人衆」を大切にし覚悟を決めたことについて、織田信長が各自を引見し激励すべきことを通達。詳細は福富秀勝（「福富」）に伝達させる。
		永原飛騨守も、六角氏の元重臣であろうか。

1512

	5月9日	近江に出陣した六角軍に、浅井長政（1545〜1573）も呼応。

1513

	5月9日	山科言継、正親町天皇（「禁裏」）の招集命令により参内、織田信長へ命令を通達するようにとのことであった。
		その内容は織田信長のこの日の出陣を知り「轆属本意上洛被待思召之由」を通達することであった。山科言継、即時織田信長宿所を訪問し坂井好斎（好斎一用）を通じて正親町天皇の叡慮を通達したところ、織田信長より「勅使忝之者也」、近江国出陣にあたり例え近江国に「居住成」とも「国へ龍下」とも朝廷に対する奉公は継続することを約し、近日中に上洛する予定であること（「於御修理者奉行共に堅申付之間可御心安、轆罷上可申上之由」）を披露するようにとの返答があった。山科言継、長橋局(薄好子)へ祗候し織田信長からの返答を上奏。(『言継卿記』)。

1514

	5月9日	**織田信長、軍勢二万を率い出京、岐阜に戻るべく近江に下る。**近江国坂本まで下向。

1515

	5月9日	織田信長（1534〜1582）、途中に泊まった宇佐山城（志賀城）（滋賀県大津市南滋賀町）に、森可成（蘭丸の父）（1523〜1570）を配置。

1516

	5月9日	**明智光秀（1528？〜1582）、今日出陣の旨を、足利義昭近習・御詰衆の曽我助乗（？〜？）に告げて用事を依頼する。**

1517

	5月10日	毛利輝元（1553〜1625）、幕臣柳沢元政（1536〜1613）へ、自身の「官途」について足利義昭「御内書」が発給されたこと、これは織田信長の入魂によることに感激し、その謝意を通知するよう命令。

1518

	5月11日	朝倉義景（1533〜1573）、近江浅井氏のもとに援兵を送る。

1519

	5月12日	信長方の松永久秀（1508？〜1577）、竹内秀勝（？〜1571）と共に若狭から大和へ戻る。

1520

	5月12日	山科言継（1507〜1579）、この日織田信長が勢多山岡城（滋賀県大津市瀬田2丁目）に入城し、六角義賢（「六角入道紹貞」）を捕獲したとの情報に接す。(『言継卿記』)。
		誤報である。実は、信長と六角承禎父子との和平交渉始まる。

1521

	5月13日	山科言継、織田信長が近江国永原城に移ったという情報に接す。(『言継卿記』)。
		織田信長（1534〜1582）、浅井長政（1545〜1573）の離反に応じて、永原城（滋賀県野洲市永原）に佐久間信盛（1528〜1581）を配置。この頃、さらに守山(同県守山市守山)に稲葉良通（一鉄）（1515〜1589）、長光寺（同県近江八幡市長光寺町）に柴田勝家（1522？〜1583）、安土城に中川八郎右衛門重政（？〜？）を配置。
		浅井の裏切りと甲賀に逃れた六角の挙兵により、中山道を通っての岐阜帰城を断念した信長は、京から岐阜への道を確保する。千草峠を経由して伊勢、尾張、美濃へと帰るルートだった。

1522

	5月15日	「織田信長朱印状」。信長、蒲生賢秀（「蒲生左兵衛大夫」）（1534〜1584）・蒲生氏郷（「忠三郎」）（1556〜1595）へ、「当知行分」を安堵。五千五百拾石の所領目録を渡す。

1523

元亀1	5月17日	織田信長、近江蒲生郡の永田景弘(正貞)(「永田刑部少輔」)へ、敵対し近江浅井氏・六角氏の一揆に参加した九里三郎左衛門(永田景弘舎兄)の没収地・与力・家来・寺庵方を宛行うこと、戦乱平定後に給与するため益々忠義を尽くすよう命令。
	5月18日	朝山日乗(?〜1577)、この朝に織田信長が滞在する近江国永原城へ「見舞」のため下向。(『言継卿記』)。
	5月18日	徳川家康(1543〜1616)、京より岡崎へ帰城。
	5月19日	六角承禎・義治父子、一向一揆を扇動して、二万の兵で、近江国石部城(滋賀県湖南市石部)へ出陣。
	5月19日	山科言継、朝山日乗・村井貞勝(「村井民部少輔」)らが近江国より上洛した由を知る。織田軍と南近江六角氏との「和与」は不調に終わり、これによりこの日織田信長(「弾正忠」)は美濃国へ下向したという。(『言継卿記』)。 六角承禎父子との和睦が不調に終わった織田信長、永原城(滋賀県野洲市永原)を発ち、岐阜に向かう。
	5月19日	浅井長政(1545〜1573)、鯰江城に軍勢を入れ、同時に市原に一揆を蜂起させて岐阜へ下る信長の行く手を阻む。(『信長公記』)。
	5月19日	信長は近江路を断念せざるを得なくなり、日野城(中野城)(滋賀県蒲生郡日野町西大路)の蒲生賢秀(1534〜1584)・大森城(滋賀県東近江市大森町)の布施藤九郎・甲津畑城(滋賀県東近江市甲津畑町)の菅六左衛門の尽力を得て経路を千草越えに変更。(『信長公記』)。甲津畑は、近江より伊勢三重郡へ抜ける千草越えの要所である。
		織田信長(1534〜1582)、千草山中の甲津畑で六角承禎(1521〜1598)の放ったともいわれる刺客・杉谷善住坊(?〜1573)に狙撃され、体をかすめた。(『信長公記』)。「笠之柄」に当たったという。
	5月20日	村井貞勝と朝山日乗、長橋局に祗候し、信長の伝言を伝える。
	5月21日	狙撃されながらも、**織田信長、岐阜へ帰還。(『信長公記』)。** 信長、暗殺されかけた事に激怒し、徹底した犯人探しを厳命。
	5月-	信長は浅井長政討伐の準備を整え、木下秀吉(1537〜1598)に命じて堺の豪商今井宗久ら対して大量の火薬と煙硝の調達を依頼させた。 今井宗久(1520〜1593)は、信長の厚い信頼から、堺近郊にあう摂津五ヵ庄の塩・塩化合物の徴収権、摂津五ヵ庄の代官職、淀川の通行権・関銭免除(淀川今井船の利用)、生野銀山などの但馬銀山の支配権(長谷川宗仁と共同)などの各種特権を得たとされる。
	5月25日	織田信長、美濃国郡上郡木越城(岐阜県郡上市大和町島)主・遠藤胤俊(「遠藤新右衛門尉」)(1546〜1570)・八幡城(郡上市八幡町柳町)主・遠藤慶隆(「遠藤新六郎」)(1550〜1632)へ、近江国北郡への軍事行動に際し来る六月二十八日以前に美濃国岐阜まで出頭を命令。今回の軍事行動は「天下之為、信長為」に重大な作戦であるから「人数」(軍勢)は老若を問わず多勢を率いるべきこと、功績次第では訴訟している内容も了承する旨を通達。また人員は知行高よりも一層奔走すべきこと、「鉄炮」については塙直政(「塙九郎左衛門尉」)(?〜1576)・丹羽長秀(「丹羽五郎左衛門尉」)(1535〜1585)より指示があることを通達。

西暦 1570

元亀1	6月-	**吉田兼和（兼見）(1535〜1610)の日記『兼見卿記』が、書き初められる。** 1535

兼和は、天文4年(1535)神祇大副兼右兵衛督・吉田兼右の子として誕生。細川藤孝（幽斎）の従兄弟にあたる。この年、家督を継ぎ吉田神道の継承者となる。

吉田家の9代当主（卜部氏25代）。初名は兼和であったが、後陽成天皇の諱（和仁）を避けて天正14年(1586)に「兼見」に改名。足利義昭、織田信長、明智光秀、木下秀吉（豊臣秀吉）、細川藤考（幽斎）などと交友関係は広く、信長の推挙により堂上家（家格は半家、卜部氏）の家格を獲得した。

6月4日　**木下秀吉(1537〜1598)、和泉国堺の今井宗久に鉄砲薬・焔焼薬の調達を依頼。** 1536

朝倉討伐時の越前から撤退で、多くの火薬を置き去りにした。浅井・朝倉との戦いに向けた、信長の命令である。宗久は、鉄砲はあらゆる武器に優ると目をつけ、大金を投じて鉄砲工場を建設していた。

6月4日　**「野洲河原の戦い」。六角承禎(1521〜1598)・義治(1545〜1612)父子、一揆を率いて近江国笠原へ出撃。** 1537

この日の午時、近江国小浜に於いて織田軍と六角軍が衝突。山科言継、足利義昭（「武家」）のもとへ方々から寄せられた注進により六角軍は六角義賢（「六角左京大夫入道紹貞」）・六角義治（「同右衛門督義」）以上二、三千人が討死にし「敗軍」したということ、織田信長内衆の佐久間信盛（「佐久間右衛門尉」）・柴田勝家（「柴田修理亮」）・「江州衆(元六角氏被官)」進藤賢盛・永原重秀らが「勝軍」であったことを知る。山科言継は織田軍の勝利を「珍重々々」と評す。（『言継卿記』）。

長光寺城(滋賀県近江八幡市長光寺町)守備・柴田勝家、佐久間信盛・江州衆らと共に、城に攻め寄せた六角勢を野洲川において破る。この勝利により、江南はひとまず鎮静した。

「瓶割り柴田」、「瓶割城」の由来の戦となる。柴田勝家(1522？〜1583)は、飲料水の瓶を割って城には戻らぬ覚悟で出撃し敵を破ったという。

6月6日　信長方の松永久秀父子、十市城（奈良県橿原市十市町）方面へ向かうが調略が不首尾に終わり、転じて福住城（奈良県天理市福住町）を攻め、郡山を侵して火をつける。 1538

6月6日　織田信長、若狭の武田信方（義統の弟）(?〜?)へ、来る六月二十八日の近江国北郡への軍事行動に際し足利義昭「御動座」があるため参陣し、奔走を督促。 1539

越前の朝倉義景を攻めるため、信長が若狭に入ると、武田氏被官人の多くが朝倉攻めの先陣を務めたが、信方は朝倉方にいた武田元明(1552？〜1582)の命で信長に抵抗した。

6月7日　一色式部少輔藤長、徳川家康宛へ、六月四日に、近江の六角承禎が織田信長に敗れたことを知らせる。 1540

6月10日　六角義賢（「承禎」）、一揆勢を率いて近江修理大夫の居城を攻撃するも「いけ取」にされる。（『士林証文』）。誤報である。 1541

6月12日　織田信長、尾張国小松寺へ、近江国姉川の陣中より見舞（折一、帷二、たひ一足）を謝す。 1542

6月17日　織田信長(1534〜1582)、前田利家(1538〜1599)に、その近江小谷に浅井長政と戦へる際に於ける功を賞す。 1543

6月17日　織田信長、祖父江五郎右衛門尉へ領中方目録を下す。 1544

信長、祖父江秀重(1524〜1585)に尾張四ヶ所、計百九十貫所領を宛行う。

元亀1	6月18日	「信長の浅井・朝倉討伐戦―6月18日～7月3日」はじまる。織田信長(1534～1582)、近江の浅井父子討伐のため、岐阜より近江国浅井郡へ着陣。(『土林証文』)。
	6月19日	山科言継、足利義昭(「武家」)が明日の近江国への出陣(「御動座」)延引したことを知る。池田勝正(摂津国池田城主)(1530?～1578)が一族内紛のため池田城を追放されたことが原因だという。また三好三人衆と阿波国衆・讃岐国衆が出陣(「出張」)したという注進があったことも知る。(『言継卿記』)。
	6月19日	信長、長比城(滋賀県米原市柏原)に到着。
	6月19日	木下秀吉、信長に従い、江北に入り、須川城(滋賀県米原市須川)を攻略。
	6月19日	織田軍、さらに苅安(米原市上平寺)、長比砦(米原市長久寺)を攻略、布陣する。
	6月19日	織田信長、近江修理大夫(六角義秀縁者?)へ、自身の六月十八日の近江国浅井郡着陣を通知し、早急の浅井郡への参陣を促す。六月十日に六角承禎が近江修理大夫の居城を攻撃するも「いけ取」にしたことを信長は「江家の御手柄」と激賞していること、六角義賢(「承禎」)父子の件は「宮」(竹内殿)より「助命」嘆願があったが、それは近江修理大夫の「御心次第」であることを織田金左衛門より通達させる。 故六角義秀(1532～1569?)は、家臣団が担ぐ六角氏の本家筋といわれて、正室は織田信広(信長庶兄)(?～1574)の娘(信長養女)。
	6月20日	池田勝正の一族二十一人衆、四人衆のうちの池田豊後守・池田周防守を自刃させたという。池田勝正(「総領筑後守」)、刀根山を経由して大坂へ逃亡。(『言継卿記』)。 荒木村重(池田長正の娘を娶っていたため一族衆)(1535～1586)・池田知正(池田長正の嫡男)(1555～1604)ら「池田二十一人衆」は、三好三人衆の調略を受け三好家に寝返り、池田四人衆のうちの池田豊後守・池田周防守を自刃させるという。十九日、摂津池田家惣領・池田勝正(1530?～1578)は、刀根山を経由して大坂へ逃亡した。
	6月20日	池田勝正の大坂逃亡の知らせを受けた足利義昭(1537～1597)、上野中務大輔・細川藤孝(「細川兵部大輔」)・一色紀伊守・織田信広(「織田三郎五郎」)(信長庶兄)(?～1574)ら二千計の軍勢を山崎周辺まで出陣さす。三好義長(義興)(「三好左京大夫」)より使者が来到し種々の「御談合」があった。(『言継卿記』)。
	6月20日	織田信長、近江国菅浦へ全三ヶ条の「禁制」を下す。
	－	この頃、信長、姉川(滋賀県長浜市野村町)に、材木等船橋と人夫用意を命ずる。
	6月21日	「信長の浅井・朝倉討伐戦―6月18日～7月3日」。長比城(滋賀県米原市柏原)を出た織田信長、要害の小谷城(滋賀県長浜市湖北町伊部)から浅井長政をおびき出すため、森可成・坂井政尚・斎藤新五(斎藤利治)・市橋長利・佐藤六左衛門・塚本小大膳・不破光治・丸毛長照をして、江北に火を放ち、虎御前山(滋賀県東浅井郡虎姫町)に陣取る。さらに柴田勝家・佐久間信盛・蜂屋頼隆・木下藤吉郎・丹羽長秀および江州衆に命じて近在の諸所へ余すところなく火を放たせた。(『信長公記』)。
	6月21日	「樋口三郎兵衛ト云者ハ、江北一ノ剛ノ者也」。(『甫庵信長記』)。 樋口直房(?～1574)が、調略により主家と共に信長に与する。 直房は、浅井氏に属し、近江国坂田郡を代々治めた堀氏の家老。 浅井長政に仕える鎌刃城(滋賀県米原市番場)主・堀秀村(1557～1599)が、木下秀吉(1537～1598)の家臣竹中重治(半兵衛)(1544～1579)の調略を受けた後見役樋口直房の勧めで織田方に寝返った。

西暦**1570**

元亀1	6月21日	明智光秀(1528？～1582)と村井貞勝(？～1582)・朝山日乗(？～1577)が、大山崎に書を送り、軍勢の往還に際しての南方の道筋についての拡幅工事を承認するも、併せて町道の通行を禁ずる事は出来ない事を通知する。	1557
	6月22日	**「信長の浅井・朝倉討伐戦―八相山の退口」。** 信長軍、伊吹弥高(滋賀県米原市(伊吹))に退陣。浅井勢がこれを追撃するも、殿軍の信長家臣の簗田左衛門太郎広正(？～1579)・中条将監(家忠)(？～1577)・佐々成政(1536～1588)らに退けられる。信長、八島に陣を敷く。(『信長公記』)。	1558
	6月24日	池田勝正の一族等、摂津国有馬郡湯山年寄中へ好を通ず。	1559
	6月24日	信長軍、長浜龍ケ鼻(滋賀県長浜市東上坂町龍ケ鼻)に進駐。浅井長政をおびき出すため、横山城(長浜市堀部町・石田町)を攻撃する。(『信長公記』)。	1560
	6月24日	この頃、八千の朝倉軍が、六千の浅井軍に合流すべく、横山城に向かう。	1561
	6月26日	信長方の松永久秀父子、郡山から多聞山城(奈良市法蓮町)に戻る。	1562
	6月26日	山科言継(1507～1579)、三好義長(義興)(「三好左京大夫」)が池田勝正(「池田筑後守」)を同行し上洛するということ、および摂津国池田城は三好長逸(「三好日向守」)・岩成友通(「石成主税頭」)らが入城することになったことを知る。(『言継卿記』)。 山科言継、摂津池田城を追われた池田勝正(1530？～1578)は、三好義興に伴われて上洛。池田城には三好三人衆が入城したことを知る。 勝正は、足利義昭に拝謁したという。	1563
	6月26日	織田信長、近江浅井氏を離れた久徳左近兵衛(？～?)へ、近江国多賀庄・石灰庄・敏満寺領の三ヶ所都合三千石の「支配」を安堵。 信長、浅井勢との戦いに参陣、功のあった近江の久徳氏に三千石を与える。	1564
	6月27日	「信長の浅井・朝倉討伐戦―6月18日～7月3日」。徳川家康軍、五千の兵を率いて長浜龍ケ鼻に到着。 信長(1534～1582)、浜松から来援した徳川家康(1543～1616)に源為朝の鏃を与える。	1565
	6月27日	「信長の浅井・朝倉討伐戦」。未明、浅井・朝倉が大依山の陣を引き払ったので撤退のように見えたが、夜になって浅井・朝倉軍は姉川の手前まで進出し、野村・三田村の二手に分かれて布陣した。徳川軍は西方で三田村の朝倉軍と、織田軍は東方で野村の浅井軍と対峙した。信長主力の東側に美濃三人衆を配した。 織田軍は十三段の陣を布いたと、『甫庵信長記』では記される。	1566
	6月28日	島津義久(1533～1611)、細川藤孝(1534～1610)へ、足利義昭の入洛を祝し太刀一腰・馬一疋・黄金百両を進上。喜入季久(1532～1588)を派遣したので、その披露を依頼。	1567
	6月28日	阿波より出兵した三好三人衆(三好長逸・岩成友通)、摂津池田城(大阪府池田市城山町)から摂津国吹田に進撃。	1568
	6月28日	足利義昭(「武家」)、和泉国堺の岩成友通(「岩成」)より敵方の三首を受け取る。(『言継卿記』)。	1569

元亀1	6月28日	「**信長の浅井・朝倉討伐戦―姉川の戦い**(滋賀県長浜市野村町)」。
		吉田兼見、織田信長が浅井長政・朝倉景健を撃破した旨を知る。(『兼見卿記』)。
		織田・徳川連合軍、浅井・朝倉軍を敗る。浅井石見守政之(久政の三男)(? ~1570)、討死。浅井軍の先鋒・磯野員昌(1523~1590)が、織田軍先鋒・坂井政尚(? ~1570)を突き崩し、織田軍の備え十三段のうち十一段まで崩す猛攻を見せたという。「員昌の姉川十一段崩し」(『浅井三代記』)。
		早朝から七時間に及ぶ激闘で、両軍とも多くの戦死者を出す。浅井・朝倉軍は小谷城に向けて撤退。
		浅井・朝倉軍は九千六百人が討死という。(『言継卿記』)。
		織田軍先鋒の坂井政尚の嫡子・尚恒(久蔵)(1555~1570)が討死。
		織田軍の赤母衣衆筆頭の前田利家は、浅井助七郎と一騎打ちし、討ち取るという。
		信長はすぐさま横山城の攻略に着手、時の城主三田村氏は降伏し、落城。信長は城番として木下秀吉を任命。横山城(滋賀県長浜市堀部町・石田町)は、小谷城に対する最前線基地として機能し、秀吉はここを拠点として浅井氏攻略を行う。
	6月28日	織田信長、細川藤孝(「細川兵部大輔」)へ、この日の近江国姉川に於ける浅井・朝倉連合軍との交戦で「得大利」したこと、「野も田畠も死骸計」りの様子、この戦勝は「誠為天下大慶不過之」であり、小谷城の攻略は時間の問題であること、浅井・朝倉領国に「以武略」て臨むことは「物之数」に非ず、「江北」(近江浅井氏)の件は「平均」に属したこと、横山城の籠城衆より「種々詫言」があるが今日明日中に「可討果覚悟」であること、佐和山城の件を処置してから直ちに上洛することを足利義昭へ披露するよう依頼。また徳川家康(「岡崎家康」)が出陣し織田信長旗下(「我等手廻之者共」)と「一番合戦之儀論」に及んだので信長が家康に先陣を申し付けたこと、池田恒興(「池田勝三郎」)・丹羽長秀(「丹羽五郎左衛門尉」)を附属させ朝倉軍を撃破したこと、浅井軍には織田軍(「手廻之者共」)を当てて撃破したことを通知。
	6月29日	幕府奉公衆、この日の晩に摂津国へ出陣。(『言継卿記』)。
	6月30日	幕府奉公衆、この日の朝に摂津国へ出陣。(『言継卿記』)。
	7月-	この月、徳川家康嫡男・竹千代(信康)が元服、信長より「信」の一字を与えられ「信康」を名乗る。
	7月1日	織田信長(1534~1582)、浅井方の磯野員昌(1534~1583)の守る佐和山城(滋賀県彦根市古沢町)を攻めるが、員昌は巧みな籠城戦を取り頑強に抵抗に出て織田軍をよく防ぐ。信長は力攻めをあきらめ、諸将に包囲させる。東方の百々屋敷に丹羽長秀(1535~1585)、北方の尾末山に市橋長利(1513~1585)、南方の里根山に水野信元(? ~1576)、西方の彦根山に河尻秀隆(1527~1582)を配置。(『信長公記』)。
	7月3日	「**信長の浅井・朝倉討伐戦―6月18日~7月3日**」終結。早旦に一条内基(「一条殿」)へ参上。次いで真如堂蓮光院を訪問。ここで山科言継は今日明日の間に織田信長が上洛するであろうことを知る。またこの日織田信長が近江国北郡の佐和山城を磯野員昌(「磯野丹波守」)より受け取ったことを知る。(『言継卿記』)。
		「**信長、岐阜から湖岸平野への通路を確保**」。織田信長(1534~1582)、浅井長政の属将・磯野員昌(1523~1590)をようやく招降させる。佐和山城を丹羽長秀(1535~1585)に守らせる。『信長公記』では磯野の招降は、元亀2年(1571)2月24日とされる。
		磯野員昌は、近江高島郡を与えられ、織田信澄(のちの明智光秀娘婿)(1555 ? ~1582)を養嗣子とするよう命じられる。

| 元亀1 | 7月4日 | 「申刻信長上洛、馬三騎俄入洛也」。（『兼見卿記』）。 | 1577 |

「申刻織田弾正忠信長上洛、四五騎ニテ、上下卅人計ニテ被上、遂遂ニ終夜ト云々、直ニ武家へ被参之間、予則参、於北郡之楼體御雑談被申、驚耳者也、次明智十兵衛所へ被行了、」。（『言継卿記』）。

（午後四時に織田信長公が上洛、御供は四、五騎と、前後三十名ほどの行列で上洛され、とうとう夜になって着かれたが、ただちに将軍家へ面会された。私もお供し、話題は北近江一帯の状況報告を盛りにされて、内容は驚くべきものであった。信長は、次いで明智光秀の宿所を訪問された）。

明智光秀邸は、将軍直轄軍「奉公衆」居住地域という。

『信長公記』では、「七月六日御馬廻ばかり召し列れられ、御上洛」とあり、やはり明智光秀の宿所を訪問は、隠している。

信長が、光秀の宿所や半井驢庵宅に宿泊するのはこれが最後で、この年8月23日に本能寺に寄宿して以降は、洛中の寺院に寄宿するかたちへとそのあり方を変えていく。

| | 7月4日 | 山科言継、正親町天皇（「禁裏」）の召喚により黄昏に参内。天皇より織田信長への「属本意早速上洛珍重」という言伝を受け、織田信長のもとを訪問。 | 1578 |

織田信長、山科言継・上野信恵（「上野佐渡守」）・松永久秀（「松永山城守」）・朽木弥十郎（輝孝）・飯河信堅（「飯川肥後守」）・歳阿（歳阿弥）等を一度に見参す。先ず山科言継が正親町天皇からの言伝を伝達し、次いで誠仁親王（「親王御方」）・大典侍殿（万里小路房女）・長橋局（薄好子）らからの「言伝」を申し渡す。山科言継ら、亥刻に織田信長宿所を退出。山科言継は直接参内し、正親町天皇が「御寝」であったので「内々」に申し置いて帰宅。（『言継卿記』）。

	7月5日	織田軍、摂津国吹田に於いて三好三人衆（三好長逸・岩成友通）の軍勢を撃破。（『言継卿記』）。	1579
	7月5日	吉田兼右（「家君」）、織田信長へ礼参のため出京。（『兼見卿記』）。	1580
	7月6日	山科言継、朝食以後に山科言経（「武衛」）・橘以継（言継の次男）らを同行し織田信長を訪問し見参す。信長は今朝より「二条殿御弟大乗院新門主」・三条西実澄らと雑談していたという。それ以外には対面は無かったという。言継、織田軍が摂津国吹田の「敵」が昨日敗北したことを知る。織田信長は「悉以不討」を「曲事」とし「以外無機嫌」であった。この日、織田軍は「改陣」という。（『言継卿記』）。	1581
	7月6日	朝山日乗・村井貞勝、大和国法隆寺へ、「五条升」で九石九斗を修理米として受け取った旨を通知。	1582
	7月7日	**織田信長、丑下刻（午前3時過ぎ）に出京、美濃国岐阜へ下向。（『言継卿記』）。**	1583
	7月8日	**織田信長、岐阜城に帰る。**	1584
	7月10日	織田信長、毛利元就と小早川隆景それぞれに「北国」情勢と「浅井長政反覆」の状況を通知。また出雲国・伯耆国が毛利氏によって「平均」に属したことを祝し、備前国・播磨国への出撃については時期を見合わせ織田側より申し入れる旨を通知。この中で、浅井長政の挙兵によって一時的に窮地に陥った事には一切触れていない。	1585
	7月12日	織田信長、河内半国守護・畠山昭高（秋高）（1534～1573）へ、美濃国岐阜下国に際して近江国坂本までの使者派遣を賞し、「南方辺之儀」（石山本願寺の情勢）は変化が無かったので下国したこと、上洛の際は通知する旨を報告。	1586

元亀1	7月18日	松永久秀方、大和国一国規模の知行割と給人入れ替えを行う。興福寺の収入が断たれる。	1
	7月19日	堺会合衆らの援助を受けた三好三人衆、讃岐の十河存保(そごうながやす)(？～1587)、淡路の安宅(あたぎ)信康(1549～1578)らが摂津中嶋に上陸。	
	7月21日	山科言継、摂津国方面に於いて「敵」の軍勢七、八千人が出撃したという風聞に接す。このような注進が方々よりあったという。(『言継卿記』)。 信長に対抗する**三好三人衆らが細川信良(後の昭元)・雑賀衆鈴木孫一(重秀？)らを誘い、七、八千人で再び挙兵。摂津野田・福島に砦を構築、天満ノ森に布陣する**。その中には美濃を追われて伊勢へ逃れていた斎藤龍興(1548～1573)もいた。	
	7月21日	奇妙丸(織田信忠)(1557～1582)、林某へ、姉川の戦いでの軍功を賞して太刀を下す。	
	7月25日	多聞院英俊、三好三人衆が河内国へ進撃した風聞に接す。(『多聞院日記』)。	
	7月25日	近江坂田郡横山城(滋賀県長浜市堀部町・石田町)番の木下秀吉、竹生島に安堵状を与え、其寺領及び臨時課役を免除する。	
	7月26日	河内国に於いて織田軍と三好三人衆が交戦。(『多聞院日記』)。	
	7月26日	信長方の松永久秀(1508？～1577)・久通(1543～1577)父子、三好三人衆が河内に侵入とのことで、八千程の軍勢を率いて、酉刻(18時)に大和国信貴山城を出陣。(『多聞院日記』)。 **三好三人衆が河内に侵入とのことで、松永久秀は、久通と共に急遽、信貴山城(奈良県生駒郡平群町信貴山)より河内に入る**。	
	7月27日	筒井順慶、十市城を攻める。反信長方の筒井軍は、十市城(奈良県橿原市十市町)に入城する。	
	7月27日	多聞院英俊、松永久秀(「松城」)父子が河内国へ八千程の軍勢を率いて出撃したが、空しく帰還したことを知る。(『多聞院日記』)。	
	7月29日	松永久秀方の箸尾氏が、細井戸城(奈良県北葛城郡広陵町平尾)を落とす。	
	7月-	織田信長、土肥助次郎(尾張国土豪)へ美濃国西本荘五十貫文を宛行う。土肥助次郎は、六月二十二日の「八相山の退口」で殿軍を受け持った佐々成政に協力した。	
	8月17日	**「古橋城の戦い」**。織田軍(三好義継・畠山昭高ら)、摂津国・河内国に於いて三好三人衆の軍勢と交戦。(『言継卿記』)。 河内国での戦闘で、三好義継(「三好太夫」)の軍勢三百余が一所に於いて壊滅させられる。(『多聞院日記』)。 **三好三人衆、織田方の三好義継(1549～1573)の河内国古橋城(大阪府門真市御堂町)を陥落させる**。	
	8月19日	木下秀吉、山城国久世荘(東寺領)名主・百姓に年貢納入を命令。	
	8月20日	**織田信長(1534～1582)、三好三人衆を討伐するため、岐阜を出陣する**。この日、横山城(滋賀県長浜市堀部町・石田町)に逗留。(『信長公記』)。	1
	8月22日	多聞院英俊、三好三人衆が一万程の軍勢で河内国天王寺に布陣していること、信長方の松永久秀(「松城」)(1508？～1577)は河内国高安に布陣、竹内秀勝(「竹下」)(？～1571)は「大クホ」(大窪)に布陣したことを知る。(『多聞院日記』)。	
	8月22日	織田信長、長光寺城(滋賀県近江八幡市長光寺町)に至る。(『信長公記』)。	1

西暦1570

元亀1	8月23日	竹内秀勝(「竹下」)、大和国で蜂起した筒井順慶の軍勢を撃退し高樋山まで駆逐。中坊藤松(「中坊」)(松永久秀家臣)の軍勢に少々損害があった。(『多聞院日記』)。織田方の竹内秀勝(「竹内下総守」)・「中坊」(松永久秀家臣)ら、大和国で蜂起した「筒井」以下「牢人衆」と「開陣」。(『言継卿記』)。	1604
	8月23日	**織田信長、大軍勢を率いて上洛、三条西洞院本能寺へ着陣。(『信長公記』)。**	1605
	8月23日	山科言継、「日入」に本能寺の織田信長を訪問し、「御使之趣」を告げ、誠仁親王(「御方御所」)及び「御局衆」の使者も同様に来訪の旨を告げた。山科言継、間も無く参内し長橋局(薄好子)及び誠仁親王以下へ織田信長の「忝之由」という返答を上奏。(『言継卿記』)。	1606
	8月23日	幕府奉公衆・織田軍(「濃州衆」)の先発部隊、摂津国へ出陣。(『言継卿記』)。	1607
	8月24日	吉田兼見(1535~1610)、禁中警固の磯谷(磯貝)久次(？~1578)を同行させて、織田信長(1534~1582)に礼参。塙直政(？~1576)が奏者の任であり、塙直政へ二十疋、菅屋長頼(？~1582)へ二十疋を贈る。(『兼見卿記』)。	1608
	8月-	この頃、織田軍・幕府奉公衆の細川藤孝(1534~1610)ら、摂津国原田城(大阪府豊中市曽根西町)を攻略。 信長は、三好三人衆についた荒木村重(1535~1586)らの押さえとして、池田勝正(1530？~1578)を入れる。	1609
	8月25日	**織田信長、辰刻(8時)に、三好三人衆(三好長逸・岩成友通)が摂津国大坂福島によって勃発した反乱討伐のため、三千の軍勢を率いて出陣。足利義昭「公方衆」軍も出陣。(『兼見卿記』)。** 飛鳥井雅敦・烏丸光宣、早旦に摂津国へ向けて出陣。(『言継卿記』)。 高倉永相ら、辰刻(8時)に摂津国へ向けて出陣。(『言継卿記』)。	1610
	8月25日	山科言継、摂津国原田城が焼かれ、池田勝正(「池田」)へこの地域が与えられたことを知る。(『言継卿記』)。	1611
	8月25日	織田信長、淀川を越え、枚方招提寺(現在の敬応寺)に陣を取る。(『信長公記』)。	1612
	8月26日	**「野田城・福島城の戦い(第一次石山合戦)―8月26日~9月23日」はじまる。** 織田信長(1534~1582)、摂津国天王寺に着陣。これに応じて雑賀三組の雑賀衆が参陣。織田諸軍を神崎・上下難波・木津・今宮へ進軍させ、三好三人衆軍勢(三好長逸・岩成友通・三好康長・安宅信康・十河存保・篠原長房・松山重治・香西佳清(1553~1588)・三好為三ら・斎藤龍興・長井道利)らの野田城・福島城を攻撃させる。	1613
	8月26日	大坂・堺・兵庫などの人々が異国の珍品を、織田信長に献上する。	1614
	8月26日	「野田城・福島城の戦い」。信長の調略により、三好為三(「三好越後守一任入道為三」)(三好政長の次男政勝)(1536~1632)・香西越後守長信(？~1575)が、三好三人衆に離反し、織田軍へ参陣。二人は城中に織田軍を引き入れる謀略をすすめていたが、城中の警固は思いのほか厳しく断念した。	1615
	8月26日	「野田城・福島城の戦い」。河内国中嶋に於いて織田軍と三好三人衆軍が交戦。織田軍(「信長衆」)に多数の死傷者が出た模様。(『多聞院日記』)。	1616
	8月26日	烏丸光康、摂津国へ向けて五、六十人を率いて出陣。正親町実彦(後の季秀)も同行した。(『言継卿記』)。	1617

元亀1	8月28日	山科言継、未刻（14時）に足利義昭（「武家」）へ祗候。大舘治部少輔、摂津国より帰陣し「信長御返事」・「陣之儀」を物語った。織田信長は「天王寺」に在陣、「諸勢」は大坂の西川端に陣取っていること、三好義長・松永久秀・和田惟政等が河を越え、天満森に布陣したという。また「敵」（三好三人衆）は野田・福島に五、六千の軍勢で籠城しているという。織田信長、畠山高政・三好義長（義興）・松永久秀・「遊佐」・幕府「奉公衆」は二、三万の軍勢であるという。（『言継卿記』）。	16
	8月29日	将軍足利義昭（1537～1597）、中島（摂津国）出陣につき、留守居を吉田兼和（兼見）に命じる。（『兼見卿記』）。	1
	8月30日	山科言継、早旦に摂津国へ二千の軍勢を率いて「御動座」する足利義昭（「武家」）へ祗候。摂津国枚方まで出陣ということであった。但し織田信長の注進で足利義昭は摂津国一宮より「還御」、丹波国勝龍寺城（「西岡勝隆寺城」）に逗留するという。 言継、再度足利義昭留守を見舞う。聖護院道増法親王（「聖護院殿」）・大覚寺尊信法親王（「大覚寺殿」）・大舘伊与守・一色晴具・三淵藤英（「三淵大和守」）・二階堂中務大輔・吉田兼和（「吉田侍従」）・楢柴若狭守・矢島越中守ら幕府「奉行衆」十人計と「同朋衆」以下が留守居であった。「山徒衆」も五・六人居た。広橋兼勝も同前であった。（『言継卿記』）。 一色晴具は一色藤長、大舘伊与守は大舘伊予守晴忠であろう。矢島越中守は、矢島御所の警固に当たった。二階堂中務大輔・楢柴若狭守は不明。	1
	9月1日	信長方の松永久秀（「松永山城守」）（1508？～1577）、「敵方」の「三木」・麦井勘衛門の攻撃を受ける。（『言継卿記』）。「三木」・麦井勘衛門は、播磨の三木衆であろう。	1
	9月2日	将軍足利義昭方として根来寺衆ら、三万人が摂津国へ出撃。	
	9月2日	**本願寺顕如光佐（1543～1592）、美濃国郡上郡惣門徒中へ、去々年以来難題を持ちかけてきた織田信長が上洛するに際し、石山本願寺破却の通告を受けた旨を通知。** 信長は、本願寺のあった石山の明け渡しを要求していた。	
	9月2日	山科言継、明日に足利義昭（「武家」）が中島右馬頭（細川藤賢）の城へ「移御座」する旨を知る。「敵方」の「香西」某・「三宅」らの「雑談」により各自を「生害」させたという。また「公方御合力」として「根来寺衆」三万人が摂津国へ出撃したという。（『言継卿記』）。 「香西」某は、香西佳清（1553～1588）か。	1
	9月3日	将軍足利義昭、摂津中島まで親征軍を進める。	1
	9月4日	「野田城・福島城の戦い」。織田軍に対し別所重棟（「別所孫右衛門重棟」）は百四十騎、紀伊国根来寺杉坊が五十人、畠山昭高旧臣の玉木某と湯川某の陣代が一千人を率いて摂津国天王寺に参陣。 織田軍に参陣の別所重棟（重宗）（1529～1591）・紀伊国根来寺杉之坊（？～1585）・畠山昭高（秋高）（1534～1573）らの旧臣ら、摂津国天王寺に到着。	
	9月4日	「野田城・福島城の戦い」。足利義昭（「義昭卿」）、二千の兵で摂津国中島内堀の「細川典厩」の城まで動座。総勢六万余の着到であった。 将軍足利義昭、摂津国中島内堀の細川藤賢（氏綱の弟）（1517～1590）の中島城（堀城、大阪市東淀川区塚本町）に入る。公方親征ともなれば動員されたのは、紀州根来寺の僧兵五千をはじめ、雑賀衆・湯川衆など二万人、鉄砲三千挺を携行していた。	

西暦1570

元亀1	9月5日	**本願寺顕如光佐、紀州惣門徒に、石山本願寺に馳せ上ることを指令。**	1628
	9月6日	前日から今日にかけて、本願寺顕如光佐（1543〜1592）が近江中郡の門徒に宛てて檄文を送る。 信長からの相続く難題から教団の存亡の危機を訴える。	1629
	9月7日	織田信長、摂津国陣中より和泉国槇尾寺衆徒から鉄砲十挺を贈られた事に対し、礼状を認める。	1630
	9月7日	「野田城・福島城の戦い」。織田信長（1534〜1582）、摂津国天満ヶ森へ陣替。織田軍先鋒隊は摂津国海老江堤の田中に布陣。	1631
	9月8日	「野田城・福島城の戦い」。「池田衆」（池田勝正軍）・「和田」、伊丹で市場に放火。	1632
	9月8日	**「野田城・福島城の戦いー信長、石山本願寺と三好三人衆の合流を警戒」。** **織田信長、三好三人衆に与した石山本願寺を攻撃するために、摂津国木津川口と籠岸に砦の構築を開始。**大坂から十町西の楼の岸に砦が築かれ、斎藤新五（斎藤利治）（1541?〜1582）・稲葉一鉄（1515〜1589）・中川八郎右衛門重政（?〜?）の三人が入った。また川向かい.の川口にも築城がほどこされ、平手監物久秀（1525〜1574）・平手甚左衛門汎秀（1553〜1573）・水野監物・佐々成政（1536〜1588）らが入れ置かれた。水野監物は、水野忠守（1525〜1600）か。	1633
	9月8日	足利義昭、摂津国中島浦江の旧塁へ移陣。	1634
	9月8日	信長方の松永久秀（1508？〜1577）、三好義継（1549〜1573）と共に摂津国海老江城（大阪市福島区海老江）を攻略。（『言継卿記』）。	1635
	9月9日	「野田城・福島城の戦い」。信長、天満ヶ森へ本陣を移す。（『信長公記』）。	1636
	9月10日	信長、敵城の周囲に散在する入江や堀を埋めさせる。（『信長公記』）。	1637
	9月10日	本願寺の下間正秀、近江国「十ヶ寺惣衆」へ、敵対している織田信長との対峙にあたり「越州衆」の出撃遅延など全四ヶ条にわたる作戦指示を下す。	1638
	9月10日	**本願寺顕如光佐（1543〜1592）、北近江の浅井久政（1526〜1573）・長政（1545〜1573）父子に宛て、信長を共同の敵として同盟を結ぶ決意を表明した書状を、本願寺三家老の一人である坊官の下間頼総を使者として送る。**	1639
	9月10日	山科言継、晩頭に及び土御門有脩（「刑部卿有脩」）の旅宿である近衛信尹邸を訪問。土御門有脩は明日摂津国中島へ出向くというので「新暦」を半分計り調えた。大坂陣中に於いて暦作成は叶わないとして上洛延引にあたり正親町天皇（「禁裏」）への取り成しを山科言継に依頼、山科言継はこれを「同心」す。山科言継、晩食以後に帰宅。（『言継卿記』）。	1640
	9月11日	織田軍、摂津国中島の畠中城を攻略。（『言継卿記』）。 大阪府貝塚市畠中の和泉畠中城であろう。	1641
	9月12日	**「野田城・福島城の戦い（第一次石山合戦）」。** 織田信長・足利義昭、野田・福島から十町北の摂津海老江城に本陣を移し松永久秀・三好義継と合流し、二万の軍勢で三好勢（三好長逸、岩成友通、安宅信康、十河存保、篠原長房、松山重治、斎藤龍興、長井道利）の野田・福島への攻勢を強める。櫓からの大鉄砲打ち込みと、紀伊の根来・雑賀・湯川・奥郡衆による三千挺の鉄砲射撃という。	1642
	9月12日	**三好三人衆三好長逸等が降伏を申し出たが、信長は許さなかったという。**	1613

元亀1	9月12日	「野田城・福島城の戦い（第一次石山合戦）―本願寺、決起」。
		野田・福島が落ちれば大坂が危うくなると、本願寺顕如光佐(1543～1592)、三好三人衆とはかり、**夜半、石山本願寺挙兵、以後、11年に及ぶ「石山合戦」**が始まる。「第一次信長包囲網」。本願寺・雑賀衆・六角承禎・三好三人衆・浅井氏・朝倉氏らの信長包囲網。
	9月12日	石山本願寺一揆、摂津国福島の織田軍を攻撃。(『兼見卿記』)。
		本願寺門徒らは夜半に寺内の早鐘をついて人数を集め、信長方の天満森の陣所を襲い、これを破った。
	9月12日	前田利家(1539～1599)、他所への用を済ませ、日暮れに摂津国の戦場に到着。
	9月12日	「越州之軍勢八千計堅田迄來云々、京中騒動也。無説之儀也」。(『言継卿記』)。
		越州之軍勢(朝倉軍)八千が近江国堅田まで進撃の「雑説」により「京中騒動」となる。
	9月12日	信長の摂津進軍を知り、**浅井長政(1545～1573)、石山本願寺の挙兵に呼応し出兵。**
	9月13日	織田軍がせき止めていた防堤を打ち破った石山本願寺軍、織田軍を木津川口に襲う。顕如自身も自ら鎧を着て参戦した石山勢は楼の岸と川口の砦に鉄砲を撃ち入れ、織田勢と交戦状態に入った。織田軍、石山本願寺一揆軍に敗軍す。前田利家(1538～1599)・村井重頼(又兵衛)(?～?)、一揆軍に立ち向かう。
	9月13日	**朝倉義景(1533～1573)、二万余の軍勢を率いて一乗谷から出陣。**
	9月14日	「第一次石山合戦～淀川堤の戦い」。石山本願寺軍、大坂を出て天満ヶ森を出て攻撃、織田軍もこれに応じて川を越え、両軍は淀川堤で衝突する。本願寺門徒衆は鉄砲、竹槍、鋤や鍬で襲い掛かり、坊主は薙刀を持ち念仏を唱えながら織田軍に突撃。佐々成政、前田利家、湯浅直宗らの諸隊が応戦。佐々成政が負傷して後退を余儀なくされる。
		その後は、織田軍の反撃を受け、本願寺軍は石山に戻り籠城の構えを見せる。
		七本槍の一人、中野又兵衛(一安)(1526～1598)は、春日井堤にて弓で本願寺軍と戦う。
		信長方根来衆は、河内国の一向道場をことごとく破却する。
	9月14日	本願寺顕如、紀州惣門徒に宛て、公方親征に動員された雑賀衆などとの調停が進まないため、応援を頼む書状を出す。
	9月14日	将軍足利義昭、徳川家康に対して、織田信長への援軍を依頼する。
	9月14日	将軍義昭、同行の大納言烏丸光康を急遽上京させて、朝廷に和睦の勅書を要請。
	9月14日	山科言継、昨日の「越州衆」(朝倉軍)京中乱入は「一向之雑説」であることを確認。また「大坂之一揆」(石山本願寺一揆)は「治定」され、「河州之一向道場」は悉く「根来寺衆」の破却・乱妨に遭ったことを知る。(『言継卿記』)。
	9月15日	木津英(「木津春松英」)(大住荘代官職)、武井夕庵へ、山城国大住荘(京都府京田辺市)の件で今度「替地」を命令されたため織田信長の意向(「殿様御意」)により代官職を返上することを上申。
	9月16日	「志賀の陣―9月16日～12月13日」はじまる。本願寺の決起から四日後、浅井・朝倉軍(約三万)が坂本に布陣。宇佐山城(志賀城)の守将・森可成(1523～1570)は、城を出て坂本郊外で浅井・朝倉軍の進軍妨害をし奮闘。

西暦1570

元亀1	9月18日	「第一次石山合戦」。鈴木伊賀守ら、摂津中島で、鉄砲で信長軍を撃退。雑賀衆は、本願寺派として参戦し約五千丁の鉄砲で織田信長を苦しめた。	1658
	9月19日	朝廷は、将軍義昭の要請を受けて和睦の勅書を出し、勅使として山科言継・烏丸光康・柳原淳光らを任命。勅書の内容は、将軍義昭と信長は天下静謐の出陣なのに一揆を起こすとは不相応の事、という本願寺に対する叱責であった。	1659
	9月19日	「志賀の陣─宇佐山の戦い」。陣立てを終えた浅井長政・朝倉義景の連合軍が、再び、近江坂本に進出。近江の宇佐山城（滋賀県大津市南滋賀町）の森可成ら、小勢六百で浅井・朝倉軍、延暦寺の僧兵の大軍を迎撃するも支えきれず、森可成（1523～1570）・織田信治（信長弟）（1544～1570）・青地茂綱（蒲生賢秀の弟）（？～1570）の三人ら多くの将領が討ち死にする。 本願寺顕如の要請を受けた比叡山延暦寺は、浅井・朝倉連合軍に加勢し僧兵らが合流した。	1660
	9月19日	「志賀の陣」。森可成らを打ち砕いた浅井・朝倉軍は余勢を駆って宇佐山まで攻め上り、出城へ火を放ったが、城内に残っていた武藤五郎右衛門・肥田彦左衛門の奮闘により、宇佐山城（滋賀県大津市南滋賀町）は、浅井・朝倉軍の攻撃に耐える。	1661
	9月20日	織田信長（1534～1582）、「野田城・福島城の戦い」で降伏した三好為三（三好政長の次男政勝）（1536～1632）に、摂津国豊嶋郡を与える。	1662
	9月20日	織田信長、摂津国野田城・福島城兵に森口周辺での「苅田」を実行させる。	1663
	9月20日	「第一次石山合戦─織田軍敗北」。前田利家（「前田又左衛門利家」）（1538～1599）・毛利秀頼（「毛利河内守」）（1541～1593）・湯浅一忠（「湯浅甚介一忠」）・中野又兵衛一安（1526～1598）ら織田軍、摂津国川口向城より出撃し、幕府軍細川藤孝・松井康之らと共に、石山本願寺一揆軍・雑賀勢と交戦。織田信長も出馬するも、渟上江提（大阪市都島区）で織田軍は敗北し、幕臣・野村越中守が戦死。 湯浅甚介一忠は、本能寺の変で討死した湯浅直宗（1545～1582）か。	1664
	9月20日	山科言継、柳原淳光を同行し長橋局（薄好子）へ祗候し「勅書」を拝受す。 その内容は足利義昭（「大樹」）及び織田信長は「天下静謐」のための出陣であり、本願寺顕如の「敵対」は「不相応」であり早々に「干戈」を「相休」むよう命令するものであった。（『言継卿記』）。	1665
	9月20日	「…………越州衆、北郡高島衆等、其外一揆共三萬計坂本へ打出……」。（『言継卿記』）。 山科言継、午時に摂津国へ発足しようとしたところ、近江国坂本に「越州衆」（朝倉軍）・「北郡高島衆」（浅井軍）・一揆勢（延暦寺僧兵、一向門徒）ら三万計が出撃したという。森可成（「森三左衛門」）（志賀城将）が迎撃し一千計を討ち取るも、小勢六百計であったため森可成（1523～1570）は「討死」、近江国坂本・大津等が放火されたため山科言継・烏丸光康・柳原淳光ら和睦の勅使は発足を延引。	1666
	9月20日	「志賀の陣」。浅井・朝倉軍は大津の町、馬場・松本に放火。	1667
	9月21日	「志賀の陣」。浅井・朝倉軍、逢坂を越えて京都山科へ進軍し醍醐周辺に放火、さらに山崎周辺に火攻めを実行。	1668
	9月21日	山科言継（1507～1579）、摂津国へ発足しようとしたところ、山科郷・伏見・鳥羽まで放火され、しかも山科言継は、故障を申して勅書を柳原淳光へ委ねる。烏丸光康・山科言継・柳原淳光、足利義昭を訪問するも、「遅々曲事」であると大蔵卿局（義昭側室）が「以外無興」であった。（『言継卿記』）。	1669

元亀1	9月21日	「晩景又夜ニ入自南方、明智十兵衛、村井民部少輔、柴田修理亮等上洛御城之御番云々」。(『言継卿記』)。

夕方、明智光秀 (1528？～1582)・村井貞勝 (？～1582)・柴田勝家 (1522？～1583) ら四千五百、足利義昭の幕府御所 (二条城) (烏丸中御門第) 警備のため、摂津から上洛。信長は、柴田勝家の進言を受け入れたともいう。

	9月21日	浅井長政 (「浅井備前守長政」) (1545～1573)、藤堂九郎左衛門へ、「内存」により「同心」したことを賞し「私領」安堵を通知。
	9月22日	「野田城・福島城の戦い」。織田信長、海老江の陣を払って天満ヶ森に戻る。
	9月22日	柴田勝家、「東」の様体を見聞し、この朝に摂津国 (「南方」) へ再度下向。幕府御所の「御城御留守之衆」は四千五百計が配備された。(『言継卿記』)。

柴田勝家、朝、出京。摂津国中島の信長のもとへ、浅井・朝倉の京侵攻が伝えられる。柴田勝家は、信長自身の京都着陣を言上した。

	9月22日	「志賀の陣」。浅井長政 (「浅井備前守長政」)、栖雲軒に対して近江国坂本合戦に於いて「越州衆」と共に織田信治 (「織田九郎」)・森可成 (「森三左衛門尉」) を始め多数の織田軍を討ち取ったこと、昨日は京都山科へ進撃し醍醐周辺に放火、山崎周辺にても火攻めを実行したこと、浅井長政らは近江国坂本に居陣して一両日中に京都へ入る予定であることなどを通知。

栖雲軒は、六角承禎の家臣三上士忠<ruby>士忠<rt>あきただ</rt></ruby>であろう。

	9月22日	浅井長政 (1545～1573)、近江国「十ヶ寺」へ「内々」の沙汰を諒承し調儀及び防備促進を指示。
	9月22日	「志賀の陣─宇佐山の戦い」。 故森可成家臣により持ちこたえていた宇佐山城 (滋賀県大津市南滋賀町)、朝倉軍の攻撃で、ついに落城。
	9月23日	**「野田城・福島城の戦い (第一次石山合戦) ─8月26日～9月23日」。** 戦闘がほぼ終結。 本願寺との不利な戦いの中、浅井、朝倉軍の京都をうかがうの動向を知った織田信長 (1534～1582) は、野田・福島両砦の囲みを解き、一部の兵を抑えとして摂津に残して、和田惟政 (1530？～1571)・柴田勝家 (1522？～1583) を殿軍として摂津の陣を引き払い江口の渡しから、京に向かう。

しかし、小競り合いは続いた。

	9月23日	「志賀の陣」。朝倉軍先鋒、清水寺山に陣し、白川方面にも出没。
	9月23日	**足利義昭 (1537～1597)、亥刻 (22時) に、織田信長、子刻 (0時) に上洛。**(『言継卿記』)。
	9月23日	吉田兼見、入夜に織田信長へ祗候。信長の命令により白川口の警備を厳重にするという。(『兼見卿記』)。
	9月24日	「志賀の陣」。 木下秀吉 (1537～1598)、坂田郡横山城 (滋賀県長浜市堀部町・石田町) より坂本 (滋賀県大津市坂本) に出陣、江南の一揆を鎮圧。

元亀1	9月24日	「志賀の陣─9月16日～12月13日」。織田信長、「敵」(浅井・朝倉連合軍)が「青山」[1682] (比叡山)に布陣したため辰下刻に近江国坂本へ出陣。「堂之先」に於いて織田軍と浅井・朝倉連合軍が激突。この戦闘において「越前衆」の前波景当が戦死した。言継はこれらの「注進」を朝山日乗より通知された。(『言継卿記』)。 浅井・朝倉連合軍、比叡山(「青山」)に布陣。これに対し織田信長、二万余の軍勢を白川経由で志賀口・穴太口に布陣させる。(『兼見卿記』)。 **辰下刻(午前10時前)、信長がこの日、本能寺を発ち逢坂を越えると、下坂本に布陣していた浅井・朝倉軍は比叡山に立て籠もる。これに対し織田信長、二万余の軍勢を白川経由で志賀口・穴太口に布陣させる。「堂之先」に於いて織田軍と浅井・朝倉連合軍が激突。**
	9月24日	幕府「奉公衆」、申刻(16時)に悉く白川の一乗寺・試楽寺等へ布陣。(『言継卿記』)。[1683]
	9月24日	「志賀の陣」。「信長公志賀ノ城中佐山ニ御居陣ナリ。叡山西ノ麓、古城勝軍拵へ津田三郎五郎、三好為三、香西越後守、公方衆相加へ二千バカリ在城ナリ」。(『信長公記』)。 津田(織田)信広(信長庶兄)(？～1574)以下、三好為三(政勝)(1536～1632)・香西越後守長信(？～1575)・公家衆の手勢など二千が、勝軍山古城跡(北白川城)等に布陣。 「屋瀬小原口ニハ山本対馬守、蓮養、足懸リヲ構へ陣取リ、彼ノ両人案内者ノ事ニ候ヘバ、夜々ニ山上へ忍ビ入リ谷々寺々焼キ崩シ候ノ間、難堪致スノ由候ナリ」(『信長公記』)。[1684] **八瀬・大原口には、足利義昭・明智光秀配下の山本対馬守(静原城主)と佐竹蓮養坊が足がかりの陣地を築く。この付近の地理に詳しい彼らがここから夜半比叡山上に忍び入っては放火して寺側を苦しめたという。** 山本対馬守は、『信長公記』の誤りで山本佐渡守実尚(？～1573)であるという。佐竹蓮養坊は、佐竹出羽守(後の明智秀慶)の父という。
	9月25日	信長方の三好義継(1549～1573)は若江城(大阪府東大阪市若江南町)、松永久秀(1508？～1577)は大和信貴山城(奈良県生駒郡平群町信貴山)に陣して、三好長逸(？～1573)等三人衆及び「本願寺」宗徒に対陣。[1685]
	9月25日	山科言継、雑談により昨日の近江国坂本に於ける合戦の様子を知る。織田軍が「越前衆」(朝倉軍)・「江州北郡高島衆」(浅井軍)を悉く「青山」(比叡山)へ追い上げ、織田信長は穴太・坂本に布陣したという。(『言継卿記』)。[1686]
	9月25日	この朝、丹波国から「敵」三百計の軍勢が嵯峨へ出撃したという。(『言継卿記』)。[1687]
	9月25日	「志賀の陣─9月16日～12月13日」。 **宇佐山に本陣をおいた織田信長、比叡山延暦寺を包囲。** 織田軍は、まず麓の香取屋敷を補強して平手監物・長谷川丹後守・山田三左衛門・不破光治・丸毛長照・浅井新八・丹羽源六が入り、穴太にも砦が築かれて簗田広正・河尻秀隆・佐々成政・塚本小大膳・明智光秀・苗木久兵衛・村井貞勝・佐久間信盛ら十六将が入れ置かれた。 田中には柴田勝家・氏家卜全・安藤守就・稲葉一鉄が布陣し、唐崎の砦にも佐治八郎(信方)・津田太郎左衛門が入った。[1688]

元亀1	9月26日	**「志賀の陣―光秀は、坂本に兵を進めていた」**。「今日坂本之説無殊事、仰木へ被 行衆藤宰相………明智光秀……等帰陣云々」。(『言継卿記』)。 山科言継、近江国坂本での戦況に変化の無いこと、「仰木へ被行衆」は、高倉永相^{ながすけ} (1531～1586)・一色藤長(?～1596)・上野中務大輔秀政(?～?)・三淵秋豪(?～1574)・ 明智光秀(1528?～1582)・山本某ら、帰陣したことを知る。 山本は、岩蔵の山本佐渡守実尚(きねひさ)(?～1573)。
	9月27日	阿波本家の三好長治(実休の長男)(1553～1577)を担ぐ篠原長房(?～1573)、細川真^{さね} 之(1538～1582)、十河存保(?～1587)ら、阿波、讃岐から二万の兵を引き連れて兵 庫浦に上陸。
	9月27日	山科言継、足利義昭(「武家」)へ見舞のため祗候。「従信長為使」菅屋長頼(?～ 1582)・猪子高就(兵助)(1546～1582)が到来した。「青山之軍勢」(浅井・朝倉氏連合軍) が「京面」へ出没する可能性があるので油断しないようにとのことであった。 (『言継卿記』)。
	9月28日	篠原長房ら、信長方の瓦林城(兵庫県西宮市)および越水城(西宮市桜谷町)の城主・瓦林 三河守を討ち取る。
	9月28日	「梶井殿北坊三位」(飯尾加賀守子息)・清水式部丞(若狭武田氏雑掌)・小者の三名 が比叡山に「登山」したところ坂中に於いて討ち取られる。(『言継卿記』)。 比叡山へ使者として赴いていたのだろう。
	9月29日	この日、本願寺顕如光佐(1543～1592)、一昨年来の近衛前久(1536～1612)の本願寺逗 留を知る。
	9月-	織田信長、近江国顕証寺へ、石山本願寺からの蜂起命令に応じなかった旨を賞す。 織田信長、摂津国江口村船頭へ功労を賞して禁制を下す。
	9月-	浅井長政(「浅井備前守」)(1545～1573)、山城国大徳寺ならびに門前町へ全三ヶ条 の「禁制」を下す **浅井長政、禁制を願う京都上京へ全三ヶ条の「禁制」を下す。** 浅井長政、京都妙心寺へ全三ヶ条の「禁制」を下す。 浅井長政、京都東山知恩院へ全三ヶ条の「禁制」を下す。 浅井長政、京都清水寺へ全三ヶ条の「禁制」を下す。 浅井長政、京都離宮八幡宮へ全五ヶ条の「禁制」を下す。
	9月-	朝倉景健(「朝倉孫三郎景健」)(1536?～1575)、京都清水寺へ全三ヶ条の「禁制」を下 す。 朝倉景健、京都東寺へ全五ヶ条の「禁制」を下す。 朝倉景健、京都東山知恩院へ全三ヶ条の「禁制」を下す。 朝倉景健、京都離宮八幡宮へ全五ヶ条の「禁制」を下す。
	9月-	前波景富(「左衛門督日下部朝臣」)、京都賀茂社へ全三ヶ条の「禁制」を下す。 朝倉氏は、元は日下部姓であった。 「丹後法印」、京都離宮八幡宮へ全三ヶ条の「禁制」を下す。

1570

元亀1	10月1日	三好三人衆に影響力を持つ阿波三好家重臣の篠原長房(？～1573)らは、阿波・讃岐の軍兵二万を率いて野田城・福島城に入城、本願寺顕如(1543～1592)と誓紙を交わす。 信長が叡山に釘付けとなっている間、三好三人衆は、河内・摂津の各地で示威行動をとる。足利義昭は、三好三人衆方に対して和睦する方針に転換する。	1699
	10月2日	「志賀の陣—9月16日～12月13日」。 徳川家康(1543～1616)、信長の支援のために近江国に着陣。	1700
	10月2日	「志賀の陣」。木下秀吉ら、近江国坂田郡横山より坂本へ着陣す。	1701
	10月2日	「織田信長書状」。織田信長、近江国陣中より河内国の遊佐信教(1548～？)へ、徳川家康(「徳川三河守」)の着陣、丹羽長秀・木下秀吉が琵琶湖を渡り坂本に着陣したこと、徳川家康に丹羽長秀・秀吉らの軍勢を加えて東福寺・清水寺・粟田口各所に配備する予定、淀川を「敵」(三好三人衆)が渡れば即時信長が攻撃を加える旨を通達。	1702
	10月3日	「志賀の陣」。「亥刻山上西塔西谷六坊焼之、高野蓮養坊、田中之渡邊両人忍入焼……」。(『言継卿記』)。 亥刻(22時)、高野の佐竹蓮養坊と、田中の渡辺宮内少輔が、忍び入り、比叡山西塔西谷六坊に放火。	1703
	10月4日	山城国西岡に於いて土一揆が蜂起する。(『言継卿記』)。	1704
	10月4日	「志賀の陣」。夜の丑刻(午前2時頃)、また山上(比叡山)で放火がある。	1705
	10月6日	織田信長、青地千世寿(後の青地元珍)(1560～1633)へ、「宇佐山の戦い」で戦死した青地茂綱(「駿河守」)(蒲生賢秀の弟)(？～1570)の忠節に対し領知方・与力・家来を安堵。	1706
	10月7日	**本願寺顕如光佐、諸国の門徒に織田信長に対する戦闘を命じる。**	1707
	10月7日	「下京金屋蔵一揆攻破……」。(『言継卿記』)。 下京の「金屋蔵」が、「一揆」の襲撃を受けて多数の死傷者が出た。	1708
	10月8日	摂津国において織田方の摂津三守護の一人・伊丹親興(？～1574)が三好勢を撃退する。	1709
	10月8日	**武田信玄(1530～1578)と和睦関係にあった徳川家康(1543～1616)、誓書を上杉輝虎(謙信)(1530～1578)に送って、信玄と絶縁する事を誓い、織田信長と謙信との両者の仲を取り持つことを約する。**	1710
	10月11日	「西岡方々一揆、北白川迄二三千打廻……」。(『言継卿記』)。 「西岡方々一揆」、二、三千人程で北白川まで進み「鯨浪」を揚げる。	1711
	10月13日	織田方の三好為三(「一任斎為三」)(政勝)(1536～1632)、「聞咲」へ、全五ヶ条にわたり摂津国大坂方面の戦況を報告。年次は異説あり。	1712
	10月13日	筒井順慶(1549～1584)、大和「倉荘」に入る。信長方の松永久秀(1508？～1577)が筒井軍を攻める。	1713

元亀1	10月15日	田井和泉守（細川藤賢馬廻）、八瀬に於いて高野蓮養坊を捕獲する。摂津国福島から「青山」（比叡山）への「書状」数十通を携帯しており、飯尾昭連（「飯尾右馬助」）が預かり「開閲」したという。（『言継卿記』）。 足利義昭は、家臣蓮養坊をして、本願寺そして比叡山それぞれとの和睦を図ったのか。
	10月15日	織田信長、伊丹親興（「伊丹兵庫助」）へ、「阿州之者共」（篠原長房ら）を撃破し敵首の「京都」送付は「外聞実儀」然るべきことと賞す。 織田信長、伊丹親興（？～1574）に対し、摂津国での勝利を賞す。
	10月16日	**「志賀の陣」。朝倉義景（1533～1573）、馬廻衆や朝倉景鏡（1525？～1574）と共に、二万の兵を率いて上坂本に本陣を進める。越前勢は白鳥越など比叡山の峠越えの道により京都との連絡を確保した。京都の大寺社や惣村・町人たちはいち早く越前勢と接触して禁制を得た。**
	10月19日	この日、京都東山周辺で「一揆」が「鯨浪」を揚げた。（『言継卿記』）。
	10月20日	「志賀の陣」。幕府奉公衆、勝軍山城を攻略。（『言継卿記』）。
	10月20日	「志賀の陣」。この日の巳刻（10時）、「青山」（比叡山）より「越前・北郡等衆」（朝倉・浅井連合軍）が下山し一乗寺・試楽寺（修学寺）・高野・松之崎などに放火して廻る。（『言継卿記』）。
	10月20日	「志賀の陣―9月16日～12月13日」。 「信長公は朝倉勢へ菅谷長頼を使者に遣わし、「いらざる時を費やすをやめ、一戦をもって勝敗を決さん。日時を定めて出で候え」と申し述べさせた。しかし朝倉勢からの返答はなかった。そののち朝倉勢は交戦を中止して講和を申し入れてきたが、信長公は是が非にも決戦して鬱憤を散らすべしとして、これを蹴った。」（『信長公記』）。 信長は、菅屋長頼（？～1582）を使者に立てて義景に決戦を促したが黙殺されたという。また、比叡山延暦寺に対しても、「仏教勢力が一方に肩入れするのは如何か。極力、中立の立場をとってほしい」と伝えたがこれも黙殺されたという。**織田信長、比叡山上での戦いで兵力を失って包囲されることを恐れ、近江上坂本に本陣を進めた朝倉義景に和睦を申し入れる。**
	10月21日	和田惟政（「和伊惟政」）、三淵藤英（「三和州」）（藤孝の異母兄）（？～1574）へ、織田信長および「京都御衆」が一揆勢の籠もる御牧砦および摂津国中島周辺に軍事行動を起こすという作戦の内容を通知。 「三和院」は、三淵大和守藤英（「三和州」）であろう。
	10月21日	織田軍、細川藤孝・和田惟政・一色藤長の幕府軍、この日の暮れに摂津国御牧城に籠城している一揆勢を攻撃するため進軍、幕府軍は、この夜に渡河し御牧城周辺に布陣。
	10月22日	細川藤孝（1534～1610）・島津義久（1533～1611）へ、喜入季久（1532～1588）の派遣と太刀・馬・黄金の献上を賞し、足利義昭「御内書」と「則重」の太刀を拝領した旨を通知。
	10月22日	この暁天に細川藤孝軍・和田惟政軍、摂津国御牧砦外構を突破し一揆勢と交戦状態となる。膠着状態となるも松井康之（1550～1612）が一番鑓の戦功を挙げ、一揆勢を敗軍させる。（『松井家譜』）。

元亀1	10月22日	細川藤孝、三淵藤英（「三和州」）・曽我助乗（「曽兵」）へ、今朝未明に渡河し、和田惟政（「和田」）と相談し一揆勢の御牧砦に攻撃を仕掛け、細川軍の兵卒が「一番鑓」となり敵首級三つを上げたこと、およびその取り成しを依頼。（『細川家記』）。 ^1725
	10月22日	山科言継、大胡武蔵守の来訪を受け、先日宇治まで出陣していた幕府「奉公衆」が昨日帰陣したこと、「敵」の三牧城を攻略したこと、この朝幕府「奉公衆」・「尾張衆」（織田軍）・木下秀吉（「木下藤吉郎」）が山城国へ出陣したことを知る。（『言継卿記』）。 大胡武蔵守は、剣聖と讃えられる剣豪の一人で、新陰流の祖・上泉信綱(1508？～1577)か。 ^1726
	10月22日	山科言継、見舞のため足利義昭（「武家」）へ祇候し「河州説」以下を雑談。 摂津国大坂の高屋城（大阪府羽曳野市古市）攻略、摂津国内郡烏帽子形城が三好三人衆（「三人衆」）の攻撃にさらされたが畠山高政（「畠山尾州」）(1527～1576)が迎撃し百八十人ばかりを討ち取ったこと、また若狭国の武田五郎・武藤某・粟屋右京亮らが「敵」になり「がらがら城」を攻略したことなどを知る。（『言継卿記』）。 ^1727
	10月22日	「志賀の陣」。徳川家康の来援を受け、小谷城（滋賀県長浜市湖北町伊部）に備えていた木下秀吉(1537～1598)・丹羽長秀(1535～1585)は、信長を救援するために一揆を突破して近江南方へ軍を移動させる。 ^1728
	10月23日	「志賀の陣」。木下秀吉、晩におよび浅井・朝倉連合軍と交戦、敵首二十六をあげる。 ^1729
	10月24日	山科言継、昨晩より木下秀吉（「木下藤吉郎」）が浅井・朝倉連合軍と「開陣」し敵首二十六を持参、下津屋・三牧以下三人を「降参」させたことを知る。木下秀吉は今朝近江国志賀へ出向いたという。（『言継卿記』）。 ^1730
	10月30日	**青蓮院尊朝法親王（正親町天皇猶子）(1552～1597)、本願寺に、織田信長(1534～1582)との和睦を促す。顕如光佐(1543～1592)は曖昧な返事をする。** ^1731
	11月1日	織田信長、氏家直元（「氏家常陸介」）へ、来る十一月六日の織田信長の軍事行動に参加する旨を賞す。また近江国坂本への出陣に関しては追って指示することなど、詳細は菅屋長頼（「菅屋九右衛門尉」）より伝達させる。 信長、西美濃三人衆の一人・氏家卜全（直元）(1512?～1571)より参陣の申し入れがあったことを喜び、指示を与える。 ^1732
	11月5日	「青山」（比叡山）より「越前衆」（浅井・朝倉連合軍）が「打落」という風聞により、稲葉一鉄（「因幡之伊予守」）（良通）・木下秀吉（「木下藤吉郎」）が近江国志賀より上洛。（『言継卿記』）。 ^1733
	11月9日	**「志賀の陣─9月16日～12月13日」。幕府軍、近江国へ出撃。** 山科言継、近江国志賀城の織田信長を見舞うため日の出以前に発足、山科より小関越を経由した。言継、巳下刻に志賀城に到着したが、信長は勝軍城へ移動し留守であった。言継、朝山日乗・武井夕庵・松井友閑らの「小屋」（宿所）を訪問。信長「馬廻」の伊藤神六の「小屋」で思いも寄らず酒を振る舞われた。言継は武井夕庵宿所で、「召具之者共」は朝山日乗宿所で晩食をとる予定とした。 次いで武井夕庵の使者より織田信長（「霜台」）が帰城したというので山科言継、志賀城に登城。菅屋長頼（「菅屋長」）の応対で、最初に晩食を振る舞われた。次いで言継、信長に「見参」し「音信祝着之由」を懇ろに伝えられた。言継、月下に帰京、亥刻に帰宅。（『言継卿記』）。 ^1734

元亀1	11月10日	山科言継、大典侍殿(万里小路賢房女)・長橋局(薄好子)・内侍所らへ祗候。次いで「東」(近江国)へ幕府軍(「公方之御人数」)が出撃するのを見物。「御無人」である幕府御所へ参り、暫く見物す。 幕府軍の面々が帰還したので様体を尋ねると「無殊事」で、近江国上坂本に「野伏」の動向が見られたということであった。 高倉永相・飛鳥井雅敦以下が祗候した。公家衆は足利義昭の「還御」を幕府御所の「御門」で出迎えて各自退出した。(『言継卿記』)。
	11月11日	土一揆、徳政を要求し石清水八幡宮に籠もる。土蔵方の軍勢の攻撃により、境内は流血で穢れる。吉田兼見は竹内長治(「竹内兵衛佐」)の内々の報告で清祓をすることを談義。(『兼見卿記』)。
	11月12日	**松永久秀(1508?～1577)、織田信長と阿波三好家・三好長治(実休の長男)(1553～1577)・篠原長房(?～1573)との和睦交渉を開始。**
	11月13日	**本願寺と足利義昭政権との和睦が成立する。**
	11月13日	織田信長、尾張国聖徳寺へ、石山本願寺の一揆蜂起に応じないことを確認し、蜜柑や綿、白鳥を贈られた事に謝辞を述べる。さらに、近江国に於ける戦況は近日中に勝利するので帰国する旨、石山本願寺「門下」の者は男女に寄らず徹底して処断すること、聖徳寺の「働」は「神妙」であったため存続を承認する旨を通達。
	11月13日	明智光秀(1528?～1582)、吉田兼右(兼見の父)(1516～1573)と共に、織田信長在陣の勝軍城へ赴く。
	11月13日	「明智十兵衛尉来たり、石風呂所望により焼き了ぬ」(『兼見卿記』)。吉田兼和(兼見)の日記『兼見卿記』に始めて明智光秀が登場する。 光秀、吉田兼見邸を訪問し石風呂を所望。明智光秀は勝軍城辺りに陣所を構え比叡山の監視にあたっていた。 光秀は兼見宅にある石風呂(サウナ)に入りに来た。光秀はよほど気に入ったのか、再び石風呂を所望している。他人の風呂に入るのはよほど親しい関係と思われ、光秀と兼右・兼和(兼見)の付き合いがこれ以前に遡るのであろう。
	11月16日	吉田兼見、足利義昭(「大樹」)の桜馬場での調馬に祗候。(『兼見卿記』)。 足利義昭、桜馬場にて馬を調教する。
	11月16日	**「志賀の陣-9月16日～12月13日」。織田信長、丹羽長秀(1535～1585)に命じて、鉄鎖でつないだ舟橋を瀬田にかけさせる。**
	11月16日	石山本願寺の法主・本願寺顕如光佐の命を受けた願証寺率いる伊勢長島一向一揆、信長が志賀で手詰まりとなっている様子を見て十月蜂起し、この日、弥富の服部党らと、尾張国小木江城(古木江城)(愛知県愛西市森川町富岡神社)を攻囲。 6日後の11月21日に古木江城は落城、信長の四番目の弟・織田彦七郎信興(?～1570)が戦死する。自害ともいう。
	11月18日	三好三人衆、三好長治(実休の長男)(1553～1577)、篠原長房(?～1573)ら、若江城(大阪府東大阪市若江南町)の三好義継(1549～1573)と会見する。
	11月20日	**織田信長、阿波から入京した阿波三好家重臣の篠原長房と講和。** 信長に抵抗した長房は、信長家臣となり、その体制下での三好氏存続を模索する。21日、織田方の松永久秀(1508?～1577)の仲介により長房と久秀の間で人質交換が行われた。

西暦 **1570**

元亀1	11月20日	勝軍城在城の津田左近允、吉田兼右（「家君御方」）と共に織田信長からの使者として吉田兼見を訪問。（『兼見卿記』）。	1747
	11月21日	松永久秀娘満10歳（在岐阜）が信長養女として、阿波三好家当主・三好長治（実休の長男）（1553～1577）に嫁ぐことが決まる。	1748
	11月21日	**「志賀の陣―信長、六角承禎・義治父子と和睦」**。山科言継、この日六角承禎（「江州六角」）と織田信長が和睦した旨を知る。六角被官の三雲某・三上某が「起請」を受け取るために近江国志賀まで出向いたという。（『言継卿記』）。	1749
	11月21日	吉田兼右（「家君」）（1516～1573）、織田信長を勝軍城に訪問。その夜は明智光秀（「明智」）陣所に宿泊。（『兼見卿記』）。	1750
	11月21日	長島より一揆蜂起せしめ、取りかかり、日を追って攻め申し候、すでに城内へ攻め込みしなり、一揆の手にかかり候ては御無念と思食し、御天主へ御上り候て、霜月廿一日、織田彦七御腹めされ、是非なき題目なり（『信長公記』）。 **「小木江城の戦い」**。伊勢長島門徒衆より小木江城（愛知県愛西市森川町）を攻撃され、信長の弟・織田彦七信興（？～1570）が自刃し、落城。 **尾張でも予断を許さぬ事態が起きていた。**	1751
	11月22日	松永久秀と久秀娘、岐阜から大和信貴山城（奈良県生駒郡平群町信貴山）へ帰還。	1752
	11月22日	「志賀の陣」。吉田兼見、織田信長が六角承禎・六角義治父子（「承禎父子」）と和睦した旨を知る。六角被官の三雲某・三上蔵人が織田信長へ「一礼申」したという。（『兼見卿記』）。 織田信長（1534～1582）、六角承禎（1521～1598）と和睦し、鈴鹿山越えの退路を確保。信長、近江国志賀に出向き、六角被官との三雲・三上両氏と「起請」を交わす。	1753
	11月23日	吉田兼見、明智光秀の所望により石風呂を焼く。（『兼見卿記』）。	1754
	11月24日	「織田信長黒印状」。信長（1534～1582）、丹波の波多野右衛門大夫（波多野秀治）（1529？～1579）からの音問で太刀・馬の贈呈を謝す。	1755
	11月24日	六角義賢（「六角入道承禎」）、この日近江国志賀に在陣中の織田信長（「織田」）へ「礼」を申し和睦締結が成る。（『言継卿記』）。	1756
	11月-	織田信長、山城国賀茂郷銭主方・社人・惣中へ、徳政を無効にする旨を通達。	1757
	11月25日	木下秀吉（1537～1598）、山城国賀茂郷の銭主方・惣中へ徳政を無効にするという織田信長「朱印」状を通達。	1758
	11月25日	「志賀の陣」。琵琶湖堅田の水運を握る堅田衆の猪飼野甚介（昇貞）（？～1582？）が、居initial又次郎・馬場孫次郎と共に、信長に内通を申し合わせ、坂井政尚・安藤右衛門（安藤守就の二男）・桑原平兵衛へその旨を打診。 信長、坂井政尚（？～1570）を堅田に送り込む事を決める。	1759
	11月25日	「志賀の陣」。坂井政尚らは、信長の許しを得て、堅田の土豪猪飼野甚介らから人質を受取り、味方として、夜のうちに人数一千ばかりを率いて堅田城に入った。	1760
	11月26日	吉田兼見、織田信長を陣中見舞いに赴くが、途中で陣替の報に接して引き返す。（『兼見卿記』）。	1761
	11月26日	塙直政（「塙九郎左衛門尉」）（？～1576）の出京に際し、吉田兼見の訪問を受ける。勝軍城在城衆は山城国愛宕郡大原へ移動。坂井政尚（「坂井右近」）は近江国滋賀郡堅田に移動。（『兼見卿記』）。	1762

元亀1	11月26日	「志賀の陣─堅田の戦い─堅田を浅井・朝倉勢が占領」。 近江堅田城を守っていた坂井政尚（？～1570）・安藤右衛門（？～1570）・桑原平兵衛（？～1570）が、堅田が織田勢の手に渡ることを嫌った浅井・朝倉連合軍朝倉景鏡らの猛攻によって敗死。猪飼野甚介（昇貞）（？～1582）は、船で信長陣所に逃げる。 越前勢らは、堅田奪回をねらった美濃勢を討ち取り、湖上の連絡路を断とうとする信長の策略を阻止した。参陣の美濃国郡上郡木越城（岐阜県郡上市大和町島）主・遠藤胤俊（1546～1570）が戦死。 猪飼野甚介（昇貞）は、「本能寺の変」では、明智光秀に属して討死したという。
	11月27日	山科言継、昨日の近江国堅田に於ける合戦の様子を知る。織田軍では坂井政尚（「坂井右近」）・氏家直元舎弟（桑原平兵衛）ら五百ばかりの戦死者を出し、「越州衆」（朝倉軍）では八百人の戦死者が出たという。（『言継卿記』）。
	11月27日	吉田兼見、織田信長を見舞うため近江国志賀に赴く。途中、近江国滋賀郡堅田に移動した坂井政尚・氏家直元舎弟・安藤守就二男らが朝倉軍の攻撃で全滅した報に接す。吉田兼見、下泉に到着して織田信長を見舞う。（『兼見卿記』）。
	11月28日	「武家今日志賀へ御成云々、和睦御調之儀」。（『言継卿記』）。 山科言継、この日巳刻に足利義昭（「武家」）が近江国志賀へ「御成」する旨を知る。言継はこれを「和睦御調之儀」での出座と推測。 **「志賀の陣」。将軍足利義昭（1537～1597）、巳刻（10時）に近江国志賀へ御成。関白二条晴良（1526～1579）を動かして信長と浅井・朝倉の和睦の仲介に努めさせた。信長は、朝廷・将軍へ講和を働きかけていた。また、朝廷に改元を打診したという。明智光秀は、信長の意を受け、将軍・義昭を動かし和平の斡旋をさせたともいう。**
	11月30日	「志賀の陣─9月16日～12月13日」。将軍足利義昭、織田信長に朝倉義景との和睦を勧めるため園城寺（三井寺）（滋賀県大津市園城寺町）に赴く。
	11月-	織田信長、京都紫野大徳寺へ「徳政」を免除す。
	12月-	この頃、猛威をふるった京都近辺の土一揆、菅屋長頼（？～1582）・木下秀吉（1537～1598）に、平定される。
	12月1日	「武衛へ参、御留守ニ聖護院御門主…………細川右馬頭、摂津守、木下籐吉郎等祗侯、御酒有之、次徳雲與籐吉郎碁有之」。（『言継卿記』）。 山科言継、足利義昭（「武家」）へ祗侯。「御留守」は聖護院道増法親王・大覚寺尊信法親王であった。その他に細川藤賢（「細川右馬頭」）・摂津晴門（「摂津守」）・木下秀吉（「木下籐吉郎」）らが祗侯していた。施薬院全宗（「徳雲」）と木下秀吉が碁を打っていた。 細川藤賢（1517～1590）の兄は、細川氏綱（1513～1564）。
	12月2日	織田信長、永田景弘（正貞）（「永田刑部少輔」）へ、近江国岡山表に於ける九里氏を攻撃し敵首二を送付してきたこと、砦の構築などを賞す。詳細は中川重政（「八郎右衛門」）？～？）に伝達させる。
	12月3日	本願寺顕如光佐（1543～1592）、款を通じた浅井長政（1545～1573）に油断なき事を命ず。
	12月7日	阿波三好家重臣・篠原長房（？～1573）、松永久秀（1508？～1577）に人質を送る。 織田方・三好三人衆方との和睦が成立していた。
	12月7日	一条町より出火し、大聖寺、諸公家第を焼き、禁中に及ぶ。木下籐吉郎、出火者および同町月行事を斬罪に処し焼跡に晒す。

西暦**1570**

元亀1	12月9日	「志賀の陣―正親町天皇、延暦寺に講和を命じる」。 正親町天皇(1517～1593)、「山門衆徒中」(延暦寺僧兵)に対して今度の朝倉義景と織田信長との戦闘は「公武籌策」(朝廷・幕府の調停)に任せて和与に及んだことに触れ、山門領の変動の無い旨を通達。	1775
	12月10日	「志賀之儀依無事ニ相調、山門へ綸旨被出之……」。(『兼見卿記』)。	1776
	12月11日	明智光秀(1528？～1582)、京都賀茂郷へ、「軍役之請状」の未提出か紛失に際し、これ以後に新たに発見されてもそれを「反古」とすることと「両人」(室町幕府奉行人)の携えた足利義昭「御下知之写」を送付するが「疑心」無き様にすることを通知。(『沢房吉氏所蔵文書』)。	1777
	12月12日	「信長は窮していた」。 織田信長、一色藤長・曽我助乗へ、比叡山延暦寺の件は今回不問に付すよう足利義昭より種々書付で仰せ出された旨を承知し、以後は足利義昭に対して疎略な態度をとらないことについては、信長は異論が無い旨の披露を依頼する。	1778
	12月13日	朝倉義景、織田信長へ、全三ヶ条の「霊社起請文」を提出す。	1779
	12月13日	「志賀の陣(9月16日～12月13日)終息―第一次信長包囲網を回避」。 治安混乱の中、勅を奉じた関白二条晴良の仲介で、織田信長 (1534～1582)と朝倉義景(1533～1573)、浅井長政(1545～1573)が講和。 調停の難航は信長に荘園を横領されていた山門の不承知によるものだったが、信長は荘園を旧に復すという条件も飲んで講和に応じた。 「明智光秀の両属関係が決定づけられた」。 志賀の陣の終息で信長は、明智光秀を宇佐山城(志賀城)主とした。「志賀の陣」で弟・織田信治と宇佐山城の森可成を失った信長の怒りは収まらず、一番の矛先は浅井・朝倉軍を匿った比叡山に向けられた。	1780
	12月13日	上杉輝虎(謙信)(1530～1578)、春日山城看経所に越中平定の祈願文を納める。この時から「謙信」を名乗る。	1781
	12月14日	正親町天皇の勅命により和睦した織田信長と浅井・朝倉、人質を交換する。	1782
	12月14日	山科言継、この朝早々に織田信長が近江国永原城(滋賀県野洲市永原)へ引き上げたことを知る。「陣払」のため小屋などは悉く放火されたという。(『言継卿記』)。	1783
	12月14日	信長と浅井・朝倉との和睦が不信の本願寺顕如、甲斐の武田信玄へ、この年七月に亡くなった信玄の正室・三条夫人を弔する書状を送り、香典として黄金十両も贈る。顕如、武田信玄・勝頼に好を通ず。	1784
	12月14日	浅井軍は、ほぼ三ヶ月ぶりに高島を通って帰国。	1785
	12月15日	「今朝朝倉左衛門督越州へ被引……」。(『言継卿記』)。 山科言継、近江国志賀表での戦闘終結についての情報に接す。この朝に朝倉義景(「朝倉左衛門督」)(1533～1573)は越前国へ帰陣。朝倉義景は織田信長への「人替」として青木某・魚住某を提出。織田信長から朝倉義景への「人替」として氏家直元子息・柴田勝家子息が送られたという。	1786
	12月15日	山科言継、この日に足利義昭(「武家」)が近江国志賀より「御上洛」したことを知る。(『言継卿記』)。	1787
	12月15日	織田信長、山岡景佐(「山岡対馬守」)(1531～1589)へ、「本知」及び「新知」を扶助。	1788

元亀1	12月15日	朝倉義景、山門三院執行代へ、信長との「一和」について、比叡山延暦寺の件は、天文十六年六月の佐々木六角定頼の時代の寺務の如くとするように正親町天皇「綸旨」・足利義昭「御内書」が下され、「信長誓紙」を以て定めたように、今後、山門には疎略は無いことを通達。	1
	12月16日	織田信長、近江の永原城(滋賀県野洲市永原)より佐和山山麓に移陣する。	1
	12月17日	**織田信長、近江・美濃・越前間に和睦を成立させ、浅井・朝倉・三好三人衆・本願寺連合軍による挟撃の危機を脱し、岐阜城に戻る。** 信長は三好三人衆、六角・浅井・朝倉といったん和睦するが、これ以降、本願寺とも交戦・和睦を繰り返す。	1
	12月18日	三淵藤英(「三淵大和守」)(?〜1574)、山城国醍醐寺へ、寺法として徳政は無効であることについて、「信長朱印」が進上される旨を通達。	1
	12月27日	木下秀吉(1537〜1598)、京都警護のため蜂須賀正勝(近江国横山城守将)(1526〜1586)へ、山門衆徒・一向一揆の乱暴によって段銭徴収などが侵害されぬよう適宜対策を構ずるよう命令。	1
	12月-	この月、宣教師オルガンティーノ(1533〜1609)が入洛する。	
	12月-	この月、織田信長、本能寺に全三ヶ条の禁制を発する。 信長の定宿であるから、他の者が寄宿すること、寺領の周辺は竹木の伐採を禁止する、寄進を受けた祠堂銭や祠堂米については、これまで通り安堵するなど。	
	−	稲葉良通(一鉄)(1515〜1589)と喧嘩別れした斎藤利三(1534〜1582)、この年、親戚の明智光秀(1528?〜1582)を頼るという。	

元亀2	1月1日	岐阜城の信長、諸将の参賀を受ける。	1
	1月2日	**織田信長、浅井・朝倉氏と石山本願寺の連携遮断のため木下秀吉に近江国姉川から朝妻に至る海陸交通路の閉鎖を命令し、もし不正があれば「成敗」すべきを通達。**	1
	1月2日	織田信長、久徳左近兵衛尉(義時)へ、「注文」(報告書)の送付を賞し、この春早々に高宮右京亮を退治するので油断無く奔走することを促す。詳細は木下秀吉より伝達させる。 久徳左近兵衛尉(?〜?)は、北近江・浅井氏臣だったが、尾張・織田氏侵攻を受け、近江・姉川で敗れ織田氏に降った。同じ浅井から寝返った同僚高宮右京亮が、織田氏の間隙を突いて再び反旗を返した際には、これを織田方に知らせ、前月12月に怒った右京亮が攻撃してきたが、援軍が派遣される前に、逆に右京亮を討ち取った。 『信長公記』では、高宮右京亮(?〜1571)は、同年9月21日、河尻秀隆と丹羽長秀に佐和山城に呼び出されて一族郎党と共に誅殺されたとされる。	1
	1月2日	**織田信長、堀秀村(1557〜1599)へ、「注文」(報告書)の送付を賞し、この春早々に軍事行動をとる予定であるので油断無く奔走することを促す。詳細は木下秀吉(1537〜1598)より伝達させる。** 堀秀村は、近江国北部の鎌刃城の城主で浅井長政に仕えていたが、元亀1年(1570)7月以降に敵方の木下秀吉や家臣の樋口直房の説得で、織田方に寝返っていた。	1

西暦**1571**

元亀2	1月4日	信長方の松永久秀(1508？~1577)、摂津より多聞山城(奈良市法蓮町)へ帰還。	1801
	1月6日	細川藤孝・細川与一郎(忠興)・細川頓五郎(興元)(「細川父子三人」)・松井康之・観世国広、吉田兼見を訪問。(『兼見卿記』)。	1802
	1月6日	「爲明智十兵衛尉礼使者、二十疋、赤塚・寺内・寺本・赤新各来了」(『兼見卿記』)。同月四日、足利義昭の「武家御所進上御祓」の吉田兼和(兼見)(1535~1610)、明智光秀(1528？~1582)の使者である、幕府奉公衆の赤塚勘兵衛尉・寺内・寺本橘太夫・赤塚新右衛門尉の訪問を受ける。	1803
	1月21日	吉田兼右(「家君」)、明智光秀(「明智」)へ見舞いのため近江国志賀へ赴く。(『兼見卿記』)。	1804
	1月23日	織田信長、上杉謙信へ、陸奥国への鷹師両人を派遣するため過書及び道中の警固を依頼。「過書」とは、関所を通過するときの交通税の免除状。	1805
	1月-	「信長、神戸一族を追放」。この月、織田信長(1534~1582)、伊勢神戸城の神戸具盛(友盛)(？~1600)が、具盛養子の信孝(信長三男)(1558~1583)を疎んじたとして、具盛を蒲生賢秀(1534~1584)の近江の日野城に退去させ幽閉する。元亀3年(1572)に織田信孝が岐阜城において元服すると、信孝が神戸家の家督を継いだ。それに抗議した山路弾正(？~1571)をはじめ、一族や家臣の多くは殺害、自害に追い込む。	1806
	2月3日	織田信長(1534~1582)、誠仁親王(1552~1586)に白鳥を献上するため、朝山日乗(？~1577)に仲介を依頼する。	1807
	2月5日	細川藤孝(1534~1610)、千句連歌会を大原野勝持寺において興行する。	1808
	2月19日	吉田兼見、明智光秀依頼により、人足二十五人派遣する。(『兼見卿記』)。	1809
	2月25日	織田信長、樋口直房(？~1574)・木下秀吉へ、近江国佐和山城「おさへ」の砦を解体した資材を預け、小谷城攻囲の砦普請の資材とすること、この旨を佐和山守将の丹羽長秀に通達したので直房・秀吉が徹底した管理をするよう命令。	1810
	2月28日	織田信長、小早川隆景(「小早川左衛門佐」)(1533~1597)・大友義鎮(宗麟)(1530~1587)(「大友左衛門督入道」)それぞれへ、「芸豊間無事」の件は再三足利義昭の望むところで、久我晴通(1519~1575)が豊後国へ下向すること、聖護院道澄(近衛前久弟)(1544~1608)が安芸国へ下向することを通知し馳走を促す。	1811
	3月4日	織田信長、朝廷に柿を献上する。	1812
	3月4日	織田信長(1534~1582)、上・下京衆を東福寺に招き、茶頭を堺の今井宗久(1520~1593)として、信長にとって京都で初めての茶会を催す。	1813
	3月5日	信長方の松永久秀(1508？~1577)、竹内秀勝(？~1571)、大和柳本城(奈良県天理市柳本町)を攻める。	1814
	3月15日	細川藤孝第で奉公衆の手猿楽。観世三郎らと共に上手の町人達が同席する。この頃、町衆の能・手猿楽が盛んに行われる。	1815
	3月20日	織田信長、上杉謙信(「上杉弾正少弼」)へ、「天下之儀」については特に変化が無いことを通知し、鷹を求める。	1816

元亀2	4月11日	織田信長、小早川隆景(1533〜1597)へ、毛利元就(「奥州」)(1497〜1571)・毛利輝元(「金吾」)(1553〜1625)からの詳細な報告を賞し、畿内及び織田信長「分国」の状況は近江国が「属平均」したことを通知。また丹後国・但馬国の土豪が尼子勝久(155〜1578)に味方し、出雲国・伯耆国沿岸を掠奪している件で足利義昭の「御下知」を要請されたことに応える。	18
	4月11日	武井夕庵(「尓云」)・木下秀吉、小早川隆景(「小早川左衛門佐」)へ、毛利元就・毛利輝元(「御父子様」)より織田信長に「条々」が要請されたことを受けて返事を通知。 その内容は丹波国・但馬国の「賊船」の件は足利義昭(「公儀」)に上申し、織田信長が馳走したこと、出雲国・伯耆国の件は安芸毛利氏に委任すること、畿内及び「信長分国」は「静謐」であることであった。	18
	4月14日	山科言継、「禁裏御学問所」の「梅之枝洗」に参内。次いで内侍所を訪問すると四辻公遠が来訪、酒宴があった。そこに美濃国より村井貞勝(「村井民部丞」)が到来。次いで大典侍殿(万里小路賢房女)・長橋局(薄好子)・台所へ立ち寄る。 (『言継卿記』)。 村井貞勝、美濃国より上洛。	18
	5月5日	山科言継、山城国普賢寺城(天王畑城)(京都府京田辺市天王高ヶ峯)へ出陣の軍勢が少々「開陣」し、敵方は悉く「降参」したことを知る。(『言継卿記』)。 細川藤孝(1534〜1610)、三淵藤英(?〜1574)らが攻めたという。	1
	5月6日	信長方の松永久秀(1508?〜1577)、久通(1543〜1577)をして大和窪之庄城(奈良市窪之庄町里中(牛頭天王社))を攻める。	1
	5月6日	**「箕浦の戦い」。** 信長の違約に怒る浅井軍、箕浦(滋賀県米原市箕浦)・鎌刃(米原市番場)両城を攻めるが、横山城(滋賀県長浜市堀部町・石田町)を守備していた木下秀吉らの軍が、堀秀村(1557〜1599)が守る鎌刃城を救援し、浅井軍・一向一揆の軍を下坂の「さいかち浜」(滋賀県長浜市高橋町・田村町)・八幡下坂で追い崩す。 浅井長政は、得るところなく小谷へ軍勢を返した。	1

宇佐山城跡

西暦1571

元亀2	5月10日	「松永久秀は本格的に、織田信長に背くことになる(一度目)」。 松永久通、和田惟政・畠山秋高と結んで敵対した安見右近(信国)(？〜1571)を多聞城へと呼び出し自害させる。	1823
	5月11日	木下秀吉(1537〜1598)、某・徳山右衛門尉へ、去る五月六日に鎌刃表に於いて浅井七郎(「浅井」)率いる一向一揆軍と交戦し大勝した旨を報告。	1824
	5月12日	反信長の松永久秀、久通と共に安見右近の居城交野城(私部城)攻撃に河内交野へ出陣する。	1825
	5月12日	武田氏に仕える小幡憲重(「信勝」)、岡国高(「岡周防守」)(松永久秀家臣)へ、武田晴信(「信玄」)の遠江国・三河国「出馬」を報告。また、武田晴信の軍事行動は「以公儀御威光」(足利義昭)を背景とした「上洛」作戦であることに触れる。	1826
	5月12日	明智光秀(1528？〜1582)、近江宇佐山城(滋賀県大津市南滋賀町)より入京。	1827
	5月12日	「信長の第一次伊勢長島攻め」。 江北を牽制した織田信長(1534〜1582)、伊勢長島一向一揆討伐のため、五万ともいわれる大軍を率い出陣。尾張津島へ着陣する。軍を三つに分け、信長率いる本隊は津島、佐久間信盛率いる尾張衆は中央筋、柴田勝家率いる美濃衆の稲葉良通(一鉄)・氏家卜全(直元)らは大田口より攻め込む。 苦戦の中、殿軍を勤めた柴田勝家らが一揆衆に追撃され負傷、美濃三人衆の一人、氏家卜全(直元)(1512?〜1571)が討死する。美濃石津で本願寺勢力(伊勢国長島一向一揆)と共に織田軍に抵抗していた六角一族の佐々木祐成に討ち取られたという。	1828
	5月16日	伊勢国長島攻めで大した戦果を得ないまま織田軍、津島諸所に火を放ち、夜に撤退をはじめる。 この敗北で信長は宗教の力を実感、一向一揆を鎮めるためには「根切り」(根絶やし)しかないと考えるようになる。	1829
	5月16日	織田信長、大舘上総介(幕府内談衆)へ、伊勢の一揆を滅ぼすところであったが、種々の侘言を申したので赦免したことを通知。 実際は、信長軍は一揆軍に追撃され損害を被った。	1830
	5月17日	武田信玄(1521〜1573)は、松永久秀家臣・岡周防守国高(？〜1577？)に宛てた手紙で、信長・義昭のどうにもならない不和を記し、義昭が信長討伐の気持を持っていることを記す。	1831
	5月19日	真如堂に於いて「光源院七回」(足利義輝七回忌)が行われる。山科言継、早旦に真如堂へ赴く。(『言継卿記』)。	1832
	5月19日	相国寺光源院(足利義輝菩提寺)にて燃香が行われる。足利義昭は焼香のため参列する。細川藤賢、上野佐渡守、伊勢三郎(貞興)、蔵阿弥、間下式部少輔、安威兵部少輔、朽木左兵衛尉、松田監物、後藤治部少輔、間下宮内少輔、松田豊前守、松田主計允が随従する。(『言継卿記』)。	1833
	5月19日	武田信玄、久秀家臣・岡周防守へ、松永久秀を別格として処遇する旨の書状を発する。	1834
	5月25日	宣教師ルイス・フロイス(1532〜1597)、書を本国に送り、京都での布教の困難を嘆く。	1835
	5月27日	反信長の松永久秀・松永久通(「松永父子」)、大和国交野城(安見宗房(直政)、畠山昭高(秋高)被官の居城)より多聞山城に帰城。(『多聞院日記』)。	1836

元亀2	5月30日	信長に背いた松永久秀(1508？~1577)・久通(1543~1577)父子、多聞山城(奈良市法蓮町)を出陣。
	5月30日	**三好三人衆、松永久秀の織田信長に対する謀叛に呼応したのか、河内国南半国守護・畠山昭高(秋高)(1545~1573)居城の河内国高屋城(大阪府羽曳野市古市)を攻撃。遊佐某らが籠城。(『多聞院日記』)。**
	6月4日	織田信長、細川藤孝(「細川兵部大輔」)へ、細川藤賢(「細川右馬頭」)の身上の件で足利義昭「御内書」を受けて、細川藤賢は足利義昭(「公儀」)に常に疎略無く仕えたこと、織田信長も「等閑」に存じていないことを挙げて領知などを安堵するよう足利義昭(「上意」)に披露するよう依頼。 信長、足利幕臣・細川藤孝に書を送り、典厩家の当主・細川藤賢(1517~1590)の身上について、将軍から領地などを安堵されても構わない意向を伝える。
	6月6日	**三好義継(1549~1573)、三好三人衆の高屋城攻めに参加する。**
	6月9日	多聞院英俊、畠山昭高(秋高)(1545~1573)の河内国高屋城に於いて松永久秀に呼応した三好三人衆の軍勢が攻城していることを知る。(『多聞院日記』)。 河内高屋表で合戦が日々行われる。
	6月10日	**和田惟政(「和田紀伊守」)、「敵」(松永久秀・三好義継ら)の摂津国吹田城を攻略。(『言継卿記』)。** 足利幕臣・和田惟政(1530？~1571)、織田信長に背いた松永久秀・三好義継らの摂津国吹田城(大阪府吹田市)を攻略。
	6月11日	**本願寺顕如(1543~1592)、加賀・越前和解の証として、朝倉義景(1533~1573)の息女を、顕如男・教如(1558~1614)の室とすることを正式に約す。**
	6月11日	三好三人衆の軍勢、畠山昭高(秋高)の河内国高屋城(大阪府羽曳野市古市)より撤兵。(『多聞院日記』)。
	6月11日	反信長の松永久秀軍は、河内国藤井寺に入る。(『多聞院日記』)。松永久秀軍は、河内高屋表から兵を引いた。
	6月11日	中坊駿河守、松永久秀方から離反し筒井方に属する。
	6月11日	足利義昭(「公方様」)、「九条殿」の息女を養子として筒井順慶(1549~1584)と祝言させる。(『多聞院日記』)。
	6月11日	細川藤孝(1534~1610)、喜入季久(島津氏家臣)(1532~1588)へ、下国以降の無沙汰を詫び、京都静謐の様子を通知。さらに韻懐紙の送付を通知。
	6月11日	奇妙丸(織田信忠)(1557~1582)、美濃国崇福寺へ「信長判形」により一切の諸役を免除。
	6月12日	箸尾為綱(高春)(大和国人)(1546~1615)、松永久秀に背き、十市氏(松永派)と南柿森で戦う。
	6月12日	織田信長、細川藤孝(「細川兵部大輔」)へ、幕臣間に喧嘩が発生した件で足利義昭「御内書」が発給されたが、その存分の通りに「御使」両人と明智光秀(「明智」)に申し渡すことを足利義昭(「上聞」)に達するよう披露を依頼。 信長が、細川藤孝に書を送り、幕臣間に喧嘩が起こったことに関して、知らせに来た使者と明智光秀に自身の意見を申し渡した事を報せた他、青瓜を贈られた事に謝意を示し、これらについて足利義昭への披露を依頼する。 五月二十七日、幕府奉公衆の上野秀政と荒川與三が喧嘩し手負い七、八人が出た。

元亀2	6月13日	織田信長、猪子高就（兵助）（1546～1582）へ、織田信長上使として尾張国下輪川付近に猛威を振るう長島一揆の糺明を命令。一揆ならばたとえ誰の家来であっても生害させること、高木貞久の家来にも一揆勢が存在するため厳重なる糺明の上、高木貞久（美濃衆）（?～1583）に成敗させるよう命令。	1852
	6月14日	中国地方のほぼ全域に勢力を拡大した、安芸の国人領主・毛利元就（1497～1571）、没。享年75。	1853
	6月14日	反織田方の松永久秀（1508?～1577）、竹内秀勝（?～1571）の質子を収む。	1854
	6月16日	**織田信長、明智光秀（1528?～1582）へ、三好為三（1536～1632）に摂津榎並（大阪市城東区野江付近）を給与したが、伊丹親興（?～1574）の所領が近いため、これを交換することを諒承させることを命ず。**	1855
	6月18日	織田信長、猪子高就（「猪子兵介」）へ、尾張国一揆糺明の戦果報告を賞し、信長自身の来六月二十二日の上洛予定を告げ、上洛に随行する前に一揆勢の掃討を厳命。	1856
	6月20日	織田信長、猪子高就へ、尾張国大田に於いて一揆勢を撃破したことを賞し、更なる「悪逆之輩」（一揆勢）の掃討を命令。	1857
	6月20日	織田信長（1534～1582）、毛利元就（1497～1571）・毛利輝元（1553～1625）へ、去年の三好氏配下の篠原長房（?～1573）が備前国児島に侵入した件で討伐下知要請を受けたことについて、信長は篠原長房（?～1573）と和睦したが、足利義昭は赦免せず、長房は阿波国へ撤退した状況を説明し、現時点では足利義昭下知は効果が無いこと、しかし信長は毛利氏に対して連絡を密にすること、義昭も毛利氏に対して別条の無い旨を通知。	1858
	6月20日	織田信長、尾張国瑞泉寺へ、寺再興のための材木蒐集にあたり河並の諸役を免除する。	1859
	6月23日	薩摩の守護大名・島津貴久（1514～1571）、没。子に義久、義弘、歳久、家久。	1860
	6月23日	織田信長、尾張国の鉄屋大工の水野範直（「太郎左衛門」）へ、鉄屋「大工職」と家屋所有を安堵す。	1861
	6月-	**この月、越前白山別山大行事権現に対し織田信長が鰐口を寄進し、信長家臣の菅屋長頼（?～1582）が白山中居神社に禁制を掲げる。「平信長」と刻字。**	1862
	6月-	**「金森城の戦い-6月～9月3日」はじまる。** 石山本願寺から派遣された坊官の川那辺秀政が指揮をとる一向一揆が、金森城（滋賀県守山市）に立て籠もり蜂起。	1863
	7月3日	反信長方の松永久秀、藤井寺から「法隆寺」辺りへ兵を引く。	1864
	7月3日	正親町天皇の侍読・清原国賢（1544～1615）、幕臣千秋輝季（?～1573）を伴い志賀城（宇佐山城）に登山、晩に明智光秀（1528?～1582）が京から帰城したが対面できず。	1865
	7月4日	多聞院英俊、昨夕に松永久通（「松永金吾」）が大和国多聞山城に帰還したこと、松永久秀（「松城」）は大和国法隆寺周辺に「滞在していることを知る。（『多聞院日記』）。	1866
	7月4日	**明智光秀、再び京に向かう。** 清原国賢、千秋輝季は大手口で挨拶する。	1867
	7月5日	多聞院英俊、松永久秀（「松城」）（1508?～1577）が箸尾為綱（高春）（大和国人）（1546～1615）への攻撃を解き、大和国法隆寺・龍田に移陣したことを知る。（『多聞院日記』）。	1868

元亀2	7月5日	筒井勢が櫟本の付城を落とし、松永久秀は筒井城(奈良県大和郡山市筒井町)に入る。
	7月5日	「織田信長朱印状」。朱印は馬蹄形で印判は「天下布武」。 信長、朽木弥五郎(元綱)(1549～1632)へ、使者を派遣し「内存」を報告してきた忠節を賞し、近江国須戸荘の「請米」を安堵し、新知行については磯野員昌(1523～1590)に指令した旨を通知。 元綱は、元亀元年の朝倉攻めの際、信長の京都撤退(朽木越え)を助けている。
	7月5日	**織田信長、上野秀政(？～？)・明智光秀(1528？～1582)へ、曇華院殿(正親町天皇妹・聖秀女王)御領山城国大住庄の年貢等の件で、不法行為があるので、足利義昭の耳に入れて処置をするよう指示を下す。** 室町幕府御供衆・一色藤長(？～1596？)が、曇華院主(正親町天皇の妹聖秀女王)が女性であることを侮って違乱していた。
	7月11日	盂蘭盆会の風流踊は華麗を極める。この頃、京都のあちこちの町組で、踊りの競演が見られる。
	7月14日	多聞院英俊、「新織」(松永久秀被官)から明日に松永久秀が三好義継を同行し摂津国芥川城の和田惟政を攻撃するために出陣するということ、また来たる十六日には織田信長が「出京」することを知らされる。(『多聞院日記』)。
	7月14日	織田信長、明智光秀・細川藤孝へ、足利義昭への条書を把握すべきことを通達。
	7月15日	**反信長方の松永久秀(1508？～1577)、三好義継(1549～1573)と共に、和田惟政を攻めに摂津芥川へ出陣すべく画策する。** **松永久秀の足利義昭からの離反も明白となる。**
	7月18日	箸尾為網(1546～1615)、松永久秀の兵と同国川合に戦いて敗れる。
	7月19日	織田信長(1534～1582)、足利義昭が幕臣一色藤長に曇華院領山城国大住庄三ケ村を与えたことを非難。 信長、明智光秀・上野秀政に宛て、義昭へ違乱停止を奏上するよう書状を送る。
	7月21日	和田惟政(「和田紀伊守」)(1530？～1571)、摂津国高槻より上洛。翌日、再度摂津国高槻へ下向。(『言継卿記』)。
	7月23日	三淵藤英(「三淵大和守」)、摂津国へ出陣。
	7月25日	足利義昭のもとに上京の踊りが訪れる。誠仁親王、将軍義昭、廷臣、武士ら、上京・下京町衆の踊りを見る。また、桟敷を構える者もある。 一番目に一条室町の衆が雪踊鷺を、二番目に西陣(二十一町)が田栽・座頭を、三番目に立売町が薦僧を、四番目に絹屋町が小川鐘鋳・道明寺・西王母・黒主を舞う。(『言継卿記』)。
	7月30日	**足利義昭(1537～1597)、三好為三(三好政長の次男)(1536～1632)に宛て安堵状。明智光秀は副状を発給。(『狩野文書』)。**
	7月-	織田信長、美濃国関兼常の助右衛門へ、鍛冶職等を安堵。
	8月2日	細川藤孝(1534～1610)、摂津池田城(大阪府池田市城山町)を攻める。
	8月2日	反信長方の松永久秀(「多聞」)、筒井順慶の大和国辰市(奈良市東九条町)の要害へ軍勢を派遣。(『多聞院日記』)。

1571

元亀2	8月2日	「観音寺御同宿中宛明智光秀書状」。「明智光秀、近江三雲某に飛脚を遣さんとし、同国観音寺をして、之を周旋せしむ」。 光秀(1528？～1582)は、近江芦浦観音寺に、飛脚の路次における安全確保を要請し、「随而来十八日、殿様御働必定候間、可被成其御心得候」と、併せ織田信長の出動日十八日を伝えた。	1885
	8月4日	和泉国に於いて織田軍と松永軍が衝突。(『言継卿記』)。	1886
	8月4日	「辰市の戦い」。信貴山城 (奈良県生駒郡平群町信貴山) からの反信長方の松永久秀軍、三好義継増援軍と多聞山城(奈良市法蓮町)からの松永久通軍と大安寺で合流し、辰市城(奈良市東九条町)攻めるも、筒井順慶(1549～1584)・郡山の両方より後詰が到着し大敗。松永左馬進(松永久秀甥)・松永孫四郎(松永久秀甥)・松永久三郎(松永久通若衆)ら多数の討死衆と竹内秀勝も負傷者を出し多聞山城へ逃れる。 薄手を負ったとされる竹内秀勝(？～1571) は、翌月22日に河内若江城 (大阪府東大阪市若江南町)で没した。	1887
	8月6日	松永久秀(「城州」)、この暁に大和国信貴山城に移った。(『多聞院日記』)。	1888
	8月6日	筒井城(奈良県大和郡山市筒井町)など諸城を奪回した筒井順慶、織田信長の元に松永久秀軍の首級二百四十を送る。	1889
	8月7日	織田信長、尾張国の意足軒へ、熱田神宮末社の高倉宮遷宮に際し「青銅」五千疋(銅銭五十貫文)を寄附し、「往古之例」に違うとの意見は許容しないこと、諸末社の退転しないよう「神前之輩」や「神主」らに油断無きよう勤めるよう命令する。	1890
	8月10日	超昇寺氏が松永方を寝返り、筒井方の山城木津氏に応じる。	1891
	8月10日	織田信長、朝廷に黄金十枚を献上、供御にあてる。 「供御」とは天皇の飲食物、時には上皇・皇后・皇子の飲食物をいう語。	1892
	8月12日	浅井長政(1545～1573)、朝倉義景(1533～1573)に援軍を依頼。	1893
	8月13日	武田信玄、下間頼慶へ、京都から「御両使」が本願寺と織田信長の和睦を武田信玄が仲介するようにとの「御下知」が下されたので、詳細を龍雲軒・堀野左馬允を派遣して通達させる旨を通知。	1894
	8月14日	越智・箸尾氏が十市氏(松永久秀派)を攻め十市郷を略取する。	1895
	8月14日	織田信長、細川兵部大輔(細川藤孝)へ書状で、義昭から指示された条々を諒承し、その条書の頭書も熟考して明智光秀に指令したので、この旨を足利義昭へ披露願いたいと伝える。	1896
	8月16日	朝倉義景(1533～1573)、江北に出兵。	1897
	8月16日	織田信長、西尾光教 (「西尾小六」) (1543～1616) へ、美濃国多芸郡役を従来の如く安堵。	1898
	8月18日	織田信長、若狭国の熊谷直之 (「熊谷治部丞」) (？～1595) へ、若狭国倉見庄の係争の件は去春に京都に於いて決定が下されたので、変更は無い旨を通達。	1899
	8月18日	伊勢国長島の敗戦から回復した織田信長(1534～1582)、浅井父子討伐のため、北近江に向けて岐阜を出陣、近江国北郡横山に陣する。	1900
	8月26日	織田信長、小谷城(滋賀県長浜市湖北町伊部)の西辺の中島村に陣を張る。	1901
	8月27日	信長、余呉・木之本を放火させ、その日のうちに、横山城(滋賀県長浜市堀部町・石田町)に帰城。	1902

元亀2	8月28日	**「白井河原の戦い」**(茨木川畔)。 「摂津三守護」と称された幕臣・和田惟政(1530？～1571)は、伊丹氏や茨木氏と共に摂津国「白井河原の戦い」で、三好三人衆と手を結んだ松永久秀(1508？～1577)・池田知正(1555～1604)と戦うも、池田二十一人衆の荒木村重(1535～1586)に敗れ、同衆の中川清秀(1542～1583)に打ち取られる。この時、清秀は合戦を前にして、惟政が自ら淀川の深さを定めんと物見に現れると予想して、対岸に隠れ潜んで、首尾よく討ち取ったという。 この戦いで、将軍義昭の家臣となっていた長井道利(？～1571)も討死を遂げたとされる。日は26日など異説あり。
	8月28日	織田信長、佐和山(滋賀県彦根市古沢町)に出て丹羽長秀の在所に宿泊。
	8月-	この頃明智光秀は、足利義昭近習・御詰衆の曽我助乗(？～？)へ、直ちに足利義昭から暇を下すよう取成しを依頼する。
	8月-	織田信長、祖父江五郎右衛門尉へ、去年目録を添えて宛行った知行は、特に安藤某と係争のあるというので調査を指令し、催促を加えて領知とすることを通達。
	9月1日	信長の命で織田軍先手は、本格的に新村資則の志村城(新村城)(滋賀県東近江市新宮町)攻撃を開始。出陣した佐久間信盛・中川重政・柴田勝家・丹羽長秀、城内に攻め入り、六百七十もの敵を討ち取る。織田軍の猛攻を知った隣接する小川城(東近江市小川町)の小川孫一郎(小川土佐守祐忠)(？～1601)は、織田軍の攻撃を恐れ人質を差し出し降伏。
	9月2日	**明智光秀**(1528？～1582)、**雄琴の土豪・和田秀純**(？～？)**に書状を送る。比叡山に近い光秀の宇佐山城**(滋賀県大津市南滋賀町)**への入城を命じつつ「仰木の事は是非ともなでぎりに仕るべく候」と送り、和田秀純は、光秀の求めに応じ、比叡山攻めに呼応した。** 六角義秀(1532～1569？)に仕えた和田秀純は、信長の陪臣となった。さらに坂本城主となった明智光秀の支配下にも従うという立場となっていく。光秀が信長を京都の本能寺に攻め殺した時、秀純は、光秀の味方には加わらなかった。そして、信長の仇を報じた秀吉に従ったという。
	9月2日	織田信長、さらに南下し、安土の南西にある常楽寺(滋賀県湖南市西寺六丁目)へ移陣。信長は、明智光秀から比叡山焼き討ち準備完了の報告を受けた。
	9月3日	「金森城の戦い-6月～9月3日」終結。織田信長、常楽寺を出陣し、石山本願寺から派遣された坊官の川那辺秀政が指揮をとる一向一揆が立て籠る金森城(滋賀県守山市)を陥れ、人質を出させ降伏させる。
	9月9日	織田信長、佐久間信盛(1528～1581)をして、松永久秀(1508？～1577)に摂津高槻陣の撤退を交渉。
	9月11日	**織田信長**(1534～1582)、**さらに南下、琵琶湖の最南端の瀬田川を越え、三井寺山内の山岡景猶**(？～1599)**のもとに宿泊し、翌日の比叡山攻撃予定を家臣に告げた。山岡玉林斎景猶は、明智光秀に属したという。** 佐久間信盛(1528～1581)・武井夕庵(？～？)が諫言したが、信長は、比叡山が警告を無視したために討伐するのだと佐久間らを説得する。
	9月11日	信長軍の動きを観て、延暦寺側も根本中堂に僧兵や僧侶を集める。

西暦1571

| 元亀2 | 9月12日 | **「信長の比叡山焼き討ち」**。「九月十二日、叡山を取詰め、根本中堂・三王廿一社を初め奉り、霊仏・霊社、僧坊・経巻一字も残さず、一時に雲霞のごとく焼き払ひ、灰燼の地と為社哀れなれ。其の隠れなき高僧、貴僧、有智の僧と申し、其ノ他、美女、小童其の員をも知らず召し捕へ召し列らぬる。御前へ参り悪僧の儀は是非に及ばず、是は御扶けなされ候へと、声々に申し上げ候と雖も中々御許容なく、一々ニ頭を打ち落され目も当てられぬ有様なり数千の屍算を乱し哀れなる仕合せなり、年来の御胸朦を散ぜられ訖んぬ。さて志賀郡明智十兵衛に下され、坂本に在地候ひしなり」。（『信長公記』）。 [1914]

信長の軍勢によって、未明から坂本市街への放火が始められた。坂本を焼き出された僧俗は八王寺山へ逃れた。信長の軍勢は日吉神社へ火をかけ、神社後方の八王寺山へ攻め上り、多くの僧侶たちを殺害した。捕らえられた有徳の僧・女子供については助命の嘆願もあったが、信長は聞き入れず、容赦なく処刑させた。浅井・朝倉連合軍を擁護したことに対する見せしめであった。

記録では根本中堂をはじめとする延暦寺の伽藍すべてが焼き払われたことになっているが、昭和40年代に行われた調査によると、比叡山上では焼き打ちの痕跡が見られないという結果がでている。当時、延暦寺の堂坊の多くは坂本に移ってきており、山上はさびれていたという。被害の中心は麓の坂本市街から八王寺山にかけてであったとされる。 |

| | 9月13日 | **「信長、上洛」**。軍勢は引き続き比叡山内の攻撃、放火を続ける。焼き討ち後の処理を明智光秀（1528？～1582）に任せた織田信長、小姓衆・馬廻ばかりを従え上洛、足利義昭へ参り、小飯をとる。衣棚押小路の妙覚寺に寄宿。（『言継卿記』）。 [1915] |

| | － | **この頃（10月頃ともいう）、明智光秀（1528？～1582）、比叡山焼き討ちの功（坂本近在の土豪を懐柔）で、信長から近江国滋賀郡五万石を与えられ領主となる。** [1916]

光秀は宇佐山の志賀城（宇佐山城）（滋賀県大津市南滋賀町）から坂本に城を築き、失地となった延暦寺領の統治を開始する。 |

| | 9月16日 | 十五日、この日と、信長に見舞いのため祇候、見参した山科言継、晩景に竹内季治（「竹内三位入道真滴」）が佐久間信盛宿所に「召籠」られた旨を知る。「上意」によるというが理由は不明であると記す。（『言継卿記』）。 [1917] |

| | 9月17日 | 織田信長、権大納言烏丸光康に、所領摂津国上牧を再度安堵。 [1918] |

| | 9月17日 | 織田信長、小早川隆景（元就三男）（1533～1597）へ、毛利元就の逝去を悼み、毛利輝元（元就嫡男隆元の嫡男）（1553～1625）へ弔問の使僧を派遣した旨、また、阿波の篠原長房（？～1573）を撃退したことへの祝意、そして「五幾内」は別条の無いことを通知。 [1919] |

| | 9月17日 | 武田勝頼（1546～1582）の室・遠山夫人（龍勝院）（織田信長の養女、信長の姪）（？～1571）、没。 [1920] |

| | 9月17日 | 「勝龍寺細兵（細川藤孝）へ以書状・使者、連養坊知行分のこと申遣了、明十（明智光秀）へ申理義也、三太（三淵藤英）相添書状了」（『兼見卿記』）。 [1921]

延暦寺焼き打ちに際し、先鋒となった光秀は、何と山門関係者の所領まで押領したというのだ。またその後、『言継卿記』によると光秀は青蓮院・妙法院・曼殊院門跡領を押領している。 |

元亀2	9月18日	**「信長、出京」。**織田信長、早旦に近江永原に下向。島田秀満（「島田但馬守」）・蜂屋頼隆・塙直政（「伴九郎左衛門尉」）らは在京。蜂屋頼隆は大和国へ、島田秀満は摂津国へ出陣することになっているという。（『言継卿記』）。
	9月18日	織田信長（1534～1582）、近江国永原（滋賀県野洲市永原）に於いて、足利義昭の命により正三位大膳大夫であった竹内季治（1518～1571）を殺害。 竹内神道一念の竹内季治はキリスト教を保護する信長を侮蔑する発言を義昭の前で繰り返していたとされ、見せしめのため殺害されたという。「木から落ちた柿と同然」。信長は極みに達したため、後は熟した無花果（イチジク）のように地上に落ちるだけだと。 季治（久我家の諸大夫）は、松永久秀家臣竹内秀勝（？～1571）の祖父という。
	9月-	**明智光秀（1528？～1582）、石谷頼辰（？～1587）の件で足利義昭（1537～1597）の勘気に触れ、義昭から離れるという。**
	9月20日	**織田信長、岐阜城に帰陣。**
	9月21日	織田信長、河尻秀隆（1527～1582）と丹羽長秀（1535～1585）に命じて佐和山城（滋賀県彦根市古沢町）に高宮右京亮（？～1571）の一党をおびき出し、これを誅殺させる。 高宮は先年の野田・福島陣のおり、本願寺に内通して一揆を扇動し、自身も天満の森の陣地を出て大坂に駆け入っていた。（『信長公記』）。
	9月24日	「早旦明智十兵衛摂州高槻へ罷向、千計有之云々、相誠用意之用……」。 （『言継卿記』）。 **幕府の命により、明智光秀は、兵一千を率いて摂津国高槻に赴き、和田惟政の遺族を援け、荒木村重に備える。** この頃から、光秀は、奉公衆から独立して千名の軍勢を率いて、織田家家臣として出陣したのか。
	9月25日	「早旦奉公衆一色式部少輔、同駿河守、上野中務大輔等摂州へ出陣云々、不見物之間人数不知之、可尋之、人数千計有之」。（『言継卿記』）。 早旦に幕府奉公衆の一色藤長・一色昭秀・上野中務大輔ら一千兵が摂津国へ出陣。
	9月25日	織田信長、上杉謙信へ若鷹を貰うために鷹師を派遣し、その希有である様に感激、秘蔵自愛することで謝意を表明。また足利義昭により去月中旬より上洛したことを通知。 実際には、信長は八月には近江国に在陣していた。
	9月27日	織田信長、山城国石清水八幡宮祠官の田中長清へ、神領狭山郷を御牧摂津守（「御牧」）が違乱したことにつき、御牧摂津守の押領を排除する旨を指令。 御牧摂津守は、後に明智光秀の家臣となり、天正10年6月「山崎の戦い」で戦死した御牧兼顕か、御牧景重であろうか。
	9月30日	三淵藤英、奈良に出陣。

西暦1571

元亀2	9月30日	織田信長が、公武御用途のため、洛中洛外の田畑一反につき一升の米を京都妙顕寺（京都市上京区妙顕寺前町）に集めるように明智光秀らに指示する。この時五〜六百通の文書を発給した為、幕府奉行人・松田秀雄が公家の山科言継父子に助筆を依頼する。十月八日であった。 「明智光秀等連署状」。「爲公武御用途被相懸段別事、右不謂公武御料所并寺社本所領、同免除之地、私領買得屋敷等、田畑一反別一升宛、従来月十五日廿日已前、至洛中ニ條妙顕寺可至致運上候、若不依分被仰出隠置族有之者、永被没取彼在所、於其身則可被加御成敗之由候也、仍如件、 九月卅日　明智十兵衛尉光秀　判　島田但馬守秀満　判　堀九郎左衛門尉直政　判　松田主計大夫秀雄　判」。 公卿らの所領を占拠している連中に対して、田畑一反につき一升を来月十五日から二十日の間に、都二条にある妙顕寺まで上納しろと命じ、もし少しでも隠匿したら、その所領どころか本貫地までも取り上げ、成敗（処刑）する。	1932
	9月-	織田信長、尾張国国府宮（「府中府営」）へ全三ヶ条の「定」を下す。	1933
	10月3日	信長、京中に貸付米の制を敷き、その利を朝廷の供御に充てる。（『上京文書』）。	1934
	10月3日	北条氏康（享年56）(1515〜1571)、没。北条氏政（1538〜1590）が嗣ぐ。 氏政、父の遺言「越相同盟を見限り、再び武田と同盟を結ぶように」により、上杉謙信（1530〜1578）との同盟を断ち、武田信玄（1521〜1573）と結ぶことを志向。	1935
	10月8日	幕府奉行人の松田秀雄（「松田主計」）は、方々への「段別之配符」状の「助筆」を通達したという。 山科言継は二十五通、山科言経（「金吾」）は十七通を調え送った。総数は五・六百通にのぼったという。その内容は九月三十日付の松田秀雄（「松田主計大夫秀雄」）・堀直政（「堀九郎左衛門尉直政」）・島田秀満（「島田但馬守秀満」）・明智光秀（「明智十兵衛尉光秀」）連署状という形をとり、「公武御用途」としての段別賦課の件で、田畠一段別一升宛を十月十五日から二十日の期間に二条妙顕寺へ運上するという命令であった。 違反者については在所の没収ならびに身上への「御成敗」が加えられるというものであった。（『言継卿記』）。	1936
	10月10日	反信長方の松永久秀（1508？〜1577）、山城槙島城（京都府宇治市槙島）を攻め、11日、普賢寺城（京都府京田辺市田辺町）に入る。 三好康長（後の咲岩、笑岩）(？〜？)が久秀の援軍として奈良を守る。	1937
	10月10日	稲葉良通（一鉄）(1515〜1589)、大徳寺に対し、村井貞勝・明智光秀の大徳寺領違乱は信長の誤解であり、安心するように伝える。	1938
	10月14日	「織田信長朱印状」。信長、幕臣細川兵部大輔（細川藤孝）へ、丹波国勝龍寺城は要害であるため、桂川西岸の家屋の門毎に一人の人夫を三日間徴用し普請をするよう命令。	1939
	10月15日	松永久秀、三好義継、山城木津を攻める。	1940

元亀2	10月15日	松田秀雄（「松田主計大夫」）・塙直政（「塙九郎左衛門尉」）・島田秀満（「島田但馬守」）・明智光秀（「明智十兵衛尉」）、洛中立売組中へ「禁裏様御賄」としての「八木」を京中へ貸し付けること、一町に五石を割り当てること、利率（「利平」）は三割とすることを通達。また来年正月より毎月一町より一斗二升五合充を進納すべきことなどを命令。 織田信長、洛中洛外からの運上の反別米を、上京下京に貸付け、その利米を皇室経済に充てる。明智光秀・島田秀満・塙直政・松田秀雄が、立売組中に指示し奉行する。 信長は、その利息（毎月十三石）を禁裏供御料として、朝廷の金庫に入るようにしてその財政安定化を図った。
	10月16日	「竹内殿へ参、客来之一味、蔓草、墨繪、懸御目、可然繪之由承了、今度叡山之取物也、買得之」（『言継卿記』）。 **比叡山延暦寺焼討ちの折、略奪された絵画が、都の公家衆のあいだで、お買得品として出回っていた。**
	10月26日	織田軍先発隊、上洛。
	10月-	**明智光秀（1528？～1582）が蘆山寺を延暦寺の末寺と称して違乱したのを止めさせるように、女房奉書が発行された。** 光秀が同寺院を延暦寺の末寺とみなしその所領を押領しているが、この寺院は延暦寺とは無関係であるから止めさせるよう光秀に伝えよ、と甘露寺経元に命じた。
	10月-	この月、三好方の三好長勝ら、四千余騎で山城国住山へ出陣。三淵大和守藤英（～1574）・細川藤孝（1534～1610）兄弟らも、牢人衆集めて三千余出陣、交戦となる。
	10月-	この月、浅井長政の家臣・宮部継潤（1528～1599）、木下秀吉（1537～1598）の調略に応じてその与力となる。
	10月-	織田信長、「借物」も返弁出来ず神事の勤仕も不十分になった尾張国津島牛頭天王神社の神主へ、「本銭」を十年賦で返済する旨を命令、「銭主」がこの織田信長の決定に違背すれば成敗する旨を通達。
	10月-	「織田信長朱印状」。この月信長、尾張国津島神社神官の真野善二郎へ、「文状」（譲状）に任せて故父真野兵部の跡職を安堵す。
	11月1日	**明智光秀と佐久間信盛（1528～1581）の斡旋をもってして信長に臣従した筒井順慶（1549～1584）、信盛・光秀の仲介で、松永久秀（1508？～1577）と短期的な和睦を結ぶ。**
	11月1日	織田信長、山城国段別に際し織田信長が足利義昭（「公儀」）に上申したとおりに奉行人を出向させた伊勢三郎（貞興）（幕府政所執事）（1562～1582）へ、「政所役」（政所執事）を安堵。また摂津国高槻城の番手の件にも触れる。詳細は武井夕庵（「夕庵」）に伝達させる。
	11月6日	国友鉄砲鍛冶、織田信長へ大砲献上という。
	11月9日	正親町天皇、山科言継へ、「せんゆ寺寺りやうにし九条」の件で木下秀吉（「きの下とうきちらう」）が「いらん」（違乱）したことについて泉涌寺は「たにことなる御事」であるため木下秀吉へ押領禁止を足利義昭（「むろまちとの」）に通達するよう命令。（『言継卿記』）。

西暦
1571

元亀2	11月14日	三好三人衆及び松永久秀（1508？〜1577）等、畠山昭高（秋高）（1534〜1573）を河内高屋城（大阪府羽曳野市古市）に攻め、久秀、摂津に兵を出す。	1953
	11月15日	松田秀雄（「秀矩」）・塙直政・島田秀満・明智光秀、上京立売組中へ、「禁裏様為御賄」して八木（米）の進納を割り当てる。	1954
	11月21日	**織田信長、京都賀茂惣中へ、松永久秀の籠もる大和国多聞山城の攻撃のために近日中に上洛する予定であることを告げ、信長上洛以前に筒井順慶と談合し急ぎ、付城を構築して攻略するよう通達。**	1955
	11月24日	本願寺顕如、朝倉義景・浅井長政・久政に、協力して近江北郡の安全をはかるよう依頼。	1956
	11月28日	吉田兼右（兼見の父）（1516〜1573）、毛利輝元（1533〜1625）からの厳島神社正遷宮のための下向依頼を受けて出立。細川藤孝・三淵藤英・明智光秀・吉田兼見らが兼右の老体を案じて諫止するも、出立したので東寺辺りまで見送る。（『兼見卿記』）。	1957
	12月-	**「光秀、将軍との両属ながら、織田家中で最初の城持ち大名へと出世する」。** 信長に滋賀郡の支配を命じられた明智光秀（1528？〜1582）、この月、坂本城築城開始。「明智光秀像」が、坂本城址公園（滋賀県大津市下阪本1丁目）に建つ。	1958
	12月3日	この頃、明智光秀（1528？〜1582）、千秋輝季（？〜1573）ら幕臣を家臣とする。	1959
	12月7日	佐久間信盛（「佐久間右衛門尉」）（1528〜1581）、織田信長の意を受けて山城国狭山郷の件で田中長清（石清水八幡宮祠官）との交渉を無視した御牧摂津守の被官である片岡俊秀（「片岡左衛門尉」）へ来春の織田信長上洛以前に押領地返還を指示。	1960
	12月10日	「今度就山門之儀、諸門跡領、明智令押領之由被聞食訖……諸門跡領悉以無別儀之様被申付者……仍執達如件」。（『言継卿記』）。 **正親町天皇（1517〜1593）、織田信長（1534〜1582）へ綸旨を下す。その内容は、山門の件で「諸門跡領」を明智光秀が押領したことにつき、その返還命令であった。**足利義昭から信長へ調整させようとしましたが、効果がないので、勧修寺晴豊（1544〜1603）が信長に命じる。光秀（1528？〜1582）は、三門跡（青蓮院、妙法院、曼殊院）領を延暦寺領と称して押領した。	1961
	12月10日	正親町天皇、山科言継へ「女房奉書」を下す。 その内容は近江国「舟木の御れう所」を永田景弘（正貞）（「なかたきやうふのせう」）・九里三郎左衛門（「九里はらさゑもん」）・丹羽長秀（「にわの五郎さゑもん」）・中川重政（「なか川八郎さゑもん」）が「のふなかしゆいん」を以て押領（「申かすめ」）しているが、この件は織田信長（「のふなか」）の関知しない事であろうから、「よくよくおほせわけられ」て「御れう所」回復を実現するように織田信長（「のふなか」）へ通達するようにとの命令であった。（『言継卿記』）。	1962
	12月11日	山科言継、辰下刻に美濃国下向のため出発。この日は近江国守山の御所的弥三郎邸に宿泊。（『言継卿記』）。	1963
	12月14日	**織田信長、美濃国岐阜より尾張国へ鷹狩に出発。**坂井利貞（？〜1608）、供する。（『言継卿記』）。	1964
	12月15日	和仁（後の後陽成天皇）（1571〜1617）、正親町天皇（1517〜1593）の皇子・誠仁親王（陽光院太上天皇）（1552〜1586）の第一皇子として生まれる。	1965

元亀2	12月16日	坂井利貞(「坂井文介」)、尾張国での鷹狩より美濃国岐阜の宿所へ帰宅する。(『言継卿記』)。
	12月16日	山科言継、坂井利貞(「坂井文介」)と尾張国下向の件を談合したところ「無用」のとことであった。理由は「制札」が掲げられ「一切公事訴訟停止」という状況であり、織田信長へは「陣」からの注進以外は上達されないことになっていること、また尾張国清洲までは八里あり、黄昏であるから織田信長への見参は不可能であり、明後日未明に織田信長は三河国に下向するとのことなので尾張国下向は「略定」とす。山科言継、村井貞勝(「村井」)へこの旨を通達し馬の件を留めてもらう。(『言継卿記』)。
	12月17日	**細川信良(「細川六郎」)、従者七百名程を従え幕府に出頭。義昭に臣下の礼をとった細川信良(晴元の子)(1548〜1592)は、将軍足利義昭より右京大夫に任じられ、義昭諱の一字をもらい「昭元」と称す。**(『兼見卿記』)。 足利義昭は、三好三人衆方の細川信良(昭元)を調略して味方につけた。
	12月19日	筒井順慶(「筒井」)、大和国十市郷へ総攻撃を仕掛ける。(『多聞院日記』)。
	12月19日	正親町天皇、「左中弁」を介し摂津国四天王寺領を違乱した細川輝経(「細川中務大輔」)(足利義昭近習)(?〜1600)に対してこれを制す命令を伝達させる。
	12月20日	「下京壺底分地子銭、両季に弐拾壱貫弐百文、合力として進り候、公儀(義昭)御取り成し以下頼み入り候につき、此の如く候、別して御馳走肝要に候、恐々謹言、」。 **信長直臣への道を踏み出した明智光秀(1528?〜1582)は、詫び状を足利義昭近習・御詰衆の曽我助乗(?〜?)に送り、義昭への取成しを依頼した。この日、光秀は曽我助乗にお礼として、下京の地子銭二十一貫二百文を進上する。** 将軍足利義昭もさすがに呆れたのか、光秀を叱責している。これに対し光秀は「かしらをもこそけ」(落飾して坊主になりたい)(『神田孝平氏所蔵文書』)と謝罪の弁を述べているが、その後も押領は続いたという。
	12月22日	木下秀吉(1537〜1598)、山城国賀茂神社役者中へ、去年(元亀一年)発せられた「徳政」について、賀茂神社境内に足利義昭「御下知」と織田信長「朱印」により徳政免除が出されたが、未だに実行されずに難渋していることは言語道断のことであり、足利義昭「御下知」・織田信長「朱印」につて違反した場合は来春(元亀三年)の春に上洛時に厳命する旨を通達。
	12月23日	木下秀吉、山城国狭山郷の名主・百姓中へ、石清水八幡宮田中門跡御領の年貢・「諸成物」などを保管しておくこと、来春の信長上洛の際に決着を付ける旨を通達。
	12月24日	幕府、山科郷通過の荷物につき、七郷の利権を安堵する。
	12月24日	山科言継、在京中の木下秀吉(「木下藤吉郎」)が今日明日中に美濃国岐阜に下向するという風聞に接す。(『言継卿記』)。
	12月27日	細川藤孝(1534〜1610)、未刻(14時)に美濃国岐阜へ下着する。(『言継卿記』)。
	12月27日	北条氏政(1538〜1590)、越後上杉との越相同盟を破棄し、改めて信玄と誓紙を交換、甲斐武田との「甲相同盟」を復活させる。信玄(1530〜1578)は、上杉謙信の動きを封じるべく、謙信と同盟関係にあった北条と和睦。 武田家の領土は、甲斐一国のほか、信濃、駿河、上野西部、遠江・三河・飛騨・越中の一部にまで及び、石高はおよそ120万石に達したという。

西暦1571

元亀2	12月28日	織田信長、鷹狩を終え、尾張国清洲より美濃国岐阜へ帰還。山科言継、午時に岐阜城門外まで出向き織田信長と対面、「御使」（勅使）の由を上申したところ、後刻案内を受けてから来訪するようにとの指示を受ける。（『言継卿記』）。	1978
	12月28日	山科言継、未下刻に織田信長「使」を受け、「禁裏」（正親町天皇）からの「綸旨」・「女房奉書」・「勅作之御薫物」を「御杉」を以て申し渡す。武井夕庵と大方の様子を問答、明日の来訪を通達される。（『言継卿記』）。	1979
	12月29日	村井貞勝（？～1582）、織田信長への参上前に山科言継旅宿に立ち寄る。細川藤孝・明智光秀が呼ばれ「茶湯」が催されるということであった。言継（1507～1579）は、戌刻に光秀が不便というので二百疋を送付した。（『言継卿記』）。	1980
	12月-	この月、織田信長、佐久間信盛（1528～1581）に近江国の栗太郡に知行を宛行い、進藤氏、青地氏、山岡氏を与力とする。 佐久間信盛は、野洲郡、栗太郡の両郡支配となる。	1981
	12月-	織田信長方の熊谷直之（？～1595）により三方郡倉見荘が押領されたことについて朝倉氏が武田信方から訴えを受け、朝倉氏はその裁決を足利義昭に委ねる。	1982

西暦1572

元亀3	1月2日	織田信長（1534～1582）、近江横山城（滋賀県長浜市堀部町・石田町）の木下秀吉（1537～1598）に、姉川と朝妻間の通行禁止を命ずる。 朝倉・石山本願寺と浅井氏の連絡遮断をねらう。	1983
	1月4日	畠山秋高（昭高）守護代・遊佐信教（1548～？）による、畠山秋高（1534～1573）暗殺未遂事件が起こる。	1984
	1月-	この頃、六角承禎・義治父子、一向宗徒を勧誘し、再び、江南にて蜂起。近江国金森城（滋賀県守山市）・三宅城（同）に立て籠もる。 信長は湖南周辺の村々から一揆に参加しない旨の起請文を取り、懐柔を図る。	1985
	1月8日	宮中で立花がある。この年、たびたび立花が行われる。	1986
	1月14日	本願寺顕如光佐（1543～1592）、武田信玄へ太刀などを贈り、織田信長の背後を脅かすよう依頼する。	1987
	1月-	この月、信長（1534～1582）の息子、長男・奇妙丸（信忠16歳）（1557～1582）は勘九郎信重、次男・茶筅丸（信雄15歳、北畠氏）（1558～1630）は三介具豊、三男・三七丸（信孝15歳、神戸氏）（1558～1583）は三七信孝と名乗らせ、三兄弟が岐阜城で元服。	1988
	1月18日	細川藤孝（1534～1610）・上野秀政（？～？）、足利義昭の面前に於いて口論。（『細川家記』）。 親信長の藤孝と、反信長の上野との口論。	1989
	1月19日	明智光秀、年頭賀使を遣わし、吉田兼見に年頭の礼を行う。	1990
	1月21日	明智光秀（1528？～1582）、坂本城にて吉田兼見の訪問を受ける。兼見、百疋持参。	1991
	1月21日	織田信長、義昭家臣の飯川信堅（？～？）・曽我助乗（？～？）へ、摂津国中島城（堀城、大阪市東淀川区塚本町）・高屋城（大阪府羽曳野市古市）攻撃のために柴田勝家を出陣させることを通達し、この軍事行動は「天下」のためで、幕府衆も出陣するのは当然であること、これらのことを足利義昭に報告することを指示。	1992

元亀3	1月23日	佐久間信盛（「佐久間右衛門尉」）、近江国高野荘の一向宗坊主・地侍長らへ、六角義賢（「佐々木承禎」）・六角義治父子が一向宗徒を勧誘し近江国金森城・三宅城に於いて抗戦させていることに対し、織田信長からの「一味内通」を禁止する旨を通達し連署起請文の提出を命令。	19
	1月26日	**足利義昭、三好三人衆の石成（岩成）友通（？～1573）を味方につける。山城郡代に任じる。**	19
	1月28日	武田信玄（1530～1578）、信長家臣・武井夕庵に書を送り、「甲相和議」実現を図るように述べる。あわせて信長との交誼を図るよう述べる。	19
	1月30日	大和多聞城の松永久秀（1508？～1577）、法隆寺衆徒の請を受け、同寺領に矢銭を課するを停止する。	
	1月30日	織田信長、腫物を煩っていた松井友閑（？～？）のために近江国蘆浦観音寺（滋賀県草津市芦浦町）へ、滞在中の耶蘇会宣教師を招致するよう指示を下す。	19
	閏1月4日	多聞院英俊、遊佐信教（「遊佐殿」）が河内国高屋城（大阪府羽曳野市古市）の畠山昭高（「屋形」）を生害させようとしたが未遂に終わったことを知る。（『多聞院日記』）。	
	閏1月6日	「雪降、明十於坂本而普請也、爲見廻下向也」（『兼見卿記』）。吉田兼見、明智光秀の坂本築城を見舞う。	1
	閏1月9日	織田信長、朝廷に枝柿を献上する。	
	閏1月26日	**正親町天皇（1517～1593）、武家伝奏万里小路惟房（1513～1573）を通して、明智光秀に御即位旗杵役給田の勘落を止めしめる。旗杵役である四郎二郎という者の給田を法證寺領と号して光秀が押領したというものであった。**	2
	2月08日	武井夕庵（「夕菴爾云」）、松井友閑（「友閑」）が腫物を煩ったため近江国芦浦観音寺に滞在している耶蘇会宣教師の医師を早急に招致するため織田信長（「殿様」）が直接折紙を発給したが、返答も無く「くすし」も到来せず、この事態はどういうことなのかを譴責する。早急なる招致のため、夫丸・馬の件は佐久間信栄（「佐甚九」）が準備すること、速やかに招致に応ずることを督促。	
	2月10日	足利義昭（「武家御所」・「公方」）、淀に新城普請を意図し、在々所々の家並に夫役を賦課。吉田兼見、細川藤孝（「細兵」）・三淵藤英（「三弥」）へ相談に赴く。（『兼見卿記』）。	
	2月15日	昨年の辰市合戦打死衆を弔う大念仏に敵味方ともに多数が参詣する。	
	2月25日	**明智光秀（1528？～1582）、坂本城にて吉田兼見の訪問を受ける。信長が近日中に上洛の事を吉田兼見に伝える。**（『兼見卿記』）。 明智光秀の内報である。それ以来、信長上洛時には、光秀から先に「内報」がくるようになり、吉田家など公家衆の、信長入京以前の路地での「御迎」行事が始まることになる。	
	3月3日	明智光秀、吉田兼見に織田信長の上洛が十四、十五日頃で本能寺に宿泊する予定であることを伝える。（『兼見卿記』）。	
	3月3日	織田信長、永田景弘（正貞）（「永田刑部少輔」）へ、来たる三月七日に江北小谷口へ軍事行動を起こすことを命令。 信長は、近江国人・永田景弘に朱印状を発し、3月7日の小谷城（滋賀県長浜市湖北町伊部）攻撃に備え、鍬、鋤を携えて参陣するように指令する。付城の築城を命じた。	

西暦 **1572**

元亀3	3月5日	「信長の第一次小谷城攻め」。浅井・朝倉氏挑発の織田信長、五万の大兵を動員、江北方面に向けて出馬し、岐阜より近江国赤坂に布陣。明智光秀、従軍。	2008
	3月6日	「第一次小谷城攻め」。信長、近江国横山に着陣。（『信長公記』）。	2009
	3月7日	「第一次小谷城攻め」。織田信長、近江国小谷城と山本山の間に陣を張り、余呉・木之本まで出兵して放火。（『信長公記』）。	2010
	3月7日	「第一次小谷城攻め」。信長、木戸・田中両城を攻める。	2011
	3月9日	「第一次小谷城攻め」。織田信長、近江国横山城（滋賀県長浜市堀部町・石田町）に軍勢を戻す。またしても浅井長政は、小谷から打っては来なかった。	2012
	3月10日	織田信長、近江国常楽寺に宿泊。（『信長公記』）。	2013
	3月11日	「第一次小谷城攻め」。織田信長（1534～1582）、近江国志賀郡へ出陣。次いで和邇に移陣し、木戸砦・田中砦を囲ませ、付城を築いて、明智光秀・中川重政・丹羽長秀に守備させる。（『信長公記』）。	2014
	3月12日	「第一次小谷城攻め終了―信長上洛」。 浅井・朝倉氏が挑発に乗らないため、織田信長、軍勢七百名程を率いて近江国より上洛、妙覚寺へ寄宿。 将軍義昭は、武者小路の地を信長に与え邸宅建設を勧めた。	2015
	3月12日	吉田兼見、妙覚寺に寄宿している信長を訪問。明智光秀が奏者、塙直政（「塙九郎左衛門」）より弓懸二具を遣わされる。（『兼見卿記』）。	2016
	3月12日	朝倉義景娘と本願寺教如との婚姻につき、本願寺顕如が返礼。	2017
	3月14日	吉田兼見、磯野員昌（「磯野丹州」）（1523～1590）から書状を受ける。 その内容は、近江国北郡八幡社が一揆によって炎上したため仮殿を造立し、本式の件は後日とするものであった。（『兼見卿記』）。	2018
	3月中旬	足利義昭（「公儀」）、織田信長（「信長公」）の京都「御座所」が無しというのは如何として、上京武者小路の空地の坊跡（徳大寺公維邸地）に屋敷を構えるように指示、足利義昭の命令で「畿内の面々」による普請着手を決定。（『信長公記』）。	2019
	3月17日	織田信長、朝廷に串柿を献上。	2020
	3月21日	筒井順慶、上洛す。（『多聞院日記』）。	2021
	3月21日	織田信長、上京武者小路の空地の坊跡（徳大寺公維邸地）を収め、居館建造を意図。足利義昭の命令の形で大覚寺尊信・久我通堅・高倉永相・北野社（「松梅院」）・吉田兼和（兼見）ら諸家にも、普請夫役を賦課。（『兼見卿記』）。 徳大寺公維（1537～1588）の養子・徳大寺実久（1583～1617）の妻は、信長の娘（九女？）の月明院（？～1608）。	2022
	3月21日	織田信長、山城国狭山郷を押領した御牧摂津守へ、紛れもなく石清水八幡宮領であり、田中長清（「田中門跡」）（八幡宮別当）に重ねて織田信長「朱印」を与えたため不法停止を命令。	2023
	3月24日	足利義昭主導による織田信長の京都屋敷普請の「御鍬始」が行われる。「御普請奉行」は、村井貞勝・島田秀満・「御大工棟梁」池上五郎右衛門。（『信長公記』）。	2024

元亀3	3月24日	「織田信長、三好三人衆との和睦を成立させる」。 三好三人衆が後退し、細川昭元（信良）（1548～1592）と岩成友通（？～1573）が、初めて信長（1534～1582）のもとへ挨拶に来る。（『信長公記』）。
		信長は、細川家が足利将軍家に次ぐ武門の名門であったため、昭元を利用することになる。足利義昭につく岩成友通（三好三人衆の一人）は、信長にも臣従。
	3月26日	十市氏の内、松永久秀・筒井順慶両派で進められていた和睦が破れる。
	3月27日	三淵藤英・細川藤孝兄弟、織田信長屋敷の築地普請を奉行する。（『兼見卿記』）。
	3月29日	「信長、改元を要求」。朝廷よりも武家が権力を持った鎌倉時代には、天皇の御代替わりによる改元が形式的なものになる。信長のあらたな挑戦である。 元亀という年号を不吉だと考えた織田信長、「至急ぜひ」改元を希望すると朝廷に伝えるという。改元について、幕府と信長に勅命があった。朝廷は、実務の担当者らを人選して準備した。しかし、室町幕府将軍足利義昭は、改元費用の調達を拒否して、最終的に沙汰止みになった。
	3月-	「織田信長、本願寺顕如と和睦」。 この頃、将軍義昭と武田信玄の仲介により、本願寺顕如光佐（1543～1592）は、信長の京都屋敷普請のお祝いとして、秘蔵の万里江山の一軸と白天目の茶碗を贈って、織田信長と和解。お互いの戦略上便法であった。
	3月-	織田信長、摂津国尼ヶ崎長遠寺へ、全七ヶ条の「建立付条々」を下す。
	4月1日	吉田兼右（兼見の父）、安芸から帰洛。吉田兼見、四条口において出迎える。（『兼見卿記』）。
	4月3日	吉田兼右（1516～1573）、織田信長（1534～1582）を訪問し面会。織田信長は機嫌良く、暫し雑談。金子一枚を賜わる。明智光秀（1528？～1582）が馳走の取り成しをしたという。（『兼見卿記』）。
	4月5日	織田信長、吉川元春（「吉川駿河守」）へ、浦上宗景（「浦上遠江守」）と宇喜多直家（「宇喜多」）の「鉾楯」を「見除」（無視）している件について「外聞如何」とし、足利義昭の意を受けて「和与」に属することを通達。詳細は柳沢元政（1536～1613）・安国寺恵瓊（1539?～1600）・聖護院道澄（近衛前久弟）（1544～1608）に伝達させる。
	4月5日	織田信長、小早川隆景（「小早川左衛門佐」）へ、若鷹献上を謝し、三月中旬より在洛している旨を通知。
	4月7日	細川藤孝（1534～1610）、喜入季久（1532～1588）へ、池坊下向を通知。島津義久への取成を依頼し、島津家中あげて入魂の接待を要請。
	4月8日	佐久間信盛・柴田勝家・丹羽長秀・木下秀吉、山城国伏見惣中へ、来たる四月十二日の織田軍出撃に際し「一艘も残置」かないように船の供出と四月十日から十三日までの逗留を厳命。
	4月8日	織田信長、朝廷に鵠（白鳥）を献上する。
	4月9日	吉田兼見、人足八十余人を伴い織田信長屋敷の築地普請に赴く。（『兼見卿記』）。 この居館は、武者小路の徳大寺氏の屋敷を取り上げて造られたもので、公家衆には足利義昭の命で普請役が賦課され、吉田家にも課された。普請の「築地奉行」には幕臣三淵藤英と細川藤孝が任命された。

元亀3	4月12日	大和国「ナラ中衆」、東大寺南大門に於いて「集会」し、今度の織田軍（「尾張衆」）が京都より下向し奈良に布陣することは「無法第一之衆」のすることであるから難儀に及ぶため、各自申し合わせ織田軍に「同心」しないことが決定された。（『多聞院日記』）。	2039
	4月13日	**信長に敵対した三好義継、細川昭元（信良）を味方につける。** 足利義昭方の伊丹忠親（親興の子）（1552～1600）や和田惟長（1551～1573）を味方につけて、摂津国を平定する。さらに三好為三（1536～1632）や香西越後守長信（？～1575）も味方につける。	2040
	4月16日	三好義継（1549～1573）、松永久秀（1508？～1577）ら、信長方の畠山昭高（秋高）（1545～1573）の将・安見新七郎（？～？）を、河内交野城（私部城）（大阪府交野市私部6丁目）に攻め始め砦を築く。安見新七郎は、宗房（直政）（？～1571？）の重臣か。	2041
	4月16日	交野城攻囲の三好方が撤兵する。	2042
	4月16日	佐久間信盛、柴田勝家、明智光秀、坂井政尚、蜂屋頼隆、斎藤新五郎、稲葉良通、氏家直昌、安藤守就、不破光治、丸毛兵庫、多賀新左衛門、細川藤孝、三淵藤英、上野秀政、池田勝正、伊丹親興、和田惟長ら**二万余の軍勢、河州表へ出陣。松永久秀の軍勢を河内国河内郡の砦を攻囲。**（『兼見卿記』）。	2043
	4月16日	**足利義昭、畿内の武将を招集し織田方の後備えに当たる。**	2044
	4月16日	上杉謙信、北条景広へ、関東及び南甲斐の情勢、「越甲一和」に関し織田信長と朝倉義景の間に武田信玄が調略しているらしいことなどを通知。また北条景広より報告された「越信」の無事を受け、飛騨国・越前国・美濃国の入魂は安心すべき旨を通知。	2045
	4月17日	**織田信長、摂津に向けて京を出陣。**	2046
	4月17日	「四月十七日南方へ御手遣也。公方衆ハ細川兵部大輔。三淵大和守。上野中務大輔。明智、信長方ニハ佐久間右衛門。芝田。此外池田。伊丹。和田以下相向。河内國キサイノ相城一ツ落。同卅日夜也。人數落行。其後若江邊堺口マテ打マワリ。大和國へ打越。山城ヨリ京へ入。五月十一日也」（『永禄以来年代記』）（『続群書類従二九下』）。 **「光秀、河州表へ出陣」。** 公方衆は細川藤孝（1534～1610）、三淵藤英（？～1574）、上野秀政（？～？）、明智光秀（1528？～1582）、織田軍は佐久間信盛（1528～1581）・柴田勝家（1522？～1583）・池田勝正（1530？～1578）・伊丹親興（？～1574）・和田惟長（1551～1573）。その軍勢は、松永久秀（1508？～1577）の軍勢を田原城（大阪府四條畷市上田原）に囲む。河内國キサイノ相城は、私部城（交野城、私市城）（大阪府交野市私部6丁目）であろう。	2047
	4月-	**この頃、公方衆、織田軍は鹿垣で砦を囲んだが、風雨に乗じた三好義継（1549～1573）、松永久秀（1508？～1577）らを取り逃がす。** 義継は河内若江城（大阪府東大阪市若江南町）に、久秀は大和信貴山城（奈良県生駒郡平群町信貴山）、久通（久秀の子）（1543～1577）は奈良多聞山城にそれぞれ籠城した。	2048
	4月25日	織田信長、紫野大徳寺へ諸塔頭領・門前賀茂境内の安堵を下す。	2049
	4月28日	多聞院英俊、大和国「ツタノ付城」が陥落したことを知る。（『多聞院日記』）。	2050
	4月28日	吉田兼見、織田信長屋敷の築地に板葺の覆いを命令される。（『兼見卿記』）。	2051
	4月30日	**明智光秀、柴田勝家・佐久間信盛らと河内に出陣し交野城を救う。**	2052

元亀3	4月-	織田信長、山城国賀茂の銭主および惣中へ去々年（元亀元年）に織田信長「朱印」を発給して賀茂神社境内を「徳政」除外地としたにもかかわらず、未だに「一揆」の残党が徳政適用を強要していることは許し難いことであり、「買主」の覚悟により「譴責使」を派遣して収納すること、詳細は木下秀吉に伝達させることを通知。
	4月-	織田信長、山城国梅津長福寺へ全五ヶ条の「条々」を下す。
	5月2日	「織田信長書状」。織田信長、小早川隆景（「小早川左衛門佐」）へ、先度の若鷹献上を謝し、大友義鎮（「大友宗麟」）が「累年京上」を望んでいることについて織田信長と毛利氏の和親関係を考慮し、毛利氏と敵対している大友義鎮の上洛を「遠慮」して未だ返答していないこと、「天下之儀」は織田信長が「加異見刻」であり、遠国の人物が上洛することは「為京都」・「為信長」に最善の事であるので毛利氏の賛同が得られてから大友義鎮（「豊州」）の少人数の上洛を通達する予定を告げ、織田氏と毛利氏の関係に悪影響を及ぼさないように連絡する。詳細は朝山日乗、武井夕庵に伝達させる。 **信長（1534～1582）、豊後国の大友宗麟（1530～1587）より音信があり、上洛する旨を伝えられる。この日すぐさま、小早川左衛門佐（小早川隆景）（1533～1597）に音信し、同意を求めた。**
	5月2日	織田信長、朝倉義景が若江城の三好義継に遣わした密使を二人捕らえ、一条戻り橋で焼き殺す。
	5月2日	吉田兼見、織田信広（信長庶兄）（？～1574）の病状を見舞う。（『兼見卿記』）。
	5月4日	大和国奈良中、一両日中に織田軍（「尾張衆」）が到来するというので「以之外物騒」な状態になる。（『多聞院日記』）。
	5月4日	吉田兼見、施薬院全宗と共に妙覚寺の織田信長を訪問。木下秀吉が兼見持参の菓子を披露。（『兼見卿記』）。
	5月5日	**信長軍先陣、大和国西京に着陣。**
	5月5日	織田信長、賀茂競馬を観覧する。
	5月7日	**大和西京の信長勢が数万に達する。明日討ち入りとのことで、松永久秀（1508？～1577）は、それを阻止すべく種々の調停を試みる。**
	5月8日	**織田軍が大和国奈良へ「打入」する以前に、奈良中より銀子三百二十枚、興福寺より銀子百枚、東大寺より銀子五十枚が上納され、多聞院英俊は「先以安堵了」という感慨を記す。（『多聞院日記』）。**
	5月8日	吉田兼見、織田信広（「織田三郎五郎」）より明日の朝食の招待を了承した返答を受ける。（『兼見卿記』）。
	5月8日	足利義昭、光浄院暹慶（「三井寺之光浄院」）（後に還俗し山岡景友）（1540/1541～1604）を上山城半国守護に補任。（『兼見卿記』）。
	5月9日	**「松永久秀と信長勢との調停が成立する」。** 筒井順慶（1549～1584）は南大門に、信長軍は多聞山の北を包囲して布陣するが、午後には陣を払う。
	5月10日	本願寺坊官の下間正秀、河内門徒に、織田信長の河内侵攻に際して迎撃を命じる。下間正秀は、近畿周辺各地に書状を送っている。

元亀3	5月11日	**「明智光秀ら、京へ帰る」。** 吉田兼右、深草から帰宅し織田信長を見舞いのため訪問。河州表へ出陣していた軍勢が帰陣・上洛したという。（『兼見卿記』）。 **河内派遣の公方衆、信長軍、京に帰る。**	2068
	5月12日	足利義昭、美濃国安養寺へ見舞いを謝す。さらに上杉謙信（「輝虎」）からの注進を通知。詳細は細川藤孝・和田惟政に伝達させる。	2069
	5月12日	吉田兼見、細川藤孝（「細兵」）・三淵藤英（「三太」）を訪問。織田信長の前での談合であった。（『兼見卿記』）。	2070
	5月14日	**織田信長、岐阜に向けて、京を発つ。**	2071
	5月14日	吉田兼右（かねみぎ）（1516～1573）、岩成友通（「石成」）（？～1573）を饗応。吉田兼右のもとへ細川藤孝（「細兵」）（1534～1610）・三淵藤英（「三太」）（？～1574）・三淵秋豪（「弥四郎」）（？～1574）が訪問。（『兼見卿記』）。	2072
	5月17日	**足利義昭（1537～1597）、松永久秀の重臣・岡周防守国高（？～1577）に、武田信玄の上洛を報じて協力を要請する。**	2073
	5月19日	大和国興福寺をはじめ奈良中の寺々のいくつかが、筒井順慶（「筒井」）に金銀を上納した。（『多聞院日記』）。 筒井順慶が松永久秀と信長軍の調停を仲介したようだ。	2074
	5月19日	**織田信長、「天下の儀」を仰せ付けて美濃国岐阜へ帰還。（『信長公記』）。**	2075
	5月23日	塙直政（「塙九郎左衛門尉」）（？～1576）、清水甚介へ、石清水八幡宮領の山城国狭山郷は「禁裏様」御祈祷所であり、重ねて織田信長「御朱印」が発給されたが、御牧摂津守（「御牧」）が押領していることは許し難いことであり、上山城の件は塙直政が信長より「糺明申付」を命令されているので速やかに対処する旨を通達。	2076
	6月5日	吉田兼右、近江国坂本の明智光秀を訪問。（『兼見卿記』）。	2077
	6月8日	**織田信長、河内国高屋城（大阪府羽曳野市古市）の起請文連署中へ、三好義継・松永久秀の行動は不可解で、織田信長「存分」は畠山昭高（秋高）（1545～1573）に伝達したので再説しないこと、畠山昭高に対して疎意は無いこと、河内国高屋城を堅守することを命令。**	2078
	6月23日	織田信長、京都紫野大徳寺へ、賀茂境内「買得分」を安堵す。詳細は松井友閑に伝達させる。	2079
	6月27日	織田信長、近江国沖島惣中へ、信長の江北出撃に際し「早船」を以て敵地を放火すること、また「早船」三艘を調達し沖島惣中指導者自身が乗船して堅田衆に相談し作戦を遂行することを命令。詳細は中川重政（？～？）に伝達させる。	2080
	6月-	この月、織田信長、阿弥陀寺清玉へ、東大寺「大仏殿再興勧進」の件で織田信長分国中へ一人に毎月一文を勧進させることを決定しているので、「権門勢家」「貴賤上下」を選ばず勧進することを命令。 信長は、山城国阿弥陀寺住職の玉誉清玉に、東大寺大仏殿再興の費用を分国中に勧進させる。	2081
	6月-	本願寺顕如、朝倉義景に浅井氏支援のため、信長方への守備を勧める。	2082

元亀3	7月1日	**「松永久秀、再び信長に臣従」。** 織田信長、松永久秀へ、来たる七月七日に江北小谷城（滋賀県長浜市湖北町伊部）への攻撃にあたり出撃命令を下す。また城塞を構築するため兵卒に鋤・鍬を持参させること、織田軍が朝倉氏・浅井氏と一戦に及んだら、時節を見合わせて攻撃を仕掛けることを命令。
	7月3日	「織田信長朱印状」。信長、丹波国勝龍寺城を守備する細川兵部大輔（細川藤孝）へ、摂津国大坂石山本願寺への通行者が商人に偽装・往復していることにつき、注意を喚起し、不審者は捕獲するよう命令。
	7月4日	稲葉伊予守一鉄（1515～1589）、山城国大徳寺聚光院へ、大徳寺祠堂領で賀茂神社境内に所在する分の件で、今度賀茂社領「勘落」にあたり、その奉行共が違乱を働いたというので大徳寺が織田信長に対し上申したことに対し寺領として年貢収納することに少しの妨げの無い旨の信長「朱印」が再度発給されたことを通知。
	7月7日	浅井長政（1545～1573）、朝倉義景（1533～1573）に出兵を要請。朝倉先兵援軍、小谷着。
	7月10日	十市後室・御料の二人が、松永久秀方の柳本城（奈良県天理市柳本町）に入る。
	7月13日	織田信長、美濃国専福寺へ、「天下」に対し「造意」を企んだ石山本願寺は前代未聞であり許し難いもので、織田分国中の門下が大坂への出入することを停止し、専福寺には「代坊主」を設けて、末寺は七月十五日迄に門徒を退散させるべきこと、違反者は成敗することを命令。
	7月19日	織田信長（1534～1582）、嫡男の奇妙公（織田信忠）（1557～1582）を同伴し美濃国岐阜城を出陣し、浅井氏討伐の為に江北表へ向かう。これは織田信忠の「具足初」であった。（『信長公記』）。
	7月19日	織田信長・信忠、近江国赤坂に着陣。（『信長公記』）。
	7月20日	**「信長の第二次小谷城攻め―7月20日～9月16日」はじまる。** 織田信長・信忠、近江国横山城（滋賀県長浜市堀部町・石田町）に入城。（『信長公記』）。 信長が五万の大軍を率い北近江に来襲。
	7月21日	「第二次小谷城攻め」。柴田勝家（1522？～1583）・稲葉良通（一鉄）（1515～1589）・氏家直通（?～1583）・伊賀伊賀守（安藤守就）（1503～1582）ら、織田軍先手隊として近江国小谷城下に布陣。（『信長公記』）。 美濃安藤氏は元々伊賀姓を称しており、安藤守就も伊賀伊賀守など時に伊賀姓も名乗った。
	7月21日	「第二次小谷城攻め」。織田信長・織田信忠、近江国小谷城（滋賀県長浜市湖北町伊部）を攻囲。「ひばり山」・虎御前山に軍勢を上げて、佐久間信盛（「佐久間右衛門」）・柴田勝家（「柴田修理」）・木下秀吉（「木下藤吉郎」）・丹羽長秀（「丹羽五郎左衛門」）・蜂屋頼隆（「蜂屋兵庫頭」）に城下を蹂躙させる。（『信長公記』）。
	7月22日	「第二次小谷城攻め」。木下秀吉（1537～1598）、織田信長より近江国山本山城（滋賀県長浜市湖北町山本）の阿閉貞征（「阿閉淡路守」）（?～1582）の攻撃命令を受けて山麓に放火。これに対し近江国山本山城より足軽百騎余が出撃、木下秀吉がこれを撃破し敵首五十余を討ち取る。信長、この戦功に対し「御褒美斜めならず」と喜ぶ。（『信長公記』）。
	7月23日	「第二次小谷城攻め」。織田信長、近江国・越前国境の与語・木本地蔵坊中など「堂塔伽藍名所旧跡一宇」を残らず焼き払う。（『信長公記』）。

元亀3	7月24日	第二次小谷城攻め」。木下秀吉・丹羽長秀、織田信長の命令を受けて共に近江国草野谷に放火、大吉寺に於いて敵勢「一揆僧俗」を殲滅する。(『信長公記』)。	2096
	7月24日	**「光秀、浅井攻めに出陣」。**林与次左衛門(貞清)(？～1575)・明智光秀(1528？～1582)・猪飼野甚介(昇貞)(？～1582？)・山岡玉林(景猶)(？～1599)・馬場孫次郎・居初又二郎、織田信長の命令を受けて「囲舟」を建造し、近江国海津浦・塩津浦・余呉入海・江北の敵岸を焼き払い、竹生島に停泊し、火矢・大筒・鉄炮を以て一揆勢を殲滅。(『信長公記』)。 **光秀は、海上より江北の敵地を焼き払うと共に、竹生嶋を鉄砲などで攻撃する。**竹生島は浅井氏が歴代守護職として崇敬しており、武器の貯蔵庫であったとされる。	2097
	7月27日	「第二次小谷城攻め」。 織田信長、近江国虎御前山の砦を要害とする普請命令を下す。(『信長公記』)。	2098
	7月27日	「第二次小谷城攻め」。織田信長、朝倉義景(「朝倉左京大夫義景」)が一万五千の軍勢を率いて近江国小谷城救援のため出馬した情報に接す。(『信長公記』)。	2099
	7月27日	織田信長、上杉謙信へ、去春に出された「越甲御間和与」を斡旋する足利義昭「上意」を受け、幕府使者が派遣されるにあたり織田側よりも二名を添えること、信長は謙信と多年にわたり友好関係を維持しており、武田信玄ともまた「無等閑」(懇親)であることは通達した通りであり、上杉・武田両氏は足利義昭に対して長年にわたり疎略にしていないのだから和睦に応じ「天下之儀」の馳走を希望する旨を通達。詳細は松井友閑・佐々権左衛門尉(佐々長穐)(1537?～1615?)に伝達させる。	2100
	7月29日	松永久秀(信貴山城城主)(1508？～1577)、兵を率いて山城に入る。	2101
	7月29日	朝倉義景(1533～1573)、浅井長政(1545～1573)を救援するため一万五千余の軍勢を率い近江国小谷に到来、大嶽山に布陣。(『信長公記』)。	2102
	7月30日	朝倉義景、小谷着陣。 信長との正面衝突にはならず睨み合いが続いたが、浅井・朝倉連合軍は織田軍に数で劣っており、依然として苦しい状況であった。	2103
	7月-	**この月、明智光秀の坂本城、ほとんど成る。** 「弥平次秀満書状」では、「広間の襖・障子・引手・釘隠しの取りつけについて、責任を持って丁寧に行うこと」と命じる。	2104
	8月-	この月、長光寺城(滋賀県近江八幡市長福寺町)主柴田勝家と中川重政の代官が所領の件で争い、勝家の代官が中川左馬允(津田隼人正盛月)(重政弟)(1534～1593)に殺されるという事件が起こる。織田信長、重政と盛月を改易したうえ、徳川家康のもとに追放・蟄居処分に処す。 織田信秀の弟信次の家系とされる中川重政(？～？)は、剃髪して土玄と号す。同年12月、三方ヶ原の戦いでは家康に従って武田信玄の軍勢と戦った。天正元年(1573)、信長から罪を許されて召還された。後に信長から安土城の城代に任じられたという。	2105
	8月2日	朝倉義景、小谷城(滋賀県長浜市湖北町伊部)の山崎丸へ入る。	2106
	8月3日	幕府、川端道喜(？～1592)に地子銭以下の諸公事を免除する。 道喜は京餅座の権利を買得し、粽の製造を行った。国学・和歌に長じ勤王の志厚く、私財を投じて禁裏の修造にあたったという。	2107

元亀3	8月6日	織田信長、陸奥国田村蒲倉大祥院が勝仙院より塩松「先達職」を預けられたので、熊野参詣の檀那を連れて上洛することを許可。
	8月8日	信長、陣中に於いて越前国の前波九郎兵衛吉継父子を謁見し、「御祝着斜めならず」とて帷子・小袖・馬皆具を下賜。(『信長公記』)。 朝倉の家臣・前波長俊(もと吉継で後の桂田長俊)(1524〜1574)が織田方に寝返る。
	8月8日	織田信長、虎御前山の砦が完成し移陣。見事な出来栄えだったので賞賛する。
	8月9日	織田信長、越前勢の富田弥六(長繁)(越前国府中城将)(1551〜1574)・戸田与次(与次郎)(?〜?)・毛屋猪介(?〜1574)らを謁見する。(『信長公記』)。 朝倉義景を見限った富田長繁ら、信長に降る。
	8月9日	松永久秀の大和国多聞山城にいた前美濃守護・土岐頼芸(1502〜1582)、旧臣稲葉良通(一鉄)(1515〜1589)らの招きにより美濃に赴く。
	8月13日	武田信玄、下間頼慶へ、足利義昭より石山本願寺・織田信長間の和睦斡旋命令を受けたため、先ず石山本願寺へ飛脚を以て和睦締結の旨を通知。詳細は竜雲軒・堀野左馬允に伝達させる。
	8月14日	岩村城(岐阜県恵那市岩村町)城主・遠山景任(1537?〜1572)が病死。 岩村遠山氏の血統が断絶したので、信長は東美濃の支配権を奪う好機として、**10月(第一次岩村城の戦い)**、岐阜城留守居の河尻秀隆(1527〜1582)や織田信広(信長庶兄)(?〜1574)を岩村城に派遣して占領すると、自らの子(御坊丸3歳、のちの織田勝長)(?〜1582)を亡くなった景任の養嗣子として継がせ、叔母のおつやの方(?〜1575)を後見人とした。
	8月15日	信長(1534〜1582)、観音寺(滋賀県草津市芦浦町)で、観月の宴を開く。
	8月15日	足利義尋(「武家御所若公」)(足利義昭息)(後の義尋)(1572〜1605)、誕生。(『兼見卿記』)。
	8月28日	松永久秀・久通父子、山城木津を攻める利あらず。
	8月28日	大暴風雨。朝倉軍、柴田勝家陣地に放火。
	9月3日	「第二次小谷城攻め」。織田信長、八相山・宮部に砦を築く。虎御前山と宮部を防護壁つきの軍道で結んだ。
	9月3日	織田信長(1534〜1582)、革島一宣(「河島越前守」)へ、足利義昭「入洛」の際に細川藤孝(「細川兵部大輔」)の「与力」したこともあり、今改めて「陣参」・「普請」以下の負担を至急相談することを指示。 信長、山城西岡十六党の一つである、革島一宣(1509?〜1581)を再度、細川藤孝(1534〜1610)の与力とする。
	9月10日	**「本願寺と信長の第一次講和」。** 本願寺顕如(1543〜1592)、足利義昭・武田信玄の斡旋により織田信長(1534〜1582)と和睦。
	9月10日	村井貞勝、島田秀満、織田信長の屋敷普請につき人足を公家衆に賦課する。(『兼見卿記』)。
	9月14日	足利幕臣細川藤孝(1534〜1610)・三淵藤英(?〜1574)兄弟、近江国北郡より上洛。織田信長は藤孝・藤英に対して懇情(親切)であったという。(『兼見卿記』)。

西暦 **1572**

元亀3	9月15日	「明智十兵出京也、爲見廻罷向了。逗留徳雲軒(施薬院全宗)也、」。(『兼見卿記』)。 [2124]

北近江の信長陣に加わっていた明智光秀 (1528？～1582)、上洛。吉田兼見、施薬院全宗(1526～1600)の所に逗留している光秀を見舞う。

全宗は、元々比叡山菜樹院の住持であったが信長による比叡山焼き討ち以後還俗、曲直瀬道三に師事して医術を習得した。徳雲軒が光秀邸である可能性があるが、場所は現在の京都市左京区上高野隣好町にあった。比叡山延暦寺への都からの登り口にあたる。

| | 9月16日 | 「信長の第二次小谷城攻め―7月20日～9月16日」終結。信長・信忠父子、虎御前 [2125] |

山の砦を木下秀吉にまかせ、横山城(滋賀県長浜市堀部町・石田町)に帰陣する。

| | 9月16日 | **織田信長・信忠、近江国横山城より美濃国岐阜城へ帰還。** [2126] |

| | 9月17日 | 吉田兼和(兼見)(1535～1610)、勝龍寺城の細川藤孝(1534～1610)へ書状を送付。明智 [2127] |

光秀(1528？～1582)への口入を依頼。(『兼見卿記』)。
兼和義兄の蓮養坊の知行に関してという。
明智光秀は、京都奉行としても、旧山門領に関しても決定権を持っていたようである。

| | 9月19日 | 織田信長、山城国天龍寺塔頭の妙智院へ、院領の山城国西院安弘名を「直務」さ [2128] |

せる旨を命令。詳細は武井夕庵に伝達させる。

| | 9月26日 | 織田信長、上杉謙信へ、朝倉義景が近江国小谷城に籠城しており、種々帰国を [2129] |

計画しているが不調に終わっており、必ずや義景を討ち取る意志であること、近江国の戦況は山崎専柳斎(秀仙)(謙信使者)が見聞した通りであること、小谷城攻囲の様子と信長自身は横山城に移動したこと、「東国辺」の情報収集に努めること、謙信に越後国周辺の戦備を充分にするべきことを通知。

| | 9月28日 | **織田信長 (1534～1582)、「信長の添え状なしに御内書を発給したこと」などを責め** [2130] |

る、足利義昭へ全十七ヶ条の意見「条々」を提出。
江北の浅井・朝倉連合軍、石山本願寺をはじめとする江南や長島の一向一揆、そして、いつ西上して来るかしれない甲斐の武田信玄、その中心に将軍義昭がいる信長包囲網への苛立ちが意見書となった。
十条は、「元亀の年号不吉に候間、改元然るべきの由、天下の沙汰に付いて申上候。禁中にも御催の由候処に、聊の雑用仰付けられず、今に遅々候。是は天下の御為に候処、御油断然るべからず存候事」。(『信長公記』)。信長は改元の意思を示し、義昭の失政を、叱責し厳しく諌める。信長は義昭が勝手な行動をしていることを批判し、さらに義昭が民衆に「悪御所」と呼ばれているとしている。さらに「悪御所」とは暗殺された足利義教と同じであるとしている。そして、義昭は参内を怠っていると指摘する。

十三条では、「明智地子銭を納め置き、買物のかはりに渡し遣はし候を、山門領の由仰せ懸けられ、預ケ置き候者の御押への事」。明智光秀が町から徴収した地子銭を買物の代金として渡したところ、公方様は明智が山門領の町から銭を徴収したといって受取主を差し押さえてしまったのは不当であるとした。
地子銭は室町期、酒屋・土倉から幕府が償集していた税。
条書作成にあたって、明智光秀が情報提供したようだ。

元亀3	9月28日	織田信長、革島一宣(「革島越前守」)・革島秀存(「革島市介」)へ、再度知行を安堵する朱印状を発給。詳細は滝川一益(「滝川」)に伝達させる。 信長、山城西岡十六党の一つである、革島一宣・秀在父子に、あらためて知行を安堵、革島一宣に細川藤孝との与力関係の継続を命ずる。
	9月-	「織田信長朱印状」。天下布武の印文。信長、近江国金森へ全三ヶ条の「定条々」が下される。 この月、信長、近江国野洲郡金森(滋賀県守山市金森町)に楽市楽座令を布く。
	9月-	この月、浅井長政(1545~1573)・朝倉義景(1533~1573)、武田信玄(1530~1578)と同盟を結ぶ。
	10月1日	武田信玄、上洛出陣を、盟友の近江国浅井長政に報ずる。
	10月3日	「**武田信玄、西上作戦開始—甲尾同盟解消—第二次信長包囲網はじまる**」。 織田氏と手切れした武田信玄(1521~1573)と上洛の兵、甲斐国府中を出発。将軍足利義昭の信長討伐令の呼びかけに応える形で信玄が、北条氏政(1538~1590)からの援軍二千を含めた二万七千の軍勢を率い甲斐躑躅ヶ崎館を進発。三つに分け、それぞれ別ルートから侵攻。山県昌景率いる約五千は、信濃伊那の飯田方面から三河川沿いに南下、奥三河に侵攻して、家康軍を三河東部へとひきつける。秋山信友(虎繁)率いる約三千は、伊那口から東美濃(岐阜県)へと進み、信長を牽制。そして、信玄率いる本隊が、諏訪から高遠を経て、天竜川沿いに南下する。
	10月6日	村井貞勝、阿弥陀寺清玉上人に対し、阿弥陀寺の将軍寄宿免除を承認し、大仏殿再建の勧進を励ます。
	10月7日	織田信長、山城国妙心寺へ寺領と塔頭領を安堵。島田秀満・村井貞勝・矢部家定が、室町幕府御供衆上野秀政(?~?)に報告した。
	10月22日	**織田信長**(1534~1582)、**徳川家康**(1543~1616)へ、**武田軍との決戦を前に作戦を申し含めた筑田広正(別喜右近)(?~1579)を派遣した旨を通知**。
	10月24日	吉田兼見、細川藤孝(「細兵」)・三淵秋豪(「三弥」)を訪問。細川藤孝・里村紹巴が、山城国愛宕郡高野の蓮養坊の知行山門領について明智光秀へ口入することになっていたが、未だ実行していないとのことであった。(『兼見卿記』)。
	10月-	織田信長、近江国永明寺へ全三ヶ条の「禁制」を下す。
	11月-	**この月、三好三人衆に味方していた淡路の安宅信康(1549~1578)が足利義昭に降り、信長からも許された。** 信康は、三好長慶の弟・安宅冬康の長男。永禄6年(1564)、父が長慶に殺されたため、家督を継いで淡路水軍の総指揮官となっていたが、三好氏を見限り、織田信長に服属した。
	11月-	織田信長、山城国上狛(京都府木津川市山城町上狛)の狛秀綱(「狛左京亮」)へ、狛郷及び家来等を安堵する。
	11月2日	木下秀吉・塙直政(「塙九郎左衛門尉」)、京都紫野大徳寺へ寺領の件で「信長朱印」が二度にわたって発給されているので詳細は存じているであろうことを確認し、今後は秀吉・塙直政の両人に「疎意」を存じてはならぬこと、賀茂社領の件は石成友通(岩成友通)(「石主」)(?~1573)へ申し届けること、詳細は蜂須賀正勝(1526~1586)へ通達させることを通達。

元亀3	11月3日	木下秀吉(1537～1598)、七本槍の一人、中野又兵衛(一安)(1526～1598)・滝川彦右衛門ら、近江国虎御前山と宮部間の防御線を破ろうとした浅井七郎を先鋒とする浅井・朝倉連合軍を撃退。(『信長公記』)。 愛知県春日井市牛山町には、浅井氏宅址碑があり、浅井長政の子・浅井七郎を祖とする一族が移り住んだとされ、浅井長政の銅像もあるが…。 今回の江北出兵で背に大指物を差して出陣しながら大した武功も挙げられず、信長の勘気をこうむって虎御前山に居残っていた滝川彦右衛門（信長近習）、戦功を挙げる。(『信長公記』)。	2144
	11月5日	朝倉義景(1533～1573)、美濃の遠藤加賀守(遠藤胤基の家老)へ、武田信玄の遠江国出馬と遠江国・三河国の状況を山崎吉家に注進した内容を披露した旨を通知。 美濃国郡上郡木越城(岐阜県郡上市大和町島)主・遠藤胤基(1548～1594)は、元亀元年(1570)11月26日、兄胤俊が志賀の陣で討死した後、その跡を継いで、織田信長に従っていたが、家老遠藤加賀守を介して武田信玄とも款を通じた。	2145
	11月10日	**明智光秀(1528？～1582)・塙直政(？～1576)ら、連署して立入宗継(1528～1622)宛てに御借米書上を送る。**	2146
	11月11日	幕府、四府駕輿丁座の特権を安堵する。	2147
	11月12日	武田信玄、遠藤加賀守(遠藤胤基の家老)へ、遠江国過半の平定と明春の美濃国岐阜の攻略予定を通知。	2148
	11月13日	織田信長、曽我助乗(「曽我兵庫頭」)へ、安宅信康(「安宅神太郎」)の件で足利義昭の説示を諒承したが、その雑掌の申し立ては難題であること、領知の件は安宅信康(1549～1578)の要請を容れて良いと考えている旨を通知。	2149
	11月13日	織田信長、薬師寺弥太郎へ、「一雲」と「小次郎」の借銭を無効とし、同様に「小二郎」の時に売却した田地も早々に取り返して領知として安堵。	2150
	11月14日	**「第二次岩村城の戦い」。** 武田信玄の重臣・秋山信友(虎繁)(1527？～1575)に攻められ、籠城していたおつやの方(信長の叔母)(？～1575)が岩村城(岐阜県恵那市岩村町)を開城。(異説あり)。 景任の未亡人おつやの方が守る岩村城を秋山信友が攻め、おつやの方と結婚を条件に和議が成立して、秋山信友が城主となる。その結果、翌年2月には二人は結婚し、岩村城主遠山氏猶子の御坊(信長の末子、勝長)(？～1582)が甲斐に送られ信玄の人質となる。 信長の父・織田信秀は、鎌倉時代からこの地を守る遠山氏の末裔・岩村城主の遠山景任(1537？～1572)に、妹のおつやの方を正室として嫁がせ、その傘下に取り込んでいた。	2151
	11月15日	浅井長政(1545～1573)、美濃の遠藤加賀守(遠藤胤基の家老)へ、武田信玄との密約が締結された旨を通知。	2152
	11月15日	「織田信長朱印状」。信長、延友佐渡守へ、美濃国岩村城が甲斐武田氏に接収されたにも関わらず忠節を尽くしたことにより美濃国日吉郷・釜戸本郷を給与する。 信長、美濃の延友佐渡守（信光）の岩村城攻めの戦功を賞し、所領を宛行う。その中で、「今度岩村之儀　無是非題目候」と、信長の末子を人質に差し出したおつやの方の裏切りに怒りを示す。	2153

元亀3	11月15日	明智光秀(1528？~1582)、磯谷(磯貝)新右衛門 尉久次(いそがい)(しんう えもんのじょうひさつぐ)(？~1578)子息・千代寿(千世寿)丸の元服に際しその命名をする。彦四郎と称したが、その時の烏帽子親は、光秀与力・山岡景佐(かげすけ)(1531~1589)であった。(『兼見卿記』)。 景佐は、山岡景猶(かげなお)(？~1599)の兄である。
	11月18日	織田信長、石山本願寺へ「名物」茶器の「白天目」を贈られたことを謝し、疎意無き旨を通知。詳細は大坂の「肥前法橋」に伝達させる。
	11月19日	松永久秀(1508？~1577)、兵を大和片岡に出して其付近を火く。翌日20日も。
	11月19日	この頃、織田信長、武田信玄が遠江国二俣城を攻囲したことを知る。(『信長公記』)。
	11月19日	武田信玄、美濃の遠藤加賀守(遠藤胤基の家老)へ、進軍状況を通知。
	11月20日	「信玄の所行、まことに前代未聞の無道と言えり。侍の義理を知らず」。「永く儀絶たるべき事、もちろんに候」。「未来永劫を経候といえども、再びあい通じまじく候」。 **織田信長、上杉謙信(1530~1578)へ全五ヶ条にわたり信長と信玄の敵対とその状況を通知。** 信長、謙信の要請を入れ信玄と国交を断ち、信濃に攻め入るを約す。信長は謙信と同盟し、信玄を信濃に挟撃する策を計る。また、浅井・朝倉をはさみ撃ちにせんとする。
	11月22日	松永軍、大和国多聞山城より出撃し今市を放火す。筒井順慶軍(「筒井衆」)が撃退したが、少々の損害を受けた。(『多聞院日記』)。
	11月24日	織田信長、尾張国の西御堂方へ「反銭」請取状を下す。 「反銭」(たんせん)は中世の租税の一つで、即位・内裏修理・社寺造営などの費用にあてるため、権力者が臨時に徴発すること。段銭ともいう。 信長、五郎右衛門尉(祖父江秀重)(1524~1585)に、西御堂の代官を申しつける。
	11月26日	細川藤孝(「細兵」)、吉田兼見を訪問後、直接近江国坂本へ下向。(『兼見卿記』)。
	11月28日	柴田勝家(1522？~1583)、狛左馬進(狛秀綱)へ、山城国上狛の延命寺を柴田勝家「与力」として織田信長(「殿様」)へ上申し召し抱えて還住させたことを通知し、ついては延命寺の知行には違乱無く、近所故の馳走を賞す。
	11月下旬	武田信玄が家康の遠州に侵攻したことを知り、織田信長は、佐久間信盛(1528~1581)・平手汎秀(長政)(ひらて ひろひで)(1553~1573)・水野信元(？~1576)らを援軍に派遣、この頃、浜松城に来着する。
	12月2日	長島一揆の残党が岐阜を攻めようとしているとの連絡を受け、信長、江北戦線の軍を撤収、岐阜に戻す。
	12月2日	織田信長、尾張国の伊藤惣十郎を尾張・美濃両国の「唐人方」(輸入呉服)ならびに国産呉服方の商人司とし、たとえ売子であっても信長の収取分に対して「夷子講」の裁許をさせ、他国商人も尾張・美濃国両国に於いて商売する場合は届け出ることとする旨を通達。 信長、尾張伊藤宗十郎(？~1615?)を、尾張・美濃両国の「唐人方並呉服方商買司」と為す。

西暦1572

元亀3	12月3日	小谷城の応援の朝倉義景（1533〜1573）、信長軍を追撃しようとせず、近江国より撤退、越前に帰国する。 武田信玄の西上による信長包囲網の一角が崩れる。	2167
	12月3日	木下秀吉、松尾神社領を安堵。	2168
	12月6日	織田信長、成田義金（「成田与左衛門尉」）へ、尾張国内で津田又十郎の知行している秋定方六十貫文を没収して宛行うことを通達。 津田又十郎は、津田又三郎長利（織田長利）（?〜1582）で、織田信秀の十二男とも、信長の末弟ともいう。	2169
	12月6日	島田秀満（「島田但馬守秀満」）・丹羽長秀（「丹羽五郎左衛門長秀」）・森長可（「森勝蔵可長」）・塙直政（「塙九郎左衛門直政」）・金森長近（「金五郎八長近」）・岩弥三吉勝」）・木下秀吉（「木藤秀吉」）・成田信重（「成田杉長重」）、某へ「諸商人」の件で、たとえ誰の家来であっても織田信長「御朱印」の旨を通達。	2170
	12月11日	吉田兼見、明智光秀（「明智十兵衛尉」）より一族某の山王社敷地内での新城普請に際し不快に悩む旨を書面で相談され祈念を依頼される。兼見、光秀へ鎮札・地鎮を送付する旨を返答。（『兼見卿記』）。 明智光秀（1528 ?〜1582）、美濃の親類が、山王社敷地に新城を築いて以来、不快に悩み、吉田兼和（兼見）（1535〜1610）に祈祷の依頼をする。	2171
	12月12日	吉田兼見、光秀に与える山王社敷地の安鎮札を整える。（『兼見卿記』）。	2172
	12月19日	本願寺顕如光佐（1543〜1592）、浅井長政（1545〜1573）に武田信玄の出陣を報じ、黄金二十両を贈る。 光佐の妻・如春院は、武田信玄室（故三条夫人）の妹であり、本願寺と武田を繋ぐパイプでもある。	2173
	12月20日	三好義継（1549〜1573）・松永久秀（1508 ?〜1577）ら、細川昭元（信良）（1548〜1592）を摂津国中島城（堀城、大阪市東淀川区塚本町）に攻める。	2174
	12月20日	明智光秀、南禅寺正因庵へ、青蓮院境内にある田畠の権利を認める。	2175
	12月22日	「城中天主（天守）作事以下悉被見也、驚目了」。（『兼見卿記』）。 吉田兼見、明智光秀を見舞うため近江国坂本へ下向。杉原十帖、包丁刀一を贈る。 坂本城中の「天主」作事を見物しその見事さに驚く。	2176
	12月22日	「三方ヶ原の戦い―家康、信玄に大敗」。 午前4時、家康の家臣・石川数正（1534〜1609）の部隊の突撃によって、三方ヶ原の戦いの火蓋が切って落とされた。遠江国三方ヶ原に於いて武田軍はほぼ二万五千と織田・徳川連合軍が激突、徳川・織田連合軍は迎え撃ったが大敗し、徳川家康（1543〜1616）は、浜松城へ命からがら逃げ帰る。	2177
	12月22日	勘当中で徳川家康庇護下にあった長谷川橋介・佐藤藤八・山口飛騨・加藤弥三郎（織田信長小姓衆）、遠江国三方ヶ原合戦に於いて討死。（『信長公記』）。	2178
	12月23日	信玄が三方ヶ原の戦いの首実検を行う。中には、家康と同盟関係にあった織田信長が、援軍として派遣した平手汎秀（1553〜1573）の首もあった。信玄は平手汎秀の首を、織田家への絶交の宣言として岐阜の信長に送る。	2179
	12月24日	不破光治（「不破河内守光治」）、尾張国の伊藤惣十郎へ、「商人方夷講」の件で織田信長「御朱印」が下されたことを通達。	2180

西暦 1572

元亀3	12月28日	「織田軍、岩村城郊外で敗れる」。 岩村城 (岐阜県恵那市岩村町) の陥落に危機感を覚えた織田信長 (1534~1582) は、長男の勘九郎信重 (信忠) (1557~1582) を大将に、東美濃にある親織田派の豪族に動員令を発し、岩村城奪還を目指して反攻させたが、岩村城南方の上村において秋山信友 (虎繁) (1527 ?~1575) に敗れる。
	12月28日	遠江三方原で勝利した武田信玄は、遠江刑部 (浜名湖北岸) で越年する。
	12月28日	武田信玄 (1530~1578)、朝倉義景 (1533~1573) の近江よりの撤兵を知り、信長討滅の機会を逸したと非難。
	12月-	三好康長 (「山城入道」) (後の咲岩、笑岩) (?~?)、京都大山崎惣中へ全三ヶ条の「禁制」を下す。
	12月-	篠原自遁 (「弾正入道」) (長房の弟)・「大和守」某、京都大山崎惣中へ全三ヶ条の「禁制」を下す。

西暦 1573

元亀4	−	この頃、織田信長、嫡男・勘九郎信重 (信忠) と松姫 (信玄五女) の婚約解消。 信玄と、織田氏の同盟国である三河の徳川家康との間で「三方ヶ原の戦い」で、信長は徳川方に援軍を送ったことから武田・織田両家は手切れとなり、松姫との婚約も解消される。
	1月10日	神道家吉田兼右 (1516~1573)、没。享年58。遺言により遺骸は吉田神社の近くに社壇を建てて唯神霊神と称して祀られた。 吉田兼見 (1535~1610)、神龍院梵舜 (1553~1632) の父である。
	1月15日	織田信長、山城国の狛左馬進 (狛秀綱) へ「年頭之慶事」として献上された「板物」を謝し、旧冬の知行分を安堵した織田信長「朱印」を下したので、家来の内の四名および延命寺の件は織田信長「存分」にすべきことを命令。この場合の「板物」は茶道具か。
	1月20日	織田信長、戸田直頼 (「戸田又兵衛」) (徳川家康被官) (1528 ?~1584/1607) へ、「浜松表不慮之為体」(三方ヶ原の敗戦) における奮戦を慰労し、今後の防備強化を励行す。詳細は毛利良勝 (「毛利新介」) (?~1582) に伝達させる。 **信長は、「浜松表不慮之為体候」信玄の挑発に乗り、うかつに兵を出して大敗北を喫した家康の行動は、考えなしの体たらくであると書き記す。**
	2月4日	徳川家康 (1543~1616)、同盟を結んでいた上杉謙信への密書 (信玄の背後をつくべく、信州への出陣を要請する) を送り、同盟者・信長へは援軍要請をする。
	2月-	**「対立が決定的になり、義昭、反信長挙兵」。** 武田信玄 (1521~1573) の進撃を知った将軍足利義昭 (1537~1597)、三好や伊賀・甲賀の土豪を配下に収め、この頃、三井寺の光浄院暹慶 (山岡景友) (1540/1541~1604) らをして、近江国石山の今堅田城にて、織田信長 (1534~1582) に対して挙兵させる。他に籠城したのは、仁木義政 (佐々木左馬頭)・上野陸奥守 (信秀)・荒川掃部助・杉原淡路守・甲賀衆・伊賀衆らであった。

元亀4	2月6日	山城国愛宕郡の山本対馬守(山本佐渡守実尚)(静原城主)(?～1573)・渡辺宮内少輔昌(一乗寺城主)(?～?)・近江志賀郡山中の磯谷(磯貝)久次(?～1578)、足利義昭方に付いて、明智光秀(1528?～1582)へ逆心。(『兼見卿記』)。	²¹⁹²
		松永久秀は、京都近郊の山本氏・磯貝氏・金蔵坊を味方につける。また近江国瀬田の山岡景猶(?～1599)を明智光秀から離反させる。久秀、西岡で一揆を起こさせ京都に通じる道を封鎖させる。	
	2月10日	佐久間信盛(「佐久間左衛門尉盛」)(1528～1581)、伊藤惣十郎へ、尾張・美濃両国「商人司役」の件で、織田信長「朱印」を遵守し、たとえ誰の家来であっても税徴収を実行することを通達。	²¹⁹³
	2月10日	山本対馬守(山本佐渡守実尚)・渡辺宮内少輔昌・磯谷久次、近江国今堅田城(大津市今堅田町)に籠城。吉田兼見は彼らの預物を拒絶。(『兼見卿記』)。	²¹⁹⁴
	2月11日	吉田兼見、明智光秀へ見舞の使者を派遣。(『兼見卿記』)。	²¹⁹⁵
	2月13日	足利義昭、織田信長に敵対する態度を明らかにし、朝倉義景(1533～1573)・浅井長政(1545～1573)に支援の御内書を下す。	²¹⁹⁶
		追い詰められた足利義昭は、朝倉・浅井に味方して信長を敵とする意思を示す。	
	2月14日	松永久秀に、足利義昭が味方するという連絡が入る。	²¹⁹⁷
	2月14日	明智光秀(1528?～1582)、近衛家領山城葛野郡河島荘の国衆・河島刑部丞宛に書状を出す。前日の近江木戸表での戦功を賞し、手傷を養生する旨、記す。(『革島文書』)。 革島一宣の三男・河島(革島)刑部丞忠宣(ただのぶ)(?～1618)は、左足に鉄砲玉を受けて負傷し、家臣に助けられたという。	²¹⁹⁸
	2月17日	足利義昭(1537～1597)、幕府御所(二条城)中の堀・天主の壁普請などを吉田郷に命じる。義昭は、信長との戦闘に備えた。	²¹⁹⁹
	2月19日	足利義昭、某へ、山本対馬守(山本佐渡守実尚)・渡辺宮内少輔・磯谷久次以下悉く離反して、明智光秀は正体が無いと伝える。	²²⁰⁰
	2月20日	織田信長(1534～1582)、仲違いした足利義昭の内命により近江国石山城・今堅田城に籠城した光浄院暹慶(山岡景友)(1540/1541～1604)・磯谷党・渡辺党・山本党らを攻撃するために柴田勝家(1522?～1583)・明智光秀(1528?～1582)・丹羽長秀(1535～1585)・蜂屋頼隆(1534?～1589)を派遣する。(『信長公記』)。	²²⁰¹
	2月22日	島田秀満(「島田」)・松井友閑(「友閑」)、織田信長の「使」として上洛。(『兼見卿記』)。 信長、島田秀満・松井友閑(?～?)を、足利義昭と和解するため京都へ遣わし、幕府と人質交換を交渉させる。	²²⁰²
	2月23日	「義昭の信長討伐の激」。 将軍足利義昭(1537～1597)、浅井長政・朝倉義景・武田信玄・本願寺らに、信長討伐の激を発する。	²²⁰³
	2月23日	将軍足利義昭の側近・細川兵部大輔(細川藤孝)より織田信長に音信があり、義昭が朝倉義景・浅井長政・武田信玄・本願寺顕如光佐らと密約を交わしたと報告。	²²⁰⁴

元亀4	2月23日	「織田信長黒印状」。信長、細川兵部大輔(細川藤孝)の報告に応え、足利義昭の「逆心」について全七ヶ条の条目を通達。 塙直政を京都へ派遣し和睦を提示したところ、義昭より「条々」が提示されたので全て了承したこと、また塙直政は眼病を患ったために松井友閑・島田秀満を上京させ「質物」を提出したことで「京都之雑説」は鎮静化し、義昭の信長に対する隔心は無くなるか否かを確認。また摂津国荒木村重が信長に対し「無二之忠節」を励むという知らせに喜んでいること、和田惟長が先日信長のもとへ疎略無き旨を通信してきたので細川藤孝に若年の和田惟長へ意見することが重要であること、伊丹親興が敵方に加担したが調略により織田側に帰属させること、岩成友通は表裏無き人物であると聞いているが現在はどのような状態かを確認して能々相談すべきこと、信長・義昭間の「無事」が破綻したならば敵方の領中は味方になりそうな者に宛い勧誘すべきこと、「遠三」周辺の件で信玄は二月十七日に野田表を撤収したこと、近江国志賀周辺にて一揆が蜂起したので蜂屋頼隆・柴田勝家・丹羽長秀に出陣を命令したこと、琵琶湖を渡って急行させるので鎮圧に時間は要しないであろうこと、信長は近江国佐和山に移動し近日に上洛し「畿内之事平均」に鎮める戦略は信長の「案中」にある旨を通達。 信長は、敵対行動をとった義昭との対決を、当初は避けようとした。
	2月24日	柴田勝家・明智光秀・丹羽長秀、蜂屋頼隆、近江国勢田を渡海して足利義昭与党の籠もる普請半ばの近江国石山城(大津市石山寺2丁目周辺)へ攻撃を開始する。(『信長公記』)。
	2月24日	明智光秀(1528？～1582)、革嶋(河島)市介へ、今堅田の戦況を知らせる。 革嶋(河島)市介は、天正10年6月「山崎の戦い」に光秀に味方した革嶋秀存であろうか。
	2月24日	織田信長、山城国大徳寺へ、「青陽慶事」とし銀子十両の返礼をし、近日中に上洛することを告げる。
	2月26日	「足利義昭、浅井長政・朝倉義景・武田信玄と謀り、織田信長を撃たんとし、光浄院暹慶等をして、兵を西近江に挙げしむ、暹慶等、一向宗門徒等を糾合して、石山・今堅田等に拠る、信長、義昭に和睦を請ひ、柴田勝家・明智光秀等をして、西近江を平定せしむ、勝家等、石山を降す、勝家等、今堅田を破る」。(『信長公記』)。他の兄弟が織田氏方に付くなか、暹慶は義昭に従った。 **義昭につく、三好三人衆の一人であった岩成友通**(？～1573)**は、これに反応して信長に再び対立姿勢を打ち出す。** **「光秀ら、石山城攻略」。**柴田勝家・明智光秀ら、足利義昭与党の籠もる近江国石山城を攻略、破却する。山城の半国守護・光浄院暹慶(山岡景友)(1540/1541～1604)は、信長方に付いた兄・景隆(1525～1585)の説得を受けて降伏・開城する。暹慶は、義昭追放後、還俗して「山岡八郎左衛門尉景友」と称し織田家に仕官する。 明智光秀に叛いて松永久秀に附属されていた岩倉の山本・山中の磯貝(谷磯)・和邇の金蔵坊・瀬多の山岡玉林房(猶景)・田中の渡辺らは国に帰った。 渡辺館跡(宮内少輔城跡)(京都市左京区一乗寺西浦畑町/堀ノ内町)には石碑が立つ。
	2月26日	浅井長政、某へ、足利義昭の屋敷落成、足利義昭御内書が武田信玄に下されたこと、東美濃へ武田信玄が出撃し加治田城(岐阜県加茂郡富加町加治田)・つぼ城を攻略したこと、朝倉義景も間もなく出陣する旨を通知。

西暦**1573**

元亀4	2月26日	**織田信長、子（娘）を人質として足利義昭に和睦を申し入れたが、義昭は信じず、三月七日、これを一蹴**。使者は、朝山日乗・島田秀満・村井貞勝らという。	2211

2月26日

「織田信長朱印状」。信長、細川兵部大輔（細川藤孝）が京都の模様を報告してきたことに満足する。また松井友閑・島田秀満を上京させて足利義昭との交渉を行わせたところ、義昭が提示した「条々」は全て承諾したこと、幕府奉公衆内で義昭の意を酌まない者を「質物」提出要求の条項があって細川藤孝の名も含まれていたことを留意すること、これを留意しなければ藤孝は足利義昭「上意」に従うべきであること、どの条項も背き難いので了承したこと、これ以上のことは信長が道に背くのでしないこと、信長が暇を得たならば上洛し「存分」に処置する予定であること、細川藤孝は「無二之御覚悟」であるので信長は特に入魂にしていること、荒木村重・池田恒興らの信長「一味之衆」へ疎略の無いように才覚すべきことを通知。更に味方につけるための信長「朱印」を発給するところがあれば承ること、信長が内藤某方へ折紙を送付したが、足利義昭がこの為体・不慮の次第を聞き入れてくれれば「天下再興」は実現するのであろうかと感慨を洩らし、油断無きよう注意を促し、織田側に変化があれば追伸する旨を通知。

2212

2月27日　摂津国中島城（堀城、大阪市東淀川区塚本町）の細川昭元（信良）（1548～1592）は、三好義継・松永久秀に攻められ、堺に敗走。

2213

2月29日　織田信長の命令を受けた柴田勝家（「柴田修理亮」）・明智光秀（「明智十兵衛」）・丹羽長秀（「丹羽五郎左衛門」）・蜂屋頼隆（「蜂屋兵庫頭」）、辰刻（8時）に近江国今堅田城への攻撃を開始。（『信長公記』）。
明智光秀、午刻に近江国今堅田城の防衛線を突破。近江国志賀郡の過半を制圧する。（『信長公記』）。

「光秀ら、今堅田城攻略」。信長の命令で、磯谷（磯貝）新右衛門久次（？～1578）らが守備する今堅田城の攻略は、朝から開始された。東の湖上からは明智光秀が軍船を揃えて城西方へ攻め寄せ、陸からは丹羽長秀・蜂屋頼隆の両名が城南を攻め立てた。そして午刻（12時）頃に明智勢が攻め口を破って城内へ押し入り、敵兵数多を斬り捨てて城は落ちた。
これによって志賀郡の過半は相鎮まり、明智光秀（1528？～1582）が坂本に帰城した。柴田勝家・蜂屋・丹羽の三将は岐阜へ帰陣した。

2214

2月29日　今堅田城攻撃で、明智光秀家臣・千秋輝季（？～1573）ら多数が討死する。（『兼見卿記』）。

2215

2月29日　**織田信長、書状で細川兵部大輔（細川藤孝）へ、将軍義昭との和睦交渉について状況を報告**。藤孝が信長の提示した全十二ヶ条の条件を全て諒承したことを喜び、しかれども信長が足利義昭へ島田秀満・松井友閑を派遣し和平交渉を進めているが、和平交渉が成功すれば幕府「奉公衆」と織田信長の人質の交換を実行すること、義昭と信長の人質の件は信長が上洛すれば解決するので安心するべきこと、細川藤孝が信長へ京都・摂津国・河内国周辺の件を追々注進していることを謝す。

2216

3月6日　足利義昭、織田信長へ人質を返還し、戦闘のために幕府御所（二条城）（烏丸中御門第）の堀を掘る。

2217

元亀4	3月6日	**足利義昭**（1537〜1597）は、前将軍で兄の義輝を殺されて怨念のあった河内若江城（大阪府東大阪市若江南町）の**三好義継**（義昭の義弟）（1549〜1573）・大和多聞山城の**松永久秀**（1508？〜1577）を赦し、同盟する。 足利義昭、朝倉、浅井、武田、本願寺、松永久秀、三好義継らとの反信長包囲網を志向する。	2
	3月6日	**武田信玄**（1521〜1573）、美濃岩村城に**秋山信友**（虎繁）（1527？〜1575）を入れる。	2
	3月7日	**足利義昭と織田信長の和睦交渉が決裂し、織田方使者の島田秀満が岐阜に帰国する。**宣戦を布告した義昭は、畿内近国の諸将に加勢を依頼する。	
	3月7日	「織田信長黒印状」。織田信長、細川藤孝（「細兵」）へ、五畿内および京都の情勢報告を謝し、全十七ヶ条の旨を通知。 信長は、細川藤孝へ、義昭との和睦交渉の様子を記す。	
	3月8日	**島田秀満**（？〜？）、織田信長より足利義昭（「大樹」）との関係修復を命じられるが不調に終わる。秀満、大津に至り人足徴発を行う。（『兼見卿記』）。	
	3月11日	吉田兼見、三淵藤英より、高山重友（「鷹山」）が和田惟政（「和田太郎」）に謀反して摂津国高津帰城を攻撃したこと、和田惟政（「和太」）は重傷を負いつつも城を脱して伏見に避難した旨を知らされる。（『兼見卿記』）。 **高山友照**（？〜1595）・**右近**（1552〜1615）父子、摂津国高槻城主の**和田惟長**（1551〜1573）を追放し、城を乗っ取り、自ら城主となる。荒木村重と示し合わせた上での下剋上ともいわれる。摂津の実権を握りつつあった荒木村重の重臣に甥の**中川清秀**（1542〜1583）がいたこともあり、これらの承諾を得て追放劇は実現したとされる。重傷を負った惟長は伏見に至るが、数日後に死亡とされる。 高山は荒木村重（1535〜1586）の支配下に入り、村重がすでに信長から摂津一円の支配権を実質的に得ていたことからこの事件は黙認された。	
	3月11日	朝倉義景、敦賀まで出陣。	2
	3月-	**この月、明智光秀**（1528？〜1582）、堅田での功により西近江を宛行われる。また、信長より坂本築城のため黄金千両を賜る。	
	3月19日	信長軍による一向一揆や造反する寺社への苛烈な攻撃を牽制すべく、武田信玄は、「天台座主沙門信玄」と署名した挑戦状を信長に送った。 それに対して信長は、「第六天魔王」と署名した返信を送ったと記される。（『耶蘇会士日本通信』1573年4月20日付）。 「第六天魔王」とは、仏教において仏道修行を妨げる魔のこと。	
	3月20日	「足利義昭御内書」。義昭、上杉謙信に、武田信玄・本願寺顕如との和睦を促す使者・書状を送る。	2
	3月23日	**足利義昭**（1537〜1597）、反信長の兵を挙げ、信長の「武者小路新第」を破却する。	2
	3月25日	**織田信長**（1534〜1582）、足利義昭追放を決意、上洛のために美濃国岐阜城を出陣。（『信長公記』）。	
	3月27日	信長、足利義昭に叛いた荒木村重（1535〜1586）を「摂津守」に任じ、摂津国を宛てがう。	
	3月29日	織田信長軍先勢、京都粟田口へ着陣。	
	3月29日	織田信長軍、三条河原へ出撃。足利義昭、幕府御所（二条城）に拠り、守備を固める。	

西暦
1573

元亀4	3月29日	**「信長、上洛」**。将軍御供衆・細川藤孝と荒木村重、織田信長への「御身方の御忠節」として近江国逢坂に於いて出迎える。(『信長公記』)。	2233
	3月29日	織田信長軍、三条河原へ出撃。足利義昭(「大樹」)、幕府御所に拠る。(『兼見卿記』)。	2234
	3月29日	**「細川藤孝・荒木村重、足利義昭に叛き、信長に属する」**。 織田信長(1534～1582)、京都知恩院に布陣、さらに軍を白川・粟田口・祇園・清水・六波羅・鳥羽・竹田など洛外に配す。 信長、知恩院に於いて荒木村重(1535～1586)へ「大ごうの御腰物」を、細川藤孝(1534～1610)へ「名物の御脇指」を下賜する。(『信長公記』)。	2235
	3月29日	吉田兼見、柴田勝家へ、山城国吉田郷の警固を依頼。織田信長、山城国吉田郷へ諸勢陣取以下を禁ず。(『兼見卿記』)。	2236
	3月29日	吉田兼見、京都聖護院に布陣している丹羽長秀・蜂屋頼隆を訪問。(『兼見卿記』)。	2237
	3月29日	**信長に命じられた明智光秀、上洛し賀茂に布陣。**	2238
	3月30日	**将軍足利義昭・三好三人衆・松永久秀、信長方の村井貞勝の屋敷を包囲する。**	2239
	3月30日	吉田兼見、山城国賀茂に布陣している明智光秀を訪問。(『兼見卿記』)。	2240
	3月-	この月、朝倉義景(1533～1573)、織田信長の越前侵入を警戒して敦賀に出陣し、次いで三方郡佐柿付近まで侵攻する。	2241
	3月-	織田信長、山城国大山崎惣庄中へ全五ヶ条の「禁制」を下す。	2242
	3月-	この月、出家・隠居した北畠具教(1528～1576)が信長に背くことを企て、密使を武田信玄のもとに派遣。	2243
	春	この頃、伊勢亀山城(三重県亀山市本丸町)主の関盛信(？～1593)が、織田信長から勘当を言い渡され、身柄を蒲生賢秀(1534～1584)の日野城(滋賀県蒲生郡日野町)に幽閉される。神戸(織田)信孝(1558～1583)に属したが不和であったため信長の怒りを買ったという。関盛信室は、蒲生賢秀の妹であった。	2244
	春	この頃、阿波三好家当主・三好長治(実休の長男)(1553～1577)は、信長との和睦を希望する。	2245
	4月1日	吉田兼見、島田秀満(「島田」)を介して知恩院の本陣に織田信忠(「信長嫡男奇妙」)を訪問。(『兼見卿記』)。	2246
	4月1日	織田信長、吉田兼見へ、吉田兼右の南都滅亡時は北嶺も滅亡し王城に災いが発生するという発言の真否を問う。兼見、吉田兼右の発言は典拠無きものであることを答える。信長、この返答を「奇特」とし、洛中放火を決定。(『兼見卿記』)。	2247
	4月1日	織田信長、吉田兼見へ、足利義昭の所行に対する禁裏以下の取沙汰を、更に義昭の悪評や諸社濫觴についてを問う。兼見、諸神下界勧請の元由は斎場所であると返答。信長、この返答を受け斎場所の修理を約束し金子一枚を与える。兼見、信長の処置に感激する。(『兼見卿記』)。	2248
	4月2日	**織田信長、足利義昭の挙兵に対して、佐久間信盛・明智光秀・細川藤孝らに命じ、洛外を悉く放火。**下賀茂から嵯峨野辺りの洛外百二十八ヶ所に火を放ち、九十余町村を焼く。	2249
	4月2日	吉田兼見、禁裏より織田信長への使者を命じられ、知恩院の信長本陣を訪問。禁裏より預かった「女房御文」等は村井貞勝が披露。(『兼見卿記』)。	2250

元亀4	4月3日	織田信長、洛外の堂塔寺庵を除外して、山城国賀茂から嵯峨に至る在所を悉く焼き払う。(『信長公記』)。	2
	4月4日	**織田信長軍、幕府御所(二条城)(烏丸中御門第)を囲み、足利義昭に和平を迫るが、応ぜず。明智光秀、下鴨に陣し、義昭に敵する。**	2
	4月4日	**「信長、上京焼打ち」。**織田信長(1534~1582)、足利義昭の挙兵に対して、足軽以下を派遣し洛中諸所に放火、幕府御所(二条城)を残して、信長に反抗的な姿勢を見せていた上京、ことごとく焼亡。類火が禁裏近辺に及ぶ。	2
	4月4日	足利義昭、織田信長による京都上京放火を目の当たりにし「御和談」を申し入れる。(『信長公記』)。	2
	4月4日	吉田兼見、織田信長を等持寺の本陣に訪問し、禁中不慮の際は吉田への臨幸を諮り同意を得る。織田信長、村井貞勝に、その際の禁裏警固担当を命令する。吉田兼見、禁中に参内し避難の旨を奏聞。(『兼見卿記』)。 等持寺は、三条坊門万里小路にあった。京都市中京区御池通高倉上ル東側に「足利尊氏邸・等持寺跡」石碑がある。	2
	4月4日	織田信長、(五度目の)参内をし禁裏警固を検分、間もなく本陣へ帰還。(『兼見卿記』)。	2
	4月5日	正親町天皇(1517~1593)、関白二条晴良(1526~1579)・三条西実澄(実枝)(1511~1579)・庭田重保(1525~1595)を勅使として派遣、足利義昭(1537~1597)の元へ出向き、次いで信長を訪ね、和議を講じさせる。	2
	4月5日	柴田勝家(「柴田修理亮勝家」)、山城国天龍寺惣寺中へ織田信長の厳命により焼き打ち免除を安堵。	2
	4月6日	**「信長・義昭、和睦」。**織田信長、正親町天皇勅命により、将軍足利義昭と和睦。	2
	4月6日	織田信長、上洛にあたり小栗大六(徳川被官)を派遣してきた徳川家康へ、足利義昭の挙兵については信長の身に覚えの無いことであり、「君臣御間」ということで従来の忠節が無駄としないために種々の「理」を講じたが義昭の承諾が得られなかったため、去る四月二日・三日の両日に洛外を、四日には上京を悉く焼き払ったので義昭との講和が成立したことを通達。また徳川家康の近江国横山周辺への出陣は無用であること、遠江・三河国境(武田信玄の動向)の件は油断無きように備えることを通知。	2
	4月7日	織田信広(信長庶兄)(「織田三郎五郎」)(?~1574)・佐久間信盛(1528~1581)・細川藤孝(1534~1610)、和議に際し織田信長の名代として幕府御所(二条城)(烏丸中御門第)を訪問し、足利義昭(1537~1597)と会見。(『兼見卿記』)。 義昭は京から撤収を決める。	2
	4月8日	**織田信長、美濃国岐阜城へ向けて京都を発す。**(『兼見卿記』)。	2
	4月8日	織田信長、近江国百済寺と、一揆同意した六角義弼(義治)(1545~1612)の籠城する近江国鯰江城を攻撃するため佐久間信盛・蒲生賢秀・丹羽長秀・柴田勝家を四方に配置。	2
	4月9日	京より撤収した織田信長、この日は近江国守山を経由して百済寺(滋賀県東近江市百済寺町)に布陣。	2
	4月11日	織田信長(1534~1582)、鯰江城(東近江市鯰江町)を支援している近江国百済寺を灰燼に帰させる。**信長、美濃国岐阜城に帰還。**(『信長公記』)。	2

元亀4	4月12日	**武田信玄(1521~1573)、信濃国駒場(長野県下伊那郡阿智村)に於いて病没、享年53。** 死の床にて三年秘喪、領内の整備、戦力の充実などを遺言する。反信長同盟が事実上崩壊。勝頼(1546~1582)が相続し、長坂虎房、跡部勝資ら諏訪・高遠関係の家臣団が支えることになる。	2266
	4月13日	吉田兼見、足利義昭(「大樹」)が山城国槇島城へ移るという風説に接す。(『兼見卿記』)。	2267
	4月13日	美濃国の吉村源介・吉村安実(氏吉)(「吉村又吉郎」)、足利義昭に呼応した江南表の一揆を撃破。	2268
	4月15日	**岐阜城を出た織田信長、近江国佐和山城(滋賀県彦根市古沢町)に到着。**	2269
	4月15日	織田信長、美濃の家臣・市橋長利(1513~1585)へ、「一揆」等が吉村構へ攻撃をかけたが撃退したこと、江南表の件は六角義治の籠もる近江国鯰江城に対する付城四ヶ所の守備を命令し、この日十五日に近江国佐和山城に到着したこと、近日中に江北表に軍事行動を起こして美濃国へ帰国するする予定であること、油断無く調略などを以て備えること、吉村源介らへも織田信長「書状」を遣わすこと、開陣の際には褒美を与えることを通達。	2270
	4月16日	信長家臣・山岡景隆(「山岡美作守」)(1526~1585)、足利義昭への使として上洛の途に就き、吉田兼見の元へ来宿。(『兼見卿記』)。	2271
	4月17日	山岡景隆、出京。(『兼見卿記』)。	2272
	4月19日	織田信長、柴田勝家へ、十河存保(？~1587)より松浦肥前守信輝(？~1575)を介して河内国若江城(大阪府東大阪市若江南町)攻撃の後援要請を受けたことを通知、若江城を即時攻略すれば十河存保に、三好義継知行分の河内半国と摂津国欠郡を契約し、もし一度の攻撃で陥落しなくても付城を構築するなどして攻略に成功すれば河内半国を与えることを約束したので、至急に軍事行動を開始するよう指令する。	2273
	4月27日	**「28日にかけて、信長と義昭が起請文を交わし、正式に和睦する」。** 滝川一益・美濃三人衆(安藤守就・氏家直昌(直通)・稲葉一鉄)・柴田勝家・佐久間信盛・林秀貞、足利義昭側近の一色藤長・上野秀政・一色昭秀・曽我助乗・松田頼隆・飯尾貞連・池田一狐へ、「公儀信長御間」の「御和平」について、織田信長は足利義昭に対して一切の「表裏」をしないこと、織田信長「最前之条数」を堅守することを「霊社起請文」を以て誓約する。	2274
	4月27日	吉田兼見、曽我助乗(「曽我兵庫頭」)より足利義昭(「大樹」)と織田信長(「信長」)両者の和議(「御和談」)締結が成った旨を知らされる。(『兼見卿記』)。	2275
	4月28日	一色藤長(「一色式部少輔」)・上野秀政(「上野中務大輔」)・一色昭秀(「一色駿河守」)・飯川信堅(「飯川肥後守」)・曽我助乗(「曽我兵庫頭」)・松田頼隆(「松田豊前守」)・飯尾貞連(「飯尾右馬助」)・池田一狐(「池田清貧斎」)・塙直政(「塙九郎左衛門尉」)・滝川一益(「滝川左近」)・佐久間信盛(「佐久間右衛門尉」)へ、今度「信長御和平」が成ったことについて、足利義昭近習衆は織田信長に対して「逆心」を持たないこと、但し織田信長「最前之条数」に相違があった場合は織田側が分別ある対処をすべきことを確認し、「霊社起請文」を以て誓約す。	2276
	4月28日	**「信長の船大工支配」。明智光秀(1528？~1582)、近江国大津舟大工・三郎左衛門へ、一揆蜂起の混乱にもかかわらず忠節を尽くしたので「屋地子」・「諸役」・「万雑公事」を免除する。**(『渡寅夫家文書』)。	2277

元亀4	5月3日	吉田兼見、真如堂某より寺領について磯谷久次（「磯谷新右衛門尉」）（？～1578）へ口入を依頼される。（『兼見卿記』）。
	5月10日	朝倉義景、敦賀より一乗谷に帰陣。
	5月15日	吉田兼見、万里小路惟房の使者より織田信長が近江国佐和山城（滋賀県彦根市古沢町）へ登城した旨を知らされ、織田信長への勅使を命じられるも眼病のため拝辞する。この際、織田信長が近江国において「大舟」を建造した旨も知らされる。（『兼見卿記』）。 織田信長（1534～1582）は、近江にて丹羽長秀（1535～1585）に命じ、長さ三十間の大船の作成を命じていた。
	5月17日	「さる程に、公方様内々御謀叛おぼしめしたるの由、其の隠れなく候。子細は、非分の御働きども、御もつたいなきの旨、去る年、十七ケ条を捧げ、御異見の次第」。**義昭につく松永久秀、誼みを武田信玄に通ず、是日、同勝頼、之に答ふ。**
	5月21日	佐久間信盛、一色藤長へ、「天下之儀」の件で先日幕府・織田氏が相互に交換した「御誓紙」は「信長年寄共血判」を以て定めて間もないのにもかかわらず世上の風説も穏やかではなく、大事であるので信盛の権限では難儀するので、足利義昭「御内書」を発給されると有難いこと、義昭「上意」の内容は信盛より信長へ申し聞かせること、但し信盛の権限は「不肖」であるので、信盛と交渉した幕府「御使」の上申した内容が事実に反すと足利義昭に認識されないよう、今後は信盛を取次役にはしないで欲しいことを通知。また信盛自身も「随分歌道」の「達者」であることにも触れ、そのうち上洛して三条西実澄（実枝）の指導を受けて返歌する旨を通知。
	5月22日	近江国佐和山城の織田信長、大船の建造を急ぐ。（『信長公記』）。
	5月24日	**明智光秀（1528？～1582）、今堅田で討死した千秋刑部（輝季）・井上勝介ら家臣十八人の供養のため、近江国坂本の西教寺に霊供料を寄進する。** 境内、本堂前庭左手に明智一族の墓と供養塔が立っている。光秀室熙子の墓は、少し離れたところにぽつんと立つ。総門は坂本城城門を移築したもの、そして鐘楼の梵鐘（重文）は平安時代作といい、もとは坂本城陣鐘とされ、光秀の寄進という。天正18年（1590）、後陽成天皇は綸旨を発し、応仁の乱後、荒廃して廃寺となっていた京都岡崎の法勝寺を、その末寺である西教寺に合併させることとした。法勝寺の寺籍は西教寺に引き継がれ、法勝寺伝来の仏像、仏具等も西教寺に移された。寺名を「兼法勝西教寺」というのはここから来ているという。 坂本城主となった光秀は、領内となった比叡山延暦寺を手厚く保護したという。
	5月28日	佐久間信盛（「佐右信盛」）（1528～1581）、一色藤長（「一式少」）へ、「天下之模様笑止成御事」であるので織田信長が提示した「最前之五ヶ条」と交換された「誓印」の内容について、信長には聊かも相違は無いことを主張。詳細は松田頼隆（「松豊」）・信濃兵部丞（「信兵」）が足利義昭へ演説することを通知。
	5月29日	柴田勝家（1522？～1583）・木下秀吉（1537～1598）、小谷城（滋賀県長浜市湖北町伊部）を夜襲するも、撃退される。
	5月29日	伊勢長島一向宗徒、濃尾国境を放火。

元亀4	6月4日	柴田勝家、江北の陣中より京都紫野大徳寺へ、信長が近江国佐和山城（滋賀県彦根市古沢町）に在城していること、これにより「京都之儀」は安全であるので安心すべきこと、勝家としては大徳寺を疎略に扱わないので取次を承ることを通知。また暇が明けて近日中に長光寺に戻るので御用のある場合は音信するよう通知。 2288
	6月5日	織田信長、在城していた近江国佐和山城に贈物をしてきた京都紫野大徳寺へ謝意を表す。 2289
	6月13日	**「義昭、信長との和睦変改」。**将軍足利義昭（1537～1597）、織田信長（1534～1582）との盟を破って挙兵を企て、兵糧米の送付を毛利輝元（1553～1625）に依頼する。 2290
	6月18日	**焼き討ちを逃れた下京、信長への謝礼金「地子銀」を決済する。** 2291
	6月18日	織田信長、近江国佐和山城より大御乳人池田氏（信長の乳母、池田恒興の母）へ、所領安堵の朱印状を発す。 2292
	6月25日	**「高屋城の戦いの一」。**傀儡として主家を牛耳った遊佐信教（1548～？）、河内国高屋城（大阪府羽曳野市古市）で、信長と手を結んだ畠山昭高（秋高）（高屋城主）（1534～1573）を弑逆。義昭派の遊佐信教が三好氏と同調する気配を見せたため、昭高（秋高）は信長の妹を妻とし、織田氏の援軍を得て遊佐信教を倒そうとしていた。 2293
	6月28日	吉田兼和（兼見）（1535～1610）、明智光秀（1528？～1582）を近江国坂本に訪問。兼見は光秀に果李の文台、東門三十を贈る。明智光秀、「天主之下立小屋敷」に於いて連歌を興行。里村昌叱（1539～1603）が同座。兼見、光秀配下の山岡景佐（1531～1589）館へ宿泊。（『兼見卿記』）。 2294
	6月29日	吉田兼見、帰洛の帰途で三淵秋豪（「三淵弥四郎」）より、渡辺宮内少輔が足利義昭（「武家御所」）へ頼に吉田郷領有を懇望している旨を内々に知らされる。（『兼見卿記』）。 2295
	7月1日	**明智光秀、坂本城から信長へ、足利義昭の和睦変改の疑いを報告する。** 2296
	7月2日	足利義昭（「公儀」）、京都を「御退座」。足利義昭、日野輝資（1555～1623）・三淵藤英（？～1574）・高倉永相（1531～1585）・伊勢伊勢守貞興（1561～1582）・伊勢兵庫頭貞為（貞興の兄）（1559～1609）ら武家昵近衆を幕府御所（二条城）（烏丸中御門第）に置き、京を出て、幕府奉行衆であった真木島昭光（？～？）を頼り、宇治槇島城に向かう。 2297
	7月3日	**「義昭、再挙兵」。**足利義昭（1537～1597）、再び信長に反旗を翻し、宇治槇島城（京都府宇治市槇島町大幡）に籠もり挙兵。 2298
	7月4日	**幕府御所（二条城）攻撃に参陣した明智光秀（1528？～1582）、静原山城（京都市左京区静市静原町）攻撃を命じられる。** 2299
	7月5日	織田信長（1534～1582）、佐和山城（滋賀県彦根市古沢町）下の松原で、「事も生便敷大船」長さ三十間（約54m）、幅七間（約12.7m）、櫓百挺の大船を完成させる。人々は、完成した大船のあまりの大きさに上下とも耳目を驚かせた。この時、義昭再挙兵の報が、信長に届いた。 2300
	7月6日	織田軍先勢、近江国大津に着陣。（『兼見卿記』）。 2301

元亀4	7月6日	織田信長、風にもかかわらず新造の「大船」に乗船。(『信長公記』)。
		この大船は、一度使用されただけで、天正4年(1576)には、信長は、猪飼野正勝(昇貞)(?～1582?)に命じて巨大な船を解体し、これで小型船十隻を造り、琵琶湖水運の整備に利用したという。
	7月7日	織田信長、近江国竹生島宝厳寺の年行事へ、坊舎・寺領を安堵。7月1日とも。
		信長も浅井氏同様、竹生島一山にあつい保護をする。
	7月7日	織田信長、近江国坂本に着陣。(『兼見卿記』)。
	7月8日	織田軍先勢、上洛し祇園・四条道場にそれぞれ陣取る。(『兼見卿記』)。
	7月8日	伊勢貞興(与三郎)(1561～1582)らは、足利義昭の命で三淵藤英や日野輝資・高倉永相などの武家昵近衆と共に二条城を守ったが、織田軍に城を囲まれると三淵藤英(?～1574)を一人残して降伏して退城する。貞興兄・伊勢偵為(1559～1609)は降伏し、そのまま信長の家臣となった。
		義昭が信長により京都から追放され備後国に下向すると、伊勢貞興はこれに随行せず、蜷川貞栄・蜷川貞房父子等他の幕臣と一緒に明智光秀(1528?～1582)に仕えた。貞興は、天正10年(1582)本能寺の変後の山崎の戦いでは、明智光秀の敗走を助けるために残軍を率いて殿軍を引き受け奮戦したが戦死したとされる。
	7月9日	**織田信長、上洛し、衣棚押小路の妙覚寺を陣所とする。信長、足利義昭の幕府御所(二条城)を攻囲する。**
	7月9日	是より先、上杉謙信(1530～1578)、徳川家康(1543～1616)に信濃・甲斐出兵を求める。是日、家康、之を諾し織田信長の出兵をも促すべきを答ふ。
	7月10日	**「織田信長朱印状─信長のもとで細川家が興隆していく出発点となる」。**
		信長、細川兵部大輔殿(細川藤孝)に対し、「城州之内桂川西地を限り」「一職進退」を与えるという朱印状を出す。
		織田信長(1534～1582)、足利義昭(1537～1597)との対立における細川藤孝(のちの幽斎)(1534～1610)の忠節を賞し、桂川から西の地、山城西岡の地を与える。
	7月10日	吉田兼見、妙覚寺の織田信長を訪問。細川藤孝が礼物を披露。(『兼見卿記』)。
	7月10日	**織田大軍に囲まれた幕府御所(二条城)の三淵藤英ら、柴田勝家(1522?～1583)の勧降に応ずる。(『兼見卿記』)。**
	7月12日	柴田勝家の勧降を受け入れた三淵藤英ら、二条城を退城し自らの居城伏見城(京都市伏見区桃山町松平越前)へ移る。(『兼見卿記』)。
		藤英の居城伏見城は、現在の御香宮境内とJR奈良線との間の市街地一帯に築かれていた。
		織田信長、二条城を破却。(『兼見卿記』)。
	7月13日	織田信長(1534～1582)、毛利輝元(1553～1625)へ、足利義昭の山城国槇島「御逗留」は未確認情報であるので遠国でも「御流落」しているかもしれなく誠に嘆かわしいことであること、義昭が不意に京都を「御退座」したのは困難な事情が発生したためで、武田信玄は病死しており、朝倉義景は大した行動は出来そうに無いこと、三好氏以下は取るに足らず、義昭が自発的に軍事行動に及ぶ様子は無いこと、まして義昭が「天下棄置」してしまったので信長が上洛して鎮定している状況であること、足利「将軍家」の件は「諸事遂議定可随其」としたので毛利輝元へ相も変わらずの入魂を希望すること、毛利氏分国中に別儀が無いことは結構であることを通知。

西暦**1573**

| 元亀4 | 7月13日 | 京都幕府御所（二条城）内が洛中洛外土民の荒掠にさらされるが、吉田兼見は、吉田郷民がこれに加わることを禁ず。（『兼見卿記』）。 | 2314 |

7月14日　織田信長、畠山昭高（秋高）に仕えた河内国の保田知宗（？～1583）へ、柴田勝家への書状を披見したこと、去就に迷っていた畠山昭高（秋高）（河内国高屋城主）が遊佐信教に弑逆された件は無念であること、保田知宗の身上の理は聞き届けたこと、遊佐信教を討ち果たすことは肝要であること、指令は柴田勝家より通達することを通知。 2315

7月14日　「光秀、信長へ、吉田山に居館を構えることを進言」。
柴田勝家・木下秀吉・滝川一益・丹羽長秀・松井友閑・前波七郎兵衛尉（吉充）（元朝倉家家臣）、吉田兼見を訪問し、明智光秀が織田信長へ、吉田山に吉田兼見が居館を構えることを進言した旨を伝達。
「中々御屋敷に成り難し」。信長は柴田勝家に吉田山の検分を命じるが、築城には適さないことが判明、吉田兼見は安堵する。（『兼見卿記』）。 2316

7月16日　「光秀、槇島合戦に参陣」。
織田信長、義昭籠城の山城国槇島城攻略のために宇治五ヶ庄の上の「柳山」に本陣を構え、配下に対し、即時、宇治川の渡河と槇島城への攻撃を命令。（『信長公記』）。
織田軍、山城国久世郡各所に陣取り槇島城を包囲。（『兼見卿記』）。 2317

7月17日　朝倉義景、浅井氏救援のため一乗谷を出陣。 2318

7月18日　織田信長、山城国宇治郡五ヶ庄へ出陣。（『兼見卿記』）。 2319

7月18日　「槇島合戦―室町幕府、滅亡」。明智光秀は、信長に従って宇治槇島城に立籠る足利義昭を攻める。
織田信長、巳刻（10時）に山城国槇島城（京都府宇治市槇島町大幡）への攻撃を開始。佐久間信盛・丹羽長秀・柴田勝家・木下秀吉・蜂屋頼隆・明智光秀・荒木村重・細川藤孝と息子与一郎忠興・蒲生賢秀と息子忠三郎（氏郷）・永原筑前守・進藤山城守・後藤喜三郎・永田刑部少輔・山岡景隆と息子孫太郎景宗・山岡景猶・多賀新左衛門・山崎源太左衛門・平野長治・小河孫一・弓徳左近兵衛・青地千代寿・京極小法師高次・池田孫次郎らは川下の五ヶ庄より、稲葉一鉄・息子右京助貞通を先陣として斎藤新五（斎藤利治）・氏家直通（直昌）・安藤守就、不破光治・息子彦三直光・丸毛長照・息子兼利、飯沼勘平・市橋長利・種田助丞らは平等院周辺から攻撃し焼き打ちする。
足利義昭（1537～1597）、わずか一歳の嫡子（後の義尋）（1572～1605）を人質として提出して山城国枇杷庄（京都府城陽市）へ退く。義昭は普賢寺で剃髪して、謹慎の意を表し、足利昌山と取りあえず名乗る。
織田信長（1534～1582）、第二次信長包囲網から脱する。 2320

7月18日　槇島城攻略の際、織田家臣の梶川高盛（？～1596）が真っ先に馬を宇治川に乗り入れて押し渡り、信長、褒美に馬を与えたという。 2321

7月19日　「信長、義昭を追放」。
信長、義尋を人質とし、河内国若江城（大阪府東大阪市若江南町）までの警固役を木下秀吉（1537～1598）に命ず。
室町幕府、滅亡といわれるが、義昭は、後の天正4年（1576）、備後の鞆の浦に移り「鞆幕府」開設。義昭は将軍職辞任（天正16年）まで公的に征夷大将軍と認められていた。 2322

元亀4	7月-	この頃、織田信長（1534〜1582）、足利義昭が去った後の槇島城に、京都に留まった細川昭元（細川晴元の嫡男信良）（1548〜1592）を置き、「山城守護」に任じる。
		信長は山城における将軍権力を否定した。信長は次の十六代将軍を作ることなく、新たなる政権構想を模索していく。
	7月20日	木下秀吉（1537〜1598）、羽柴と改姓。（異説あり）。『信長公記』は元亀三年暮。
		この頃、家内で有力だった丹羽長秀（1535〜1585）と柴田勝家（1522？〜1583）から一字ずつをもらい受け、木下姓を羽柴姓に改めたという。
	7月20日	羽柴秀吉、山城国大山崎離宮八幡宮へ、淀に入り用の縄の徴収を命令。
	7月20日	吉田兼見、足利義昭（「大樹」）が河内国若江城の三好義継（「三好左京大夫」）のもとに逃れた旨を知る。（『兼見卿記』）。
		二十一日、足利義昭（1537〜1597）、羽柴秀吉（1537〜1598）の警護で、河内津田（大阪府枚方市）を経て若江城の三好義継（義昭の義弟）（1549〜1573）のもとへ身を移す。本願寺顕如光佐（1543〜1592）の斡旋という。
	7月21日	「織田単独政権が成立」。 天下一の号を取る者、何れの道にても大切なる事なり。ただし、京中の諸名人として内評議ありて相定むるべき事。（『当代記』）。 織田信長、「天下所司代」に村井貞勝（「村井長門守」）を任命す。貞勝は在洛して、「天下諸色」を担当するよう命令を受けた。（『信長公記』）。
		織田信長（1534〜1582）、京都に凱旋し、村井貞勝（？〜1582）を京都所司代に任ず。信長、京都奉行・村井貞勝に宛てに定書を出す。信長、幕府に代って京都を支配下におこうとする。
		足利義昭監視役も含め、明智光秀（1528？〜1582）と村井貞勝の京都差配は天正3年（1575）まで続くが、天正3年以降、光秀は軍事に勤しむこととなり、貞勝の専任となる。
	7月21日	「織田信長、上京に条々を発する」。（『上京文書』）。 一、前々の如く還住せしむべきの事（上京の町々に帰り来たって居住すること）。 　一、陣執り、免除の事（軍隊の陣所として宿所を提供することを免除する）。 一、非分の課役を申し懸くべからざるの事（不法な課税や所役を、申し懸けてはいけない）。 一、地子銭を免除の事。但し追って申し出すべく候条、それ以前に何方へも納所に能わざるの事（屋敷地の地子銭を免除する。但し後ほどに申し出すので、それ以前には何方へも納めてはいけない）。 一、おのおの宅造おわるの間、人足を免許の事（各人が、自分の家を造り直すまで、人足役は免除する）。 信長、上京の復興を意図する。

西暦 **1573**

元亀4	7月21日	**「信長、朝廷に改元を内奏」。**	2329
		「元亀」は信長にとって不吉な元号だった。改元日は大軍を率い北陸の朝倉義景を奇襲しようとしている真っ最中で、しかも浅井長政の離反で撤退せざるを得なかった。その後も同年6月「姉川の合戦」、9月の大坂本願寺の蜂起、反信長包囲網の結成、元亀2年5月の「第一次伊勢長島攻め」、同年9月「比叡山焼き討ち」、元亀3年10月の武田信玄の侵攻……と元亀年間に合戦が続いた。信長自らが慌ただしく各地を転戦しても、事態は一向に好転しなかった。 信長は正親町天皇に「元号を変えよ」と、前代未聞の要求を突きつけた。信長は自分が天皇より力があることを見せ付ける為にも、天皇交代時の神事「改元」を命じたのだ。信長は改元で、旧時代からの訣別と、自分の威光を天下に示そうとした。何と、一週間後に実現する。 実は、朝廷でも改元を進めており、もっけの幸いであった。	
	7月21日	この頃、織田軍、「公方様御同意」した山城国一乗寺城を攻撃する。ここには渡辺宮内少輔・磯貝（磯谷）新右衛門久次が籠城していた。（『信長公記』）。	2330
	7月22日	織田信長、夜、禁中を巡視する。六度目の禁裏参向という。	2331
	7月23日	明智光秀に叛き足利義昭に味方した土豪・渡辺宮内少輔と磯谷新右衛門（久次）、稲葉良通（一鉄）（1515～1589）の勧降により山城国愛宕郡一乗寺城を退城。一乗寺城は破却される。（『兼見卿記』）。	2332
	7月23日	山岡景佐（「山岡対州」）（1531～1589）・滝川一益（「滝川左近允」）、吉田兼見を訪問し石風呂を所望。（『兼見卿記』）。	2333
	7月23日	明智光秀、翌日の山本対馬守（山本佐渡守実尚）館攻撃のため手勢五十人余を率いて吉田神社へ寄宿。（『兼見卿記』）。	2334
	7月24日	足利義昭（1537～1597）、毛利輝元・小早川隆景・吉川元春へ援助を要求。	2335
	7月24日	**明智光秀（1528？～1582）、織田信長の命令により、早朝、山本対馬守（山本佐渡守実尚）の籠もる山城国小倉山城**（京都市左京区岩倉小倉山）**を攻撃、付近に放火する。**（『兼見卿記』）。 この日は落とせず、対馬守は、静原山城（京都市左京区静市静原町）に逃げる。	2336
	7月27日	**織田信長（1534～1582）、朝倉・浅井攻めのため京都を発し坂本へ下り、近江国高島郡へ「大船」を以て参陣。残敵の籠もる近江国木戸城**（滋賀県大津市木戸）**・田中城**（滋賀県高島市安曇川町田中）**を攻略。**（『信長公記』）。 信長、近江木戸・田中両城を陥れこれを明智光秀に与える。光秀は、西近江と合わせ都合十万石を拝領する。	2337
	7月27日	信長、高島郡内の浅井久政・長政父子知行所に進み、林与次左衛門方に布陣、知行所内を放火。	2338
	7月27日	この頃、姓を長岡に変えた長岡（細川）藤孝（1534～1610）、西岡十六党の一人・長洲兵庫らを従え、この日、淀城（淀古城）（京都市伏見区納所北城堀）を攻める。	2339
天正1	7月28日	**この日、「天正」と改元される。**	2340
	7月-	織田信長、山城国梅津長福寺へ「守護使不入之地」として寺領を安堵す。 織田信長、大覚寺尊信（「大覚寺御門跡」）へ寺領を安堵す。 織田信長、大和国西京薬師寺へ全三ヶ条の「禁制」を下す。	2341

天正1	8月1日	足利義昭、小早川左衛門佐(小早川隆景)に足利将軍家再興の御内書を送る。
	8月2日	**「淀古城の戦い―信長、山城国平定」**。この頃、岩成友通重臣の番頭大炊頭(坂東季秀)・諏訪飛騨守行成(？～1582)が、羽柴秀吉(1537～1598)の調略で内応。この日、信長、三淵藤英・長岡(細川)藤孝兄弟・御牧摂津守らをして、足利義昭の命で立て籠もった元勝龍寺城主 ・ **岩成友通(三好三人衆)(？～1573)を山城国淀城攻城戦に於いて討ち取る**。 「岩成友通は、細川藤孝家中の下津権内という者に挑みかかられ、組討ちのすえついに首を落とした。下津は討ちとった首を高島の陣所へ持参し、信長公に披露した。すると信長公はその武功に感じ入り、かたじけなくも着用していた胴着を脱いで下津へ与えた」。(『信長公記』)。 **三淵藤英**(？～1574)**は、藤孝と柴田勝家の説得を受けて降伏した。信長に臣従するとすぐ、岩成友通攻撃を命じられた。** **三好長逸**(？～1573)**も消息不明の状態となり、畿内における三好氏の勢力の衰退と前後して三人衆としての活動は完全に途絶えた。**長逸は、元亀4年2月以降に没していたともいう。 諏訪飛騨守は、天正10年(1582)6月の山崎の戦いに明智光秀(1528？～1582)に従って参戦、敗北した。 御牧摂津守は、後に明智光秀の家臣となり、「山崎の戦い」で戦死した御牧兼顕か、御牧景重であろうか。
	8月4日	織田信長、近江国より美濃国岐阜城へ帰還。(『信長公記』)。
	8月-	**この頃、浅井長政の家臣・山本山城**(滋賀県長浜市高月町西阿閉)**の阿閉貞征(？～1582)が内応。**羽柴秀吉(1537～1598)と竹中半兵衛(重治)(1544～1579)の調略である。 最も頼りとした武田信玄が死に、反信長同盟の要・足利義昭も追放され、湖北の一揆も勢いを失い、しかも小谷城下も織田軍であふれている状況では最早浅井家に勝ち目はないのである。貞征は決心した。 阿閉貞征(？～1582)は、天正10年(1582)6月本能寺の変の後、明智光秀に同心して、秀吉の居城・長浜城を占領した。山崎の戦いに参加するが、敗戦。秀吉方に捕縛され一族全て磔刑された。
	8月7日	**織田信長(1534～1582)、北近江出陣に際し、明智光秀に高嶋郡の平定を命じる。**
	8月8日	**「信長の第三次小谷城攻め―8月8日～9月1日」はじまる。** 浅井家の重臣・阿閉貞征が羽柴秀吉に降伏した事を知り、**信長、岐阜から近江に出陣する**。(『信長公記』)。
	8月9日	「第三次小谷城攻め」。織田信長、夜、月ヶ瀬城(滋賀県東浅井郡虎姫町)を攻略。
	8月10日	「第三次小谷城攻め」。織田軍が近江国小谷城(滋賀県長浜市湖北町伊部)に攻撃を仕掛けたところ、朝倉義景(1533～1573)が出撃し木本・多部山に布陣したので、小谷城と朝倉義景陣所を遮断する大嶽北方の山田山に陣を敷く。すると、小谷山の北の峰にある焼尾砦を守る浅井親族である浅井対馬守と浅井山城守が、織田方に寝返る。浅井対馬守は浅見対馬守俊成か。
	8月10日	織田信長、勢多備前守(大覚寺坊官)へ、書状・贈物を謝し、江北に於ける軍事行動が一段落付き次第上洛することを、大覚寺尊院へ披露するよう依頼する。

西暦1573

天正1	8月12日	「第三次小谷城攻め」。織田信長、浅見対馬(浅井長政部将)の内応により「大づくの下」焼尾へ進軍。また、近江国虎御前山城へは織田信忠(「嫡男勘九郎殿」)を配備する。(『信長公記』)。浅見対馬は、浅見対馬守道西(？〜?)とされる。	2351
	8月12日	朝倉義景(1533〜1573)、木之本に着陣する。	2352
	8月12日	「第三次小谷城攻め」。小谷城焼尾丸の守将が浅井から寝返り織田軍を引き入れた。夜、近江一帯を暴風雨が襲う。これを好機と捉えた信長は本陣より自ら一千人の手兵・馬廻のみを率いて軍を返し、朝倉方が守る大嶽砦(城)を奇襲。大嶽を攻め落とし、丁野山砦(湖北町)を攻めて、朝倉の将兵を放逐した。信長は朝倉義景が退却することを見越して、主要な部将に再三攻撃の準備を指示していた。	2353
	8月13日	「第三次小谷城攻め」。織田信長、この夜中に朝倉義景の太尾山の陣所を攻撃。この際に「御先陣にさし向け候衆」であった滝川一益・柴田勝家・丹羽長秀・蜂屋頼隆・羽柴秀吉・稲葉良通(一鉄)らが油断し、義景の退却に追撃を最初に仕掛けたのは信長であったため叱責を受ける。 「佐久間右衛門、涙を流し、さ様に仰せられ候へども、我々程の内の者は、もたれまじくと、自讃を申され候。信長御腹立ち斜ならず、其の方は、男の器用を自慢にて候歟。何を以ての事、片腹痛き申し様哉と、仰せられ、御機嫌悪候」。(『信長公記』)。 信長、義景追撃の戦場に於いての油断を叱責した佐久間信盛が涙を流しながら、そうは言われましても我々のような優秀な家臣団をお持ちにはなれますまいと弁明し、信長の怒りに油を注いだ。織田信長、佐久間信盛へ「其方は男の器用を自慢にて候歟、何を以ての事、片腹痛き申し様哉」と言い放ち、機嫌が悪くなる。佐久間信盛(1528〜1581)の胸中には、桶狭間の戦いで犠牲にされた一族としての自負や恨みもあったとされる。他の部将達の取りなしでその場では辛うじて処罰は免れたものの、信長からは相当根に持たれる事となり、天正8年(1580)に突きつけられた折檻状の十九ヶ条の中にこの一件も加えられてしまう。	2354
	8月13日	「刀根坂の戦い」。朝倉軍は北国街道と刀根・疋田経由敦賀方面の二手に分かれて退却した。織田軍は朝倉義景を追って刀根・疋田を追撃した。 朝倉方は刀根で織田軍を止めようとしたが、守りを破られ、追撃によって大損害を出しながら敗走した。 山内一豊(1545/1546〜1605)、頬に矢を受けながらも奮戦、朝倉軍の大将・三段崎勘右衛門為之を討ち取る。 追撃の信長軍・兼松又四郎正吉(1542〜1627)、中村新兵衛(朝倉義景部将)を越前国八田口刀根山に於いて討ち取る。朝倉軍に従軍した斎藤龍興(1548〜1573)、戦死。氏家直通(直昌)(？〜1583)が、かつての旧主・斎藤龍興を討ち取るという。 「足はくれないに染めて参り候を御覧じ、日比御腰に付げさせられ候御足なが…………金松(兼松)に下さる。…………冥加の至り、面目の次第なり」。「信長公、御武徳両道御達者ノ故、」。(『信長公記』)。 兼松正吉は、新兵衛の首級をとって信長の御前に参上したが、山道を走り回ったのでわらじが擦り切れて裸足になり、さらにその足が血まみれになってしまっていた。信長は彼の働きを賞して、日頃腰に付け携帯している足半(草履のかかと部分がないもの)を与えた。 この時の「足半」は、兼松家の家宝として代々受け継がれ、現在も「名古屋市秀吉清正記念館」で実物を見ることが出来る。	2355

天正1	8月14日	織田信長、越前国敦賀に逗留。(『信長公記』)。16日まで逗留して軍を休める。
	8月-	**織田信長(1534～1582)、この頃、滝川一益(1525～1586)、明智光秀(1528?～1582)を北ノ庄に置き監国させ、若狭に丹羽長秀(1535～1585)を、江北に羽柴秀吉(1537～1598)を置き目付とする。丹羽長秀は信長より若狭一国を与えられ、織田家臣で最初の国持大名となった。** 北庄三人衆は、一益、光秀、秀吉に代って、9月末には津田元嘉・三沢秀次・木下祐久(?～1584)がその目付となる。「北庄ノ三奉行」などと呼ばれる。 三沢小兵衛秀次(溝尾茂朝)(1538～1582)は、明智光秀代官である。
	8月15日	刀根坂の戦いで敗れた朝倉義景(1533～1573)、一乗谷(一乗谷城)に帰陣。
	8月16日	越前国敦賀の織田信長、多胡宗右衛門尉(近江国土豪)へ、旧領安堵ならび新知給与は磯野員昌(1523～1590)より通達することを約し、さらに山々の「破城」を命令する。
	8月16日	織田信長、越前国河野浦・今泉浦・赤はけへ、全三ヶ条の「禁制」を下す。
	8月16日	信長家臣・木下助左衛門尉祐久(?～1584)、羽柴秀吉の取次を以て越前国敦賀郡西福寺は安堵された旨を通達。
	8月16日	朝倉義景、信長に寝返った朝倉景鏡の謀りで、越前国一乗谷城谷を捨てて、嫡子愛王丸と妻・義景の母光徳院の三人と共に、夕方、大野の犬山麓の洞雲寺(福井県大野市清瀧)に入る。
	8月17日	**織田信長、木目峠を越えて越前国へ乱入する。(『信長公記』)。**
	8月17日	朝倉義景、平泉寺に援軍を要請する。しかし信長の調略を受けていた平泉寺は義景の要請に応じるどころか、洞雲寺を逆に襲う。
	8月18日	織田信長、越前国府中竜門寺に布陣。(『信長公記』)。
	8月18日	信長、一乗谷の市街地を襲撃制圧、焼き払う。
	8月18日	朝倉義景(「朝倉左京大夫義景」)、賢松寺へ逃亡。(『信長公記』)。
	8月19日	朝倉義景、従兄弟の朝倉景鏡に勧められ、大野郡山田荘の賢松寺(六坊賢松寺)に移り潜伏。
	8月20日	**「朝倉家滅亡—信長、越前国平定」。** 朝倉義景(1533～1573)、一族の朝倉景鏡(1525?～1574)に裏切られ、越前国賢松寺にて自害。
	8月20日	織田信長(1534～1582)、上杉謙信(1530～1578)へ全七ヶ条の「覚」を通知。 その内容は七月二日に足利義昭(「公儀」)が京都を「御退座」し槇島城へ移動したので、織田軍は即時攻撃を仕掛けて槇島城を攻略し、義昭の種々「御懇望」を受けて足利義尋(「若君様」)を人質として請け取り、義昭が槇島城を退城したこと、七月十日に近江国小谷城を攻撃しようとしたところ朝倉義景が出撃し木本・多部山に布陣したために小谷城と義景陣所を遮断したこと、織田軍が義景陣所を攻略したこと、義景は越前国一乗谷城を蜂起し大野郡へ引き籠ったので一乗谷城をはじめ越前国中を放火したこと、この日に朝倉義景が楯籠る賢松寺を襲撃し討ち果たしたので安心すべきこと、残敵掃討を実行していること、越中国に上杉軍が出撃したところ「賀州一揆」が蜂起したという風聞に接したので上杉謙信自身が出撃し鎮圧すべきであること、江北の戦況を早舟で知らせることを通知。

天正1	8月20日	織田信長、上杉謙信へ、江沼・能美二郡の一向一揆と和したることを報じ、速やかに越中を平定すべきを勧む。	2371
	8月20日	織田信長、越前を平定し、越前侵攻への功績により、前波吉継を守護代とした。吉継、名前も「桂田長俊」(1524～1574)と改めた。	2372
	8月22日	**この日付け服部七兵衛尉あての光秀書状には「竹（という人物）の身上について面倒をみてくれて礼を述べ、お礼に百石の知行を与える」と書く。(『寸金雑録』)。**服部七兵衛尉は、越前守護代・前波氏の家臣。 この書状により、越前地付きの武士である服部七兵衛尉と光秀(1528？～1582)が知り合いであったことが分かる。朝倉家滅亡直後、光秀は越前に在陣していた。	2373
	8月23日	織田信長、鷲田三郎左衛門尉へ知行を安堵す。	2374
	8月24日	浅井山城守・浅井対馬守、織田信長へ内応し朝倉軍(「越前衆」)と対峙すという。(『言継卿記』)。 浅井対馬守は、浅見対馬守か。	2375
	8月24日	朝倉景鏡 (「朝倉式部大輔」)、朝倉義景の首級を越前国竜門寺へ持参し、織田信長へ恭順の礼問を行う。(『信長公記』)。 北近江出兵に際し、「軍事行動の連続による疲弊」を理由に出陣を拒否した朝倉景鏡、従兄・朝倉義景の首級を越前国竜門寺へ持参し、織田信長へ恭順の礼問を行う。景鏡は、義景の首級と捕縛した母親(高徳院)・妻子・近習を信長に差し出し、降伏を許される。	2376
	8月25日	織田信長、三田村三助へ、「弐拾石」の知行を安堵す。	2377
	8月25日	織田信長、越前国北庄橘屋へ「軽物座」を安堵す。 「軽物座」は、各種衣料、特に生糸・絹織物商売。そして信長は、関所の撤廃を越前、そして甲斐・信濃へと次々と拡大していった。	2378
	8月26日	「第三次小谷城攻め」。織田信長、越前から近江国虎御前山へ帰陣。	2379
	8月27日	「第三次小谷城攻め―小谷城の戦い」。 羽柴秀吉(1537～1598)、近江国小谷城京極丸を攻撃し、浅井久政(1525～1573)・長政(1545～1573)父子の連携を遮断。最初に浅井久政の居城(小丸)を攻略。 秀吉、自刃した浅井久政の首級を携え虎御前山の織田信長へ届ける。	2380

小谷城跡

天正1	8月27日	「第三次小谷城攻め」。浅井長政は羽柴秀吉らの投降勧告に応じず自刃を決意。長政の説得で、妻・お市(信長の妹)と三人の娘、茶々(淀殿)・初・お江が救出される。羽柴秀吉、お市の方と三人の娘を信長へ渡す。
	8月27日	坂井早治(「坂井助右衛門尉早治」)、三田村三介へ、知行を安堵する織田信長「御朱印」が発給されたので早々に「朱印銭」を調達することを命令。
	8月28日	明智光秀(1528?〜1582)・羽柴秀吉(1537〜1598)・滝川一益(1525〜1586)、越前織田大明神領宛、知行安堵の連署状を送る。
	8月-	織田信長、越前国井川村へ全三ヶ条の「禁制」を下す。 織田信長、越前国敦賀西福寺へ全三ヶ条の「禁制」を下す。 織田信長、越前国別印村千福氏知行方へ全三ヶ条の「禁制」を下す。 織田信長、赤座吉家(「赤座小法師」)へ先規の筋目の如く本知を安堵す。 織田信長、越前国惣社大明神・社家へ全三ヶ条の「禁制」を下す。 織田信長、越前国御廉尾村へ全三ヶ条の「禁制」を下す。 織田信長、越前国滝谷寺へ全三ヶ条の「禁制」を下す。 織田信長、越前国称念寺へ全三ヶ条の「禁制」を下す。
	9月1日	「第三次小谷城攻め(8月8日〜9月1日)─浅井家滅亡」。 浅井長政(1545〜1573)、小谷城赤尾屋敷に於いて自刀。(日は8月28日など異説あり)。 織田信長、浅井久政・長政父子の首を切り、「洛中・洛外之者」に見物させるため京都に送付。信長包囲網が完全に崩壊する。
	9月4日	「信長、近江国平定」。 織田信長、近江国佐和山城(滋賀県彦根市古沢町)へ入り、柴田勝家へ近江国鯰江城(滋賀県東近江市鯰江町)攻略を命令。(『信長公記』)。 佐久間盛政・蒲生賢秀・丹羽長秀、柴田勝家と共に攻撃し、佐々木六角義治(義弼)(1545〜1612)を奉じた鯰江貞景は開城降伏。
	9月4日	佐久間信盛(1528〜1581)・信栄(1556〜1632)父子、近江菩提寺城(滋賀県湖南市菩提寺)を落とし、さらに石部城(湖南市石部中央2丁目)の六角承禎(1521〜1598)を攻める。
	9月5日	明智光秀・滝川一益・羽柴秀吉、橘屋三郎五郎へ、諸役以下の信長御朱印の添状を発す。
	9月6日	**織田信長、美濃国岐阜城へ凱旋。(『信長公記』)。**
	9月6日	織田信長、磯野員昌(「磯野丹波守」)(1523〜1590)へ、近江国竹生島宝厳寺より「名物」である「青葉之笛」に「小笛」を添えてきたので、以前の所有者とその人物が竹生島に寄進させた理由を調査し記録を提出するよう命令。 織田信長、近江国竹生島宝厳寺へ、「名物」の「青葉之笛」をやがて返還する予定であるが、誰がどのような由来で「寄附」したのか、また添えられた「小笛」の由来も調査し記録を提出するよう命令。また静御前(「静か」)所持の雷の蒔絵がある小鼓の披見を要求。詳細は磯野員昌(1523〜1590)に伝達させる。 宝厳寺什物の「青葉笛」・「小鼓筒」のことらしい。
	9月6日	織田信長、桑原源介へ、本知「弐拾石代」として二貫文を安堵す。
	9月6日	織田信長、若狭の安居三河守の所領を安堵。
	9月6日	明智光秀、滝川一益・羽柴秀吉と共に若狭安居三河守の所領を安堵する。本知安堵の織田信長「御朱印」の副状である。

天正1	9月7日	「織田信長黒印状」。信長、大覚寺尊信（？～1588）へ巻数を謝し、伊勢国一向一揆が鎮定した後に上洛する予定であること、美濃国内の大覚寺領を安堵する旨を通知。信長、山城国大覚寺からの音問で尊牘二巻の贈呈を謝す。	2394
	9月7日	織田信長、毛利輝元（「毛利右馬頭」）・小早川隆景（「小早川左衛門佐」）へ、八月十日から二十八日までの軍事行動の詳細を通知。 その内容は「京都之体」について足利義昭（「公儀」）が山城国槇島城へ移動したが在城は不確実であること、浅井長政（「江州北郡之浅井」）は近年織田信長に敵対し不義を構えたので即時退治し「天下之儀」は取り紛れて日を送ってしまったこと、朝倉義景が浅井長政に荷担していたため何かと遅滞してしまい、このままでは際限が無いため去八月十日に軍事行動を開始したこと、信長が大嶽城を攻略すると義景は「近越境目」まで出撃してきたので八月十三日夜中に攻撃を仕掛けて朝倉軍を撃破し越前国府中へ乱入したこと、一乗谷城周辺を悉く放火したこと、義景に「腹ヲ切セ」てその首を京都へ送付したこと、残敵を掃討し越前国「一国平均」を実現し「郡代」前波長俊を駐在させ織田信長自身は八月二十六日に江北地方へ帰還したこと、八月二十七日夜中に近江国小谷城に攻撃を開始し、八月二十八日に小谷城を陥落させ浅井久政・浅井長政（「浅井親子」）の「首を切り」「洛中・洛外之者」に見物させるために京都へ送付したこと、近年の武田信玄（「甲州之武田」）・朝倉義景（「越前之朝倉」）が敵対し反織田戦線を形成したのは足利義昭の策略（「公儀御造意」）が原因であったが悉く撃破したこと、これにより加賀国・能登国は織田信長「分国」としたこと、上杉謙信（「越後之上杉輝虎」）とは多年にわたり交誼を結んでおり別条は無いこと、「北国之儀」は織田信長「下知」により平定されていること、武田信玄（「甲州之信玄」）は病死し武田領国の後継・維持は困難であること、今川氏真（「駿州今川」）は武田信玄により国を追われ北条氏政を頼り伊豆国に蟄居していたが北条側の都合により追放され、駿河国侵攻の兼ね合いから織田側で身柄を確保したこと、近日中に上洛し足利義昭（「南方」）の件を承ること、「東国」情勢の報告を通知。詳細は朝山日乗に伝達させる。	2395
	9月7日	織田信長、小早川隆景（「小早川左衛門佐」）へ、「天下之儀」について示し承ったことを喜び、贈物を謝す。また近日中に上洛する予定を通知。詳細は朝山日乗に伝達させる。	2396
	9月7日	織田信長、池田恒興（「池田勝三郎」）（1536～1584）へ、木田小太郎「跡職」を息子の池田輝政（「古新」）（1565～1613）に譲与することを安堵。 輝政は、池田家家臣で母方の叔父荒尾善久の養子となり木田城主となる。	2397
	9月7日	羽柴秀吉（1537～1598）、毛利輝元（「毛利殿」）へ、「公方様御入洛」の件について織田信長に対する「諷諫」を伝達したところ織田信長の同心を得られたこと、上野秀政（「上中」）・真木島昭光（「牧玄」）の件も異儀の無いこと、柳沢元政（「柳新」）（1536～1613）を織田信長への「御使者」として派遣し調儀させること、羽柴秀吉が毛利氏「馳走」をすること、朝山日乗（「日上」）より通達があることを通知。	2398
	9月7日	羽柴秀吉・武井夕庵（「夕庵尓云」）、小早川隆景（「小早川殿」）へ、因幡国・但馬国の状況報告を織田信長へ上申したこと、近日中に織田信長が上洛する予定であること、織田信長が「畿内之体」を見合わせて但馬国へ出兵する予定であることを通知。また「東北国并五畿内之趣」は織田信長より直接通知することを通達。詳細は朝山日乗（「日乗上人」）に伝達させる。	2399

天正1	9月7日	明智光秀(1528？〜1582)・滝川一益(1525〜1586)、越前守護代・桂田長俊(前波長俊)(1524〜1574)から越前宝慶寺(福井県大野市宝慶寺)の寺領安堵のことを、信長に執り成すことを依頼される。
	9月8日	織田信長、山城国天龍寺妙智院の住持策彦周良(さくげんしゅうりょう)(1501〜1579)へ、朝倉義景・浅井長政(「越前・江北之国主」)を討ち果たし「近年之鬱憤」を晴らしたことを通知し、美濃国岐阜に届けられた沈香1包を謝す。またこの月下旬には上洛を予定しているので対面を希望する旨を通知。詳細は武井夕庵(「夕庵」)に伝達させる。
	9月9日	織田信長(1534〜1582)、槇島城攻めの功で、京極高次(1563〜1609)に近江奥島に所領をあてがう。高次父の高吉は足利義昭に仕えていたが、義昭と織田信長が対立した際に出家し、高次は美濃へ人質として送られ幼少期を過ごしていた。高次は、浅井長政の姉(京極マリア)の長男・浅井初の夫。
	9月9日	明智光秀・滝川一益・羽柴秀吉、越前宝慶寺の寺領安堵の書状を出す。
	9月10日	羽柴秀吉(1537〜1598)、伊勢出陣。
	9月10日	杉谷善住坊、磯野員昌(「磯野丹波」)に捕獲され美濃国岐阜へ連行される。(『言経卿記』)。 元亀1年(1570)5月19日に信長を狙撃した杉谷善住坊が、近江高島郡の磯野員昌(1523〜1590)に捕獲され美濃岐阜城へ連行される。尋問したのは、菅屋長頼(すがやながより)(？〜1582)、祝弥三郎(重正)。穴を掘って首だけ出して埋め、緒人に竹の鋸で首を挽かせ処刑。
	9月11日	織田信長、大和国岡城(奈良県香芝市)主・岡周防守国高(松永久秀重臣)の音信に答え、越前国・江北表は平定されたこと、近日中に上洛する旨を伝える。
	9月14日	細川藤孝(「長岡兵部大輔藤孝」)、山城国松尾社家へ、織田信長より西岡の地を安堵されたが、それは松尾神社の社領であるため安堵する旨を通達。
	9月18日	滝川一益・羽柴秀吉・明智光秀、越前徳山次郎右衛門へ扶持目録を与える。
	9月19日	明智光秀・滝川一益・羽柴秀吉、越前三国湊瀧谷寺へ知行安堵を通達。
	9月20日	明智光秀・滝川一益、信長が軽物座の座長を橘屋三郎右衛門尉としたのを受け、越前北庄の軽物商人に対して、二十三日以前に橘屋に連絡を取り、これに従うべきことを命じる。もし連絡が延引した場合は永代軽物座に加入をさせない旨を通知。
	9月20日	北畠具豊(織田信雄)(ともとよ)(のぶかつ)(1558〜1630)、伊勢国大湊中へ、「信長朱印」による伊勢国桑名までの就航命令実行を要求。
	9月20日	塙直政(「塙九郎左衛門尉直政」)(？〜1576)、伊勢国大湊惣中へ、「敵方」の伊豆国から大船が伊勢国大湊に着岸したことについて津田一安(「津田掃部助」)(織田忠寛)(ひろ)(？〜1577)が派遣されること、また日根野弘就(「日根野」)(1518〜1602)が「足弱」を送ってきた船の件は「曲事」であるので「舟主共」を必ず「成敗」すること、これらは織田信長「御意」であるので厳守するよう通達。
	9月22日	織田信長、豊島源左衛門へ本知十六石を安堵。
	9月24日	「第二次北伊勢一向一揆討伐」。 織田信長(1534〜1582)、北伊勢に向けて岐阜城を出陣。この日は、美濃国大垣城に宿泊。(『信長公記』)。

西暦**1573**

天正1	9月25日	「今度者、各依粉骨得勝利候、連々嗜之様現形候、仍疵如何候哉、時分柄養生簡要候、早々可越候之処、爰元取乱遅々相似疎意候、尚追々可申候、恐々謹言、」。 明智光秀（1528？～1582）、野村七兵衛尉へ、戦功を賞し戦傷の見舞いを送り、また、動員を依頼する。	2415
	9月25日	「第二次北伊勢一向一揆討伐」。織田信長、美濃国太田の小稲葉山に布陣。（『信長公記』）。近江の織田軍兵力も北伊勢へ移動する。	2416
	9月26日	「第二次北伊勢一向一揆討伐」。 織田信長、伊勢国桑名方面へ軍勢を派遣。西別所の一揆勢に対して佐久間信盛・羽柴秀吉・蜂屋頼隆・丹羽長秀を以て攻撃、殲滅させる。（『信長公記』）。	2417
	9月26日	「第二次北伊勢一向一揆討伐」。柴田勝家（1522？～1583）・滝川一益（1525～1586）、坂井城（三重県桑名市）に籠る片岡氏を攻めてこれを降す。『信長公記』は、10月6日。	2418
	9月27日	**織田信長、浅井氏旧領の北近江三郡（伊香・浅井・坂田）を、羽柴秀吉（1537～1598）に与える。**	2419
	10月6日	「第二次北伊勢一向一揆討伐」。柴田勝家・滝川一益、伊勢国深谷部（桑名市）の近藤城を攻撃し、「かねほり」を以て降伏させる。（『信長公記』）。	2420
	10月8日	**明智光秀（1528？～1582）、三ヶ月の攻防でようやく静原山城を落城させる。足利義昭方についた山城国愛宕郡静原山の山本対馬守が、光秀の調略により自害。**山本対馬守は、山本佐渡守実尚（？～1573）か。	2421
	10月8日	**「信長、北伊勢の一向一揆を平定」。**織田信長（1534～1582）、伊勢国東別所へ布陣。伊勢国人衆の萱生城・坂坂城の春日部氏、赤堀城の赤堀氏、桑部南城の大儀原氏、千種城の千草氏、長深城の冨永氏および田辺九郎次郎・中島勘解由左衛門ら、人質を進上し恭順の意を表明。北伊勢の一揆をほぼ鎮圧。	2422
	10月8日	「織田信長、小武弥三郎宛朱印状」。本知十石余を安堵。	2423
	10月8日	織田信長、越前土豪の佐々木蔵人に本知七石・橋本三郎左衛門に本知六石の知行を宛行う。	2424
	10月12日	織田信長、小早川隆景へ、「去合戦」において朝倉義景・浅井久政・長政父子を生害させた後に「伊勢国一揆」に「加成敗平均」したことを通知。また近日中に上洛する予定であることを通知。	2425
	10月12日	羽柴秀吉、小早川隆景（「小早川左衛門佐」）へ、「越州平均」命令が発せられ朝倉義景・浅井久政・浅井長政（「浅井父子」）を生害させ、織田信長「存分」に属した後に「勢州一揆」に「悉加成敗」えたこと、近日中に上洛する予定であること、羽柴秀吉（「拙子」）の江北守備・滞在中に「相応之御用」を勤めることを通知。	2426
	10月13日	鳥屋尾満栄（「鳥石満栄」）、伊勢国大湊衆へ、織田信長より発せられた桑名への廻船命令に十日も遅延したことで織田信長が「以外御腹立」であるため、桑名陣所の津田一安（「津田掃部」）へ早急に廻船するよう命令。	2427
	10月-	この頃、佐久間信盛・丹羽長秀・羽柴秀吉・蜂屋頼隆、出頭しなかった白山城（三重県松阪市西野町）の伊勢国人衆・中島将監を攻め、降参させる。	2428
	10月-	この頃、織田信長、滝川一益（1525～1586）を、長島城（三重県桑名市長島町）の付城・矢田城（桑名市矢田字城山）へ入れ置く。	2429

天正1	10月-	この月、明智光秀により、山本対馬守（山本佐渡守実尚）の首が、伊勢国東別所の信長陣所まで運ばれてきた。
		この後岩倉山本氏は没落し、この地は山本氏庶流である三宅弥平次（明智秀満）と佐竹出羽守（明智秀慶）が治めたという。
	10月15日	織田信長（1534～1582）、伊丹親興（？～1574）へ、阿波軍「（阿州軍）」との交戦で敵首を多数討ち取り京都へ送付した手柄を賞す。
	10月17日	長政の家臣団によって落ち延びていた浅井万福丸（10歳）（1564～1573）、信長の命を受けた羽柴秀吉(1537～1598)の手により美濃関ヶ原で磔に処される。
		最期の場所は、小谷からほど近い近江木之本(滋賀県伊香郡木之本町)ともいう。
	10月21日	織田信長、山城国賀茂惣中へ、筒井順慶(1549～1584)と相談して、松永久秀(1508?～1577)の多聞山城に対抗する付城を構築し攻略することを命令。
	10月24日	織田信長、伊勢国大湊廻船中へ、関東への所用のため大船一艘派遣するので早々に渡海することを命令。詳細は津田一安（津田掃部、織田忠寛）(？～1577)に伝達させる。
	10月25日	織田信長、帰陣の支度にとりかかった。岐阜へ引き上げる途中、長嶋一向一揆の攻撃を受け、かなりの損害を出す。伊勢国北部より撤し夜半に美濃国大垣城に到着。
		「……。信長公の一の長、林新次郎を残し置かれ、数度追ひ払ひ、節所のつまりにては相支へ、火花をちらし相戦ふ。林新次郎、幷びに家子郎等、枕をならべて、討死なり」。(『信長公記』)。
		(織田勢は各所で防戦につとめ、越前衆のうち毛屋猪介などは四方の敵勢に当たっては武功を残した。信長公はこの追撃を止めようと、殿に宿老林新次郎を残して防戦にあたらせた。林は火花を散らして戦い、数度に渡って一揆勢を追い払い、節所にさしかかっては踏みとどまって防戦した。これにより本隊の撤退は助けられたが、林新二郎とその郎党は一同枕を並べて討死した）。
		林新次郎（通政）は、林秀貞（1513～1580）の嫡男という。
	10月26日	織田信長、美濃国岐阜城に帰陣。(『信長公記』)。
	10月-	織田信長、越前国織田剣神社(福井県丹生郡越前町織田)へ、社領・末社領・社家領を安堵し、臨時の課役を免除。
	10月-	織田信長、伊勢国専修寺(三重県津市一身田町)へ、全三ヶ条の「禁制」を下す。
	11月4日	「北庄ノ三奉行」の一人、木下祐久（「木下助左衛門尉」）(？～1584)、越前国織田剣大明神寺社中へ、織田信長「御朱印」が下されたが、この旨を無視する動きがあったため前波長俊（「前播」）へも説示したことを通達し、織田信長「御朱印」が下された上は疎意無きことを命令。
	11月4日	織田信長、上洛のため岐阜城を出立。
	11月5日	足利義昭、三好義継の河内国若江城(大阪府東大阪市若江南町)より和泉国堺へ移動。
		毛利輝元は、安国寺恵瓊を遣わして、信長と足利義昭の和睦を仲介した。
	11月7日	織田信長、小早川隆景へ「北国属平均」した祝儀として太刀・馬の贈与を謝し、上洛したので毎事京都より通知を発することを告げる。
		羽柴秀吉・武井夕庵、小早川隆景へ「北国之儀」が織田信長「存分」に任せられたことを通知。また織田信長は在洛しているので懇意なる通信往復を希う。

西暦**1573**

天正1	11月9日	足利義昭(1537～1597)、紀伊由良の興国寺(和歌山県日高郡由良町)へ移るべく和泉堺を発つ。	2443
	11月10日	河内国若江城の家老の池田丹後守(教正)・多羅尾右近(多羅尾常陸介綱知)・野間佐吉(長前)の三名(若江三人衆)が、未だに信長に反抗を続ける三好義継を見限って織田家へ内通した。信長は、若江城に佐久間信盛(1528～1581)を差し向け三好義継(1549～1573)を攻める。	2444
	11月10日	**織田信長(1534～1582)が上洛、妙覚寺に入る。** 義昭息の義尋(1572～1605)同行という。信長は、義尋を足利義昭に代わって将軍に擁立し、信長がその上位に立つ構想を持っていたともいう。	2445
	11月11日	織田信長、正親町天皇より薫物を下賜される。	2446
	11月12日	織田信長、細川藤孝(「長岡兵部大輔」)へ、淀鯉五匹の送付を謝し、「取乱之時分」(三好義継への攻撃)の懇意を喜ぶ。また面会を希望する旨を通知。	2447
	11月12日	「北庄ノ三奉行」の木下祐久(「木下助左衛門尉」)・三沢少兵衛尉・津田元嘉(「津田九郎次郎」)、越前国の橋本三郎左衛門尉へ、織田信長「御朱印」が発給され本知が安堵されたことを通達。	2448
	11月13日	織田信長、和泉国堺津引接寺へ、織田軍の「陣取」ならびに「寄宿」を免許する旨を通達。	2449
	11月14日	織田信長、朝廷に密柑を献上する。	2450
	11月16日	織田信長、山城国真正極楽寺真如堂「三位公」へ、永禄十二年正月の織田信長「朱印」で安堵した寺領・非分課役および寄宿の免除を再度安堵する。	2451
	11月16日	**「若江城の戦い―三好家崩壊」。** 三好義継(1549～1573)、足利義昭を匿った罪で織田信長の命令を受けた佐久間信盛(1528～1581)らに攻撃され河内国若江城(大阪府東大阪市若江南町)に於いて妻子と共に自害。享年25。首は信長のもとへ届けられたという。 **これによって戦国大名としての三好家の嫡流は断絶した。** 若江城(大阪府東大阪市若江北町3丁目)は、内通した若江三人衆(池田丹後守教正・多羅尾右近(多羅尾綱知)・野間左橘兵衛尉(長前))に預け置かれることとなった。	2452
	11月22日	明智光秀(1528？～1582)・村井貞勝、山城国実相院宛てに寺領安堵の連署状を出す。	2453
	11月23日	**「信長の初めての茶会」。** 実際は、元亀2年(1571)3月4日に茶会があった。 織田信長(1534～1582)、衣棚押小路の妙覚寺で茶会及び所蔵の名品を陳列する。客は、津田宗及(？～1591)・塩屋宗悦(？～？)・松江隆仙(？～？)。堀秀政(1553～1590)・矢部家定(1530？～1611？)らも陪席。 三の膳まで用意され、織田信長は正装で義父斎藤道三と縁のある京の町人・不住庵梅雪(1541～1582)を茶頭にたて手厚くもてなした。 この茶会以降、津田宗及の茶会記『天王寺屋会記』には、三好・本願寺衆は見られなくなり、代わりに信長方との接触が急増する。	2454
	11月24日	「信長の茶会」。妙覚寺で堺の代官・松井友閑(？～？)、今井宗久(1520～1593)、千宗易(千利休)(1522～1591)、山上宗二(1544～1590)が招かれ、千宗易が濃い茶を点て織田信長に呈茶し、その後、今井宗久が薄茶を点て信長に献上し、信長も一段とご機嫌だったと記されている。	2455
	11月28日	「織田信長朱印状」。信長、旧幕臣の信濃兵部丞宛、知行方勢多分目録を発給。	2456

天正1	11月28日	織田信長、正実坊捄運へ知行分を安堵する。 織田信長、味方した旧幕臣の上野豪為(輝加)(「上野紀伊守」)へ知行を安堵。 正実坊捄運は、織田信長によってそのまま徴税担当に起用されており、旧幕臣のその仕組みは織田政権によって吸収されていった。
	11月29日	**「松永久秀、またも信長に臣従」**。織田信長(1534~1582)、佐久間信盛(1528~1581)らに朱印状を発し、松永久秀(1508？~1577)父子の帰服を申し出である、多聞山城(奈良市法蓮町)の受け取りと信貴山城(奈良県生駒郡平群町信貴山)への移城を承認する。
	11月29日	「足利義昭御内書」。義昭、一色式部少輔入道(一色藤長)宛送付。
	12月2日	木下祐久(「木下助左衛門尉祐久」)、越前国織田庄寺庵給人中・百姓中へ、織田信長が諸役免除の黒印状を下したにもかかわらず、課役徴収を実行しようとした者が存在したため、諸役免除をさらに確認する。
	12月4日	織田信長、在陣見舞を贈ってきた山城国慈照寺へ謝意を表す。
	12月4日	明智光秀(1528？~1582)、雄琴の土豪・和田秀純(ひでずみ)(？~？)へ、本日見廻る予定であったが信長の用事で京を離れる旨を伝える。
	12月12日	安国寺恵瓊(1539?~1600)、宇喜多直家(1529~1582)と面談し来春の播磨国広瀬への侵攻を談ずる。
	12月12日	安国寺恵瓊、国許の山県越前守・井上春忠(「井上又右衛門尉」)に対する報告で「京都之儀」及び足利義昭(「上意」)の帰洛に関する織田側と足利義昭側の調停の状況、中国方面の状況、織田信長が「明年辺者公家なとに可被成候」という見通しとその後の「高ころひにあおのけにころはれ候すると見え申候」という予言を、また羽柴秀吉については「さりとてハの者にて二テ候」という評価を通知。 恵瓊、井上春忠に対する報告で「京都之儀」及び足利義昭の帰洛に関する織田側と足利義昭側の調停の状況、中国方面の状況、信長が来年あたりは、朝廷から要職をいただいたりするぐらい、今は盛ん、しかし、その後は仰向けにひっくり返って没落するであろうと、予言を、また羽柴秀吉(1537~1598)については、器量の優れているという評価を通知。
	12月14日	織田信長、旧幕臣の梅松軒へ知行を安堵。
	12月14日	織田信長、山城国仁和寺の御室雑掌・成多喜御房へ知行を安堵。
	12月16日	明智光秀(「明智十兵衛尉」)・村井貞勝(「村井民部少輔」)、山城国天龍寺妙智院の策彦周良(「策彦東堂様」)へ、今井某が何度も不法行為をしない旨の請文を提出しているので妙智院は年貢などの直納を承認し、小作権利者へその旨を命令するよう指示。
	12月16日	明智光秀・村井貞勝、山城国西院内の安弘名小作中へ、土地台帳の通り妙智院住持である策彦周良(「策彦和尚」)に年貢などを納入すること、また今井某が異議申し立てをしても土地台帳に記入されているので無視して上納するよう命令。
	12月17日	**織田信長、美濃国岐阜城に帰城ため、京を発する。**
	12月21日	磯野員昌(かずまさ)(1523~1590)、近江国竹生島宝厳寺の年行事へ、織田信長(「殿様」)への「御礼儀之金子」の献上を謝す。

西暦**1573**

天正1	12月26日	**「松永氏による大和国支配が終わる」。** 2471
		足利義昭と組んで信長に敵対した松永久秀（1508？〜1577）、再び信長に降り、寄手の将佐久間信盛に多聞山城を明け渡して降伏する。信長は、山岡対馬守景佐（かげすけ）（1531〜1589）を多聞山城定番として入れ置く。
	12月26日	明智光秀・村井貞勝、大原の来迎院・勝林院の所領安堵の連署状を出す。 2472
	12月28日	織田信長、伊達輝宗（政宗の父）（1544〜1585）へ、逸物の鷹を献上されたことを謝し、足利義昭は嫡男・足利義尋を人質として提出し、「京都有御退城」って紀伊国熊野へ流浪していること、武田信玄が病死したこと、朝倉義景を刎首して越前「一国平均」したこと、その後に若狭国・能登国・加賀国・越中国は全て織田信長「分国」として織田信長「存分」に属したこと、「五畿内之儀」は言うに及ばず「中国」（毛利領国）に至るまで織田信長下知の及ぶ地域となったこと、来年は武田氏に対する軍事行動の予定、更に後北条氏を「成敗」する予定を通知し協力を要請。 2473
	12月-	織田信長、摂津国富田庄普門寺へ「先規」に任せて寺領を安堵し、織田軍の陣取・寄宿を免除。 2474
	12月-	織田信長、京都賀茂寺社領境内並びに諸所散在を「当知行」として安堵。 2475
	12月-	この月、明智光秀（1528？〜1582）、奥海印寺十二石内の光明寺領を安堵する。 2476

上巻終わり

多聞山城跡

235

参考文献及び関連図書

書名	編著者	出版社	発行
『明智光秀』	小泉策太郎	裳華書房	1897
『常山紀談』巻之1-8巻	湯浅常山	三教書院	1911
『日本戦史．山崎役』	参謀本部	元真社	1911
『史籍雑纂．第二』から「当代記」	国書刊行会	国書刊行会	1912
『美濃国諸旧記』から巻之六「明智城の事」	黒川眞道	国史研究会	1915
『上州治乱記』	国史研究会	国史研究会	1915
『安土桃山時代史』8巻	渡辺世祐	早稲田大学大版部	1916
『滋賀県史』3巻	滋賀県	滋賀県	1928
『織田豊臣時代史』18巻	牧野信之助	平凡社	1930
『国民の日本史』8巻	坪内逍遥・西村真次	早稲田大学出版部	1932
『織田氏時代　中篇』第2巻	徳富猪一郎	民友社	1935
『織田氏時代　後篇』第3巻	徳富猪一郎	民友社	1935
『豊臣氏時代　甲篇』第4巻	徳富猪一郎	民友社	1935
『史料綜覧』巻11巻	東京帝国大学文学部史料編纂所（編）	印刷局朝陽会	1944
『戦国戦記　本能寺の変・山崎の戦』	高柳光寿	春秋社	1958
『明智光秀・明暗』	福田恒存	新潮社	1958
『明智光秀』	高柳光寿・日本歴史学会	吉川弘文館	1958
『悲劇の武将』から「乱世の知将・明智光秀」	島木庸存	大和書房	1966
『光秀行状記』	明智滝朗	中部経済新聞社	1966
『京都の歴史3　近世の胎動』	京都市	学芸書林	1968
『京都の歴史4　桃山の開花』	京都市	学芸書林	1969
『正宗白鳥集』より「光秀と紹巴」	正宗白鳥	筑摩書房	1975
『京都の歴史10　年表・事典』	京都市	学芸書林	1976
『謀殺ー天海僧正が明智光秀か』	八切止夫	日本シェル出版	1976
『明智光秀ー物語と史蹟をたずねて』	早乙女貢	成美堂出版	1978
『明智光秀』	桑田忠親	講談社	1983
『桔梗の旗風』	南條範夫	文藝春秋	1983
『闘将島左近』	佐竹申伍	光風社出版	1986
『真説明智光秀』	松村茂平	風涛社	1986
『明智光秀』	榊山潤	富士見書房	1986
『日本武将譚』から「明智光秀」	菊池寛	文藝春秋	1986
『人物叢書 明智光秀』	高柳光寿	吉川弘文館	1986
『反逆の系譜』から「明智の三日天下」	桑田忠親	講談社	1987
『明智光秀の妻　熈子』	中島道子	紀尾井書房	1988
『明智光秀と春日局考』	北瀬富男	北瀬富男	1988
『裏切りの研究』から「明智光秀」	新井英生	政界往来社	1988
『明智光秀』	徳永真一郎	PHP研究所	1988
『織田信長文書の研究』	奥野高廣	吉川弘文館	1988
『反逆』(上下)	遠藤周作	講談社	1991
『信長ー「天下一統」の前に「悪」などなし』	堺屋太一	プレジデント社	1991
『明智光秀』	早乙女貢	文藝春秋	1991
『濃姫と熈子　信長の妻と光秀の妻』	中島道子	河出書房新社	1992
『英雄の時代　織田信長』	今川徳三	教育書籍	1992
『勝龍寺城今昔物語』	五十棲辰男	京都新聞	1992
『若き日の明智光秀』	土橋治重	PHP研究所	1992
『男の真剣勝負』から「下克上の野望」	津本陽	日経	1993
『鬼と人と〜信長と光秀〜』	堺屋太一	PHP研究所	1993

書名	編著者	出版社	発行
『決断のとき―歴史にみる男の岐路』	杉本苑子	文藝春秋	1993
『岩波講座　日本通史』	朝尾直弘・他	岩波書店	1993-1996
『明智光秀のすべて』	二木謙一	新人物往来社	1994
『鬼骨の人』から「老の坂を越えて」	津本陽	角川書店	1995
『明智光秀―老の坂わかれ路』	鷲尾雨工	恒文社	1995
『本能寺の変の首謀者は秀吉である　―光秀謀反は濡れ衣だった』	今木健之	第一企画出版	1995
『これは謀反か』	赤木駿介	ベネッセコーポレーション	1995
『明智光秀の生涯―歴史随想』	二階堂省	近代文芸社	1996
『異風兵具譚』から「光秀の匕首」	新宮正春	勁文社	1996
『信長殺すべし・異説本能寺』	岩崎正吾	講談社	1996
『関ヶ原連判状』	安部龍太郎	新潮社	1996
『明智光秀ゆかりの地を訪ねて』	塩見弥一	日本図書刊行会	1997
『明智光秀』	桜田晋也	学陽書房	1998
『明智光秀・新史料の発見』	桜田晋也	学陽書房	1998
『湖影―明智光秀とその妻ひろ子』	中島道子	KTC中央出版	1998
『勝者こそわが主君』	神坂次郎	新潮社	1998
『明智光秀―つくられた「謀反人」』	小和田哲男	PHP研究所	1998
『本能寺の変捜査報告書　―検証・織田信長殺人事件』	小林久三	PHP研究所	1998
『逆臣・光秀の本懐』	笹沢左保	双葉社	1998
『歴史を語る手紙たち』	杉本苑子	文藝春秋	1998
『明智光秀―鬼退治の深層を読む』	永井寛	三一書房	1999
『兵庫の壺―異聞・本能寺の変』	新宮正春	新人物往来社	1999
『織田信長総合事典』	岡田正人	雄山閣出版	1999
『叛臣』から「投げられた賽」	多岐川恭	光文社	2000
『光秀の十二日』	羽山信樹	小学館	2000
『言い分の日本史　―アンチ・ヒーローたちの真相』	岳真也	東京書籍	2000
『織田信長と明智光秀』	加来耕三	学習研究社	2001
『真説　本能寺』	桐野作人	学習研究社	2001
『俊英明智光秀―才気迸る霹靂の智将』	桐野作人・他	学研	2002
『信長殺し、光秀ではない』	八切止夫・他	作品社	2002
『真説　本能寺の変』	桐野作人・他	集英社	2002
『豊臣秀次：「殺生関白」の悲劇』	小和田哲男	PHP研究所	2002
『異形の城』	東秀紀	講談社	2003
『本能寺』	池宮彰一郎	角川書店	2004
『信長燃ゆ』	安部龍太郎	新潮社	2004
『野望の峠』	戸部新十郎	徳間書店	2004
『織田信長全仕事』	加来耕三	扶桑社	2004
『摂丹の霧』	家村耕	文芸社	2004
『朱なる十字架』	永井路子	文藝春秋	2004
『織田・徳川同盟と王権　―明智光秀の乱をめぐって』	小林正信	岩田書院	2005
『信長の家臣団　―「天下布武」を支えた武将34人の記録』	樋口晴彦	学習研究社	2005
『本能寺の変』	津本陽	講談社	2005
『明智光秀冤罪論―信長謀殺、光秀でない』	井上慶雪	叢文社	2005
『日本の歴史11　戦国大名』	杉山博	中央公論新社	2005

書名	編著者	出版社	発行
『日本の歴史12　天下一統』	林屋辰三郎	中央公論新社	2005
『信長軍の司令官―部将たちの出世競争』	谷口克広	中央公論新社	2005
『明智光秀　なぜ「本能寺」に向かったか』	嶋津義忠	PHP研究所	2005
『明智光秀と旅 　―資料で再現する武人の劇的な人生』	信原克哉	ブックハウス・エイチディ	2005
『天下布武　夢どの与一郎』	安部龍太郎	角川書店	2006
『明智光秀物語　浅き夢見し』	高橋和島	廣済堂出版	2006
『本能寺の鬼を討て』	近衛龍春	光文社	2006
『是非に及ばず』	山口敏太郎	青林堂	2006
『桔梗の花さく城 　―光秀はなぜ、本能寺をめざしたのか』	斎藤秀夫	鳥影社	2006
『信長は謀略で殺されたのか 　―本能寺の変・謀略説を嗤う』	鈴木眞哉・他	洋泉社	2006
『明智光秀―謀叛にあらず』	大栗丹後	学習研究社	2007
『「本能寺の変」はなぜ起こったか 　信長暗殺の真実』	津本陽	角川書店	2007
『信長と消えた家臣たち―失脚・粛清・謀反』	谷口克広	中央公論新社	2007
『本能寺・男たちの決断』	赤木駿介・他	PHP研究所	2007
『だれが信長を殺したのか』	桐野作人	PHP研究所	2007
『封印された日本史』	井沢元彦	ベストセラーズ	2007
『検証　本能寺の変』	谷口克広	吉川弘文館	2007
『「本能寺」の真相』	姉小路祐	講談社	2008
『武将列伝 戦国爛熟篇』から「明智光秀」	海音寺潮五郎	文藝春秋	2008
『秀吉の枷』	加藤廣	文藝春秋	2009
『詳細解説　信長記』	小和田哲	新人物往来社	2010
『明智左馬助の恋』	加藤廣	文藝春秋	2010
『咲庵』	中山義秀	中央公論新社	2012
『現代語訳　信長公記』(Kindle版)	太田牛一・中川太古	中経出版	2013
『本能寺の変431年目の真実』	明智憲三郎	文芸社	2013
『信長、本能寺に没す！　その時、男たちは…』 　（Kindle版）	大野信長	学研	2014
『本能寺の変　真説は何処に？』(Kindle版)	大野信長	学研	2014
『ひっくり返った下剋上』(Kindle版)	小和田哲男	学研	2014
『外国人が見た信長』(Kindle版)	小和田哲男	学研	2014
『全国有力大名たちの動向』(Kindle版)	小和田哲男	学研	2014
『謀叛の成功から孤立へ』(Kindle版)	桐野作人	学研	2014
『本能寺の変報はいかにして伝わったか』 　（Kindle版）	桐野作人	学研	2014
『明智光秀信長を討つ！』(Kindle版)	工藤章興	学研	2014
『信長暗殺の黒幕は誰だ？』(Kindle版)	橋場日月	学研	2014
『本能寺の変を紐解く 　二四の史料を徹底検証』(Kindle版)	橋場日月	学研	2014
『本能寺の変前夜　家臣団の動向』 　（Kindle版）	宮本義己	学研	2014
『ここまでわかった! 明智光秀の謎』	歴史読本編集部	KADOKAWA/中経出版	2014
『明智光秀と本能寺の変』	小和田哲男	PHP研究所	2014
『明智光秀―史料で読む戦国史』	藤田達生・他	八木書店古書出版部	2015

その他関連資料

『明智軍記』
『浅井三代記』
『朝倉家記』
『朝倉始末記』
『足利季世記』
『荒木略記』
『荒山合戦記』
『イエズス会士日本年報』
『耶蘇会士日本通信』
『家忠日記』
『今井宗久茶湯日記書抜』
『陰徳太平記』
『上杉家御年譜』
『宇野主水日記（石山本願寺日記・下）』
『雲陽軍実記』
『永禄以来大事記』
『永禄以来年代記』
『越州軍記』
『塩山向嶽禅菴小年代記』
『王代記』
『大館常興日記』
『太田水責記』
『小笠原家譜』
『小笠原歴代記』
『織田軍記』
『お湯殿の上の日記』
『尾張国人物志略』
『快元僧都記』
『甲斐国志』
『加越登記』
『加賀藩史料』
『加沢記』
『勝山記・妙法寺記』
『兼右卿記』
『兼見卿記』
『神屋宗湛日記』
『蒲生氏郷記』
『河越記』
『川角太閤記』
『寛永諸家系図伝』
『義演准后日記』
『義残後覚』
『北畠物語』
『木下家譜』
『京都上京文書』
『京都御所東山御文庫記録』
『享禄以来年代記』
『記録御用所本古文書』
『公卿補任』
『国友鉄炮記』
『継芥記』
『系図纂要』
『謙信軍記』
『顕如上人御書札案留』
『顕如上人文案』
『上野国箕輪軍記』
『香宗我部家伝証文』

『江濃記』
『高白斎記』
『江北記』
『甲陽軍鑑』
『甲陽軍鑑伝解』
『古簡雑纂』
『古今消息集』
『古蹟文徴』
『後奈良院宸記』
『近衛信尹公記（三藐院記）』
『駒井日記』
『小松軍記』
『惟房公記』
『厳助往年記』
『鷺森日記』
『策彦入明記』
『祖父物語』
『舜旧記（梵舜日記）』
『松雲公採集遺編類纂』
『上下京町々古書明細記』
『常山紀談』
『尋憲記』
『信長公記』
『新編会津風土記』
『末森記』
『豆相記』
『諏訪神使御頭之日記』
『勢州軍記』
『相州兵乱記』
『続史愚抄』
『十河物語』
『載恩記』
『太閤記』
『太閤素生記』
『武田三代軍記』
『立入左京亮入道隆佐記（立入宗継記）』
『伊達輝宗日記』
『種子島家譜』
『歌集『為和卿集』』
『多聞院日記』
『丹州三家物語』
『親綱卿記』
『親俊日記』
『長元物語』
『長国寺殿御事蹟稿』
『張州雑志』
『朝鮮日々記』
『輝元公御上洛日記』
『天正記（8巻の総称）』
『播磨別所記（天正記）』
『惟任退治記（天正記）』
『柴田退治記（天正記）』
『関白任官記（天正記）』
『九州御動座記（天正記）』
『聚楽行幸記（天正記）』
『金賦之記（天正記）』
『小田原御陣補記（天正記）』

『天正日記』
『天正日記極祕書』
『天正二年截香記』
『天王寺屋会記』
『天文日記（石山本願寺日記・上）証如上人日記）』
『東国太平記』
『当代記』
『東武実録』
『言継卿記』
『言経卿記』
『時慶卿記』
『徳川実紀』
『豊鑑』
『豊臣記』
『豊臣鎮西軍記』
『二条宴乗日記』
『日本西教史』
『後鑑』
『甫庵信長記』
『萩藩閥閲録』
『浜松御在城記』
『晴豊公記（日々記、晴豊記）』
『晴右記』
『播州佐用軍記』
『万松院殿穴太記』
『秀康年譜（浄光公年譜）』
『武家雲箋』
『武家事紀』
『武家手鑑』
『武功夜話』
『伏見宮御記録』
『武徳大成記』
『武徳編年集成』
『舟岡山軍記』
『別所長治記』
『細川忠興軍功記』
『細川両家記』
『北高禅師記録』
『松井家譜』
『松屋会記』
『三河物語』
『三河後風土記』
『御宿監物長状』
『美濃国諸旧記』
『箕輪軍記』
『三好家成立記』
『三好別記』
『村井重頼覚書』
『綿考輯録（綿考収録）』
『守矢文書』
『守矢頼真書留』
『雍州府志』
『予章記』
『歴代古案』
『蓮成院記録』
『鹿苑日録』

あとがき

　本書（上巻）は、戦国期のうち、大永7年（1527）の細川高国政権崩壊からはじめ、細川晴元・堺公方政権、三好長慶政権、三好三人衆政権など、永禄11年（1568）9月、織田信長が足利義昭を擁立して上洛するまでの京都の覇権争いの顛末の時代を切取り、その軌跡を追ってみました。信長上洛前後は、明智光秀も登場し天正元年（1573）までのその詳細な年表を通して、信長らの戦い、休戦、和睦と激動、波乱の戦国時代を垣間見て頂けましたら幸いです。

　編集にあたり、別記参考図書・関連図書や国立国会図書館デジタルコレクション、東京大学デジタルコレクション、国の公式WEB、各自治体・各大学・各団体WEB等、大いに活用させていただきました。しかし、資料による違い、異説、物語などあらゆる事項があり、すべては、弊社の編集責で掲載しております。

「下巻」は天正2年（1574）からはじめ、天正10年（1582）6月の本能寺の変、その後秀吉が織田家中第一人者となるまでの軌跡を記載しました。

最後になりましたが、写真提供などしていただいた鳥越一朗氏、また、ご協力いただきました取材先様、スタッフの皆々様に、厚く御礼申し上げます。

惟任日向守、第六天魔王を討つ！
年表帖　明智光秀・織田信長一代記（上巻）

第1版第1刷
発行日　　2020年3月20日
年　表　　ユニプラン編集部
編　集　　ユニプラン編集部（鈴木正貴　橋本豪）
写　真　　鳥越一朗　他
イラスト　萩原タケオ
デザイン　岩崎宏
発行人　　橋本良郎
発行所　　株式会社ユニプラン　http://www.uni-plan.co.jp
　　　　　　　　　　　　　　　（E-mail）info@uni-plan.co.jp
　　　　　〒601-8213　京都市南区久世中久世町1丁目76
　　　　　TEL（075）934-0003　FAX（075）934-9990
　　　　　振替口座／01030-3-23387
印刷所　　株式会社　谷印刷所
定価はカバーに表示してあります。
ISBN978-4-89704-495-8　C0021